Campo Belo

Maria Aparecida Weber
Sérgio Weber

Campo Belo
Monografia de um bairro

Estação Liberdade

© 2006, Maria Aparecida Weber e Sérgio Weber

Digitação	Octávio Weber Neto
Capa	Marcus Weber e Jorge Gomes
Fotos e pesquisas	Sérgio Weber
Pesquisas, texto e entrevistas	Maria Aparecida Weber
Produção	Editora Estação Liberdade

CIP-BRASIL. CATALOGAÇÃO-NA-FONTE
Sindicato Nacional dos Editores de Livros, RJ

W383c
    Weber, Maria Aparecida
        Campo Belo : monografia de um bairro / [pesquisas, texto e entrevistas] Maria Aparecida Weber, [fotos e pesquisas] Sérgio Weber. — São Paulo : Estação Liberdade, 2006
    il. ;
    Inclui bibliografia

    ISBN 85-7448-120-3

    1. Campo Belo (São Paulo, SP) — História. 2. São Paulo (Cidade)- História. I. Weber, Sérgio. II. Título.

06-3859.   CDD 981.611
                                                                                CDU 94(815.61)

Todos os direitos reservados à
Editora Estação Liberdade Ltda.
Rua Dona Elisa, 116   01155-030   São Paulo-SP
Tel.: (11) 3661 2881 — Fax: (11) 3825 4239
editora@estacaoliberdade.com.br
www.estacaoliberdade.com.br

Sumário

Agradecimentos 7
Apresentação 9
1. Notas para a história fundiária de Campo Belo 11
2. Cronologia 15
3. Notas biográficas 21
4. Limites das terras em estudo 43
5. O Sítio Traição 45
6. O casarão 49
7. Hipóteses 53
8. Caminhos de São Paulo a Santo Amaro e Santos 57
9. O trem a vapor 61
10. O bonde elétrico 65
11. Espécies vegetais locais 69
12. Hidrografia 75
13. O bairro de Campo Belo 85
14. Breve análise da planta do bairro 97
15. Vias do Campo Belo 99
16. As principais vias 103
17. Duas ruas em destaque 113
18. O que oferece a Rua Vieira de Moraes 121

19.	Alterações dos nomes de algumas ruas	125
20.	Crítica à denominação e à numeração de ruas do Campo Belo	131
21.	Infra-estrutura urbana	135
22.	Aspecto social	143
	Anos 20	145
	Anos 30	161
	Anos 40	179
	Anos 50	183
	Anos 60	190
	Anos 70	193
	Anos 80 e 90	195
23.	Favelas: moradia dos excluídos e ocupação informal	199
24.	Aspecto cultural e educacional	205
	Escolas	205
	Arte	223
	Igrejas, entidades assistenciais e espaços culturais	236
	Esportes	269
25.	Aspectos gerais da economia	
	Comércio, indústria e serviços	275
	Economia: Anos 20	276
	Indústrias e comércio: Anos 30	278
	Anos 40	289
	Anos 50	300
	Anos 60	307
	Anos 70	315
	Anos 80	319
	Anos 90	321
	Anos 2000 e 2001	322
26.	Campo Belo na mídia de 1980-2002	325
Conclusão		333
Rol de Entrevistas		335
Fontes consultadas		341
Iconografia		355

Agradecimentos

A pesquisa em busca das realidades que compõem a crônica, a monografia do Campo Belo, se tornou possível graças à competência e ao carinho dos responsáveis pelos arquivos, museus e bibliotecas por onde passamos, neles trabalhando durante vários anos.

Não menos importante foi o espaço para nós aberto pelo jornalista Luiz Barreiro Fernandez em seu periódico, o *Jornal do Campo Belo etc & tal*. Nele nos foi possível, desde início, publicar algumas notas históricas da região.

Neste trabalho, concluído após tantas dificuldades, prestamos homenagens aos construtores anônimos da história do Campo Belo, paulatinamente sendo descobertos, que, com tantos outros, ofereceram sua parcela para a complementação da crônica.

Um relativamente amplo universo de entrevistados nos supriu de valiosos documentos, iconografias e depoimentos. A estes somos eternamente agradecidos por mais esse grande exemplo de exercício da história oral.

Na revisão e na editoração dos textos foi o prof. Octávio Weber Neto incansável, de grande valia para nós.

O resultado de nossa dedicação a este tema é oferecido à comunidade, incluídos os nossos pais, filhos, noras e netos.

Os Autores

Apresentação

No Planalto de Piratininga, as terras do cacique Caiubi, constituíram o antigo Ibirapuera, hoje urbanizado e fragmentado em diversos bairros, jardins e vilas. Entre os muitos bairros destacamos um, pequeno, moderno e com diversidade funcional: Campo Belo. Ele é tema desta monografia.

As raízes históricas desse jovem bairro estão plantadas em uma grande propriedade rural que, na segunda metade do século XIX, fragmentou-se: a fazenda "Sítio Traição". Esta se formará dentro da sesmaria concedida a Braz Rodrigues de Arzão em 1675, situada na margem do "Caminho do Carro para Santo Amaro", junto à cabeceira do Ribeirão da Traição.

Mesmo enfrentando dificuldades ao definir o bairro, desejamos colaborar com o levantamento do inventário histórico da cidade e acrescentar mais uma "peça" ao quebra-cabeça que é a região do antigo Ibirapuera.

Nossos estudos visam divulgar a História de mais um bairro de São Paulo e servir de apoio ao estudo de bairros vizinhos.

Em trabalho separado serão apresentados os históricos do Jardim Aeroporto e da Vila Congonhas que com tiveram raízes comuns às de Campo Belo, porém destinos diferentes.

1
Notas para a história fundiária de Campo Belo

Como é do conhecimento daqueles que pesquisam questões fundiárias em nosso país, delimitar e situar uma propriedade rural ou uma localidade dos séculos passados é tarefa penosa. Às vezes impossível de ser concluída satisfatoriamente.

Ao nos reportarmos às sesmarias nos deparamos com imprecisões já nas suas cartas de concessão, o que nos traz incertezas geradas pelo uso de marcos, que não sendo perenes, desapareciam. Por exemplo, temos referências a cruzes, árvores tortas, pedras, córregos anônimos, etc.

Muitas vezes, deparamo-nos com a ausência de identificação em textos que dizem: algumas terras, uns chãos lá pelos lados de, etc.[1]

Nossas terras, abundantes, geraram o descuido.

Os conceitos de sesmaria, sesmeiro, donatário e capitão, no Brasil, diferem dos de Portugal; isso pode nos levar a conclusões equivocadas.[2]

Em 1375, o Rei D. Fernando I de Portugal, instituiu a Lei das Sesmarias. Ela dava ao rei o direito de conceder terras incultas, de pequena extensão, para quem quisesse cultivá-las. Essas terras poderiam ainda não ter proprietário ou pertencer a alguém que as houvesse abandonado. A concessão real tinha por objetivo estimular a agricultura, evitar o êxodo rural que acarretava declínio no campo e gerava fome.

Aquele que recebia a concessão era o sesmeiro e ele poderia distribuir parte das terras concedidas pelo rei.[3]

Quando o sistema de sesmaria chegou ao Brasil, no século XVI, a realidade era outra e o conceito se modificou.

---

1. Correia, Roberto L.; Gomes, Paulo Cesar Costa; Castro, Ina Elias de. *Explorações Geográficas*. Rio de Janeiro: Bertrand Brasil, 1997. p. 208, 217-18, 223-24; 277.
2. Martins dos Santos, Francisco. *História de Santos*, In: Martins Lichti. Fernando. *Poliantéia Santista*, 1ª edição, São Vicente: Caudex, 1986. p. 17-20; 87-89.
3. Buarque de Holanda Ferreira, Aurélio. *Novo Dicionário da Língua Portuguesa*, Rio de Janeiro: Objetiva, 2001. p. 608; 1578.

O rei português concedia terras a homens abastados que deveriam cuidar de grandes extensões delas, usando para isso, seus próprios recursos. Eram os donatários. Estes poderiam conceder, dentro de suas donatarías, quinhões de terras a quem as requeresse. Eram os requerentes abastados e, em geral, participantes da política local. Designados como sesmeiros, cuidariam de suas sesmarias.[4]

No Brasil, o objetivo era ocupar, povoar e explorar a terra que sendo, como se disse, abundante, gerou grandes concessões que implantaram o latifúndio diferente do minifúndio português; "... eram tratos enormes de terras."[5]

A partir de 1695 várias mudanças no sistema de concessões o tornaram muito diferente daquele que Portugal mandara ao Brasil através das Ordenações.

Em 1713 foi determinado que as sesmarias deveriam ser concedidas pelas Câmaras. A Coroa receberia taxas e direitos. O rei confirmaria a concessão.

A Lei 69, de 18 de agosto de 1769, criou o sistema de posse da terra, o que gerou o aparecimento do posseiro.

A 5 de outubro de 1795, um alvará com mudanças que "pretenderam atenuar os excessos e reprimir abusos", guardou "os traços essenciais da evolução".[6] "A legislação das sesmarias tristemente se celebrizou entre nós."[7]

A 17 de julho de 1822 a Resolução do Paço pôs fim ao sistema de sesmarias, que no Brasil teve "distorções difusas, incertas e nada sábias".[8]

Com funções militares de defesa das terras havia, no Brasil, o capitão-mor cuja área sob sua responsabilidade se chamava Capitania. Ele não recebia terras e nem poderia concedê-las.

Houve alguns casos nos quais uma mesma pessoa acumulou as funções de donatário e capitão-mor. O caso de Martim Afonso de Souza ilustra o exemplo.

O sistema das donatárias era hereditário.[9]

Dos séculos XV a XVI a Ordem de Cristo jurisdicionou espiritualmente as terras brasileiras, através do ensino religioso em suas casas, junto das aldeias indígenas; elas lhes ficavam sujeitas através do pagamento do dízimo feito pelos cristãos. Eram os Maninhos.[10]

---

4. Lima, Ruy Cirne. *Pequena história territorial do Brasil: sesmarias e terras devolutas*. Fac-símile da 4ª edição. São Paulo: Arquivo do Estado, 1990. p. 35-47.
5. *Op. cit.* p. 40.
6. *Op. cit.* p. 43.
7. *Op. cit.* p. 46.
8. *Op. cit.* p. 46.
9. Martins dos Santos, Francisco. *História de Santos*, In: Martins Lichti. Fernando. *Poliantéia Santista*, 1ª edição, São Vicente: Caudex, 1986. p. 17-20; 87-89.
10. Do latim *manninu* = estéril; não aproveitável ou não aproveitável para o cultivo; terra inculta, brava. Buarque de Holanda Ferreira, Aurélio. *Op. cit.*, p. 1081.

Em nossas terras o sesmeiro não pagava tributos, pagava apenas o dízimo. De 1699 a 1831 houve uma exceção pois, durante esse longo período, a Coroa cobrou-lhes o fôro.

A Lei 601 de 1850, conhecida como Lei de Terras e Imigração, determinou que a aquisição de terras somente poderia ser feita, daí em diante, através da compra. Não haveria mais concessões. Ela legitimou a posse para os antigos sesmeiros que cultivavam a terra ou nela criavam animais. Os posseiros também foram legitimados.

Foi criado o Registro Paroquial de Terras.

Com a República, em 1891, as terras devolutas ficaram para os estados; para a União ficaram apenas as terras públicas necessárias para a garantia da segurança nacional, nas fronteiras.

A Lei Federal 3071, do ano de 1916, regulamentou a propriedade privada, conforme as idéias liberais da época.

A Constituição Federal de 1934 modernizou o direito de posse, impondo algumas restrições aos proprietários e instituindo o uso capião *pro-labore*. Introduziu a função social da propriedade.

Em 1988, a Constituição Federal determinou a função social da propriedade e a consagrou nos seus artigos 5.º, XXIII e 170.º, III, tratou da desapropriação por interesse social para fins de reforma agrária do imóvel rural que não estivesse cumprindo a sua função social.[11]

Respeitando a complexidade do tema, apontaremos algumas notas para a história fundiária de Campo Belo, através de uma cronologia.

---

11. Sanglard, Pedro Elias Erthal. Origem e Evolução Histórica da Propriedade Rural no Brasil. *Revista ASBRAP*, São Paulo, nº 3, p. 95-8, 1996.

2
Cronologia

Campo Belo, bairro em estudo, formou-se dentro das terras que constituíram a sesmaria concedida a Braz Rodrigues de Arzão em 1675, sesmaria esta situada na Capitania de São Vicente.[1]

A cronologia, a seguir, abrangerá do século XVI ao XX.

1516 — Pero Capico — torna-se o primeiro capitão-mor de São Vicente, hoje Estado de S. Paulo, trazido pela expedição guarda-costas de Cristóvão Jacques. São Vicente, região já conhecida dos navegadores portugueses, porto abrigado, presença de índios pacíficos, tornou-se Capitania, isto é, divisão administrativa e de caráter militar. O capitão zelaria pela segurança da terra.

1527 — Antonio Ribeiro — O segundo capitão-mor de S. Vicente, substitui o precedente.

1530 — Martim Afonso de Souza — Foi nomeado a 20 de novembro de 1530, o terceiro capitão-mor de S. Vicente.

Nesse ano, ele veio para o Brasil e, após viajar até o Rio da Prata, escoadouro da prata de Potosi, voltou a S. Vicente e, oficializando a permanência nesse local já conhecido, fundou a *Primeira Vila do Brasil*, a 22 de janeiro de 1532. Ocupou as terras para não perdê-las.

1532 — A 28 de setembro de 1532, informado, por carta expedida pelo rei D. João III de Portugal, Martim Afonso de Souza foi nomeado donatário dessa capitania, acumulando os dois cargos; seria também administrador e explorador.

---

1. As notas cronológicas de 1516 a 1675, tiveram como fontes: Memórias para a História de São Vicente — hoje chamada de S. Paulo. Frei Gaspar da Madre de Deus. Biblioteca Histórica Paulista [Direção de A. d'E. Taunay] Vol. III, 1954. Apontamentos Históricos da Província de S. Paulo. M. E. de Azevedo Marques. Vol. II, p. 226-7, 240-2, 250. 4. Ed. Livraria Martins Editora S. A., 1952.

Recebeu, por concessão, "100 léguas da melhor parte da costa" brasileira, como recompensa por seus empreendimentos e como homenagem ao seu caráter íntegro. Eram dois quinhões.

Seu irmão, Pero Lopes de Souza, recebeu 80 léguas de sesmaria, divididas em dois quinhões: o de Itamaracá, ao norte, e o de Santo Amaro, ao sul; este encravado entre os dois quinhões de Martim Afonso de Souza.

Sem limites bem definidos, geraram problemas entre os herdeiros, pois o sistema era hereditário e seus titulares, embora sem a posse da terra, tinham aqui grande poder. Isso despertaria interesse, após à partida de Martim Afonso de Souza.

Durante muito tempo, houve aceitação pacífica na linha sucessória e o requerimento de sucessão foi quase sempre omitido. Assim, por longa data, São Vicente e Santo Amaro eram quase que uma só capitania e donatária.

Em um determinado momento, porém, a sucessão foi questionada, o que deu origem a disputas litigiosas, com abuso de poder e favoritismo. Então, São Vicente e Santo Amaro foram disputadas pelos herdeiros diretos de seus primeiros capitães-donatários.

São Vicente teve quatorze donatários na linha sucessória de Martim Afonso de Souza (1532-1714). Depois disso, voltou para a Coroa Portuguesa.

A catequese jesuítica partindo de S. Vicente, subiu a Serra do Mar e atingiu o Planalto de Piratininga. Eram os portugueses continuando sua missão no "novo mundo".

1554 — A 25 de janeiro de 1554, os jesuítas fundaram o Colégio, junto da Aldeia Guaianás de Tibiriçá. Em torno da Casa Religiosa formar-se-ia São Paulo de Piratininga.

1560 — A 26 de maio de 1560, formou-se outra Casa Religiosa, nas terras que foram concedidas aos jesuítas, na região do Virapuera. Junto do Rio Geribatiba, formou-se um povoado que recebeu o nome de Santo Amaro, homenagem ao orago da capela ali erigida.

A 5 de abril de 1560, distante de Santo Amaro por um espaço de duas léguas (13. 200 m), S. Paulo se tornou Vila.

1675 — Um século depois, o povoado de Sto. Amaro crescera e mantinha contato permanente com a Vila de S. Paulo.

Tão intensa era a comunicação entre eles, que uma via se tornou indispensável e, após várias tentativas, uma se apresentou como adequada às necessidades do tráfego: era o Caminho do Carro para Santo Amaro.

Nas margens desse caminho, muitas terras foram concedidas. Em 1675, nessas margens, junto da cabeceira do Ribeirão da Traição, o intrépido paulista Braz Rodrigues Arzão recebeu uma grande sesmaria; esta se estendia desde as terras do padre Albernaz, no atual Jabaquara, até o Rio Pinheiros; do Córrego Uberaba, até o Córrego do Cordeiro em Sto. Amaro.[2]

Durante 67 anos, de 1675 a 1742, a citada sesmaria permaneceu íntegra, nas mãos dos herdeiros de Braz Rodrigues Arzão.

A 11 de janeiro de 1711, S. Paulo se tornou Cidade.

1742 — João Esteves Correa modificou a situação ao agregar em um só imóvel a sesmaria que fora de Braz Rodrigues Arzão e a data de terra de Garcia Rodrigues Velho, por ele herdadas.

1784 — Após o falecimento de João Esteves Correa o imóvel foi herdado por seus netos, os Safino da Fonseca: o alferes João e o sargento-mor Antonio.

1820 — Tornaram-se herdeiros os Safino de Arruda, descendentes dos Safino da Fonseca. Eram bisnetos de João Esteves Correa.

1822 — Manoel Safino de Arruda fez construir a casa-grande nas terras herdadas. É a construção mais antiga do futuro Brooklin Paulista. Seu pai, com sessenta anos, passara-lhe a administração das terras.

1832 — A 10 de julho de 1832, Sto. Amaro tornou-se Vila.

Nesse ano, os Safino de Arruda deram início à fragmentação da grande propriedade rural que herdaram. Venderam as terras situadas junto do Córrego do Cordeiro a João José de Jesus Collaço. Manoel Safino da Fonseca estava idoso e doente.

1833 — A 6 de maio de 1833, realizou-se a primeira sessão da Câmara Municipal de Santo Amaro (CMSA), com a presença de quatro vereadores e um presidente. Este governou a Vila até 1835.

1834 — A 18 de junho de 1834, dando continuidade às vendas das terras, Manoel Safino de Arruda leiloou, em Hasta Pública, terras situadas na região conhecida como Piraquara, ou Rincão do Buraco do Peixe. Quem as arrematou foi o capitão da Guarda Nacional Santamarense, Manoel José de Moraes.[3]

1835 — Nesse ano, o governo da Província de S. Paulo, de Rafael Tobias de Aguiar, nomeia, a 4 de maio, o citado arrematante, como Prefeito de Sto. Amaro.[4]

---

2. As notas de 1675 a 1832 tiveram como fontes: Reconstituição do Caminho do Carro, Zenon Fleury Monteiro. [S. N.], 1943. p. 118-119. Inventários e Testamentos publicados, Braz Rodrigues de Arzão. AHESP., vol. 23. p. 155 e seguintes. DAESP (Divisão do Arquivo do Estado de S. Paulo), 1693 e Pequena História Territorial do Brasil, Ruy Cirne Lima. Ed. E. S. A. F. 1988. p. 46.

3. Carta de arrematação de 18/6/1834, citada na: Certidão dos autos de inventário dos bens deixados por falecimento de D.ª Rosa Emília de Moraes de 6/11/1911, no 1.º Tabelião de Notas e Anexos da Comarca de Pirassununga, Estado de S. Paulo, Brasil. Petição do Traslado em 29/11/1957. Escrivão: Moacyr P. Castilho.

4. Atas da CMSA (1833-1835) Livro 1, p. 41 e 42.

A 29 de maio, a Câmara Santamarense comunica a nomeação e no dia seguinte, é lida a portaria da referida nomeação.

A 5 de agosto, um Ofício da Câmara de Santo Amaro participa a Manoel José de Moraes que haveria cerimônia de posse e publicação de editais.

A 13 de outubro, às 12h30, o prefeito toma possa e presta juramento. Editais são publicados.

1837 — Rosa Emília de Moraes, filha do prefeito de Santo Amaro, recebeu de seu pai a grande propriedade rural por ele arrematada em 1834. Nesse ano ela se casou com seu primo, José Manoel Vieira de Moraes. O casal foi residir na casa grande construída em 1822 e assim se tornou o mais antigo membro da família Vieira de Moraes a residir na região do futuro Brooklin Paulista.[5]

1852 — Na casa-grande, a 11 de setembro de 1852, nasceu o primogênito do casal, Manoel Jacyntho Vieira de Moraes. Seus cinco irmãos, todos ali também nascidos, foram criados na propriedade, como ele.

A fazenda era então chamada de Sítio Traição.[6]

1857 — Rosa e José Manoel, a 1 de novembro de 1857, venderam uma parte da fazenda ao casal alemão, da numerosa família Klein; Carlos Klein e sua esposa Catharina Norgang Klein; outra parte foi vendida a Amaro José de Moraes.[7]

1865 — Morre, demente, Manoel Safino da Fonseca.

1872 — Já viúva, Rosa Emília vendeu mais terras da fazenda a Elias Pacheco Chaves, na região onde hoje se situam partes das pistas do Aeroporto de São Paulo, Congonhas, no Jabaquara.[8]

1876 — Manoel Jacyntho, com 24 anos, mudou-se para Pirassununga onde, em 1881, aos 29 anos, se casou.[9] Ele já era, então, bacharel em direito.

1886 — Alberto Kuhlmann, engenheiro santamarense, inaugurou uma ferrovia que reuniu São Paulo a Santo Amaro. Um pequeno trem a vapor, de estilo europeu e lá fabricado, beneficiou a região por onde passou[10].

1887 — O Sítio Traição é herdado pelos irmãos Klein: Paulo, Libório e João, filhos de Carlos. Eles, também, nasceram e se criaram na fazenda.

---

5. Livro de casamentos 8, folha 21. Sto. Amaro. Arquivo da Cúria Metropolitana de S. Paulo [1834-1841].
6. Franco da Silveira, W. Notas Genealógicas. Pirassununga, São Paulo, 1955. Entrevistas: Família Vieira de Moraes.
7. Traslado de compra e venda feita por título particular, datado de 6/11/1911 — relativo a imóvel situado na Rua Indiana, 1217, no bairro do Brooklin Novo, da propriedade de Isaac e Zuleide de Castro, data de 13/1/1953. Traslado citado na nota (3).
8. Ver nota (3); data provável de sua viuvez.
9. Ver nota (6) *Op. cit.*
10. Atas - CMSA (1854-1881) — Livro 4, p. 79 e 89.

1889 — Com 67 anos de existência, a casa-grande foi então reformada por iniciativa de João Klein.[11]

1900 — Nesse ano, a Light & Power Co. obteve a ferrovia de A. Kuhlmann.[12]

1911 — A 13 de setembro de 1911, faleceu, em Pirassununga, Rosa Emília Vieira de Moraes, deixando aos filhos e netos uma herança de 400 hectares de terras na Piraquara.[13]

1913 — A Light inaugura, em outro percurso, a linha n.º 101 de bondes elétricos para Sto. Amaro. Ela permaneceria até 1968.[14 e 15]

1919 — Nesse ano, Paulo Klein vendeu 156 alqueires de suas terras, na região do Córrego do Cordeiro, para Júlio e Amilda Klauning.[15]

1920 — Nesse ano, Júlio Klauning vendeu parte de suas terras a Álvaro Rodrigues, Afonso de Oliveira Santos e para o Grupo Votorantim de José Ermírio de Moraes.[16]

1921 — A 3 de outubro de 1921, Júlio Klauning requereu à Câmara Municipal de Santo Amaro a aprovação de uma planta de arruamento para as terras no Cordeiro.

A 18 de julho de 1921, o Grupo Votorantim fizera igual pedido para lotear sua propriedade. Os requerimentos foram aprovados.

A 3 de outubro de 1921, o Ofício n.º 91 rejeitou o nome sugerido pelo Grupo Votorantim de batizar oficialmente a região conhecida como Volta Redonda, com o nome de Brooklin Paulista. O Ofício foi confirmado pela Resolução n.º 99.[17]

---

11. Ver nota (3) — Traslado citado.
12. *Revista Interlagos*. Ano XI (20), setembro/1961 — Edição Especial: Centenário de Santo Amaro. Elisário Venâncio de Mello. p. s/n.º
13. Certidão dos Autos de Inventário dos Bens de Rosa Emília V. de Moraes — já citado.
14. Atas da CMSA (1910-1913) — Livro 8, p. 63v. Requerimento da Light & Power Co. à CMSA pedindo direito de construir uma linha de bondes ligando São Paulo a Santo Amaro. Atas da CMSA (1910-1913) — Livro 8, p. 70 — 12/6/1913, CMSA — "agradece a seu orador, o capitão Francisco Pereira Júnior, pelos serviços prestados na festa de inauguração dos bondes elétricos na região."
15. Ver nota (3) — Traslado já citado.
16. Traslado da Escritura n.º 39. 164, Livro 3, Comarca da Capital do Estado de S. Paulo, 1ª Circunscrição, Registro de Imóveis.
17. Atas CMSA (1920-1925), Livro 11, p. 23v. Caixa 30. Papéis sem verificação da CMSA de 1921; 8/10/1921. Referem-se a: Júlio Klauning que faz requerimento a CMSA pedindo permissão para arruar suas terras na região do Cordeiro. p. 37v, 38, 39 e 39v de 18/7/1921, 11/10/1921 e 26/10/1921, respectivamente — registram: devolução da planta de terrenos do Grupo Votorantim que fora enviada a 24 /5/1917 pelo Banco União de S. Paulo e Grupo Votorantim (Atas Livro 10 — 1914-1919, p. 64v). Junto da Planta fora enviado pedido de aprovação do arruamento nas regiões de Volta Redonda e Cordeiro. O Ofício n.º 91 aprova arruamento, mas nega troca de nome da região por Brooklyn Paulista. A Resolução n.º 99 (p. 39), confirma o Ofício. Caixa 16-A — Papéis sem verificação da CMSA — título Miscelânea. Cita Júlio Klauning — Traslado citado na nota (16) deste capítulo, se refere à venda das terras de Júlio Klauning ao Grupo Votorantim. Atas da CMSA (1920-1925), Livro 11, p. 48 — referências à substituição do nome das terras do Grupo Votorantim.

1931 — A 29 de maio de 1931, a família Vieira de Moraes, proprietária de terras na região da parada Piraquara, do bonde elétrico da Light, representada pelo Dr. João Manoel Vieira de Moraes, obtém a aprovação do loteamento e arruamento de sua propriedade. Desmembrando-se do já loteado Brooklin Paulista, forma-se o bairro de Campo Belo, integrado a Santo Amaro.[18]

---

18. Dados extraídos da Planta oficial do arruamento de Campo Belo, de 29 de maio de 1931, da AE-SAMARO, consultada em 1977. Estava já em estado de deterioração, e jamais fora consultada até então. Tivemos que abri-la no chão, tão grande era a planta. Não havia recursos locais para reproduzi-la. A 4 de fevereiro de 1977, os autores desta monografia entrevistaram o Dr. João Manuel Vieira de Moraes em sua residência, na Vila Aipuá, em Campo Belo e ele se referiu e descreveu tal acontecimento.

3
Notas biográficas

Braz Rodrigues de Arzão

Braz Rodrigues de Arzão nasceu na Vila de São Paulo de Piratininga aproximadamente em 1616, vindo a falecer na mencionada Vila a 12 de julho de 1692.

Conforme declarou em seu testamento de 12 de junho de 1692, era ele filho de Cornélio de Arzão, flamengo, e Elvira Rodrigues Tenório de Aguillar, paulista. Idoso, doente porém lúcido, como afirmou, sempre residiu em São Paulo. Era casado com Maria Egipcíaca Domingues e foi pai de três filhas, que indicou como herdeiras legítimas: eram elas, Maria Rodrigues casada com Antônio Gomes e depois com Gaspar de Brito Moreira; Maria Egipcíaca de Arzão, casada com Jerônimo Machado e Maria de Arzão, casada com Manoel de Souza Pereira. Este genro e sua mulher, Maria Egipcíaca Domingues, foram suas testemunhas no testamento que arrolou seus bens.

Abastado, entre as muitas terras que possuiu, destacamos a sesmaria que lhe foi concedida pelo rei português, D. João IV, em 1675, por seus inúmeros serviços prestados à coroa portuguesa, como entradeiro e homem público, dos quais se desincumbiu com coragem e competência. A sesmaria acima citada situava-se "nos capões que ficam entre o caminho do padre vigário Domingos Gomes e o nosso caminho que vai para Santo Amaro, como constará da carta que tenho, entre outras datas escrituras". Essa grande extensão de terras ficava entre a sesmaria do "padre turrão", padre Domingos Gomes Albernaz, no futuro Jabaquara e o Rio Pinheiros, avizinhando-se com as terras de Afonso Sardinha. Essa propriedade insere o intrépido entradeiro no estudo das terras onde, 256 anos mais tarde, formar-se-ia o bairro de Campo Belo.

Seguem, cronologicamente, alguns de seus feitos que o qualificaram, como também a alguns de seus familiares, como intrépidos membros das tropas paulistas que, nos séculos XVII e XVIII, vasculharam os sertões de São Paulo e Minas Gerais à procura de riquezas, para o reino português.

1651 — como tenente, lutou com Domingos Barbosa Calheiros, em Itatim. Na Bahia, aprisionou três mil índios e se tornou capitão-mor da Conquista, em 1658.

1670 — com o sertanista Estevão Ribeiro Baião Parente, participou de expedição contra "índios enfurecidos", inimigos dos sertanistas, na Bahia.

1671 — como capitão-mor, aprisionou índios Maracá, na Bahia, e os "vendeu além de Orobó". Recebeu terras, escravos e outros benefícios.

1674 — lutou contra índios em São Vicente, para escravizar gentios necessários à entrada que iria a Paranaguá, no Paraná, à procura de prata.

O príncipe D. Pedro, de Portugal, enviou-lhes várias cartas agradecendo os trabalhos das tropas paulistas.

1675 — novas entradas iriam a Sabarabuçu, com Estevão Baião e a tropa paulista, procurar ouro. Nesse ano, Braz Rodrigues de Arzão recebe, por concessão, a sesmaria que se estenderia do Traição ao Rio Pinheiros.

1677 — nesse ano, Manoel Rodrigues de Arzão, irmão de Braz, é nomeado capitão de ordenança do bairro de Santo Amaro de Virapoeira, da Vila de São Paulo.

1678 — Braz Rodrigues de Arzão participou da expedição de Rodrigo de Castelo Branco à serra de Paranaguá. Braz era procurador dos paulistas diante do governo local e dos donatários e governadores. Liderou também um grupo, de "homens bons" de "estirpe Piratininga", que reclamou da atitude do governo do Rio de janeiro, que libertara índios escravizados. Braz, julgou que fora resultado de influência dos jesuítas e os ameaçou de expulsão e exigiu que as autoridades governamentais tomassem as medidas cabíveis para amenizar e apaziguar os índios. Ele voltava então, vitorioso de uma campanha contra índios sublevados na Bahia.

1679 — partindo de Santos, a 10 de março de 1679, o capitão-mor Braz Rodrigues de Arzão, com centenas de índios armados e dezenas de sertanistas, foi para a região platina participar da construção da colônia portuguesa de Sacramento, em terras espanholas. Queriam vigiar a frota vinda de Potosi na Bolívia. Na viagem, naufragaram e foram aprisionados por ordem de jesuítas espanhóis.

1680 — D. Manoel Lobo foi ao prata para construir a colônia. Houve lutas entre portugueses e espanhóis. Braz e outros conseguiram liberdade e foram para São Paulo.

1681 — Braz participou de uma expedição à Sabarabuçú. Com quase setenta anos de idade ainda não se desincumbia desses pesados serviços.

Depois desta data não se registraram novas expedições nas quais seu nome tenha sido citado.

Dez anos mais tarde, faleceria o bravo entradeiro.

Primeiramente peço que se Deus for servido levar-me para si que meu corpo seja enterrado na capela da Venerável Ordem Terceira de meu seráfico São Francisco donde sou Irmão Terceiro e a mortalha no mesmo hábito da religião de que se dava a esmola acostumada...

Como também declaro que sou Irmão na Santa Casa de Misericórdia e peço ao Senhor Provedor e aos mais Irmãos queiram pelo amor de Deus e pela obrigação que tem de acompanhar meu corpo até a sepultura e todo o mais acompanhamento deixo a eleição meus testamenteiros para que me mandem enterrar sem essas pompas mas um enterro honesto para que façam o que eu fizera por eles e assim peço pelo amor de Deus a meu genro Manoel de Souza Pereira e a minha mulher queiram ser meus testamenteiros.[1]

Sua esposa faleceu a 7 de fevereiro de 1702, sepultada ao seu lado.

A partilha de seus bens deu-se a 15 de agosto de 1695. Em 1703, suas filhas receberam 23.958 réis cada uma.

João Esteves Corrêa

Nascido em Portugal, aproximadamente em 1700, veio ao Brasil provavelmente em 1735 para assumir, como contratado pela Câmara Municipal de São Paulo, o monopólio do corte e venda de carne para a população local.

Residindo em São Paulo, seria responsável pela qualidade da carne vendida e pela higiene de seu açougue.

Por ignorância, os pecuaristas costumavam abater, cortar e vender as carnes de suas reses, não se preocupando com a higiene dessas operações nem com a saúde de suas reses. Tantos eram os problemas assim criados que, a 6 de fevereiro de 1734, a Ordem Régia de número 105 determinou "Idital dos Officiais do Senado da Câmara desta Cidade sobre adevertirem ao povo della, e criadores do seu termo, não mandem cortar carne, das reses que lhe morrem de peste, e outros malles contagiosos, debaixo das penas que nele se declarão e... para pessoas desta cidade zellosas do bem cumum...". Quem desobedecesse seria preso e pagaria seis mil réis de multa.[1]

Um Alvará, de 4 de fevereiro de 1736, registrou o compromisso assumido por João Esteves Corrêa a respeito do corte e venda de carne.[2]

Os criadores deveriam, daquela data em diante, levar suas reses vivas ou abatidas para o novo responsável diante da lei.

Sua proposta ao poder municipal, de pedir que os criadores que pretendessem abater o gado no açougue municipal o avisassem com dois dias de antecedência, pareceu justa a todos.

---

1. Livro de Inventários e Testamentos publicados. Piratininga, 1921; DAESP.

João vinha substituir uma série de outros contratadores que tinham má fé em suas atividades e estavam sendo rejeitados pelas autoridades, pelos criadores e pela população.[3]

Os vereadores Antonio Xavier Garrido e Estevão Raposo da Silva criticavam os problemas do abastecimento e fornecimento não satisfatórios à população assim como a falta de higiene nos trabalhos de abate e corte.[3]

Muitos editais a esse respeito eram publicados na época.

Havia até casos de soldados roubando carne dos fazendeiros e vendendo-as sem escrúpulos. Os criadores também demoraram a aceitar a obrigatoriedade dos contratos com a Câmara.[3]

João Esteves aceitara as cláusulas contratuais feitas por Manuel Álvares Fontes em 1731 e edital de 15 de maio de 1732, publicado por ordem do severo capitão general Caldeira Pimentel, proibindo o corte de carne fora do açougue público.

Seguem as condições impostas pelo contrato[2] feito entre a Câmara de São Paulo e João Esteves Corrêa:

1.ª O corte teria que ser gordo, bom, saudável e vendido todas as terças-feiras e aos sábados;

2.ª A cada cabeça de gado cortada, João, ao recebê-la, deveria pagar trezentos e vinte réis à Câmara de São Paulo;

3.ª Todas as terças-feiras e sábados, João pagaria ao Senado seis mil réis, mesmo que faltasse gado para ser vendido;

4.ª Foi ajustado em seiscentos e quarenta réis, por arroba, o preço da venda da carne;

5.ª Todos os criadores deveriam avisar aos juízes da Câmara de São Paulo, todas as vezes que levassem suas reses para João cortar e vender.

A entrega a João deveria ser feita sempre às quartas ou quintas-feiras e a cada rês abatida para ser vendida o criador deveria pagar meia pataca ao Senado.

6.ª Quem não entregasse seu gado a João teria a carne apreendida e distribuída aos presidiários e soldados;

7.ª Os oficiais da Câmara poderiam fazer apreensão, mesmo sem a presença de João, o contratador;

8.ª Os criadores poderiam vender o boi em pé, a João;

9.ª Quem comprasse carne cortada fora do açougue, pagaria dois mil réis ao Senado e teria dez dias de cadeia;

10.ª Criadores que matassem, vendessem e escondessem do Senado, pagariam três mil réis ao Senado;

11.ª O contratador teria que lavar, toda sexta-feira, o açougue, com vassoura, água e casca de côco, senão pagaria multa ao Senado;

12.ª Estas são as condições copiadas do contrato original de João com o Senado. (assinado por Mathias Fernão de Abranches)

Tudo isso foi publicado à população de São Paulo.

João Esteves Corrêa era Irmão da Ordem Terceira de São Francisco da Penitência e, em 1736, doou 4$800 réis para dourar o novo retábulo recentemente colocado na Capela da Ordem. Ele foi citado no livro de Frei Abelardo Ortmann também, sobre a história da Capela, como proeminente homem de negócios de seleto grupo de mercadores, de S. Paulo, do século XVIII.[3]

Em 1737, João Esteves Corrêa se casou com Catharina Correya de Siqueira. Sua descendência é tratada mais adiante.

Em 1742, João Esteves Corrêa tornou-se proprietário da grande sesmaria de Braz Rodrigues de Arzão e da data de terra de Garcia Rodrigues Velho e as uniu em um só imóvel. Em 1780 é citado como sitiante da Traição e vizinho das terras de Albernaz e como monopolista de corte e venda de carne em São Paulo. Tinha então terras no Geribatiba, Tapera e Guacury (Diadema), regiões santamarenses.

Segue a descendência deste grande proprietário:[4]

1. João Esteves Corrêa; de seu casamento, em 1737, com Catharina Correya de Siqueira, falecida em 6 de maio de 1784, logo após ao marido, filha de André Lourenço Salgado e Maria Corrêa, teve quatro filhos:
    2.1. Francisca Maria Esteves, nascida em 1739. Casou-se com Antonio Safino da Fonseca, falecido em 1808. São seus filhos:
        2.1.1. João Safino da Fonseca, padre, com testamento em 17 de dezembro de 1821. Veio a falecer em 1822. Afilhado do avô e confundido, às vezes, com seu tio Manoel Esteves Corrêa (2.2.).
        2.1.2. Antonio Safino da Fonseca, nascido em 1761, sargento-mor e vereador da Câmara de São Paulo. Falecido em 1828.
        2.1.3. Manoel Safino da Fonseca, nascido em 1763 e falecido em 1865, com problemas mentais. Casado com Anna Maria Arruda e residente, por muito tempo, em Mato Grosso, tiveram:
            2.1.3.1. Manoel Safino de Arruda, que foi casado com V. P. de Lara Bethetlem. Tiveram seis filhos: Anna, Antonio, Maria, Clara, João e Francisca.
            2.1.3.2. Francisca Safino de Arruda, casada com João Paes de Brito.
    2.2. Manoel Esteves Corrêa, padre, nascido em 1741 e falecido em 1802.
    2.3. Anna Maria Esteves, nascida em 1746 e falecida por volta de 1789.
    2.4. Maria da Conceição Esteves, nascida em 1747 e casada com o cel. José Antonio de Lacerda. Tiveram:
        2.4.1. José Anastácio, nascido em 1777.

Quando João Esteves Corrêa faleceu, em 1784,[5] deixou parte de seus bens a três de seus netos, João Safino da Fonseca (2.1.1.), Antonio Safino da Fonseca (2. 1. 2.) e Manoel Safino da Fonseca (2. 1. 3.). Herdaram eles a sesmaria que fora de Braz Rodrigues de Arzão.

Em 1822, Manoel Safino de Arruda (2. 1. 3. 1.) faz construir a casa-grande nestas terras herdadas por seus pais. Em 1832 deu ele início à fragmentação da citada sesmaria, vendendo uma parte dela, na região do Córrego do Cordeiro ou Cupecê, e outra, ao longo do Córrego da Traição, esta em 1834.

Manoel Safino de Arruda faleceu a 23 de janeiro de 1855, com testamento concluído no processo de 1.º de março de 1875.

Fontes consultadas
(1). Revista do Arquivo Municipal — PMSP. Deptº de Cultura. vol. LIV. p. 110.
(2). *Op. cit.* vol. LIX. p. 190-191.
(3). Livro de Óbitos. 1760-1790. p. 55. (Obs.: a 10 de janeiro de 1768, faleceu João Esteves Corrêa. Sepultura n.º 25 na Ordem Terceira de S. Francisco das Chagas, São Paulo-SP; Revista RAMSP, vol. VI. p. 5 e seguintes. (Texto de Afonso d'E. Taunay).
(4). Fleury Monteiro, Zenon. Reconstituição do Caminho do Carro para Santo Amaro Doc n.º 9. Anexo 2. Genealogia.
(5). *Op. Cit.* na nota 2.

MANOEL JOSÉ DE MORAES (1783-1867)

Filho único de Anastácio de Moraes de Camargo e Anna Maria Teixeira. Anastácio era capitão da Ordem da Freguesia de Santo Amaro em 1804. Nasceu e se batizou em Santo Amaro, em 1783.[2] É a oitava geração, em linha direta, de Baltazar de Moraes Antas e Brites Rodrigues Annes; estes últimos viveram em S. Paulo onde Baltazar era Juiz Ordinário.

Conforme os linhagistas, os Moraes descendem do primeiro rei visigodo, Ataulfo o que lhes dá raiz aristocrática hispano-visigoda. Alguns dos Moraes mudaram-se para Portugal.[3]

Manoel José de Moraes viveu 84 anos, dos quais dois terços em Itapecerica da Serra, onde faleceu a 25 de outubro de 1867, repentinamente. Foi sepultado no cemitério da Igreja Matriz de N.ª Sra. dos Prazeres.[4]

Aos 27 anos de idade, quando se casou com sua prima Ana Rosa de Moraes, a 18 de janeiro de 1810 em Santo Amaro[5], já era cerealista conhecido e Alferes da Guarda Nacional Municipal Santamarense.[6]

---

2. Livro 6 de Dispensas Matrimoniais e Casamentos. Anos 1806-1814. Santo Amaro, códice 4-2-1922, p. 55 e 56. ACMSP. Auto de Dispensa Matrimonial e Casamentos, Santo Amaro 8-38, vol. 3921, de 14-1-1810, fl. 11. ACMSP.
3. Revista Genealógica Latina-Anuário Genealógico Latino. Salvador Moya. Vol. 4, 1952, p. 65. [texto de José Avellar Fernandes]
4. Livro de Óbitos de Itapecerica. Anos 1857-1871, fl. 35, códice 10-2-1957. Arquivo da Cúria Metropolitana de S. Paulo (ACMSP).
5. Fonte citada na nota 2.
6. Documentos supra citados.

Conforme citações de seus descendentes, foi marido zeloso e teve em sua mulher uma companheira ideal, participante de suas atividades.[7] Foi também pai cuidadoso na educação de seus seis filhos: Benta, Anna Justina, Rosa Emília, Antonio, Manoel e Maria. Eles herdaram não apenas seus muitos bens, mas também as qualidades.[8]

Da análise de suas realizações pudemos, criteriosamente, presumir que teve esmerada educação o que lhe deu muitas qualidades. Seu perfil é marcado por dinamismo aliado à responsabilidade. De caráter íntegro, era leal, preocupado com o bem comum; com moderna visão do mundo, persistia na busca de seus ideais. Era empreendedor, incansável. Mereceu sempre o respeito e admiração de seus familiares e contemporâneos.

Funções diversificadas, exercidas com seriedade e competência, registraram sua sensibilidade diante dos fatos e das necessidades. Tinha preparo para entendê-las e satisfazê-las. Percebe-se isso, no estudo de seu desempenho como homem público.[9]

Amigo pessoal da família imperial brasileira, era membro da aristocracia rural, conservador e monarquista convicto. Defendeu, bravamente, seus ideais e provou sua lealdade ao Império quando, em 1842, bloqueou a passagem de revolucionários liberais que pretendiam obter adesões, em São Paulo, para derrubar a monarquia. Seu vizinho de terras, o liberal Pe. Diogo Antonio Feijó, e o Brigadeiro Rafael Tobias de Aguiar o haviam convidado para participar do golpe liberal que haviam tramado. Teria o Capitão Manoel José de Moraes se indignado e, retirando-se da fazenda Morumbi, teria se dirigido para sua casa, reunindo, alguns santamarenses e escravos fiéis e retardado a execução do plano.[10]

Avisado, o imperador D. Pedro II teria enviado Caxias que, após alguns embates, debelou o movimento.[11]

---

7. Depoimentos das entrevistas de números: 11 de 4/2/1977 de Dr. João Manuel Vieira de Moraes; 61 e 62 de 9/11/1998 de Leonor Vieira de Moraes Fiuza e Mary Rabelo Vieira de Moraes.
8. Conforme entrevistas citadas e mais a entrevista de número 20 de 24/8/1977 com a Professora Thereza Vieira de Moraes Prestes Law.
9. Livros de Atas da CMSA de n.º 1 a 12 dos anos de 1833 a 1929. Período correspondente à sua vida pública, 1833-1865. *Revista Interlagos*. Edição Comemorativa do IV Centenário de Santo Amaro, 1961. Ano XI, n.º 20, setembro [texto de Elisário Venâncio de Mello] *Almanaque Paulistano*, 1857 e 1858. p. 91 e p. 390-392, respectivamente. Caixa 8A, CMSA; Papéis Avulsos sem verificação, série Miscelânea; Arquivo História Municipal de São Paulo (AHMSP), Washington Luiz; *Gazeta de Santo Amaro*, 9 de janeiro de 1988; *Gazeta do Brooklin e Campo Belo*, 21 de julho de 1995.
10. Entrevistas já mencionadas, com familiares (Vieira de Moraes). *Revista Interlagos*, *Op. cit.* Azevedo Marques, Manuel Eufrásio de, Apontamentos... vol. II, p. 198-201 (texto relativo a "repulsa de alguns" e "traição de poucos" no movimento liberal de 1842.) p. 198-201.
11. Calmon, Pedro. *História do Brasil*. José Olympio. Rio de Janeiro, 1959, vol. V, p. 1638-1643. (Agitações Liberais).

Por sua lealdade, o capitão foi agraciado com a comenda da Imperial Ordem da Rosa.[12]

Diz a crônica que, durante sua participação na prefeitura e Câmara Municipal santamarense na qual foi presidente e vereador, o capitão apresentou à Corte, no Rio de Janeiro, a importância de uma via férrea que ligasse Santo Amaro a São Paulo.[13]

Quase vinte anos após a morte de Manoel José de Moraes, o engenheiro Alberto Kuhlmann concretizou aquele projeto que fora habilmente exposto pelo capitão. Em 1887 o próprio imperador foi conhecê-lo pessoalmente, comprovando ter reconhecido, tardiamente, o valor do empreendimento.[14]

A fazenda de Manoel José de Moraes situava-se próxima do Rio Boimirim, que delimitava a Vila de Santo Amaro da Freguesia de Itapecerica da Serra. Nessas terras, ele viveu e criou seus filhos. Mais tarde ali se formou o bairro de Boimirim.[15]

Quando, em 1837, se casou sua filha, Rosa Emília de Moraes com seu sobrinho, o tenente José Manuel Vieira de Moraes,[16] dotou-a com as terras que arrematara em 1834. Nela formou-se o Sítio Traição, onde o capitão e seu genro criavam burros, que eram vendidos aos tropeiros que transitavam constantemente entre São Paulo, Santo Amaro e Santos.[17] Era um comércio muito lucrativo, pois o citado animal era o único que resistia às dificuldades encontradas nos precários caminhos da época.[18]

Na casa-grande construída em 1822 para os Safino de Arruda, Rosa Emília e José Manuel Vieira de Moraes viveram durante vinte anos, sendo a primeira geração dos Vieira de Moraes a residir nas terras do futuro Brooklin Paulista. No casarão nasceram e viveram parte da primeira infância, os seis filhos do casal: Manoel Jacyntho, Jacyntho, Ricardo, Cândido, Brazilina e Amélia.[19]

---

12. Entrevistas com familiares dos Vieira de Moraes. *Revista Interlagos*. Edição Comemorativa do IV Centenário de Santo Amaro, São Paulo, 1961. Ano XI, n.º 20, setembro. Texto de Elisário Venâncio de Mello sobre Ilustres Santamarenses, foto sem crédito. (Foto do comendador portando a medalha).
13. *Revista Interlagos. Op. cit.*, páginas sem número (comendador sugere a D. Pedro II a construção de uma linha férrea entre S. Paulo e Sto. Amaro).
14. *Revista Interlagos. Op. cit.*, idem, (1887 — D. Pedro II visita linha férrea).
15. Entrevista com familiares dos Vieira de Moraes. Atas da CMSA, Livro 2, p. 85 (terras do comendador em Itapecerica).
16. Dispensas Matrimoniais, Livro 8, Santo Amaro, anos 1834-1841, p. 21. ACMSP. Auto de Dispensa Matrimonial. Pasta 3921, vol. 3921, fl. 11, cód. 8-38 (em favor dos nubentes Manoel José de Moraes e Anna Rosa de Moraes). ACMSP. Auto de Inventário, traslado de 1957, anteriormente mencionado.
17. Entrevistas com familiares dos Vieira de Moraes.
18. Müller, Daniel Pedro, 1775-1842. Ensaio d'um quadro estatístico da Província de S. Paulo, ordenado pelas leis municipais de 11 de abril de 1836 e 10 de março de 1837. 3.ª ed., fac-símile. São Paulo, Governo do Estado, 1978. Coleção Paulística, vol. XI, p. X, nota 4 e p. 125.
19. *Revista Interlagos. Op. cit.* Auto de Inventário, traslado de 1957, já mencionado. Papéis sem verificação da CMSA, Caixa 22, ano 1912, assunto Terras — AHMSP. Planta do Rincão do Buraco do Peixe. Coleção Aguirre, Museu Paulista, Seção de Mapas.

José Manuel Vieira de Moraes e o sogro, eram citados como "pessoas de envergadura", na lista dos clientes abastados do conhecido comerciante santamarense, Adolpho Alves Pinheiro.[20]

Grande proprietário de terras em Santo Amaro, cerealista e pecuarista, considerado homem de múltiplos negócios, "gente grossa", viu-se forçado a se afastar, por várias vezes, de suas atividades públicas para tratar de interesses pessoais ou de seus munícipes. Eram muitas suas viagens a S. Paulo, Rio de Janeiro e outras Províncias.[21]

No século XIX, os cargos públicos, nomeados ou eletivos, não eram remunerados. Eram cargos de confiança, preenchidos por homens de sólida posição sócio-econômica, de educação esmerada e caráter íntegro. Eram pouquíssimos os qualificados como eleitores ou elegíveis. Possivelmente por haver benefício à comunidade, sem ônus ao erário público, era permitido o acúmulo de cargos.[22]

Nesse contexto, inclui-se o capitão Manoel José de Moraes que, desde 1810 como Alferes,[23] já pertencia à Guarda Nacional Municipal Santamarense e, desde 1830, era vereador e Juiz de Paz em Itapecerica da Serra.[24]

Foi empossado como primeiro Prefeito, nomeado em S. Paulo, para Santo Amaro, a 13 de outubro de 1835, às 12h30.[25]

Comprovando sua preocupação com o bem da comunidade, como vereador em Santo Amaro, cuidou de uma campanha de saneamento: a 25 de maio de 1838 determinou a vacinação dos munícipes, contra a terrível bexiga que ameaçava a população; determinou a limpeza e o fechamento dos terrenos baldios em Santo Amaro, o calçamento e a limpeza das ruas e o conserto das pontes.[26] Permaneceu como vereador em Santo Amaro até 1844. Presidente da Província de São Paulo, Rafael Tobias de Aguiar, o nomeou, a 23 de julho de 1839, ao cargo de Juiz Interino Municipal em Santo Amaro.[27]

---

20. Petrillo Berardi, Maria Helena. *Santo Amaro, História dos Bairros de S. Paulo*, 1969, p. 61-62. PMSP. Zenha, Edmundo. O Santo Amaro de Paulo Eiró, separata da Revista do AMSP, vol. CLIII, São Paulo, 1952, p. 12.
21. Atas da CMSA, Livro 2, p. 39, 58, 97, 184; Atas da CMSA, Livro 2, vol. 3, p. 23, ano 1857.
22. Papéis sem verificação. CMSA, Caixa 13A, ano 1835, série Legislação.
23. Dispensa Matrimonial e Casamentos. *Op. cit.*
24. Atas da CMSA, Livro 1, 1833, p. 15-16. Müller, Daniel Pedro, *Op. cit.*, p. 52.
25. Atas da CMSA, Livro 1, 1833-1835, p. 41-43; Papéis sem verificação. CMSA, Caixa 13A. Atas da CMSA, Livro 1, 1835, p. 41 e 41v, 42 e 42v (4 de maio de 1835), p. 43 e 43v (3 de maio de 1835), p. 50 e 50v (13 de outubro de 1835; 12h30).
26. Atas da CMSA, Livro 2, ano 1838, p. 2. Papéis sem verificação da CMSA, Caixa 14A, 1840, série Legislação. AHMSPWL.
27. Atas da CMSA, Livro 2, 1839, p. 11.

O ano de 1840 registrou sua intensa atividade ao cuidar do Caminho que ligava S. Paulo à Santo Amaro. Preocupava-o, como às demais autoridades, a segurança e o conforto dos viajantes, bem como o progresso econômico da Vila. Como Juiz cabia-lhe indicar inspetores que seriam responsáveis pelo citado Caminho. Diante de desrespeito às posturas, denunciado pelos inspetores, caberia ao Juiz punir os culpados.[28]

Dizia Pedro Daniel Müller: "... o terreno não está ainda habitado, mas a estrada já existe. Vem antes da ocupação porque é muito importante para os viajantes e para a economia."[29]

De 7 de janeiro de 1841 a 7 de janeiro de 1865, Manoel José de Moraes ocupou, por seis vezes consecutivas, o cargo de presidente eleito da Câmara Municipal de Santo Amaro. Foram 24 anos de muita dedicação.[30]

A 25 de novembro de 1844, afastou-se da vereança da Vila de Santo Amaro.[31]

A educação foi prioridade para o incansável capitão Moraes. Em 1844, contratou o professor João Augusto Ferreira de Abreu para iniciar as aulas das Primeiras Letras em Itapecerica da Serra.[32] Em 1847, fez um levantamento das escolas públicas e privadas na citada Freguesia e realizou inspeção nas mencionadas escolas. Preocupava-o a qualidade do ensino.[33]

Quase um século mais tarde, em 1932, seu bisneto, Dr. João Manuel Vieira de Moraes propiciaria a abertura da primeira escola privada no recém-formado bairro de Campo Belo.[34] Mais tarde, a família cederia terras para que se abrissem as escolas públicas na região.

Continuando sua trajetória de homem público, em 1848, o capitão Moraes foi nomeado Delegado de Polícia em Santo Amaro. Cresciam suas responsabilidades.[35]

No ano seguinte coube-lhe a tarefa de reorganizar a Guarda Nacional Municipal Santamarense. A aristocracia rural compunha essa guarda de elite que defendia os interesses daqueles que eram sustentáculos do Império.[36]

Em 1851, foi proposto e nomeado Juiz de Paz em Santo Amaro.[37]

---

28. Atas da CMSA, Livro 1840, p. 39; 1840, p. 58; 1846, p. 76.
29. Müller, Pedro Daniel, *Op. cit.*, 102.
30. Müller, Pedro Daniel, *Op. cit.*, nota 22, p. 98. Atas da CMSA, Livro 1, p. 58. Atas da CMSA, Livro 2, vol. 3, p. 75.
31. Atas da CMSA, Livro 2, vol. 2, p. 106, 1844.
32. Idem.
33. Atas da CMSA, Livro 2, vol. 2, p. 157, 1847.
34. Entrevistas com familiares dos Vieira de Moraes.
35. Atas da CMSA, Livro 2, vol. 2, p. 169, 1848.
36. Atas da CMSA, Livro 2, vol. 2, p. 171, 1849.
37. Atas da CMSA, Livro 2, vol. 2, p. 182, 1851.

No ano seguinte, foi nomeado Inspetor do 67.º Distrito que compunha a Vila de Santo Amaro e a Freguesia de Itapecerica.[38]

Em 1856 e 1857, foi responsável pelo projeto e construção do primeiro cemitério de Itapecerica, pois a lei não mais permitia enterramentos nas igrejas[39]; cuidou mais, também do conserto e manutenção da igreja matriz de Itapecerica da Serra.[40]

Em 1860, foi nomeado Juiz de Paz na citada Freguesia.[41]

A 30 de dezembro de 1859, aos 73 anos, faleceu sua esposa, sendo ela sepultada no cemitério da Igreja Matriz de Itapecerica.[42]

Em 1865, idoso, cansado e doente, afastou-se da vida pública, deixando em seu lugar, como Presidente da CMSA, seu genro, o tenente José Manoel V. de Moraes, que permaneceu no cargo até 7 de janeiro de 1869.[43]

Por motivos que ainda desconhecemos, seu nome não aparece nas ruas santamarenses e nem na monografia de Santo Amaro[44], onde foi "figura proeminente" conforme a crônica.

Em Itapecerica da Serra, onde viveu e trabalhou, existe uma minúscula travessa, no centro, denominada Capitão Moraes.[45]

A família, já na quinta geração, pouco conhece desse antepassado. O Dr. Manoel Jacyntho V. de Moraes, neto do capitão Moraes, é carinhosamente chamado de "vovô Moraes" e tem uma significativa homenagem de seus descendentes, nomeando a principal rua do bairro de Campo Belo, formado nas terras do velho sítio Traição.[46]

A única foto disponível é de autoria desconhecida, pois não foi citado seu crédito. Ela ilustra um texto do jornalista Elisário Venâncio de Mello na Revista Interlagos de setembro de 1961. Nela, o comendador porta sua comenda.[47]

As notas biográficas resgatam um pouco da memória de Manoel José de Moraes e abrem caminho para novas pesquisas sobre um homem que muito trabalhou por Santo Amaro e que ficou por 133 anos esquecido, apesar de ilustre.

---

38. Atas da CMSA, Livro 2, vol. 2, p. 184, 1852. Atas da CMSA, Livro 2, vol. 3, p. 20, 1853.
39. Atas da CMSA, Livro 2, vol. 3, p. 8, 1854.
40. Atas da CMSA, Livro 2, vol. 3, p. 10, 1856. Atas da CMSA, Livro 3, p. 13, 1854-1881.
41. Papéis sem verificação da CMSA, Caixa 13A, série legislação. Atas da CMSA, Livro 2, vol. 3, p. 49v, 1859.
42. Livro de Óbitos, Itapecerica, anos 1857-1871, fl. 11, cód. 10-02-53, ACMSP.
43. Atas da CMSA, Livro 2, vol. 3, p. 75, 1865; p. 96v, 1869.
44. Petrillo Berardi, M. Helena. Santo Amaro, Op. cit.
45. Guia Cartoplan, São Paulo, 2000, p. 181.
46. Entrevistas com familiares já citados.
47. *Revista Interlagos*, Op. cit. Foto já mencionada, sobre a comenda.

Um texto extraído de artigo sobre "o primeiro prefeito de Santo Amaro", traduz um pouco daquilo que sobre ele se dizia:

"... os homens que no começo do século XIX comandavam a política santamarense, eram dotados de temperamento somente comparáveis ao puro aço, uma vez que, para a sua sobrevivência lhes era permitido permanecer na cômoda situação dos bem aquinhoados pela fortuna."

"... Naquela época, mandava e desmandava como chefe político, o mais rico e poderoso proprietário de terras de toda a Província, e que mantinha na Corte do Imperador D. Pedro II, consideração, respeito e amizade. Era ele o capitão Manoel José de Moraes, posteriormente "comendador", por ato soberano, que lhe conferiu essa notável distinção.

Descendente de santamarenses de 1561, era tio-avô de Prudente de Moraes, o primeiro presidente civil da República "... o comendador Manoel José de Moraes... pleiteou junto ao presidente da Província de S. Paulo, para que Santo Amaro fosse elevado a município... a 10 de julho de 1832. Rafael Tobias de Aguiar outorga aos Santamarenses o direito de governar o seu próprio território... aquele que dominava a política em Santo Amaro foi nomeado para dirigir o governo do município, sendo o seu primeiro prefeito."

"O Primeiro Prefeito do Município de Sto. Amaro

Os homens, que no começo do século XIX comandavam a política santamarense, eram dotados de temperamentos somente comparáveis ao puro aço, uma vez que, para a sua sobrevivência lhes era permitido permanecer na cômoda situação dos bem aquinhoados pela fortuna.

Não raramente, saiam a campo empunhado armas e, após as vitórias que nunca lhes faltaram, sabiam fazer prevalecer as suas vontades e, em discussão com os contrários, intervinham com a mesma fortaleza de espírito como no campo de batalha.

Naquela época, mandava e desmandava como chefe político, o mais rico e poderoso proprietário de terras de toda a Província e que mantinha na corte do Imperador D. Pedro II, considerações de respeito e amizade. Era ele o Capitão Manoel José de Moraes, posteriormente Comendador, por ato do Soberano, que lhe conferiu essa notável distinção.

Descendente dos santamarenses de 1561, era tio-avô de Prudente de Moraes, o primeiro presidente civil da República.

Proclamada a independência do Brasil, em virtude da luta em que se empenhavam ilustres políticos brasileiros, desde o retorno a Portugal de D. João VI, não arrefeceu no espírito de todos os nacionais a ânsia da liberdade.

Esta teria de absorver todo o território e, onde imperasse a oligarquia, essa seria combatida para que o homem pudesse administrar sua terra como sua própria casa.

O santamarense, Com. Manoel José de Moraes, que a tudo assistia, e não raras vezes, auxiliara os líderes da campanha libertadora, fornecendo dinheiro e animais para o transporte dos que iam em busca de adesões à causa libertadora, por todo o território, pleitear junto ao presidente da Província de S. Paulo, para que Sto. Amaro fosse elevado a município. Em 10 de julho de 1832, o povo dirigiu-se ao salão provincial cedido pelo vigário, o padre Antônio Benedito de Assunção Freire, a fim de ouvir a palavra de seu líder, que sempre aplaudido, terminou o seu discurso após a leitura do importante decreto do presidente da Província, Rafael Tobias de Aguiar, que outorgava aos santamarenses o direito de governar o seu próprio território, que consistia na maior área e, assim, tornando-se um dos maiores municípios da Província de S. Paulo.

Como não podia deixar de acontecer, aquele que dominava a política em Sto. Amaro, foi nomeado para dirigir o governo do município sendo o seu primeiro prefeito. (p. 13-25)

O Brooklin Paulista, cujo território distrital está dentro da área demarcada pelo Rio Jurubatuba, Córrego da Traição, Córrego do Cordeiro, Estrada da Conceição, teve como seu "fundador" o comendador Manoel José de Moraes, que arrematou em hasta pública a enorme gleba de 3 milhões de m², compreendida entre o Rio Uberaba que passa atualmente além da Indianópolis (Moema), o Rio Pinheiros e o Córrego do Cordeiro e o antigo Caminho do Carro (de Boi) que vai para Sto. Amaro, que tendo início na Liberdade, capital, passa pelo espigão, atrás do aeroporto de Congonhas, hoje Jabaquara.

O evento se deu em 1834 e teve como sede da então fazenda a Casa - Grande, localizada nas proximidades do Córrego da Água Espraiada, onde está a Rua Brito Peixoto. O casarão velho teve seu fim no início de 1960, sendo demolido.

Em 1862, Rosa e José Manoel venderam as terras e o solar para Carlos Klein e Catarina Norgang Klein. Esse casal ali residiu até morrer. João Klein, filho de Carlos, herdou a casa e as terras e ali viveu com sua esposa Carolina e seus filhos. João vendeu as terras para Afonso de Oliveira Santos, para a Cia Votorantim, para Álvaro Rodrigues e para Júlio Klauning." (p. 26 e seguintes)[48]

Em 1934, um século após as realizações do homem público Manoel José de Moraes, político, fazendeiro residente em Itapecerica, notícias publicadas no jornal Diário da Noite, páginas 31, 35 e 39, em julho, traçam o perfil de uma cidade abandonada: Itapecerica.

Com dezoito mil habitantes, na maioria agricultores, tinha então apenas uma escola pública insuficiente para suas crianças. Não dispunha de hospitais, esgoto, água encanada, iluminação pública. Apenas três pequenas ruas eram abertas.

---

48. *Revista Interlagos*. Santo Amaro em revista. Edição Comemorativa do IV Centenário de Santo Amaro, n.º 20 ano XI, setembro, 1961. Elisário Venâncio de Mello. "O primeiro prefeito de Santo Amaro", p. 13 e seguintes.

As casas pequenas e pobres abrigavam uma população que tinha dois terços atingidos pelo amarelão. Quase ninguém usava calçados. Apenas a igreja matriz, a prefeitura e a escola, que funcionava no prédio destinado à Santa Casa de Misericórdia que até então jamais funcionara, eram construções menos precárias.

Álvaro de Almeida Leme, residente então desde 1922 na cidade, era farmacêutico e prefeito e comentava que apenas um médico atendia aos moradores naquela pequena cidade esquecida pelo Estado.

Em vez de progredir, a partir dos cuidados a ela dispensados no século XIX, ela se estagnara.

José Manuel Vieira de Moraes
Filho de Manuel Vieira de Brito e Isabel de Moraes.
Sendo a décima primeira geração dos Moraes, descende também dos Bicudo e dos Brito.[49]

Nascido em Santo Amaro, aproximadamente em 1813, ali se criou e, com prováveis 24 anos de idade, ao se casar a 14 de novembro de 1834,[50] com sua prima Rosa Emília de Moraes, estreitou ainda mais os laços familiares. Por ocasião do enlace matrimonial, recebeu de seu tio e sogro, o Sítio Traição, dote de sua esposa.

Na casa grande da mencionada fazenda residiu o casal durante vinte anos (1837-1857), e nela tiveram seus seis filhos, que ali viveram sua primeira infância. Eram quatro meninos, Manoel Jacyntho, Jacyntho, Ricardo e Cândido, e duas meninas, Brazilina e Amélia[51]. Conforme relatos do primogênito, transmitidos aos seus descendentes, sua mãe era esposa dedicada e mãe responsável e carinhosa. Constituíram uma das mais antigas famílias que residiram na região do futuro Brooklin Paulista.[52]

Segundo citação anterior, quando tratamos das atividades de seu sogro, o capitão Manuel José de Moraes, na grande propriedade rural, criavam burros para serem comerciados.[53]

José Manuel Vieira de Moraes vinha já de família abastada e poderosa e assim ele também se manteve, sendo incluído entre as "pessoas de envergadura" de seu tempo.[54]

---

49. Silveira, W. Franco. Notas Genealógicas, 1955. Biblioteca Genealógica Brasileira, p. 46-49.
50. Livro de Casamentos, n.º 8. Santo Amaro, 1834-1841, p. 21. ACMSP, (14 de novembro de 1837).
51. Notas Genealógicas, *Op. cit.*
52. Depoimentos de familiares dos Vieira de Moraes; Auto de Inventário, 1957, traslado citado na nota 14 deste capítulo.
53. Depoimentos de familiares.
54. Petrillo Berardi, Maria Helena. *Santo Amaro*. Coleção da História dos Bairros de S. Paulo. PMSP, São Paulo, 1969, p. 61-62.

Educado, dinâmico, foi capitão da Guarda Nacional Santamarense,[55] foi presidente da Câmara Municipal de Santo Amaro, no período de 7 de janeiro de 1865 a 7 de janeiro de 1869, em substituição ao sogro que, idoso, doente e cansado, se afastara.[56]

Apontado como "figurão da Vila pela fortuna e influência política", por Edmundo Zenha, foi, por este citado, como sendo membro da Sociedade Teatral de Santo Amaro, formada por homens ilustres e presidida por Adolpho Pinheiro. Como associado, pagava um mil réis mensalmente para que se mantivesse o teatro de Santo Amaro, fundado por Paulo Eiró em 1859.[57]

Seus pais, Manuel e Isabel, casaram-se a 16 de agosto de 1803 em Santo Amaro, onde ocupavam posição de família abastada.

José Manuel faleceu aproximadamente em 1872.[58]

Sua esposa, acometida de esclerose precoce, piorou após enviuvar e foi levada por seu filho Manoel Jacyntho para residir, com ele e sua família, em Pirassununga, onde ela viria a falecer a 13 de setembro de 1911, tendo já perdido os filhos Cândido e Amélia.[59]

Os bens do casal foram partilhados entre seus descendentes. Brazilina, casada com Francisco Dias; os filhos de Cândido e Amélia, Ricardo e Manoel Jacyntho, este último, casado com Rita Franco da Silveira, foram os herdeiros. Apenas este último residia em Pirassununga.[60]

Atualmente, a família Vieira de Moraes, em São Paulo, capital, já está na sexta geração, com alguns de seus membros residindo em Campo Belo.[61]

Manoel Jacyntho Vieira de Moraes

A 11 de setembro de 1852, na casa-grande do Sítio Traição, nasceu Manoel Jacyntho Vieira de Moraes, filho de José Manoel Vieira de Moraes e Rosa Emília de Moraes. Na propriedade paterna, situada na região santamarense, passou os primeiros anos de sua infância ao lado de seus cinco irmãos, ali também nascidos: Jacyntho, Ricardo, Cândido, Brazilina e Amélia.

Em 1857, a família vendeu o casarão e parte das terras a Carlos Klein e mudou-se para São Paulo, onde Manoel Jacyntho estudou e bacharelou-se

---

55. Almanaque Paulistano, 1857, p. 91 e 1858, p. 390-392.
56. Ata da CMSP, Livro 3, 1865, p. 75.
57. Zenha, Edmundo. *O Santo Amaro de Paulo Eiró*, separata da *Revista do AMESP*, São Paulo, vol. CLIII, 1952, p. 26.
58. Auto de Inventário, 1957, traslado citado em outras notas. (1872, Rosa Emília já estava viúva; 1865, Manuel José de Moraes se afasta da Presidência da CMSA; José Manuel V. de Moraes assume a citada presidência, até 1869. O óbito dele ocorreu portanto entre 1869 e 1872.)
59. Auto de Inventário, 1957, já mencionado.
60. *O momento*. 14 de julho de 1935. Notas Genealógicas publicadas em Pirassununga.
61. Depoimento de familiares.

em Direito, na Faculdade do Largo São Francisco, em 1876, ainda jovem. Concursado, tornou-se Promotor Público da Comarca de Descalvado, em Pirassununga. O jovem para lá se mudou e ali viveu até falecer, em 10 de julho de 1935, com 83 anos. Foi sepultado na cidade que tanto amou.

Em 1881, com 29 anos, casou-se com Rita Franco da Silveira. Tiveram quinze filhos:

1. Manoel Jacyntho Vieira de Moraes Filho, nascido a 30 de abril de 1882 e falecido em 1918; apelidado de Mimi, era casado com Balbina Rocha Mattos e pai de três filhos, já falecidos por ocasião da entrevista (1999);
2. Rodrigo, nascido a 5 de agosto de 1883, casado com Teresa Miranda Rola; pai de sete filhos;
3. Arthur, nascido a 19 de julho 1884, casado com Leonor Franco de Andrade; pai de três filhos;
4. Izaura, nascida a 14 de dezembro de 1885, casada com Ignácio Ungaretti; pai de seis filhos;
5. Fernando, nascido a 2 de janeiro de 1887, falecido em 1898;
6. Francisco, nascido a 9 de novembro de 1888, casado com Helena de Moraes de Barros; pai de dois filhos falecidos;
7. João Manuel, conhecido como Dr. Zico, nascido a 8 de agosto de 1890, casado com Francisca Cintra, em primeiras núpcias e pai de três filhos: Ivone, Rita e Afrânio, falecidos; em segundas núpcias com Inês Cachova, mãe de Paulo Afonso Vieira de Moraes, casado com Maria Helena V. de Moraes, pais de João Manuel Vieira de Moraes neto e Rosa Emília. O Dr. Zico seria, no futuro, o loteador do bairro de Campo Belo.
8. Rita, nascida a 2 de janeiro de 1892, casada com Sebastião Carlos Arantes; teve quatro filhos;
9. Maria, de 2 de dezembro de 1893, casada com José Gomes Lourenço; pai de três filhos;
10. Júlio, nasceu a 16 de agosto de 1897; faleceu criança;
11. Sílvia, nascida a 16 de junho de 1899, casada com Paul Spínola; teve duas filhas;
12. Maria, nascida a 3 de setembro de 1900; faleceu criança;
13. Noêmia, nascida a 14 de janeiro de 1904, faleceu criança;
14. Benjamin, nascido a 30 de agosto de 1905, casado com Maria Lopes; teve dois filhos;
15. José Manuel, nascido a 20 de novembro de 1908, faleceu ainda criança.

Seus filhos geraram trinta e seis netos! Chamado, carinhosamente, por seus descendentes, como Vovô Moraes, Manuel Jacyntho teve uma vida familiar exemplar e bela e uma carreira não menos admirável.

Em 1887, aos 35 anos de idade, foi nomeado delegado de Polícia em Pirassununga e, no ano seguinte, foi eleito vereador em sua cidade.

Foi Presidente do Conselho de Intendência em 1890, e dois anos depois, foi eleito Senador Estadual e logo após Deputado Federal.

Suas atividades eram contínuas; em 1897, tornou-se Presidente da Câmara Municipal e, em seguida, Intendente Municipal.

Em 1930, tornou-se Prefeito Municipal em Pirassununga e, três anos depois, Presidente do Conselho Municipal.

Trouxe ele, para sua cidade, água encanada, luz elétrica, esgoto como saneamento básico, dando combate à febre amarela. Em 1885, fundara a Escola do Povo para crianças carentes.

Foi, com tristeza, que seus concidadãos receberam a notícia de sua morte e, a ele, prestaram sua última homenagem.

No bairro paulistano de Campo Belo, uma rua traz seu nome: Vieira de Moraes. Esse fato ficou documentado em um abaixo assinado de 21 de julho de 1922; os moradores do Rincão do Buraco do Peixe e de Vila Independência requeriam à CMSA essa homenagem.

Fontes:
1. Entrevistas: Iria Cavezalle, Raul Spínola, João Manuel Vieira de Moraes, Inês Cachova, Paulo Afonso Vieira de Moraes, Leonor Vieira de Moraes Fiuza, Mary R. Vieira de Moraes, Thereza Vieira de Moraes Prestes Law e Maria Stella Moraes Lourenço Caruso.
2. Papéis sem verificação, caixa 31, 1922. Arquivo Histórico Municipal — Washington Luiz. São Paulo.
3. W. Franco da Silveira. *Notas Genealógicas*, 1955, Biblioteca Genealógica Brasileira; p. 46-49.
4. *O momento* — folha semanal de Pirassununga, São Paulo, 14 de julho de 1935. [transcrito por W. Franco da Silveira] *In*: Notas Genealógicas (de sua autoria). [necrológio de Manuel Jacyntho V. de Moraes].
5. Histórico — Notas biográficas elaboradas por uma comissão para as festividades do centenário do nascimento do Dr. Manoel Jacyntho Vieira de Moraes, 11 de setembro de 1952, Pirassununga (festividades da EEPG "Dr. Manoel Jacyntho Vieira de Moraes"), sendo ele patrono da escola que em 1985 completava 50 anos.

Dr. João Manuel Vieira de Moraes

O Dr. João Manuel Vieira de Moraes era o quinto filho do casal Manuel Jacyntho Vieira de Moraes e Rita Franco Vieira de Moraes[62]. Era bisneto,

---

62. Entrevista feita a 4/2/1977 na Vila Aipuá, com o Dr. João Manuel Vieira de Moraes e Inês Cachova; Entrevista com a Sra. Leonor V. de Moraes Fiuzza a 9/11/1998; Entrevista complementada pelo Sr. Paulo Afonso V. de Moraes a 5/5/1999; Depoimentos de antigos moradores, 1977.

portanto a 4.ª geração, do comendador Manuel José de Moraes e Ana Rosa de Moraes.

Nascido a 16 de agosto de 1890 em Pirassununga, São Paulo, cresceu e estudou nessa cidade.

Membro de ilustre família, sempre honrou seu nome. Foi profissional competente e nutriu grande entusiasmo pelo progresso. Moderno, dinâmico, inovador, com o espírito inquieto daqueles que estão adiante de seu tempo, o Dr. Zico, como era chamado pelos amigos, foi, entre muitas atividades, o responsável pelo loteamento e desenvolvimento inicial do bairro de Campo Belo, nele residindo por mais de sessenta anos. Acompanhou e foi agente transformador da região.

Pressentindo um futuro promissor para a então conhecida Piraquara, onde sua família era proprietária de terras, e Dr. João Manuel conseguiu desmembrá-la das terras do bairro do Brooklin Paulista e loteá-la como bairro independente. Uma das paradas do bonde elétrico, que cortava as terras em questão, receberia, também, o nome do bairro que nascia: Campo Belo.

Era a família Vieira de Moraes perpetuando a memória de seus antepassados detentores da grande fazenda Traição, dentro da qual formava-se o bairro em estudo.

Os antigos moradores entrevistados citaram a grande ajuda que Dr. Zico lhes deu ao vender terrenos, a preços acessíveis, e a doar tijolos e areia aos mais necessitados. Estes, em mutirão, ergueram suas casas e povoaram o bairro.

Também foi ele que colaborou na fundação da primeira escola no bairro, assim como de um centro recreativo. Doou terras à comunidade para tal fim.

Nesse ideal de incentivar, mudou-se para o bairro e nele ficou até o fim de sua vida, a 3 de julho de 1980.

Seguindo seu exemplo, seu filho Paulo Afonso, casado com Maria Helena do Carmo Vieira de Moraes, reside em Campo Belo e seus filhos João Manuel Vieira de Moraes Neto e Rosa Emília Vieira de Moraes, constituem a 5.ª geração dos Vieira de Moraes no bairro. São 162 anos dentro de Campo Belo.

Coube ao Dr. Zico incentivar também a abertura das escolas públicas na região, assim como a formação da Paróquia.

Um empreendimento arrojado junto à futura Avenida Washington Luiz marcaria o ano de 1936. Era a inauguração da Cia. Americana S/A de Filmes.

Criticado por alguns, elogiado por outros, deixou algumas de suas terras serem lentamente ocupadas por famílias muito pobres, que iriam transformar o vale do Água Espraiada, numa grande favela: a do Buraco Quente.

Seu coração generoso, não podendo resolver-lhes os problemas julgou minimizar-lhes a exclusão ao permitir que ao menos tivessem onde morar. Não era o ideal, mas era o que podia lhes oferecer. Alguns nunca entenderam muitos de seus gestos, nascidos dos sentimentos e não da razão. Esta, é objetiva, dura, insensível. Advogado, proprietário de terras na capital e no interior, trabalhou até 1974, quando doente, aposentou-se.

Partiu dele a idéia, apoiada por muitos, de homenagear seu pai, Dr. Manuel Jacyntho Vieira de Moraes, perpetuando-lhe a memória ao batizar com o nome de família, a principal rua de Campo Belo.

Figura polêmica, para quem o conheceu bem, foi admirado pelos que compreenderam seu pioneirismo e o desejo de acertar, assim como sua generosidade. Dono de muitos projetos, a eles dedicou sua vida.

Àqueles que não o compreenderam, passou a imagem de sonhador. Seu primeiro sonho, logo concretizado, foi o de, em 1932, oferecer às crianças do bairro que nascia, uma escola! Em uma terra onde a Educação nunca é prioridade, seu "sonho" foi surpreendente!

Distante da perfeição, deixou, porém, marcas positivas, indeléveis na história do bairro que ele fez nascer. Isso o tornou merecedor do respeito que a comunidade lhe tem.

Não poderíamos deixar de complementar suas notas biográficas, sem nos referirmos a suas duas residências em Campo Belo. Como ele, elas também deixaram marcas nesta história que estamos registrando.

Já desde o século XVIII, encontramos registros da presença da família Rodovalho em São Paulo.[63]

De origem espanhola, com raízes na nobreza medieval, eles se destacavam em posições diversas na sociedade paulista. Por exemplo, em 1762 Antonio de Santa Úrsula Rodovalho, tornou-se religioso na Ordem de São Francisco, sendo posteriormente pregador, lente e professor de filosofia no Rio de Janeiro e guardião provincial em São Paulo; foi Bispo em Angola; Antonio Joaquim Tavares Rodovalho, pertenceu à Guarda Nacional da Capital paulista em 1857.

Em 1896, na Rua da Moóca, a Rodovalho Júnior & Cia. destacava-se como fábrica de carros de tração animal e, em uma travessa da Sé, tinha a empresa uma loja que alugava esses carros, usados para casamentos, bailes, batizados, visitas e passeios.

---

63. *Apontamentos Históricos para a Província de S. Paulo*. M. E. de Azevedo Marques. vol. I, p. 81, 346-349. Silva Bruno, Ernani. *Histórias e Tradições da Cidade de S. Paulo*, Rio de Janeiro: José Olympio, 1953, vol. III, p. 1031. (citando informações dadas por Cássio Mota; In: *Cesário Mota e seu Tempo*, p. 19); e p. 1070. Idem. *Almanaque Paulista Ilustrado*, 1896, p. 316-320. *Almanak Paulistano*, 1857, p. 91. Idem, p. 111. *Anuário Genealógico Brasileiro*. [S. Moya], vol. I, p. 53.

No século 20, Edgard Rodovalho era proprietário de uma empresa, na Moóca, fabricante[64] de caixões para defuntos. O serviço funerário oferecido pela empresa era completo: a venda do caixão e o transporte do mesmo até a residência e depois até o cemitério. Os Rodovalho eram muito conhecidos no ramo e quase que monopolistas de tal atividade em São Paulo.

Documentos registram o citado Edgard como sendo proprietário de uma casa na Rua Dr. Roosevelt, s/n.º, no ano de 1934.[65] Tratava-se de um grande imóvel cercado de área verde, conhecido como Chácara das Hortênsias.[66]

A casa assobradada, construída nos anos 20, tinha requintes de moradia fina e confortável. Com vários terraços, água furtada, muitas janelas, era de estilo eclético, apresentando uma fusão de diferentes soluções construtivas, conforme análise do arquiteto Júlio de Camargo V. Artigas.

Dispondo de muito espaço, a chácara era muito bem cuidada e, belas alamedas de fícus e muitas hortênsias, lhe valeram o nome pelo qual se tornou conhecida, admirada e citada por todos que a conheceram.

Altos ciprestes acompanhavam seus muros e garantiam frescor e perfume no ar.

Situada na quadra compreendida pelas ruas Prudente de Moraes (Antonio de Macedo Soares), Nova América (Conde de Porto Alegre), Dr. Roosevelt (Demóstenes) e Ubirene (Moraes de Barros), tinha sua fachada voltada para a atual Antonio de Macedo Soares e uma grande cocheira, onde se guardavam os carros de Edgard Rodovalho e seus cavalos, em baias. Esta cocheira tinha entrada pela atual Rua Demóstenes. Supomos que esses carros fossem fabricados pela família Rodovalho e embora os usassem para passeios, eles pertenciam também à frota daqueles usados para serviços. Esta suposição advém do fato de, num livro de registros de proprietários de imóveis estar citado o endereço de onde se situavam a cocheira e as baias e não o portão de entrada da residência em outra rua. Seria o endereço comercial?

Seus vizinhos admiravam os carros e seus belos cavalos.

No final dos anos 30, em uma região suburbana e sem recursos, veio residir o Dr. João Manuel Vieira de Moraes, estimulando o progresso da região. Ele comprara a bela chácara dos Rodovalho. Nela residiu até o final dos anos 60.[67]

Seu filho, Paulo Afonso, recorda-se com saudades de suas brincadeiras de criança nos jardins e no subterrâneo da casa, um porão alto que parecia

---

64. Citação de muitos entrevistados que o conheciam, seus vizinhos.
65. Livro de Índice de Proprietários, 1934. CMSA; In: Arquivo Histórico Municipal de S. Paulo W. Luiz — AHMSPWL.
66. Descrição feita pela família Vieira de Moraes e vizinhos. Testemunho de fotos cedidas pelo Sr. Paulo Afonso Vieira de Moraes.
67. Depoimentos do Dr. J. Manuel V. de Moraes, 4/2/1977.

um abrigo contra ataques numa guerra. A imaginação do menino ali corria solta. Ele a conheceu nos anos 50.[68]

Familiares, hoje octogenários, também têm saudades dos passeios na chácara, nos anos 30 e 40. Dr. Zico os recebia muito bem e, dono de ótima memória, gostava de contar aos mais jovens, tudo o que sabia sobre os antepassados dos Vieira de Moraes.

Sua sobrinha, Leonor, jamais se esqueceu de um apiário existente na chácara onde ela, por várias vezes, presenciou um fato que a deixava intrigada: tratava-se de alguns senhores alemães, idosos e artríticos que, costumavam, com a permissão do Dr. Zico, servir-se do apiário para tratar de suas dores. Colocavam eles suas mãos reumáticas dentro da colméia e ali recebiam, por alguns segundos, várias picadas de abelhas, certamente furiosas com a chegada de intrusos. Diziam eles que, passado o ardor das picadas, ficavam por longo período, sem as dores do reumatismo.[69]

Ela e os demais primos assistiam àquela cena insólita, atônitas. Jamais se esqueceram dela.

Em 1913, João Manoel Vieira de Moraes bacharelou-se em Direito, pela USP, no Largo São Francisco. Durante sessenta anos exerceria sua profissão no belo escritório da Chácara das Hortênsias.[70]

Em 1960, seu dinamismo já era conhecido por muitos e foi indicado e agraciado com a medalha da Imperatriz Leopoldina, criada em 1922 por uma comissão de membros do Instituto Histórico e Geográfico de São Paulo.

Seu nome consta do Livro de Registro, na página 62, no citado Instituto.[71]

Nos anos 70, já doente, mudou-se para uma chácara menor, a Vila Aipuá, na Rua Aipuá em Campo Belo, onde permaneceu até falecer a 3 de julho de 1980.

De seu primeiro casamento, com Francisca Cintra, teve três filhos, já falecidos e sem descendência; eram eles, Ivone, Ana Rita e Afrânio.

De sua segunda união, com Inês Cachova, teve um filho, o já citado Paulo Afonso que se criou na Vila Aipuá, 530.[72]

A Chácara das Hortênsias mereceu um texto no "Jornal do Campo Belo".

---

68. Entrevistas ao Sr. Paulo Afonso V. de Moraes, que complementou dados fornecidos por seus pais e familiares.
69. Entrevista com a Sra. Leonor V. de Moraes Fiuzza em 9/11/1998.
70. Depoimento de familiares e vizinhos e do Dr. João Manuel V. de Moraes.
71. Consulta ao Livro de Registros do IHGSP, p. 62.
72. Entrevista com a família Vieira de Moraes, 1998; 1977 e em especial com Paulo Afonso Vieira de Moraes em 1999.

Hoje ela não mais existe.[73] A Chácara da Vila Aipuá, está semi arruinada e, sem manutenção, doada à Sociedade Rosa Cruz, foi habitada por antigos serviçais da família do Dr. João Manuel.[74]

---

73. Entrevistas com: Sra. Inês Cachova a 4/2/1977; Kurt Berenz a 2/11/1998; Paulo Afonso a 5/5/1999; Verônica Müller a 22/8/1977;
74. Entrevista com Paulo Afonso a 5/5/1999.

4
Limites das terras em estudo

1. Limites da Sesmaria de Braz Rodrigues de Arzão concedida em 1675:
— Norte: do Córrego Uberaba até a sua foz, no Rio Pinheiros (atual Avenida Hélio Pellegrino);[1] vizinho da Vila de São Paulo.
— Sul: do Córrego do Cordeiro ou Cupecê até sua foz, no Rio Pinheiros (atuais avenidas Vicente Rao e Roque Petroni Júnior até a Avenida das Nações Unidas); limitou-se com o povoado de Santo Amaro.
— Leste: o Caminho do Carro que vai para Santo Amaro, que limitava esta sesmaria com a do padre Domingos Gomes Albernaz (o futuro Sítio da Ressaca);[2]
— Oeste: o Rio Jeribatiba (ou Jurubatuba) ou Pinheiros; limitava-se com a sesmaria de Afonso Sardinha.

---

1. Torres, Maria Celestina T. Mendes. *Ibirapuera, Op. cit.*, p. 37. No século XVIII, a sesmaria de Braz Rodrigues de Arzão, concedida em 1675, teria por vizinho nos lados do Córrego Uberaba, uma região coberta de mato, alagadiça, mal freqüentada e sem policiamento.
2. Monteiro Fleury, Zenon. *Reconstituição do Caminho do Carro para Santo Amaro.* Um mapa de 1700, indica o Caminho e as terras de Albernaz; a página 4 refere-se ao Sítio Traição dentro da sesmaria de Braz Rodrigues de Arzão; a p. 134, letra C, refere-se à sesmaria citada; a p. 134 D, refere-se ao Sítio da Ressaca, que fora de Albernaz no século XVIII. Inventários e Testamentos Publicados, AHESP. vol. 23, p. 155 a 190 [Braz Rodrigues de Arzão]. Conforme depoimentos de Nuto Sant'Anna, que descreve a casa sede do Sítio da Ressaca, formado nas terras da sesmaria do padre Domingos Gomes Albernaz, podemos ter idéia de como era a região do atual Jabaquara no final dos anos 30 do século XX, no entorno da propriedade. O historiador visitou a região e a casa-grande no final dos anos 30 do século XX e diz que a propriedade se situava na baixada, muito fértil, que circundava por de traz o parque Jabaquara e a região era então toda verde e com vistosas capoeiras. Velhos pinheiros cercavam a casa e muitas árvores frutíferas, talvez plantadas na época do padre Albernaz, no século XVII. A casa grande na encosta de uma pequena colina, próxima de um riacho que se chamava Córrego do Barreiro; o local depois ficou conhecido como Piranga, na época do padre Albernaz. Documentos provam que a casa foi construída em 1719, por quem comprou a propriedade de Albernaz que falecera no final do século XVII. Há indícios que teria sido construída por Maria de Vasconcelos, que vendera a Francisco Caminha. Em 1908 a propriedade foi adquirida por Antonio Cantarella que, segundo documentos a manteve até 1969. Conclui-se pois que em 1936, quando Nuto Sant'Anna ali esteve, o parque a que se referiu era o Parque dos Cantarella. A 19 de outubro de 1972, a casa foi tombada pelo CONDEPHAAT. Os dados acima foram extraídos de: Nuto Sant'Anna, *São Paulo Histórico: Aspectos, Lendas e Costumes*, vol. II; vol. XVII da coleção; Departamento de Cultura, São Paulo, 1937, p. 193. *Guia Cartoplan*. São Paulo, 2001, São Paulo Turístico, p. 17; Sítio da Ressaca.

2. Limites do Sítio Traição:
Eram conservados os mesmos limites da sesmaria, exceto o limite norte que teve o Córrego Uberaba, substituído pelo Córrego da Traição.[3]

3. Limites do Bairro de Campo Belo:
— Sul: o Córrego da Água Espraiada;
— Leste: a Avenida Washington Luiz;
— Norte: a Avenida dos Bandeirantes;
— Oeste: a Avenida Santo Amaro.

Obedecendo a ordem acima, o bairro de Campo Belo tem por vizinhos:
— Sul: o Brooklin Paulista;
— Leste: o Aeroporto de Congonhas;
— Norte: a Vila Helena e o Jardim Novo Mundo;
— Oeste: o Brooklin Novo.[4]

---

3. Masarolo, Pedro Domingos. *O Bairro de Vila Mariana*, Departamento de Cultura da PMSP, *História dos bairros de São Paulo*, São Paulo, 1971, p. 20. O autor se refere às terras do Parque Ibirapuera que, no ano de 1840, conforme documentos, seria conhecido como o "campo dos Barreto", ficaria após o Córrego da Traição e era cortado pelo Córrego do Sapateiro.
4. Planta Oficial de Loteamento do Bairro de Campo Belo, AE SAMARO, 1931. Consultada em 1976, estava em estado de deterioração.

5
O Sítio Traição

Em 1692, em seu testamento, Braz Rodrigues de Arzão diz:

"... Declaro que tenho uma carta de dada de sesmaria dos capões que ficam entre o Caminho do padre vigário Domingos Gomes Albernaz e o nosso Caminho que vai para Santo Amaro, como consta da carta que tenho em mãos entre outras datas de escrituras".[1]

Quando a 18 de junho de 1834, em hasta pública, Manoel Safino de Arruda leiloou parte dessa sesmaria e Manoel José de Moraes arrematou essas terras, situadas entre os córregos da Água Espraiada e Traição, teve início a saga dos Moraes na região conhecida então como Piraquara.

Na cronologia apresentada registramos o histórico da grande sesmaria, desde sua aquisição por Braz Rodrigues de Arzão até sua fragmentação final, nos séculos XIX e XX.[2]

Tratamos agora do Sítio Traição, formado dentro de parte das terras historiadas. Quando se formou, quem o formou, qual sua atividade econômica?

O dinâmico sertanista Braz Rodrigues de Arzão, cuja biografia foi por nós registrada em notas, era grande proprietário de terras e pago pelo governo para desempenhar-se como explorador de minério, preador e pacificador de índios, defensor de núcleos de povoamento no século XVII. Não encontramos referências sobre cuidados seus para com a sesmaria por nós estudada. Cremos que permanecia inculta, agregada às demais propriedades do abastado sesmeiro.

Em 1822, há registro de que Manoel Safino de Arruda, um dos herdeiros das terras mencionadas, fez construir, nas margens do Córrego da Água

---

1. *Inventários e Testamentos Publicados*. vol. 23, p. 155-190. [Braz Rodrigues de Arzão, a citação é referente a p. 158, 12/6/1692]. DAESP (Divisão do Arquivo do Estado de São Paulo), 1693.
2. Fleury Monteiro, Zenon. *Reconstituição do Caminho do Carro para Santo Amaro*, São Paulo, 1943. [s. n.]; p. 119. Zenon, *Op. cit*. Documentos n.º 9, Anexo. Genealogista de João Esteves Correa.

Espraiada, a casa-grande[3], sede de uma propriedade que se supõe já possuir o perfil de uma fazenda. Porém, como era costume na época, é possível que seus proprietários ali não residissem; poderiam morar em algum centro já urbanizado como Santo Amaro ou São Paulo. Não encontramos registros sobre o fato.

Em 1837, a grande propriedade rural, foi doada ao casal Rosa Emília de Moraes e seu esposo José Manoel Vieira de Moraes. Recém-casados passaram a morar na casa-grande já citada. Rosa Emília recebera o dote das mãos de seu pai, Manoel José de Moraes.[4]

O jovem casal ali permaneceu de 1837 a 1857, quando vendeu parte das terras, incluindo o casarão.[5]

Depoimentos de familiares, não documentados, revelam que, na fazenda, criava-se burros para serem vendidos aos tropeiros que por ali transitavam indo para Santo Amaro, Santos ou São Paulo. Santo Amaro era então o celeiro de São Paulo.[6] O comércio era lucrativo, pois o burro era o único animal que suportava viagens exaustivas em difíceis condições de clima, carga pesada e longas distâncias: de São Paulo a Santo Amaro gastava-se cerca de duas horas e até Santos, dois dias.

Na Serra do Mar, as chuvas constantes esburacavam o caminho, o nevoeiro tirava a visão e não raramente alguns burros despencavam pelos muitos precipícios, arrastando consigo a carga que transportavam. O resgate de ambos era impossível e o prejuízo, muito grande.[7]

Tão intenso era, nos séculos XVIII e XIX, o trânsito das tropas de burros e carros-de-bois pelos caminhos de São Paulo, que Teodoro Sampaio assim se referiu a eles:

---

3. Documento n.º 9, supra citado.
4. Autos do Inventário de Rosa Emília de Moraes. Fls. 3, verso e seguintes, Primeiro Tabelião de Notas e Anexos da Comarca de Pirassununga. Estado de S. Paulo, República dos Estados Unidos do Brasil. Revisão feita a 6/11/ 1911.
5. Autos do Inventário supra citado. Depoimentos de familiares da família Vieira de Moraes; *Revista Interlagos*. Edição Especial: Centenário de Santo Amaro. Ano XI, n.º 20, setembro/1961; texto de Elisário Venâncio de Mello.
6. Fontes citadas na nota (5) deste capítulo.
7. Idem. *Segunda Viagem ao Brasil*, August de Saint Hilaire, vol. 6, Biblioteca Histórica Paulista. São Paulo: Martins, 1954. p. 105 [referências a presença de barbas-de-bode nos campos de São Paulo; referência a duração da viagem de dois dias para se descer a Serra do Mar com destino a Santos]. Jornal *O Estado de S. Paulo*, 25/1/1954, texto de Gilles Lapouge [referência a comentários feitos por José de Anchieta, pelo padre Vasconcelos e por Saint Hilaire sobre os perigos, desconforto e demora da descida da Serra do Mar]. Depoimentos de familiares [Vieira de Moraes]; Berardi, Maria Helena Petrillo. *Santo Amaro*, Histórias dos Bairros de São Paulo. Coleção do Departamento de Cultura da PMSP, p. 32 [cita Spix e Martius]. Certidão Trintenária, Transcrição n.º 39164, Livro 3. Câmara da Capital do Estado de S. Paulo, Primeira Circunscrição do Registro de Imóveis.

"... o movimento maior e mais constante nos caminhos e nas ruas, figurando como elemento quase permanente de sua aparência, seria nesse tempo, o das tropas de burros. Elas é que estavam sempre passando pela cidade de S. Paulo à caminhada de ida ou de volta do porto de Santos." Levavam o café paulista.[8]

Antigos viajantes europeus, que descreveram as paisagens brasileiras em suas iconografias nos fizeram conhecer um Brasil com sua natureza ainda original. Assim, como citam a secura das terras gretadas para os lados do Jabaquara, também os campos de terras pobres, no espaço compreendido entre o Jabaquara e a belíssima várzea do Rio Pinheiros. A pobreza das terras do Sítio Traição nos permite supor que não houvesse agricultura para exportação; talvez algum cultivo para uso doméstico, nas margens dos córregos que corriam dentro da propriedade.[9]

Agradável no verão e indesejável nas estações frias, um vento soprava constantemente na região, vindo da Serra do Mar. Muitos depoimentos de antigos moradores de Campo Belo a ele se referem. Ele até hoje varre o bairro, embora menos perceptível devido a verticalização das construções na região. Um forte nevoeiro também lhe era peculiar. Viria da citada serra e dava ares europeus a toda Santo Amaro.[10]

Em capítulo especial, descreveremos os córregos situados no Sítio Traição: o Água Espraiada, o Traição e o Invernada. Os cursos dos citados córregos eram engrossados por numerosos olhos d'água, as bicas.[11]

Sobre o Traição e o Água Espraiada encontramos inúmeras citações nas Atas da Câmara Municipal de Santo Amaro (ACMSA). Havia muita preocupação com a construção e reparos das suas pontes.[12]

---

8. Teodoro Sampaio, In: Berardi, *Op. cit.*, p. 159.
9. Lomônaco, Afonso. *Viagem pelo Brasil* (1885-1887). In: *Revista do IHGSP* [Instituto Histórico e Geográfico do Estado de São Paulo], vol. 47, p. 128. Masarolo, Pedro Domingos. *Vila Mariana*: Histórias dos bairros de São Paulo. Coleção do Departamento. de Cultura da PMSP, p. 94.
10. Entrevistas de antigos moradores sobre os anos 20, 30 e 40 do século XX. Sobre os ventos que sopram na região: Höehne, Frederico Carlos. *Monografia das Orquídeas do Brasil*, 1949. São Paulo. Publicação da Secretaria da Agricultura, p. 53. "emergiam, nos campos da várzea do Rio Pinheiros, arbustos e pequenas flores bonitas, onde os insetos lutavam contra os constantes ventos contrários, para poderem pousar nas flores," (...) "... a orquídea ali encontrada conhecida como *Cattleya loddegesi*..." Zenha, Edmundo. *A Vila de Santo Amaro*, 1977; São Paulo. IHGSP, p. 6. "(...) era um vento fiel, infalível (...) sempre ruidoso, (...) vinha solto pelos campos." Müller, Daniel Pedro. *Ensaio d'um Quadro Estatístico da Província de São Paulo*, 1836/37, p. 18 e 19. "(...) dourado, traíra, curimbatau, prepetinga, cerubi, pincunjuba, pacu, mandejo, ferreiro e chimbaré." Peixes do Rio Pinheiros e de alguns de seus tributários, nos séculos XIX e primeira metade do XX. A Sociedade Bandeirante de Orquídeas relata o seguinte: "... estamos no período de floração da *Catlleya loddegesi*, conhecida nossa sob o nome de 'parasita do sertão' de Santo Amaro". 12/8/1948. Extraído da Caixa 52. Papéis sem verificação (avulsos) da C.M. de Santo Amaro. In: A. W. Luiz da PMSP.
11. Consultar maiores explicações sobre as bicas e córregos em capítulos especiais a eles dedicados.
12. Traslado citado na nota (4) deste capítulo. Citações sobre... o até Água Espalhada... no Buraco do Peixe. Atas C.M. de Santo Amaro - Livro 3, 1865 -... Agoa Espalhada. p. 41. Atas C. M. de Santo Amaro, Livro 3, 1855... O Overaba... Entrevistas de números: 11, 18, 39, 40 e 90. Idem a nota (21).

A flora local, característica dos campos de cerrado, será analisada, em capítulo especial, pelo colaborador e biólogo Octávio Weber Neto.[13]

Conforme Aziz Ab'Saber, *In*: "Os terraços fluviais da região de São Paulo," o Planalto de Piratininga tem três níveis topográficos.

Acreditamos que Campo Belo se situe no chamado "nível intermediário", de tabuleiros próximos às várzeas e com colinas pregadas aos espigões. O nível de planícies e várzeas são localizados junto aos três grandes rios: Tietê, Pinheiros e Tamanduateí. Situam-se a 720m de altitude acima do nível do mar. O nível dos espigões, funciona como divisor de águas. Por exemplo, a avenida Paulista, que separa o Rio Tietê do Rio Pinheiros.

Considerando-se que tabuleiro é um planalto pouco elevado, em geral arenoso e de vegetação rasteira, o que corresponde, em parte, a paisagem natural da região, e que ela fica próxima das várzeas do Traição e do Água Espraiada, tributários do Pinheiros; a região é acolinada e se avizinha do espigão do aeroporto de Congonhas, acreditamos que a classificação se confirme.

---

13. Entrevistas de números: 11, 18, 39, 40 e 90. Masarolo, P. D., *Op. cit.*, p. 94 (barba-de-bode). Berardi, Maria Helena Petrillo. *Santo Amaro*, Histórias dos Bairros de São Paulo. Coleção do Departamento de Cultura da PMSP, p. 32 (citações de Spix e Martius). Mendes Torres, M. C., *Op. cit.*, p. 50 e 51. "A uma légua da cidade existem Campos e Pequenos Capões de Mato de cujos Pastos se utilizam os Tropeiros, Sitiantes ou Negociantes, pondo ali, em comum, o gado para abastecimento de carne verde para a capital." [idem, p. 57]. Campo: "Extensão de terra sem mata e que tem ou não árvores espessas; terreno extenso e mais ou menos plano que tanto se pode destinar às pastagens do gado, como ao cultivo agrícola; zona fora do perímetro urbano ou suburbano das grandes cidades, na qual geralmente predominam as atividades agrícolas, que se situam no litoral, nas praias. Conforme Aziz Ab'Saber, *In*: "Os terraços fluviais da região de S. Paulo". *Anuário da Faculdade de Filosofia Sedes Sapientiae*. PUC/São Paulo, 1952/53. São Paulo. *Revisão Botânica*. Campo Cerrado: "São campos com pequenas árvores e arbustos esparsos, disseminados num substrato graminóide. Vegetação constituída por uma flora mais alba, arbóreo-arbustiva (até 3 m), integrada por indivíduos bastante esparsos entre si, com porte geralmente atrofiado, distribuídos no estrato herbáceo, baixo, graminóide, onde freqüentemente encontram-se o capim barba-de-bode e o capim-gordura." *In*: Áreas de domínio do Cerrado do Estado de São Paulo. Kronka, Francisco J. N.; Marco Aurélio Nalon; Ciro Koiti Matsukuma et. al. Secretaria do Meio Ambiente do Estado de São Paulo. São Paulo: Imprensa Oficial do Estado, 1998. p. 22 e 23. Obs.: A descrição acima é compatível com as feitas sobre a região, onde se assentou o Sítio Traição, dentro da sesmaria de Braz Rodrigues de Arzão. Cremos portanto que a vegetação local se enquadre na classificação denominada de "Campo Cerrado". Caberá aos botânicos confirmar ou corrigir tal afirmação.

6
O casarão

Em 1960, como conseqüência da valorização das terras do Brooklin Paulista, foi demolido o velho casarão situado na quadra compreendida entre as ruas Bartolomeu Feio, Francisco Dias Velho, Brito Peixoto e Pascoal Paes. Tinha na época da demolição 158 anos e se transformara em cortiço.

Construída em 1822, por determinação de Manoel Safino de Arruda, proprietário das terras, que no passado, constituíram parte da sesmaria de Braz Rodrigues de Arzão, era a casa semelhante às demais casas-grandes dos séculos XVIII e XIX. Era alta, arejada, grande e despojada de luxo.

Baseada numa tela a óleo, de autoria do pintor Gino Bruno[1] oferecida aos Vieira de Moraes, temos uma idéia da casa no seu projeto original; baseada numa foto[2] do jornalista Elisário Venâncio de Mello, publicada na segunda metade do século XX na Revista Interlagos (n.º 20, ano X de setembro de 1961, São Paulo) temos a visão clara da casa reformada em 1889.

Unindo as imagens às descrições obtidas através de várias entrevistas feitas com moradores vizinhos do casarão e de membros da família Vieira de Moraes, faremos o seu descritivo.

Dispondo de grande área, a casa era térrea, espaçosa, com dezenas de cômodos.

Toda pintada de branco, tinha sua frente voltada para o Córrego da Água Espraiada.

Em sua fachada, cinco janelões com aproximados 1,5 m de altura e 1,0 m de largura distribuíam-se irregularmente, ficando duas delas à direita de quem vê a casa de frente e três outras à esquerda. Entre elas uma comprida porta de aproximadamente 2,5 m de altura, abria-se em duas folhas de madeira pesada.

---

1. A tela, que retrata o casarão, encontra-se na residência da Sra. Thereza Vieira de Moraes P. Law.
2. O jornalista Elisário V. de Mello e seu fotógrafo Pedro de Souza registraram a região de Santo Amaro no período de 1920 a 1960. Suas fotos constituem um precioso acervo e muitas foram publicadas em revistas comemorativas e jornais que circulam em São Paulo. Ele também escreveu alguns textos sobre Santo Amaro e os Moraes. Venâncio de Mello não dá o crédito a fotos do século XIX, por ele publicadas.

As janelas eram do tipo guilhotina, com pequenos vidros e vedada, quando preciso, por chamadas "folhas de pau" que seriam venezianas de madeira inteiriça, sem fendas. Eram pintadas de tom escuro.

Com o pé direito alto e cômodos largos, devia ser arejada e saudável.

Conforme relatos, havia mais de uma dezena de quartos, destinados aos moradores e hóspedes.

Imagina-se uma grande cozinha voltada para os fundos da casa, com seu fogão a lenha, grande e pesada mesa para o preparo das refeições, quase sem móveis. A dispensa poderia ser junto da cozinha ou pegado ao costumeiro alpendre nos fundos da casa. As informações são pobres, mas a realidade não difere muito daquilo que aqui se expôs.

Uma grande sala de refeições continha pesados móveis, cujo paradeiro se desconhece.

Não obtivemos o descritivo dos banheiros.[3]

Completando a entrada da casa, um muro arrematado por duas pilastras laterais, formam uma pequena varanda.

Na lateral esquerda, uma construção menor e mais baixa, unida ao corpo da casa, tinha duas pequenas janelas envidraçadas e entre elas uma porta. Parecem ter sido ou dependências para hóspedes fortuitos como, por exemplo, tropeiros em viagem ou para empregados. Pode ter menos idade que a construção original. Seu telhado era de telhas portuguesas como a casa-grande. Esta última tinha quatro águas.

Desconhecemos sua face direita e seus fundos, mas não devem fugir do contexto e dos padrões dos casarões de seu tempo. Talvez os fundos fossem arrematados com uma varanda que complementaria a cozinha e a dispensa.

Como ainda é costume atual nas casas dos sitiantes, as casas-grandes das fazendas eram cercadas por uma área de chão de terra despido de vegetação.

Um caminho, às vezes cercado de pedras, conduzia seus moradores, da varanda ao pomar ou à saída da sede. Alguma vegetação rala e rasteira, espontânea, nascia junto da casa e em meio às pedras do caminho. O chão à volta era nu, pois temiam-se as cobras e outros animais que poderiam se esconder no mato.

No fundo, um pequeno pomar e uma horta doméstica foi citada pelos familiares.[4]

As imagens atestam a presença de poucas árvores, alguns coqueiros e bananeiras.

---

3. Acompanhando o costume do século XIX, supõe-se que houvesse uma cisterna localizada fora da casa e provavelmente um quarto de banho, no interior da moradia.
4. Trata-se do Sr. Dr. Manoel Jacyntho Vieira de Moraes, filho primogênito do casal Rosa Emília de Moraes e do capitão José Manoel Vieira de Moraes, nascido no casarão e dele se mudado aos seis anos de idade, conforme documentos que citam a venda do imóvel pelo casal.

Alguns depoimentos se referiram à senzala[5] que ficava distante da casa grande e cujos restos eram conhecidos da vizinhança. Eram pequenos cômodos escuros, geminados e continham alguns ferros, argolas e correntes.

O casarão teve vários proprietários:

De 1822, quando foi construído, até 1834 pertenceu aos Safino de Arruda; de 1834 a 1837 ao Manoel José de Moraes que arrematou o Sítio Traição em um leilão; de 1837 a 1857 a Rosa Emília de Moraes e seu marido José Manuel Vieira de Moraes, que receberam o Sítio como dote, dado por Manoel José de Moraes à sua filha Rosa Emília; de 1857 a 1919 a família de Carlos Klein[6]; ele, filhos e netos ai residiram.

Em 1889 foi reformada pelos Klein, que a venderam, com suas terras, em 1919; em 1920 as terras foram vendidas e loteadas em 1921 por Júlio Klauning e o Grupo Votorantim[7]; em 1960 o casarão, transformado em cortiço, foi demolido e cedeu lugar a um conjunto residencial.

O progresso apagava parte da história local. Não existissem a tela de Gino Bruno e a foto de Elisário Venâncio de Mello e nada veríamos atualmente, desse marco.

Dentro da citada propriedade, onde hoje se situa a Rua Indiana, no Brooklin Novo, após à Avenida Santo Amaro, ainda foram encontrados restos de uma olaria, um moinho d'água para irrigação e depósito com ferramentas agrícolas.[8]

Em 1960, quando se cogitava demolir o casarão, o imóvel foi oferecido aos membros da família Vieira de Moraes[9] mas, não houve interesse, pois seria muito alto o custo para sua recuperação e as ruas que se abriam à sua volta tornaram sua localização complicada. Assim, ele desapareceu.

---

5. Citada por vários moradores da quadra onde se situou o casarão e familiares dos Vieira de Moraes.
6. Carlos Klein comprou terras de Rosa Emília Vieira de Moraes a 1 de novembro de 1857.
7. Os nomes e datas foram registrados em vários documentos da Câmara Municipal de Santo Amaro e em textos de Elisário Venâncio de Mello publicados em revista citada no texto.
8. Descritivo encontrado num traslado de compromisso de venda e compra com escritura e transcrição de número 39.164, Livro 3. Registro de Imóveis 1.ª Circunscrição da Comarca da Capital do Estado de São Paulo. Certidão trintenária requerida por Isaac de Castro residente na Rua Indiana, n.º 1217 no Brooklyn Novo. O imóvel fora adquirido nos anos 50; foi demolido nos anos 80. O descritivo se refere ao que foi encontrado pelo Grupo Votorantim, vendedor do terreno onde se construiu o imóvel.
9. Citado por dona Thereza Vieira de Moraes P. Law, uma das pessoas consultadas a respeito da reincorporação do casarão ao patrimônio familiar.

7
Hipóteses

Por que razão Sítio Traição? Várias hipóteses foram levantadas.

Partindo da certeza de que o vocábulo traição, de origem latina, significa entrega, denúncia, venda ou deslealdade, infidelidade, há duas suposições discutíveis, aventadas pelos historiadores, sendo, por isso, passíveis de aceitação.

O nome do Córrego Traição era anterior ao do Sítio e teria sido adotado pelos fazendeiros? Sendo ele próximo da propriedade, a proposição é viável.

As dúvidas surgem a partir do vocábulo 'Traição'.

1.ª As Atas da Câmara Municipal de São Paulo comprovam a periculosidade do Caminho que ligava São Paulo a Santo Amaro, no século XIX.[1] A existência de capões permitia que neles se escondessem quilombolas que, freqüentemente, assaltavam viajantes, sobretudo tropeiros, para roubar-lhes as cargas. Para a época tratada, a fuga de um escravo era uma deslealdade e os assaltos uma traição.

---

1. Atas da C. M. de São Paulo, II, p. 436, Atas III, p. 129, Atas IV, p. 84. Silva Bruno, Ernani. *História e Tradição da Cidade de São Paulo*, vol. I, p. 357-359. O autor cita Nuto Sant'Anna em sua obra *São Paulo Histórico*, onde há referências aos assaltos praticados pelos quilombolas, nos Caminhos e até na cidade. O problema persistiria durante os séculos XVII, XVIII e XIX. "... Mas a situação não se alteraria nem nos primeiros anos do oitocentismo, e as ordens das autoridades continuariam se repetindo quase com as mesmas palavras... Em 1807, um ofício de Franca e Horta aos capitães de ordenança das freguesias de... e de Santo Amaro, ordenava que se acabassem com os insultos, desordens e os roubos praticados pelos negros fugidos e aquilombolados naqueles lugares." "Em 1737, o capitão da infantaria F. Rodrigues Montanha era convocado para concorrer com os soldados necessários a fim de verificar e dar combate aos negros fugidos... por serem muitos escravos que andavam fugidos (das fazendas), fazendo roubos execrandos." Nuto Sant'Anna, *São Paulo Histórico*, vol. IV, p. 14 e 15. "... aos célebres calhambolas dos arredores encheram nos anos setecentistas as páginas das Atas da Câmara Municipal de São Paulo". Torres, Maria Celestina Teixeira Mendes. *Ibirapuera*. Histórias dos bairros de São Paulo, Departamento de Cultura da PMSP, 1977, p. 37. "Como se deduz das Atas da C. M. de São Paulo, que dizem que o que hoje é o Parque do Ibirapuera (e adjacências) era coberto de mato, cheio de alagadiços, mal freqüentado e sem policiamento — várzea de Santo Amaro; mata do Caaguaçú. Tão perigoso que, em 1620, a Câmara tomaria a decisão de formar 'quadrilheiros' para prender os delinqüentes." Em 1624, teria servido de esconderijo a "'um negro que anda fugido', acusado de roubos, mortes e assaltos", quadro que persistirá pelo século seguinte, sem grandes diferenças.

Passando o citado caminho junto da nascente do córrego mencionado, teria seu nome ai se originado.

Teriam os tropeiros vitimados por assaltos atribuído um nome auto-explicativo àquele curso d'água?

2.ª Uma outra hipótese, alicerçada em um acontecimento histórico, marcado como ato desleal, desdobra-se ao ser analisada sob diferentes óticas: O levante liberal de 1842 teria gerado as conclusões polêmicas.

Descontentes com a política imperial o brigadeiro Rafael Tobias de Aguiar, aliado ao padre Diogo Antonio Feijó, tramaram um golpe contra o Império. Reunidos na fazenda de Feijó, convidaram o vizinho deste, o capitão da Guarda Nacional, o ilustre monarquista Manoel José de Moraes, tentando envolver sua pessoa. Indignado, voltou-se contra os conspiradores. Era leal ao imperador. Apressado, reuniu homens de sua confiança e tentou retardar a partida dos rebeldes, enquanto isso enviava uma denúncia contra eles, para o governo imperial. Caxias veio e debelou o movimento.[2]

O capitão Moraes teria batizado a região do encontro como Traição; os liberais teriam sido desleais com o imperador. Tal denominação teria se estendido à fazenda e ao córrego.

Essa visão, defendida pelo historiador Tito Lívio Ferreira, é endossada pelos descendentes de Manoel José de Moraes e pelo jornalista Elisário Venâncio de Mello. Familiares citam uma comenda da Imperial Ordem da Rosa, concedida por D. Pedro II ao capitão Moraes, por sua lealdade.[3]

Aqueles que ficaram descontentes com o fracasso do levante liberal acusaram os opositores, taxando-os de conservadores e desleais.

Azevedo Marques descreve, nas entrelinhas, essa possibilidade:

> "Rafael Tobias de Aguiar, como chefe do partido em S. Paulo, não só a ela aderiu, como sujeitou-se a todas as suas conseqüências, das quais foram mais sensíveis as 'traições de poucos', os temores de alguns e o egoísmo de muitos, que na hora do perigo o abandonaram, mas o digno paulista tragou em silêncio os ressentimentos, e partilhou com os mais dedicados o resultado de uma derrota quase sem combate (...) um rompimento revolucionário foi proposto, (...) Repelida por alguns, mas abraçada pela maioria."[4]

Sobre essa hipótese, pergunta-se:

---

2. Depoimentos de familiares. *Revista Interlagos*, *Op. cit.* [texto de Elisário V. de Mello].
3. Na foto, não creditada, exibida por E. V. de Mello na *Revista Interlagos*, *Op. cit.*, o comendador Manoel José de Moraes, porta sua mencionada comenda. Familiares entrevistados desconhecem o paradeiro da medalha.
4. Azevedo Marques, M. E. de, *Apontamentos Históricos da Província de S. Paulo*. vol. II, p. 198. São Paulo: Livraria Martins Editora. 1954.

- Considerando-se que, o capitão Moraes demonstrara sempre ser um homem dinâmico, interessado nos acontecimentos de seu tempo, digno chefe de família, zeloso de seu nome e responsável por seus atos como político e como homem de negócios, como poderia ele ter aceito passivamente tal agressão e, ainda mais usar e transmitir aos seus descendentes esse designativo. Traição?
- As Atas da Câmara Municipal de Santo Amaro se referem ao ribeirão da Traição, pela primeira vez, em 1846 o que poderia sugerir que realmente o nome foi dado após o levante de 1842?
- Os descendentes do capitão Moraes afirmam que ele foi condecorado pelo imperador, sendo então conhecido como Comendador agraciado por seu ato de bravura e lealdade. Ele fora amigo, também de D. Pedro I. Era um homem de seu tempo e, como todo elitista, era monarquista convicto e soubera honrar a confiança da família imperial. Trairia seus princípios?

Não aceitava, ele portanto, a fama de traidor e não teria permitido que sua propriedade assim se chamasse. É uma suposição que conflita com sua personalidade e caráter.

Como, no passado, não havia documentação relativa à denominação das propriedades rurais, não se pôde concluir nem comprovar a nenhuma das hipóteses aqui registradas. Existirão outras?

Dentro do Sítio Traição uma área, não definida, era chamada de Piraquara. Essa denominação, mais tarde, foi atribuída a uma parada de bonde que ligava São Paulo a Santo Amaro.

Rosa Emília de Moraes, proprietária do Sítio Traição, ao falecer em 1911, deixou aos seus herdeiros o que lhe restara da fazenda então fragmentada por sucessivas vendas. Em seu inventário, as terras que legava estão designadas como Piraquara ou Rincão do Buraco do Peixe e têm uma área de 400 hectares. Seus vizinhos eram:

- João Klein, proprietário das terras compreendidas entre a estrada de rodagem São Paulo-Santo Amaro e o Rio Pinheiros; junto do Córrego da Água Espraiada até o Córrego do Jabaquara;
- Custódio Franco Cavalheiro, junto da futura estrada nova para Santo Amaro;
- Elias Antonio Pacheco Chaves, atrás do espigão onde no futuro se construiu o Aeroporto de São Paulo (Congonhas), no Jabaquara;
- Manoel José da Luz, vizinho da futura Av. Washington Luiz;
- Joaquim Pedro Celestino, junto do Córrego da Traição;
- Walter Ahrens, junto ao Traição, na futura Vila Helena, após às terras de João Klein; ele era filho de Hans Ahrens e Paula Brandtgeier;
- Francisco Nemitz, após às terras de João Klein, herdeiro de Carlos Klein.

Essas terras aparecem em uma planta da Coleção Aguirra, do Museu Paulista, em sua mapoteca. Porém, ela não localiza as terras, apenas declara-lhe o nome e a proprietária e aponta seus vizinhos.

Além de se desconhecer os limites da citada região, se desconhece também a origem de seu nome.

Piraquara vem dos vocábulos Tupi, *Pi' Rá*, que significa peixe e de *Cuara*, que significa buraco, cova, mina, estar fundo. *Pi'Rá Kwar*, significa pescaria, pescador.[5]

O Sítio Traição tinha, em suas terras, os córregos da Água Espraiada e Traição que, conforme inúmeros depoimentos de antigos moradores de Campo Belo, eram piscosos até os anos 40, do século XX. Muitos ali pescaram. Teria o nome se derivado da pescaria nos cursos d'água da região?

Há muitos depoimentos sobre a presença de bagres nas águas dos citados córregos. Sabe-se que é costume desses peixes se esconderem, durante parte do dia, em tocas ou buracos nas calhas dos rios. Essa poderia também, ser uma possível explicação para a origem do nome Piraquara.

Alguns depoimentos de antigos moradores, referiram-se a pescarias e piqueniques em um lago conhecido como "Lago das carpas". Ele se situava na atual Vila Alexandria, na depressão sob o Viaduto Washington Luiz, na bacia do Córrego do Cordeiro, hoje canalizado.

As hipóteses permanecem como tal.

Com relação à área denominada Rincão do Buraco do Peixe, uma Planta dos Arredores da Cidade de São Paulo, elaborada por Pierburg e English,[6] em 1927, registra uma gleba com aquela denominação e que hoje corresponde a parte das terras do Jardim Aeroporto. O documento confirma o que se encontra no inventário de Rosa Emília de Moraes, mas como os demais registros, não delimita a área, definindo-a.

---

5. Lemos Barros, Pe. A. *Pequeno Vocabulário Tupi-Português*, Rio de Janeiro: Livraria São José, 1955.
6. Mapa integrante da documentação do Arquivo Washington Luiz da Prefeitura Municipal de São Paulo, Seção Papéis sem verificação, Caixa 37, 1927.

8
Caminhos de São Paulo a Santo Amaro e Santos

Até 1935, a região em estudo era parte integrante de Santo Amaro, o que justifica as notas sobre as vias que no passado, serviram às terras santamarenses.

Em 1560 a concessão de uma sesmaria aos jesuítas, na região do Virapuera, tornou necessário um caminho que interligasse a casa religiosa, ali erguida, à casa dos padres na Vila de São Paulo.

De 1560 a 1640, um primitivo caminho aberto sobre trilhas indígenas levaria religiosos e comerciantes ao povoado que se formou no Virapuera e, também, a Santos.

O Caminho do Virapuera tinha o seguinte percurso: na Vila de São Paulo, vários pontos de partida eram citados além do Pátio do Colégio: as futuras Praças da Sé e do Patriarca, as ruas Quintino Bocaiúva, Santo Amaro e outras. Desses pontos, os viajantes, todos, se dirigiam a um ponto de convergência, na futura Rua da Liberdade. Nesse local se iniciava o tronco principal que seguia pelas futuras ruas Vergueiro, Domingos de Moraes e Avenida Jabaquara. Na região da futura Av. Conceição situavam-se as sesmarias do padre Domingos Gomes Albernaz e Braz Rodrigues de Arzão.

Nesse local, o caminho se bifurcava e uma variante se dirigia a São Bernardo e Santo André e, daí, para a Serra do Mar e à Baixada Santista. Outra variante se dirigia à futura Av. Lino de Moraes Leme, atravessava os futuros bairros de Vila Alexandria e Chácara Flora para então, finalmente, pela futura Alameda Santo Amaro, chegar em Santo Amaro.

Esse caminho fora requerido por Brás Cubas e José de Anchieta ao governo de Mem de Sá; tornou-se ele conhecido como Caminho do Carro para Santo Amaro.

Em 1640, diante do comércio crescente entre São Paulo, Santo Amaro e Santos e os muitos conflitos entre os paulistas e jesuítas, um novo caminho teve de ser aberto. Os paulistas fecharam o trecho que passava junto das terras do violento Albernaz e se utilizaram de novo percurso que, saindo da futura Rua Santo Amaro, descia toda a futura e íngreme Av. Brigadeiro Luiz Antônio, atravessando a mata do Caaguassú, indo até à alagada várzea do Rio Pinheiros. Por ela, chegaria a Santo Amaro.

Para Santos, uma variante sairia do velho tronco do Jabaquara, em lugar distante da casa do padre Albernaz, no Guacury. Esse desvio se uniria ao velho Caminho para o Mar e descia a Serra.

Para os viajantes, era preferível o espigão aos brejos das várzeas.
Em 1737, a Ordem Régia n.º 212 determinou a abertura de um novo caminho, mas não se conhece seu percurso.
Em 1754, a Calçada do Lorena substitui o Caminho do Padre José que persistira por dois séculos.
Em 1864, a Estrada do Vergueiro e um Novo Caminho do Mar, antecederam à Via Anchieta.
Em 1885, a Via Férrea de Alberto Kuhlmann substituiria os velhos caminhos para Santo Amaro.
No século XX, modernas vias urbanas e intermunicipais, grandes avenidas e a linha Norte-Sul da Companhia do Metropolitano de São Paulo (Metrô), viriam apagar os vestígios dos velhos trilhos e caminhos, mas ao se servirem de grande parte daqueles traçados testados durante séculos, por índios, mamelucos e paulistas, acabaram por perpetuar-lhes a memória.

Citações curiosas sobre os Caminhos descritos:
Sobre ele assim o descreve Zenon Fleury, 1943, p. 16:

"Além da lombada do Anhangabaú seguia o Caminho do Mar e cruzando no alto da colina, a mata do Caaguassú, descambava para a várzea do Geribatiba e ia até a aldeia de Ibirapuera..."

Segundo citação do Professor Tito Lívio Ferreira, 1961, p. 7:

"O Caminho para Santo Amaro passava pela futura Avenida Brigadeiro Luiz Antônio, atravessava o Traição [...] cheio de várzeas com cupins, muitas voltas, [...] enxurradas [...] por ali passavam cavaleiros, gente a pé e vagarosos carros-de-bois [...] tropas de burros [...] sempre precavidos [...] quilombolas perigosos [...] atacavam viajantes incautos."

Conforme descreve Saint Hilaire, 1976, p. 141; 153:

"[...] para irem do litoral até a planície de Piratininga, os portugueses contavam apenas, até 1560, com um caminho muito perigoso e sujeito a constantes ataques dos Tamoios, seus inimigos..."

"Mem de Sá exige, por isso, a abertura de um novo caminho..."
"O padre Vasconcelos, em 1656, cem anos depois, passou por ali e assegurou que nada mudara [...] a pessoa faz a maior parte da viajem, de gatinhas, com os pés e as mãos no chão, agarrando-se às raízes das árvores..."

Fontes consultadas
Trilhas indígenas (1500-1554):
1. Mendes Torres, Maria Celestina Teixeira. *Monografia do Ibirapuera*. Histórias dos Bairros de São Paulo, 1977. São Paulo. Prefeitura do Município de São Paulo. Secretaria Municipal de Cultura, Departamento do Patrimônio Histórico. Divisão do Arquivo Histórico, vol. XI, p. 27 e 28.

Caminho do Pe. José (1554-1560):
2. Mendes Torres, Maria Celestina Teixeira, *Op. cit.*, p. 15.
3. Monteiro, Zenon Fleury. *Reconstituição do Caminho do Carro para Santo Amaro*. [s. n.], São Paulo, 1943, p. 16.

Caminho do Virapuera-Jabaquara (1560 - 1640):
4. Mendes Torres, Maria Celestina Teixeira, *Op. cit.*, p. 141-146; Novo Caminho do Carro para Santo Amaro: Brigadeiro (1640-1737).
5. Monteiro, Zenon Fleury. *Op. cit.*, p. 134 e p. 16-22, notas (zz, zf).
6. Saint Hilaire, August. *Viagem à Província de São Paulo*. [reedição]. São Paulo: EDUSP, 1976; p. 141-153.
7. Mendes Torres, Maria Celestina Teixeira, *Op. cit.*, p. 33.
8. Monteiro, Zenon Fleury. *Op. cit.*, p. 134-136, p. III, (percurso), p. 16.
9. Sant'Anna, Nuto. *São Paulo Histórico: aspectos, lendas e costumes*, 1973. [Capítulo: Os Caminhos do Carro]. Departamento de Cultura, São Paulo, vol. II, p. 47-54.
10 Lívio Ferreira, Tito. *Monografia do IV Centenário de Santo Amaro*, São Paulo: Avance Edit. Propag., 1961 [texto: Prof. Tito L. Ferreira], p. 7.
11. Mendes Torres, Maria Celestina Teixeira, *Op. cit.*, p. 27, 28, 33, 141-146.
12. Monteiro, Zenon Fleury. *Op. cit.*, p. 16, 23, 118, 134 e todas as notas.
13. Bruno, Ernani da Silva. *Histórias e Tradições da Cidade de São Paulo*. vol. I, III. Rio de Janeiro: José Olympio, 1953. p. 214-217.
14. Planta da Cidade de S. Paulo, Comissão do IV Centenário de São Paulo.
15. Sant'Anna, Nuto. *São Paulo Histórico: aspectos, lendas e costumes*. São Paulo: Departamento de Cultura da PMSP, 1937, vol. VI, p. 47-52.
16. Berardi, Maria Helena Petrillo. *Santo Amaro* — História dos bairros de São Paulo São Paulo: Secretaria Municipal de Cultura da PMSP, 1979, vol. 1, p. 40-50.
17. Masarolo, Pedro Domingos. *Vila Mariana* — História dos bairros de São Paulo. São Paulo: Secretaria Municipal de Cultura da PMSP, 1971, p. 13-20.
18. Atas da Câmara Municipal de Santo Amaro, vols. I, II e III.
19. Jornal *O Estado de S. Paulo*, 25/1/1954. "Vocação Comercial de São Paulo" [por Gilles Lapouge]. Edição Comemorativa.
20. *Guia Levi*. São Paulo: 1970 e 1974.

21. *Guia Cartoplan*. São Paulo: 1998 e 2001.
22. Plantas da região em estudo. Departamento de Obras, Secretaria de Vias Públicas. Registro de Plantas. Prefeitura Municipal de São Paulo, 1955 e 1968.
23. Mapas da região em estudo. Planta Geral da Cidade de São Paulo com indicações diversas. [escala: 1: 20.000]. Comissão Geográfica e Geológica, engenheiro João Pedro Cardoso [chefe], 1914 e 1930.

9
O trem a vapor

O trem, como fator de progresso, tornou-se indispensável, no século XIX, quando a oferta de pedras, madeira e hortifrutigranjeiros santamarenses, cresceu. Manuel José de Moraes, seu primeiro prefeito, sugeriu ao imperador D. Pedro II que instalasse uma via férrea ligando a região a São Paulo, mas a aprovação demorou a chegar. O prefeito faleceu sem conhecê-la.

A 25 de abril de 1880, pela Lei Provincial n.º 1212, os engenheiros Alberto Kuhlmann e Eusébio Inocêncio Vaz Lôbo da Câmara Leal, conseguiram autorização do governo provincial, presidido por Laurindo Abelardo Brito, para a construção da ferrovia do projeto que haviam apresentado. Fora feito nos moldes europeus.

A 14 de abril de 1883, tendo Inocêncio se afastado do projeto, coube a Alberto assinar o contrato com o governo do Visconde de Itu. Obteve a concessão, por 25 anos, para explorar a via férrea que implantaria.

Haveria duas máquinas, a Conde de Itu, que puxaria três carros e a Souza Queiroz, que puxaria sete carros; elas utilizariam o sistema europeu Krauss. Dois dos carros da composição seriam destinados à carga; um seria duplo e outro simples. Mais dois carros especiais seriam destinados aos passageiros. Eram de fabricação alemã, da fábrica Hubrand, comarca de Ehenfeld. Os trilhos da ferrovia seriam de aço Bessemer, da fábrica de Frederico Krupp, de Essen, na Alemanha.

A 14 de março de 1886, a linha foi inaugurada com uma grande festa oferecida pela Câmara Municipal de Santo Amaro.

A viagem inaugural partiu às 11h30 da estação de São Joaquim, na Liberdade e a composição levava pessoas ilustres, civis e militares e pessoas da imprensa. Tudo era emoção!

No regresso, no pontilhão no Jabaquara, o carro que conduzia o presidente da Província descarrilou! Houve grande susto, mas felizmente nenhuma vítima. Foi grande o trabalho para devolver o carro aos trilhos.

A composição comportava 24 passageiros e 3.000 kg de carga. A bitola era de 0,6 m e a velocidade média era de 40 km/h.

Em janeiro de 1888, a Cia. de Carris de Ferro transportou 133.038 passageiros e 208 toneladas de carga.

O percurso entre São Paulo e Santo Amaro, iniciando-se na Liberdade, como se disse, cobria 19 km de extensão até o Largo 13 de Maio, em Santo Amaro. Atravessando as campinas, regiões de capoeiras e algumas várzeas, uma paisagem diversificada, muitas vezes bela, se descortinava aos olhos dos viajantes. São muitas as referências sobre essas belezas, publicadas por excursionistas estrangeiros. Usuários habituais, costumavam descer nas paradas do trem para melhor apreciar o lugar. Há citações sobre a existência de guabirobas, colhidas pelos viajantes, nas várzeas do Água Espraiada.

Eram nove as paradas e cinco as estações. A via férrea atravessava os córregos do Jabaquara, Água Espraiada e Cordeiro. Sobre eles, pontilhões em número de dez, dois grandes e oito pequenos, exigiram a construção de aterros, feitos com pedra, cal e cimento.

Na várzea do Água Espraiada, a composição fazia muitas voltas, passando próxima dos mesmos lugares. Essa região ficou conhecida como Volta Redonda, no atual Brooklin Novo. No local, uma estação foi construída e nós registramos sua construção para se criar uma idéia a respeito das demais.

> "Feita em um terreno situado no km 12 da linha férrea, a estação media 2,24 m de frente e 2,50 m de fundo, sobre uma plataforma de 7,30 m de comprimento. Feita de tijolos, coberta de zinco, ocupava uma área de 91,30 m², contando-se os terrenos que a circundavam e eram demarcados com estacas de peroba. Por três dos seus quatro lados, o terreno confrontava com as terras do Banco União de São Paulo.
>
> A planta de sua construção teve o número 1035."

A 8 de fevereiro de 1900, em um leilão feito pela Câmara Municipal de Santo Amaro, a Companhia Canadense Light & Power Co., arrematou a Carris de ferro, de Alberto Kuhlmann. Este abrira o caminho para o progresso na região.

Faltando um ano para terminar seu contrato, o engenheiro não recebeu o justo reconhecimento por parte da Câmara Santamarense. Esta, já há seis anos reclamava dos "maus serviços" por ele oferecidos e o importunara com muitas implicâncias descabidas. Já havia se esquecido do pioneirismo do empresário batalhador que rasgara a ferrovia, dos mananciais da Tapera que, dentro da propriedade de Kuhlmann foram colocadas à serviço da comunidade santamarense. Não poderiam ter se esquecido das viagens de quase doze horas sobre o lombo de animais ou sobre vagarosos carros-de-bois ou carroças. Ao contrário, a Câmara desdobrou-se em elogios à companhia estrangeira que chegava e que oferecia "veículos elétricos, velozes, asseados e cômodos, que fariam a delícia do povo de São Paulo." Os bondes sucederiam aos trens.

Segue o trajeto feito pelos trens a vapor:

Trajeto dos Carris entre São Paulo e Santo Amaro

Partindo da Estação São Joaquim, em frente à Rua São Joaquim, no bairro da Liberdade, avançada pela atual Av. Vergueiro. Neste trecho, um grande aterro foi feito em cuja borda foi colocado um pesado e artístico gradil de ferro fundido. Era o corte no Morro Vermelho. Daí continuava pela atual Rua Domingos de Moraes.

Em Vila Mariana, cortava o futuro largo onde mais tarde seria construída a estação dos bondes. Ai havia uma oficina para reparo dos trens. Desse largo saía um ramal para o Cambuci e o tronco da via férrea, seguia até a atual Rua Sena Madureira, onde outro ramal saia e ia para o Matadouro Municipal, na Vila Clementino, que seria logo construído. Nesse ponto havia a Parada Chave. Desta parada o caminho férreo seguia até o local onde havia uma capela e, na sua proximidade, ficava a Parada da Capela da Saúde, ainda em Vila Mariana.

Seguindo, a linha tronco atingia a região conhecida como Parque Imperial e ai situava-se a Parada Bosque, onde hoje existe a Praça da Árvore. Em seguida ficava a Estação Nova, ainda no Parque Imperial. Hoje ali existe uma estação de alta tensão da Eletropaulo — EMAE.

Chegando à região do Jabaquara, havia uma estação que se tornou famosa, a Estação do Encontro, onde havia manobra especial para passagem, em linha singela, de trens vindos de direções opostas. Ela ficava no final da Avenida Jabaquara, perto das terras da família de Elias Pacheco Chaves, atrás do atual aeroporto de Congonhas. Ali ficava a Parada Elias Chaves.

A partir do Jabaquara, a linha férrea entrava em uma curva, à direita, enveredando pelo vale do ribeirão da Traição, hoje Avenida Jurandir e dos Bandeirantes. Ai havia a Parada Buraco do Peixe (ou Piraquara). Entrava então no futuro Campo Belo, fazendo uma curva fechada, próxima da Rua Barão do Rio Claro. Na esquina desta com a Rua Otávio Tarquinio de Souza, seguida por onde se acham as ruas Moraes de Barros, Demóstenes, Jesuíno Maciel e Pascal, perto da futura Av. Vereador José Diniz.

Fazendo ai, uma curva também fechada, retornava prosseguindo mais uma vez, dentro do Campo Belo, cortando o lugar onde se encontram as ruas Vieira de Moraes, João de Souza Dias, Édson, Gabriele D'Annunzio, Volta Redonda, Xavier Gouveia e Vicente Leporace. Nesta última, atravessava o Córrego da Água Espraiada, onde, conforme citações, colocava água nas caldeiras enquanto os viajantes descem e saboreavam guabirobas, no vale. A água era retirada em baldes pelo maquinista e às vezes com a ajuda dos passageiros. Chegava o trem à Estação Volta Redonda, no futuro Brooklin Novo, depois Parada do Cordeiro e a Parada do Galinheiro. Esta última junto a uma granja daí o nome. Seguia perto da futura Vila Helena. Partia o trem cortando as atuais ruas Bernardino de Campos, Joaquim Nabuco, Martins Francisco e Quintino Bocaiúva até chegar na Rua Prof. Henrique, esquina da atual Rua Antonio de Macedo Soares, junto à Rua do Ouro.

Onde hoje se situa a Chácara Flora havia as Paradas Boa Vista e São José, perto de um convento.

Fazendo uma nova curva fechada, de quase 180 º graus, descia e atravessava o Córrego Cupecê ou Cordeiro, na atual Av. Vicente Rao, junto das ruas Prof. Rubens Gomes de Souza e Carlos Duarte Costa.

Desse ponto, pelo alinhamento das ruas Angra dos Reis e Darwin, fazia uma curva, à direita, indo pela atual Rua Conde de Itu (antiga rua da estação) até a estação final na atual Rua Salomão Karlic, no centro de Santo Amaro.

Um traçado mais exato do percurso da estrada não tem sido conseguido porque na época a região não era urbanizada e, por isso, não havia pontos de referência, a não ser alguns poucos, que usamos.

Fontes consultadas

Mapa da Revista IV Centenário, (sem nomes de ruas).
Foto da ponte da Rua Santa Rita.
Entrevistas nº. 1, 5 e 11.
Masarolo, Pedro D. *O Bairro de Vila Mariana:* História dos bairros de São Paulo. São Paulo: Prefeitura do Município de São Paulo, Departamento de Cultura, 1971, p. 26-34; 30-32.
Torres, M. Celestina T. Mendes. *Ibirapuera*: História dos bairros de São Paulo. São Paulo: Prefeitura do Município de São Paulo, Departamento de Cultura, 1977, p. 66-81.
Estrada de Ferro de Santo Amaro, 1888. Arquivo do Estado de São Paulo - Seção de Manuscritos, Lata 4, ordem 5.581; Relatórios e Ofícios, Conteúdo Técnico.
Berardi, M. Helena Petrillo. *Santo Amaro*: História dos bairros de São Paulo. São Paulo: Prefeitura do Município de São Paulo, Departamento de Cultura, 1969, p. 79-84.
Stiel, Waldemar Corrêa. Jornal *Gazeta de Santo Amaro*, 19/2/ 1977, São Paulo.
Atas da Câmara Municipal de Santo Amaro, vol. IV, p. 166 e 248 (14/1/1890); Livro V, p. 49; Livro VIII, p. 29.
Bruno, Ernani da Silva. *Histórias e Tradições de São Paulo*. Rio de Janeiro: José Olympio Editora, 1953, vol. I, p. 275.
Revista Interlagos, n.º XX, ano XI, setembro de 1961, Edição Comemorativa do Centenário de Santo Amaro [texto: Elisário Venâncio de Mello], p. 7 e seg.
Papéis sem verificação. Câmara Municipal de Santo Amaro (29/7/1901), Caixa 25, fl. 3 e 4.
Entrevistas com descendentes de antigos usuários.
Mapa da Light & Power, linha de AT para Santo Amaro. FPH Energia de São Paulo.
Planta dos arredores de São Paulo, 1927. APWL-PMSP.
Jornal *Diário Popular*, 27/6/1902, publicou a notícia:
Carril de ferro: "Pedem-nos chamar a atenção do Sr. Dr. Alípio C. Borba, gerente da Light, para os carros que trafegam no carril de ferro de Santo Amaro, cujo passeio deixa a desejar."

10
O bonde elétrico

Em 1913, o bonde elétrico chegava na Zona Sul de São Paulo, capital.

Desapareceriam as chácaras, novos bairros surgiriam ao longo do trajeto percorrido pelo bonde elétrico da Light & Power Co.

A fisionomia, antes rural, se tornara urbana.

A 7 de julho de 1913, uma grande festa marcou a inauguração dos quase 20 km da linha que, unindo São Paulo a Santo Amaro, vinha substituir os trens a vapor. De 1900 a 1913, no mesmo percurso do trem a vapor, de A. Kuhlmann, trafegou um bonde, de tração animal.

A companhia canadense obteve concessão para instalar e explorar, por quarenta anos, o *Tramway* elétrico, a luz e a força na Vila de Santo Amaro, mas lá ficou por cinqüenta e quatro anos.

A Câmara pedira à companhia que fosse rápida e eficiente e que colocasse bons veículos, velozes e seguros que, em meia hora, fizessem o percurso projetado. Exigira também que as passagens fossem acessíveis[1] e que a obra não ultrapassasse dezoito meses de serviços.[2]

Em apenas quinze dias, de 1 a 15 de junho de 1912, o projeto foi aprovado e, no ano seguinte, deu-se a inauguração.[3]

O bonde, que começou a circular em 1913, era aberto e pequeno, de fabricação norte-americana. Não atendia ao proposto no projeto.

Em 1916, grandes bondes fechados, fabricados no Canadá, amarelos, substituíram aqueles primeiros veículos.

Em 1926, chegaram outros bondes, vermelhos, que foram apelidados de "camarão", enquanto que os "amarelões" foram apelidados de "gaiolas de tatu", por serem fechados, e de "perigo amarelo" por sua velocidade, grande demais para a época. Desenvolvia 40 km/h, chegando a 80 km/h em alguns trechos.

No ano seguinte, dois novos veículos passaram a circular entre São Paulo e Santo Amaro. Eram grandes, fechados e de cores marrom e amarelo. Ainda

---

1. Atas da Câmara Municipal de Santo Amaro — CMSA, Livro 5, p. 49.
2. Atas da CMSA, Livro 8, p. 1.
3. Atas da CMSA, Livro 8, p. 43 e 44.

assim, foram também apelidados de "camarões" ou "lagostas"! Tinham por matrícula, os números 2111 e 2113.

Os bondes, cujas linhas passavam por Campo Belo, tinham por números: 101 e 103, sendo respectivamente, o de Santo Amaro e o do Brooklin Paulista.[4]

O percurso era realmente coberto em apenas trinta minutos.[5]

Semelhante a um vagão de trem, e fazendo como esse um agradável som sobre os trilhos e dormentes, era imponente e pitoresco. Feito de madeira de lei, resistente, esta revestia a armação metálica.

O teto arredondado nas bordas, também lembrava os tetos dos trens.

Na frente do carro, um grande farol parecia o olho de um ciclope. Era visto de longe, a noite, ou nos dias de muita neblina, comum nos lados de Santo Amaro.

O chão tinha um piso feito de tiras de madeira, para torná-lo anti-derrapante. Os janelões abriam-se como o mecanismo da guilhotina e estavam sempre limpos.[6]

Na plataforma ficava o motorneiro, que vestia um terno de lã grossa, azul-marinho, com as iniciais da companhia, em amarelo, na gola: TSP-LPC, isto é, The Saint Paul-Light & Power Co. O número do funcionário ficava em uma chapinha, metálica, no boné.

O condutor, usava o mesmo uniforme e cobrava a cada passageiro; tinha uma bolsa de couro, a tiracolo, para guardar o dinheiro e as passagens.

Do teto, internamente, e se viam pequenos lustres amarelos, de murano, iguais aos dos trens. Um luxo![7]

No caminho, aberto em uma área acidentada, que exigiu cortes e aterros, assentavam-se os trilhos, sobre os dormentes, em um largo leito coberto de pedras britadas, para evitar o barro ou o pó. No retão que o bonde percorria, que corresponde ao trecho da atual Av. Vereador José Diniz até a Av. Adolfo Pinheiro, havia perfis metálicos que sustentavam fios de arame formando uma cerca protetora. Nas paradas, borboletas ou catracas protegiam as passagens.

Algumas possuíam mata-burros para impedir a entrada de animais no leito de passagem do bonde.

O percurso era o seguinte:

Da Sé chegava à Vila Mariana, tendo passado pela Liberdade, Vergueiro e Largo Ana Rosa.

O bonde descia pela Rua Conselheiro Rodrigues Alves. Ele descia até chegar na lateral do Instituto Biológico, onde parava. Depois, seguia até Moema, cortando

---

4. Depoimentos do Prof. Sérgio Weber, trabalho de pesquisa.
5. Masarolo, Pedro D. *Vila Mariana* - Monografia dos Bairros de S. Paulo, p. 99.
6. Depoimentos da Prof.ª Maria Aparecida L. Duarte Weber, como usuária local.
7. Depoimentos do Prof. Sérgio Weber, idem nota (4).

a atual Av. República do Líbano, enveredando então pelo retão já comentado, que tinha 8 km de extensão. Cortava os bairros de Indianópolis, Vila Helena, Campo Belo, Brooklin Paulista, Alto da Boa Vista e Chácara Flora. Atravessando-a chegava no Largo 13 de Maio, em Santo Amaro.[7]

Dentro de Campo Belo, existiram quatro paradas: A Rodrigues Alves, na atual Rua Otávio Tarquínio de Souza (na Casa da Força), a Campo Belo, na atual Demóstenes, a Piraquara, na Rua Vieira de Moraes e a Frei Gaspar na atual Rua Gabriele D'Annunzio. Elas foram responsáveis pela vinda de muitos moradores que se fixaram nos lotes próximos da linha do bonde. As terras aí ficaram valorizadas pela presença desse veículo.

Durante alguns anos, desprovidos de um comércio local, muitas famílias se serviram do bonde também para enviar e receber encomendas ou correspondências vindas de São Paulo ou de Santo Amaro.

Nestes bondes, havia um espaço vazio considerável junto à porta de entrada. Nele, os volumes maiores eram acomodados para serem entregues aos seus destinatários.[8]

É inegável que o bonde foi fator de progresso nas regiões que serviu.

O Brooklin Paulista formou-se junto ao quinto desvio do bonde e Campo Belo, junto ao quarto desvio. Estes serviam para que um bonde ali aguardasse a passagem de outro que vinha no sentido contrário. A linha inicialmente era singela e somente após alguns acidentes, foi duplicada.

O reboque, o apito soturno como o dos navios, o conforto dos carros, o bucolismo da paisagem é citado com nostalgia por seus antigos usuários.[9]

Após à implantação da indústria automobilística no país, os bondes foram lentamente sendo substituídos pelos automóveis e ônibus.

A 27 de março de 1968, o bonde 101, fez sua última viagem e deixou muitas saudades. Francisco Lourenço Ferreira dirigiu essa viagem de despedida.[10]

---

8. Entrevistas com antigos moradores
9. Depoimentos do Prof. Sérgio Weber, idem nota (4).
10. Berardi, Maria Helena P. *Santo Amaro*: Monografia do Bairro. PMSP, 1969, p. 96. Bruno, Ernani da Silva. *História e Tradições da Cidade de São Paulo*. Rio de Janeiro: José Olympio Editora, 1953, vol. III, p. 1074 e 1075. Museu de Transportes Públicos "Gaetano Ferolla", São Paulo; [pesquisa realizada pelos autores no acervo, em julho de 2000]. Atas da CMSA, 1901, vol. 5, p. 76. Atas da CMSA, de 7/11/1910, vol. 8. [sobre a Light & Power Co. e o Tramway: Requerimento da Light pede privilégio de 40 anos para explorar e fazer funcionar o tramway em Sto. Amaro e o uso da luz e força.]; Atas da CMSA, de 2/1/1911, [Light pede concessão de 20 m de largura de faixa de terra para fazer o leito do tramway, colocar postes, calços e condutores.]; Atas da CMSA, de 15/6/1912, [apresentação do Projeto da Light à CMSA.]; Atas da CMSA, de 22/6/1912, [aprovação do Projeto apresentado.]; Atas da CMSA, de 8/2/1900-20/6/1913, [Light usa bondes de tração animal no antigo percurso do trem a vapor.]; Atas da CMSA, de 20/6/1913, [inauguração da linha.]; Atas da CMSA, de 4/6/1917, Livro 10, [Votorantim S/A pede isenção de impostos para suas indústrias em Volta Redonda — Sto. Amaro].

O bucólico caminho cedeu lugar à uma via expressa, onde hoje milhares de veículos passam velozes como o tempo. Não mais se ouviria o som grave do apito emitido durante sua corrida inesquecível.

Seguem aqui, algumas citações que explanam os argumentos de um velho protesto:

> "A Light versus Santo Amaro:
> [...] A Prefeitura de Santo Amaro apoiava-se na tese de que, como a Light se apossara do Rio Guarapiranga, o mais rico patrimônio (ambiental) daquele município, e nele está construindo uma fonte de incalculáveis lucros a seus empreendimentos, ela deverá fornecer grátis a esta população a sua luz elétrica. (26/4/1908). Era um protesto.
> [...] A empresa irritava os munícipes com sua sede de terras e o baixo preço que oferecia pelos terrenos que seriam ocupados pela represa. Conseguiu o que queria e muito mais.
> [...] A otimização das obras justificava o plano de substituição da linha férrea a vapor da Companhia de Ferro de São Paulo a Santo Amaro, por uma linha de bondes elétricos. Esta ferrovia foi construída entre 1880-85 e encampada pela Light em 1900.
> [...] a substituição do tramway de Santo Amaro por uma linha de bondes elétrica aconteceu apenas em 7 de julho de 1913."[11]

A citação acima traduz as grandes vantagens que a Light & Power Co. Ltda. obteve ao conseguir explorar a oferta de luz e força assim como da linha elétrica de bondes para Santo Amaro.

---

11. *Memória — Energia*. Revista quadrimestral, São Paulo, 1999. Fundação Patrimônio Histórico da Energia de S. Paulo (FPHESP), n.º 26, jan-ago/1999, p. 17-19.

11
Espécies vegetais locais

Na região sudeste da capital paulistana, no bairro do Campo Belo, às margens do vale do ribeirão Água Espraiada e próximo ao microclima úmido, chuvoso e ameno da marginal do Rio Pinheiros, tipicamente encobertas por neblina intensa nas manhãs frias entre maio/agosto, temos a oportunidade de reparar, nas orvalhadas, agulhas verde-acinzentadas de ciprestes e cedros que despontam em várias residências e ruas da parte baixa, principalmente.

Com alturas, idades e portes notáveis e de grande estilo paisagístico no cenário urbano, que é carente de biodiversidade e preservação, mescla influências principalmente européias até mesmo na arborização informal local. A exemplo de outros vegetais, memoravelmente tombados pela Secretaria do Meio Ambiente do Estado de São Paulo (SMA-SP) e preservados por alguns e tantos outros botânicos no bairro, como também a introdução de algumas orquídeas na década de 90, como a *Cattleya* e o plantio de várias mudas de árvores de Mata Atlântica e Ciliar, nas margens do Água Espraiada, por moradores nos idos de 2000/02, revelam uma já rara sensibilidade, respeito e tradição local em prestigiar a natureza.

Portanto, na despretensiosa intenção de abordar de modo prático e ao mesmo tempo científico o aspecto classificatório destas espécies vegetais, nos dispusemos à observação, levantamento fotográfico, geográfico e bibliográfico para dar suporte histórico às ocorrências fitogeográficas específicas de *Gimnospermae* (grupo sem frutos e de sementes nuas) da classe das Coníferas, muito comum no baixo Campo Belo.

Deste grupo, segundo descrições de Joly (1998)[1], a família de destaque é a das Pináceas ou *Cupressaceae* (Cupressáceas), que tem apenas algumas raras ocorrências no hemisfério sul, mais na região australiana, sem espécies nativas do Brasil. São plantas lenhosas, de porte arbóreo, algumas poucas arbustivas, com tronco robusto e retilíneo sustentando sua copa geralmente cônica; das

---

1. Joly, Aylthon Brandão. *Botânica: Introdução à taxonomia vegetal.* 12.ª ed. São Paulo: Companhia Editora Nacional, 1998. (Biblioteca Universitária, Série 3. Ciências puras; v. 4), p. 202-212.

140 espécies e 16 gêneros espalhados em todo o mundo, as mais comuns introduzidas no Brasil são: cipreste-italiano/Mediterrâneo (*Cupressus sempervirens*), de origem euro-asiática, que tem seu porte variando em cerca de 20 m de altura quando adulta, geralmente de climas frios e temperados, de solo argiloso e produz pinhas (estróbilos) o ano todo.

Curiosamente, no Brasil temos a ocorrência de espécies do grupo também das Coníferas, como o cedro (*Cedrela fissilis*), da sub-família das Meliáceas, onde os gêneros: *Cedrus, Cedrela, Cryptomeria, Juniperus e Cupressus* são os que caracterizam o grupo o qual é de relevante importância econômica, devido ao uso de seu óleo e resina para, inclusive, a microscopia óptica, sua resistente madeira de lei para a carpintaria, além de também ser descrita em uso como cerca viva ou como quebra-vento em sítios e chácaras; destas apenas podemos destacar, como espécies genuínas do Brasil e África, as das famílias: *Podocarpaceae*, com dois gêneros de *Podocarpus* e a *Araucariaceae*, com apenas um único gênero, a *Araucaria angustifolia*, árvore símbolo do sul brasileiro e no sudeste, em cidades como Campos do Jordão em São Paulo.

O cedro rosa (*Cedrela*), que segundo destaque do Anuário Agrícola de 1991, é mais comum no sudeste e norte do país, tem um porte que varia de 10 a 30 m de altura por cerca de 1,5 m de diâmetro médio do tronco e podem durar mais de um século, se forem respeitadas no contexto urbanístico que atualmente começa a ser planejado, bem como as áreas ribeirinhas e mananciais, como prestigia e revitaliza nas marginais Pinheiros e Tietê, o projeto POMAR e seus desdobramentos.

Deste modo, é interessante investigarmos aqui, dados concretos que incrementem um descritivo minucioso dos aspectos paisagísticos da região em estudo, com a finalidade única de conhecer melhor seu passado, para preservar o presente para as futuras gerações!

Assim, nesta tendência, partimos para levantar descrições do começo do século XIX, de ilustres botânicos europeus, como Alexandre von Humboldt e von Martius entre outros, que na mesma época foram também investigadas por pesquisadores paulistanos e redimensionadas na literatura atual e regional por nomes como Leopoldo M. Coutinho e Mário Guimarães Ferri, como menciona Fernandes (1998)[2], que conceituam a região sudeste do Brasil, que faz limite com o Atlântico, como sendo a "Província Atlântica", onde se localiza, para nosso interesse específico, a "Sub-Província Serrana", mais ao planalto do Estado de São Paulo. Esta região é uma área de altitude, localizada sobre uma cadeia orográfica, de relevo desgastado e mares de montanhas, desde 300 m até quase 2900 m de altitude, que compreende, do Rio Grande do Sul até o sudeste da Bahia, incluindo a porção serrana

---

2. Fernandes, Afrânio. *Fitogeografia brasileira*. Fortaleza: Multigraf Ed., 1998. 340 p.

da Serra Geral, Serra do Mar e da Mantiqueira; onde seu suporte básico é representado por um maciço de natureza gnássica ou granítica.

Quanto ao aspecto climático, a região caracteriza-se por ser privilegiada com elevados e quase perenes índices pluviométricos, com maior severidade entre os meses de maio/agosto, chuvas de inverno, registrando mais de 200 mm mensais (a região sudeste da grande São Paulo, em Paranapiacaba, chega a até 4000 mm de chuvas); fato que explica, juntamente com a barreira natural, que é a Serra do Mar, o impedimento parcial da livre ventilação dos alíseos e conseqüente formação de nuvens baixas e típica neblina que justificam os distintos padrões fisionômicos locais, ora aqui mencionados no bairro.

As Coníferas, de modo geral, se detêm ao subsetor das Florestas Aciculifólias na região sul do Brasil, que são representadas pelas araucárias e pinheiros, bem como os ciprestes e cedros nativos; porém segundo estudos de Rizzini (1979) e Klein (1961), *In*: Fernandes (1998)[2] sabe-se que são vegetais pioneiros, ou seja desenvolvem-se temporariamente em campinas, como na região do Campo Belo do passado, até que sejam sucedidos por arvoretas que tiram sua insolação plena, portanto as matas mistas pluviais puras do sudeste, naturalmente não tem mais pinheiros velhos adultos e a maioria que ainda reina é introduzida ou remanescente do sul, o que é menos provável.

Assim, retornando um pouco ao passado, notamos que, comparado aos dias de hoje, havia também generosas campinas de barbas-de-bode entre outras gramíneas, que marcaram os primórdios da ocupação do bairro; atualmente são raramente vistos em terrenos baldios ou nas periferias do vizinho Jabaquara. Esta herbácea, de médio porte, talvez pouco expressiva, é da família das Ciperáceas (Gramíneas), onde os possíveis gêneros de maior ocorrência nos campos do belo "Campo Belo", tenham sido o *Cyperus* e *Aristida*, comparando-se descrições de campinas e campos-sujos relatadas por Fernandes (1998)[2], com espigas variando em dois tons de champanhe e ferrugem, que suavizavam e bucolizavam as feições campestres da paisagem. Não podemos deixar de mencionar também a guabiroba (*Campomanesia pubescens*), uma outra planta frutífera muito descrita por antigos moradores e em relatos historiados no capítulo — O Bairro de Campo Belo, a qual era saboreada por muitos e que, ainda que tenham ocorrido outras variedades, fornece mais uma pista de como era a vegetação que remonta este dinâmico cenário em estudo.

Outro aspecto curioso e significativo para o resgate histórico, é que tais características desta cobertura vegetal do Campo Belo, são típicas de solo do tipo laterítico-arenoso, favorável às coníferas, estendendo-se por microclimas de brejos, matas ciliares até semi-áridos, o que também contempla esta região e nos leva a arriscar um resumido e possível perfil de sucessão desta estação fitogeográfica, agora bem urbanizada.[3]

Há quatorze anos os governos estadual e municipal de São Paulo, capital, publicaram, sob seus auspícios, um documento intitulado "Vegetação Significativa do Município de São Paulo" — julgamos oportuna a transcrição de trechos relativos ao Brooklin Novo e Campo Belo, pois servem de complemento ao que se descreveu sobre a paisagem natural local. Trata-se agora da paisagem urbana.

No capítulo sobre Bairros e Vias urbanizadas, Campo Belo aparece como "predominantemente residencial, de padrão médio alto em processo de verticalização. Área de topografia plana ou de pequena declividade em que as ruas são retilíneas, com traçado ortogonal.

Os passeios são pavimentados, com árvores localizadas em canteiros individuais. A arborização forma alinhamentos descontínuos e de composição heterogênea em que se notam podas provocadas pela interferência na fiação aérea. As ocorrências mais freqüentes são: paus-ferro e sibipirunas (Cesalpinas); bauhínias (pata-de-vaca); chapéu-de-sol (*Terminalia catappa*); flamboyants; Erithrynas; Tipuanas ou Sâmaras (*Tipuana tipo*); (falsas) seringueiras e cinamomos (*Melia azedarach*).

"... vez por outra no entanto, surpreende e se torna notável pela homogeneidade e adequação das suas árvores. É possível desfrutar então os jacarandás-paulistas, floridos, as tipuanas bem copadas, o porte das sibipirunas, a elegância dos paus-ferro..."

"A arborização urbana, que já foi uma das qualidades ambientais paulistanas, não vem conseguindo acompanhar a expansão da trama viária".

Com relação às árvores citadas, no trabalho consultado, elas se notabilizam por sua qualidade e freqüência. Nas fichas, são descritos os exemplares selecionados pelo porte ou pela raridade de sua ocorrência.

Nos anos 20 e 30, os imigrantes trouxeram consigo mudas de magnólias, plátamos (carvalho), figueiras, ciprestes, choupas, astropéias, aglaias, pinheiros, amoreiras e castanheiros.

Em Campo Belo, foram localizadas duas figueiras, isoladas e raras. A figueira benjamina, na Rua Barão de Jaceguai, 1140, que no ano do levantamento pesquisado, 1988, media quinze metros de altura. Sua ficha assim a identifica:

---

[3]. Observações, pesquisa e colaboração técnica do biólogo e professor Octávio Weber Neto.

ESPÉCIES VEGETAIS LOCAIS

"*Ficus microcarpa* — em lote desocupado junto ao muro do alinhamento, na esquina com a Rua João de Souza Dias. Entorno residencial em processo de verticalização. Terreno plano, no nível do passeio, com ocorrência de outras árvores de menor porte.

Exemplar com copa típica, larga e bem formada, projetando-se sobre a rua."

Do gênero *Ficus* há algumas espécies diferentes, isoladas, em outras áreas da capital. Foram tombadas assim como a de Campo Belo.

Na Rua Princesa Isabel, também em Campo Belo, há uma outra árvore do gênero *Ficus elastica Roxb*. É chamada de Seringueira-Figueira, mas é uma falsa seringueira, com muitas raízes escoras e aéreas. Em 1988 tinha cerca de doze metros de altura. Sua ficha é a seguinte:

"Figueira em pequena ilha entre ruas com movimento regular de veículos. Situação topográfica plana, em área baixa; entorno com uso residencial de padrão médio. A figueira destaca-se ao longo da rua pela amplidão da copa."

No capítulo Praças e Espaços Urbanos, foi dado destaque à Praça Comandante Lineu Gomes. Sobre ela registrou a ficha:

"O plantio é agrupado em conjuntos às vezes homogêneos (paus-ferro ao longo dos passeios, predominância de tipuanas nos estacionamentos e renques de figueiras), às vezes heterogêneos. Além dos exemplares já citados, ocorrem quaresmeiras (*Tibouchina sp.*), ipês amarelos (*Tabebuia sp.*), jácarandás-paulistas (*Dalbergia sp.*), sibipirunas (*Caesalpinia sp.*), (freijó ou baleeira do litoral) *Cordia trichotoma*.

O plantio da praça é continuado ao longo da Avenida Washington Luiz até o seu encontro com a Av. dos Bandeirantes, no canteiro central e ao longo das calçadas.

Os exemplares apresentam-se com o porte adulto e formam uma importante massa de vegetação significativa, tanto ao longo da Av. Washington Luiz, como para os usuários do Aeroporto de Congonhas. Constituem também uma boa solução para o estacionamento ao ar livre, com a proteção térmica e visual que oferecem."[4]

---

4. Secretaria de Meio Ambiente do Estado de São Paulo. *Vegetação Significativa do Município de São Paulo*. Governo do Estado de São Paulo, Prefeitura Municipal de São Paulo e Secretaria Municipal de Planejamento, 1988. [Série Documentos], 560 p. (consultas, p. 172, 315, 324, 398, 436, 489 e 490).

12
Hidrografia

1. CÓRREGO DA ÁGUA ESPRAIADA

Este ribeirão, o mais caudaloso do bairro, tem assumido, tradicionalmente, três denominações que são:

1 — Córrego da Água Parda, do nascedouro até à Avenida Eng. George Courbisier;
2 — Córrego Jabaquara, da citada avenida até o alinhamento da Avenida Josué de Castro;
3 — Córrego da Água Espraiada, desta última até à sua desembocadura no Rio Pinheiros.

Tem suas nascentes reunidas no largo, dentro do quarteirão, formado pelas Avenida Muzambinho, Rua 5 de outubro e Rua Valdir Maluf, nas proximidades da Rodovia Imigrantes, Parque do Estado.

Atravessando a Avenida Muzambinho, seguem pelo vale entre as ruas 5 de outubro e Dr. Deodoro de Campos. Corta a Rua Tupiritama, a Rua Francisco Solimena. Neste outro vale, há um ponto de derivação de águas que seguem paralelas à Rua das Guassatungas e das Corruiras, cortando, então a Rua Marapés (antiga Dr. Nelson Carrera).

Cortam a Rua Jupatis, seguindo paralelas à Rua Botuverá; entre estas duas ruas há, também, uma derivação que liga ao Córrego do Cordeiro. Cortam a Rua Capuavinha, também a Rua Alexandre Martins Rodrigues (antiga Porto Rico). Prosseguindo paralelas a esta, cortam as ruas Coriolano Durand (antiga Guianas) e Francklin Magalhães (antiga Rua Jamaica).

Seguindo paralelas à Rua Taquaritiba (Vila Babilônia), vão pelo vale entre as ruas Jorge Duprat Figueiredo e Nicolau Zarvos; neste local há um ponto de encontro de águas da Avenida Josué de Castro e outro que, dali, desce paralelo à Rua Alba. É uma região rica em olhos d'água.

Passam na esquina da citada Rua Nicolau Zarvos com a Rua Trindade. Cortam a Rua Manuel Cherem, passando na esquina da Rua João de Lery com Rua Praia do Cerejo (antiga Rua da Bandeira).

Atravessam, então, a Avenida Lino de Moraes Leme (antiga Avenida Jabaquara), cortam as ruas Alsácia (antiga Rua Guaicurus, na Praça Durval Pereira), Marília de Dirceu (antiga Vasco da Gama), Visconde de Ouros (antiga Rua Martírios).

Passando sob a Avenida Washington Luiz, entram, assim, no Campo Belo.

Seguem, canalizadas, pelo centro da Avenida Água Espraiada, saindo do bairro pela ponte da Avenida Santo Amaro quando, por esta, alcançam o Brooklin e se despejam no Rio Pinheiros.

Quando ainda corria ele, quase todo a céu aberto, sua extensão, das nascentes à foz, era, aproximadamente de 10 km; a largura média, no bairro, era da ordem de 3 m.

O bairro das treze pontes

Desde seus primórdios, a Câmara Municipal de Santo Amaro já não escondia sua preocupação com seus caminhos e pontes, únicas vias de integração entre os demais municípios.

Em 1834, essa Câmara recém-criada, já discutia onde e como seriam feitas essas pontes que seriam "feitas de boa e forte madeira, cobertas com terra e pedregulho."

No ano seguinte, era conhecido o nome de Francisco Mendes, como encarregado das feituras destas pontes, em número de cinco.

A primeira menção específica sobre o Água Espraiada foi quando "deo-se autorização ao Fiscal para despender a quantia de Rs 20$000 (vinte mil réis) para conserto da agoa espalhada" em fevereiro de 1865.

Periodicamente, entrava em pauta a manutenção destas pontes.

Um século depois, em 1939, três pontilhões, já de concreto, com três metros de vão, foram construídos sobre o Água Espraiada.

Até 1995, treze pontes integravam a parte do bairro separada pelo Córrego da Água Espraiada.

Acompanhando a correnteza desse ribeirão, comentaremos cada uma delas:
1. Pontilhão da Avenida Washington Luiz, na entrada das águas, com gradil alto, de concreto de cerca de 1,5 m de altura;
2. Ponte da Rua Palmares, com gradil de ferro, sem conservação;
3. Ponte da Rua Cristóvão Pereira, de concreto, com tabuleiro de madeira, de 1,5 m de largura, para pedestres. Uma adutora atravessava em seu interior;
4. Ponte da Rua Zacarias de Góes, desenho padrão como as demais, de concreto, com murada contínua e baixa, de 1 m de altura, vão de aproximadamente 6 m, para trânsito de pedestres e veículos;
5. Ponte da Rua João Álvares Soares, no padrão já descrito;
6. Ponte da Rua Conde de Porto Alegre, igualmente no padrão;

7. Ponte da Rua Antonio de Macedo Soares, no padrão, com gradil alto de concreto de 1,5 m e parcialmente destruído. Era a que maior trânsito suportava no interior do bairro;
8. Ponte da Rua Barão de Jaceguai, no padrão descrito, com muradas baixas, contínuas, era sem dúvida, a mais pitoresca que as pontes poderiam proporcionar;
9. Ponte da Rua Constantino de Souza, igualmente no padrão; uma característica era a grande seringueira, junto a ela, na margem esquerda, a montante;
10. Pontilhão da Avenida Vereador José Diniz. A primeira obra de arte foi feita pela Light, para a passagem da linha de bondes, mais tarde duplicada. Quando cessaram aqueles veículos foi construído pela Prefeitura um pontilhão de concreto sobre o primeiro. Estreito, com 35 m de vão, foi implodido em abril de 1988. Em maio de 1990, foi inaugurado o novo pontilhão. Terminada a obra, ficou ele duplicado. Batizado como Viaduto Austregésilo de Athayde tem ele agora 114 m de vão e fornece também uma visão panorâmica da renovada região;
11. Ponte da Rua Barão do Triunfo, no padrão descrito, era uma opção para acesso ao Brooklin;
12. Ponte da Rua Princesa Isabel, igualmente no padrão descrito;
13. Pontilhão da Avenida Santo Amaro, provido de gradil de concreto, de 1,5 m de altura. Parcialmente destruído, oferecia, igualmente, perigo aos transeuntes.

Deve-se observar que a Rua Vicente Leporace teve ponte somente enquanto existiu o trem a vapor, nos fins do século XIX. A Rua República do Iraque, igualmente sem ponte, tinha apenas uma adutora atravessando o córrego. Por ela, jovens da favela, como equilibristas, alcançavam a outra margem.

Construídas na metade do século XX, essas pontes não exibiam a menor preocupação no tocante à estética, limitando-se a resolverem tão somente os problemas urbanos. Nunca mencionadas, foram usadas durante cinqüenta anos.

A Avenida Água Espraiada foi planejada com um número menor de cruzamentos, com isto as pontes ora existentes são apenas:
1. o Viaduto Luís Eduardo Magalhães, na Avenida Washington Luiz;
2. a da Rua Casemiro de Abreu (Rua Tibiriça do lado do Brooklin);
3. a da Rua Vicente Leporace (com semáforo);
4. a da Rua Zacarias de Góes (com semáforo);
5. a da Rua João Álvares Soares;
6. a da Rua Antonio de Macedo Soares (com semáforo);

7. o Viaduto Austregésilo de Athayde, na Avenida Ver. José Diniz;
8. a da Rua Princesa Isabel;
9. a da Avenida Santo Amaro.

Fontes consultadas
1. Projeto 4 – Pluviais. Plantas n.º 223.040 até 223.044. Departamento de Obras Públicas da PMSP, pesquisa em 11/6/1999;
2. *Guia Cartoplan*. São Paulo, capital, ano 1994 e 2001, p. 235 Ge - Parque do Estado, p. 206 - Campo Belo, p. 176 Brooklin Novo;
3. Pesquisa de campo — os autores. Registro de Olhos d'água que engrossam o ribeirão do Jabaquara que, no bairro recebe o nome de Água Espraiada a partir da Vila Santa Catarina. Vertentes situam-se dentro da Favela Alba, na altura da Travessa Anidrita, paralela à Tenente Américo Moretti que, corta a Rua Alba. Esta é travessa da Avenida Washington Luiz. Na altura do n.º 1.336 da Rua Alba, descendo pela Anidrita, chega-se a elas, descendo por uma escadaria. A água límpida, que jorra forte, é chamada de "água de Deus" pelos favelados, que dela fazem uso. Manoel e Francisco, senhores respeitados por seus vizinhos, dentro da favela, acompanharam o Prof. Sérgio Weber na pesquisa local;
4. Atas da CMSA, Livro 11, de 1921, classifica a região cortada pelo Água Espraiada como suburbana;
5. Papéis sem verificação. CMSA, Caixa 2, anos 1881-1889: Recibo de 14 de janeiro de 1885 - referente ao concerto de uma ponte e de um aterro na Água Espraiada;
6. Fotos das bicas tiradas em 19 de agosto de 1996, Álbum Fotográfico de Campo Belo, Sérgio Weber;

2. CÓRREGO DA TRAIÇÃO

O Parque Estadual das Fontes do Ipiranga, conhecido como Parque do Estado, situado na região da Água Funda, no Jabaquara, é região de manancial. Entre os vários cursos d'água que tem suas nascentes naquele local destacamos dois que estão ligados a área em estudo, Campo Belo. São eles, o Córrego da Traição e o da Água Espraiada.

Da sua nascente até sua foz no Rio Pinheiros, o Córrego da Traição mantém sempre a mesma denominação, cuja origem foi comentada anteriormente.

> Em seu percurso, passa por oito bairros cortando várias ruas, a saber: no Jabaquara, atravessa a Avenida Engenheiro Armando de Arruda Pereira e corta as ruas Taquaruçu, Oiticicas, Valdomiro de Lima, Aroeiras, Farto, Monsenhor Basílio Pereira, parte da Pedro Bueno, Caetano Faria e chega na Alameda Jurandir, na Saúde.
> Quase que paralelamente à Alameda Jurandir, o córrego contorna o espigão sobre o qual, em 1936, foi construindo o Aeroporto de São Paulo. Entre a alameda citada e a Avenida Moreira Guimarães, o Traição corta o Planalto Paulista, onde se

forma sua bacia; na altura da Alameda dos Guaiós, recebe seus dois afluentes: o primeiro nasce na Rua Mocoembu e o segundo na Alameda dos Tacaunas. Corta então as seguintes ruas: Ubiatans, Tupinas, Botui, Campina do Taborda, Uimarebas e as Alamedas dos Caningas, dos Piratinins, dos Guaicanans, dos Parintis, dos Uapés, dos Guainumbis, dos Araés, dos Uapichana.

Transpondo a Avenida Moreira Guimarães, que é prolongamento da Avenida Washington Luiz em direção ao centro da cidade, o córrego entra, simultaneamente, nos bairros de Campo Belo e Moema, dois quais é limite. Nesses bairros, o curso d'água corta as seguintes ruas: Guaramomis e Tupiniquinins, em Moema, Poveiras, Lavarís e Paião, em Campo Belo. As ruas Aicás, Anapurus, Nhambiquaras, Maracatins e Jamaris, já na Vila Helena, as ruas Zacarias de Góes, João Álvares Soares, Conde de Porto Alegre, Antonio de Macedo Soares, Barão de Jaceguai, Constantino de Souza, Av. Vereador José Diniz, Barão do Triunfo, Princesa Isabel, Gil Eanes, Eduardo Saccab, Stela Marina e Brunilda, em Campo Belo.

Estas duas últimas são pequeninas e se formaram dentro do projeto de retificação e canalização do córrego, assim como da abertura da Avenida dos Bandeirantes. Após à Avenida Santo Amaro, o córrego chega no Brooklin Novo, cortando as seguintes vias: Avenida Portugal, Nova Iorque, Califórnia, Ribeiro do Vale, Guaraiúva, Marquês de Cocais, Santa Verônica, Conceição de Monte Alegre, Capanema, Babitonga, Otávio Oliveira dos Santos, Geraldo Bourroul, Capimirim, Porto Martins, Nova Independência, Araberi, Rose G. Lázaro, Avenida Engenheiro Luís Carlos Berrini. Pela Rua dos Bugios chega à Avenida das Nações Unidas e despeja suas águas no Rio Pinheiros.

Ao atravessar o Brooklin Novo, simultaneamente, atravessa o Itaim Bibi, onde corta as seguintes ruas: Sá de Miranda, Isaura, Cabo Verde, Ribeirão Claro, Dr. Manuel da Rocha Passos Filho, Ponta Delgada, Júlio Diniz, Lourenço Marques, Alameda Vicente Pinzon, Tenerife e Rua Gabaglia. Sobre o Pinheiros, a ponte Engenheiro Ary Torres dá passagem a quem trafega pela Av. dos Bandeirantes.

Dimensões: sua extensão, da Estação Elevatória da Traição, no Rio Pinheiros, até às suas nascentes, na Água Funda, era de, aproximadamente, 8 km, com uma largura média, no bairro, da ordem de 1 m.

Conforme vários depoimentos de antigos moradores de Campo Belo, as águas eram poucas, mas velozes, escuras, relativamente profundas e piscosas. Sua calha era estreita.

A região, cortada pelo córrego em estudo, era coberta de capões e capoeiras que propiciavam emboscadas. Um caminho famoso, descrito em capítulo especial, passava junto da nascente do citado córrego.

A 9 de fevereiro de 1857, uma decisão da Câmara Municipal de Santo Amaro cita pela primeira vez a ponte sobre o Traição. Queria cobrar taxa pelo direito de passagem sobre ela, tão grande era seu uso.[1]

---

1. Atas da CMSA, 1857, Livro 2, vol. 3, p. 22v.

Em 1955 o tráfego inter-bairros crescera muito e a comunicação era deficiente. Do final dos anos 60 ao final dos anos 70, atendendo às necessidades, foi construída a Avenida dos Bandeirantes e para possibilitar a obra foram necessárias algumas mudanças na região, com a canalização do Córrego da Traição iniciada a 3 de julho de 1969.

Atualmente, os mais jovens, desconhecem a existência desse córrego, que no passado, foi tão importante.

Fontes consultadas
1. *Guia Cartoplan*. São Paulo, capital, ano 1994 e 2001, p. 206 Of/OP/Od. Campo Belo, p. 176 Brooklin Novo.
2. Atas da Câmara Municipal de Santo Amaro - CMSA, Livro 3, p. 22v, 23, 40, 88v, 89v, 90 e 93.
3. Papéis sem verificação. CMSA, Caixas 5, 10, 52.
4. Departamento de Obras, Secretaria de Vias Públicas, Prefeitura Municipal de São Paulo, Registro de Plantas e Córregos, Arquivo.
5. Junção das Águas — Planta Topotécnica, n.º 48.096 de 16 de junho de 1969; 24 de fevereiro de 1969, Escala 1: 500. Departamento de Obras da PMSP.
6. Rolo n.º 554-B8 de 1 de julho de 1969, obra 4, visto sob o n.º 47.794, Diretoria de Obras e Serviços Técnicos.
7. Ficha FL1/4, Departamento de Obras e Levantamento Planialtímetro e Cadastral da PMSP, outubro, 1968.
8. Planta n.º 25.080-F3, de 1 de fevereiro de 1960.
9. Planta n.º 55.544, de 24 de abril de 1970, Departamento de Urbanismo da PMSP.
10. Referências, de antigos moradores, sobre os córregos da Água Espraiada e Traição:
    "Cheguei a pescar lambaris no lugar onde foi construída a Av. Água Espraiada. Era outra coisa, um oásis, se comparado a hoje." (declaração do escultor Pedro Pinkalsky, que nasceu no Brooklin, em 1943, e cujo pai, romeno, veio para o bairro em 1938. Este construiu uma casa para a família, em um grande terreno, com 25.000 m²). [Jornal *O Estado de S. Paulo*, 20/8/1997];
    "O Brooklin era região de inundações!..." (depoimento de Marcelo Ventura). [Jornal *O Estado de S. Paulo*, 23/11/1994];
    "[...] em 1972 a Prefeitura realizou obra de drenagem no Brooklin para combater enchentes. Até 1959 o Traição transbordava." [Jornal *O Estado de S. Paulo*, 23/11/1994]."

3. CÓRREGO DA INVERNADA

O vocábulo Invernada significa, no Brasil, a designação comum dada a certas pastagens rodeadas de obstáculos, naturais ou artificiais, onde se guardam eqüinos, muares e bovinos, para repousarem e recobrarem as forças. Como foi descrito no capítulo referente a exploração econômica nas terras do Sítio Traição, a criação de burros destinados ao comércio foi a característica da fazenda. Suas terras fracas e seus campos não se adequaram à agricultura. Por esse motivo, pode-se supor que o nome dado ao pequeno córrego situado junto ao espigão, onde hoje se situa o Aeroporto de Congonhas, indique que, na sua proximidade, se guardassem os animais criados na fazenda. Não há documentação a respeito.

O burro ou besta é o mesmo que mulo, o animal resultante do cruzamento de jumento com égua, ou de cavalo com jumenta. É um animal muito resistente. É híbrido.

Nos terrenos elevados do espigão, onde hoje se situa o Aeroporto de São Paulo, Congonhas, nasce o pequeno Córrego da Invernada. Tributário do Córrego Traição, tem ele todo seu percurso dentro de Campo Belo, o que o torna peculiar.

> Suas águas afloram nos terrenos do atual 12.º BPM/M (Batalhão da Polícia Militar Motorizada) e da guarnição do 4.º GI (Grupamento de Incêndio), dos bombeiros.
>
> Atravessa sob a atual Rua Sapoti, desembocando em terreno da PMSP, até hoje a céu aberto, no alinhamento da Rua Demóstenes.
>
> Inclinando para a direita, num ângulo de aproximadamente 45°, cortava ele a atual Rua Vicente Leporace, passando na esquina da Rua República do Iraque com a Otávio Tarqüínio de Souza.
>
> Daí, em diagonal pela atual Rua José Garbuio passando, então, na esquina da Rua Zacarias de Góes com a Baronesa de Santa Branca. Passava, daí, na esquina da Rua João Álvares Soares com a Visconde de Castro, desembocando, finalmente no Córrego da Traição, na altura da Rua Conde de Porto Alegre.

Suas dimensões aproximadas são de 1,1 km de extensão e 15 m de largura. Sua velocidade média é de 0,2 m/s; corre com dificuldade, obstruído por lixo ali jogado.

Várias referências a esse curso d'água serão feitas no decorrer dos capítulos relativos às décadas passadas quando, então, ainda límpido e a céu aberto, era procurado por crianças que nele brincavam. Apenas nas estações chuvosas ele representava problema para os moradores das ruas que cortava. Transbordando, invadia os quintais e sujava as casas.

Seu projeto de canalização data de 5 de junho de 1957. Há indícios de que até o final do ano de 2001 ela esteja totalmente pronta. Os moradores, vizinhos do trecho ainda descoberto, têm feito, através da imprensa, inúmeros pedidos a esse respeito.

Fontes consultadas
1. Entrevista com antigos moradores.
2. Departamento de Obras Públicas. Levantamento Pluvialtímetro e Cadastral. Prefeitura Municipal de São Paulo.
3. Mapa do COGESP. Projeto Cura SP 22/01. AR-SAMARO.
4. Pesquisa de campo.

4. RIO PINHEIROS

Embora não sendo divisa e nem cortando o bairro em estudo, o Rio Pinheiros merece ser aqui incluído, pois, no passado, foi limite da grande sesmaria de Braz Rodrigues de Arzão e, como se sabe, foi dentro dela que Campo Belo se formou.

Com sua nascente nas terras altas da região oeste da capital paulista; é o rio que atua como um dos primeiros tributários do Rio Tietê. Seu leito passa a, aproximadamente, 5,5 km de distância do centro da cidade de São Paulo e se dirige para a região sul desta. No passado, era denominado de Rio Geribatiba, devido à presença de muitos jerivás (*Syagrus romanzolifolia*), palmeiras nativas de sua várzea. Atualmente, esse nome foi atribuído a um de seus afluentes, o também chamado Rio Grande, para ser diferenciado do outro afluente, Rio Pequeno. O primeiro nasce na serra de Cubatão.

Na direção de São Bernardo do Campo, toma direção nordeste. Ele banha a região de Santo Amaro, onde sua várzea, no passado, era belíssima.

Também chamado de Jurubatuba, tem suas águas engrossadas nos períodos chuvosos e então, invade suas margens, atualmente sepultadas sob a Avenida das Nações Unidas.

Os córregos do Sapateiro, Água Espraiada, Traição e Uberaba são também afluentes do Rio Grande, o qual despeja suas águas no Rio Pinheiros.

Com 25,8 km de extensão, atualmente retificado, o Rio Pinheiros contou com 46 km no passado quando, majestoso, corria em sua grande várzea, descrevendo curvas graciosas. Em sua mata ciliar, belíssimas orquídeas e exuberante vegetação encantava aos viajantes que percorriam o caminho aberto na várzea, para ligar as então distantes Vila de Santo Amaro e Cidade de São Paulo.

No século XX, de 1928 a 1943, o grande rio foi retificado e seu curso muitas vezes invertido para satisfazer às exigências de uma cidade que crescia e muito!

O progresso trouxe consigo a poluição e os peixes desapareceram. Eram tantos! Lambarís, traíras, bagres, guarús, acarás, mandis, tabaranas, dourados, curimbataus, prepetingas, cerubis, piracunjubas, pacus, mandejos, ferreiros, chimbarés...

Também sua várzea e sua flora e fauna desapareceram. Voltarão com o Projeto Pomar? Com a despoluição e outras medidas ambientais?

É muito complexo restaurar o meio ambiente, sobretudo quando se considera o grau de deterioração e impactos causados e a presença da selva de pedra que ameaça nossos cursos d'água.

O encontro dos rios, o Pinheiros e o Tietê, se dá na zona sudeste da cidade, sob o chamado "cebolão" viário, entre os bairros de Vila Leopoldina e Jaguaré.

Fontes consultadas
1. *Guia Cartoplan*, São Paulo, 2001, p. 118, 119, 147, 148, 176, 203, 204, 231 e 260.
2. *Ibirapuera*, M. Celestina T. Mendes Torres, *Op. cit.*, p. 26.
3. *Apontamentos...* M. E. de Azevedo Marques, vol. I, p. 299, *Op. cit.*, vol. II, p. 171.
4. *O bairro de Pinheiros*, Antonio Barreto do Amaral, História dos bairros de São Paulo, Departamento da Cultura da PMSP, 1969, p. 31.

"O solo da Província [de S. Paulo] contém algumas pequenas serras, montes isolados, terrenos montuosos, que são ordinariamente cubertos de mattos; porém grande parte é plana principalmente aonde a natureza formou os campos naturaes; nelles o Rio dos Pinheiros é o maior tributário do Rio Tietê.

O Pinheiros é formado pelos rios Grande e Pequeno."

"... peixes dos rios Tietê e Grande: dourado, traíra, curimbatau, prepetinga, cerubi, piracunjuba, pacu, mandejo, ferreiro, chimbaré... encontrados até o início do século XIX." [Müller, Daniel Pedro. *Ensaio de um quadro estatístico da Província de São Paulo*. São Paulo, abril, 1836 a maio, 1837, p. 18, 3.ª ed., Governo do Estado de São Paulo, 1978. (Coleção Paulística), vol. XI].

"arrassá' e guabiroba são frutas alimentares usadas pelos indígenas em São Paulo." [*Op. cit.*], p. 21 e 24.

5. FIOS D'ÁGUA

Complementando o capítulo relativo a hidrografia local, não poderiam ser esquecidos quatro olhos d'água, conhecidos e citados pelos antigos moradores e, atualmente, sepultados desde o final dos anos 50.

O primeiro era conhecido como "rio do peixe" e, não consta da documentação apresentada pela Prefeitura Municipal de São Paulo, em seus arquivos. Muito citado, teve seu percurso descrito por Jayro Raphael que reside em Campo Belo desde o final dos anos 30.

"Nos anos 40, em minha juventude, brinquei muito com meus amigos no fio d'água que nós chamávamos de 'Rio do Peixe'. Nascia no meio de um eucaliptal situado num terreno baldio, na quadra formada pelas ruas Edson, João de Souza Dias, Cristóvão Pereira e Casemiro de Abreu. Da nascente, descia pela Rua João de Souza Dias, até a Rua Vicente Leporace. Na esquina da Rua Vieira de Moraes o terreno era mais baixo e ali se formava um charco que nós chamávamos de 'Lago do Peixe'. Este se avolumava na época das chuvas, o que ainda hoje acontece naquele local, que fica alagado.

Descendo a Rua Vieira de Moraes até a Rua João Álvares Soares dirigia-se até a Rua Domingos Lopes. Atravessava a Av. Vereador José Diniz, na altura do atual banco Bradesco e chegava então no Córrego da Traição, onde despejava suas águas. Havia cobras no percurso dessas águas e nem por isso as crianças deixavam de ali brincar. Nos anos 50, esse fio d'água foi canalizado."

Na Rua Sebastião Paes outros olhos d'água corriam por ela e despejavam-se no vale do Água Espraiada. As águas cortavam pequenas chácaras e serviam para irrigar as hortaliças. Até os anos 30, tudo permaneceu tranqüilo, mas em 1936, no citado vale, foi construído um grande edifício que dificultou a livre passagem das águas.

Nos anos 70, os citados olhos d'água, foram canalizados durante a reforma do grande edifício que então seria ocupado pelo Supermercado Pão de Açúcar-Jumbo Aeroporto.

Ainda hoje, na Rua Braz de Arzão, várias bocas-de-lobo, dão vazão às fortes enxurradas que descem a Rua Sebastião Paes em direção à depressão onde se situa o Hipermercado Extra Aeroporto.

Na Rua Volta Redonda, na altura das ruas Conde de Porto Alegre e Antônio Macedo Soares, vários olhos d'água jogavam suas águas no Córrego da Água Espraiada. Os moradores próximos das "bicas" se serviram daquelas águas enquanto elas permaneceram cristalinas. Nos anos 50, as muitas construções, no bairro, sepultaram aqueles olhos d'água sob os quintais das casas ali erguidas.

Na Rua Barão de Sabará, no vale do Córrego da Água Espraiada, uma última vertente existiu até o final dos anos 90, e foi historiada em capítulo relativo aos anos 40.

Fontes consultadas
 1. Entrevista n.º 110.
 2. Entrevistas com moradores próximos das nascentes.
 3. Pesquisa de campo.

13
O bairro de Campo Belo

Considerações gerais

O bairro em estudo constitui o 30.º Subdistrito do Ibirapuera, do município e comarca; 15.ª Circunscrição Imobiliária da Capital de São Paulo; 31.º Distrito do Município de São Paulo.

A área ocupada pelo bairro é de, aproximadamente 320 ha.

Dados recentes apresentados pelo SEADE, atribuem a Campo Belo uma população, estimada em 1999, em 59.167 habitantes e que na década de 90 sofreu pequeno decréscimo populacional.

Conhecido nos anos 20 como Quarto Desvio do bonde elétrico que ligava São Paulo a Santo Amaro, o qual aí tinha uma parada; era então parte do Brooklin Paulista.

No ano de 1933, em novembro, a citada parada foi denominada Piraquara, nome que já há muito tempo designava a região cujos limites eram indefinidos.

Conforme já foi mencionado anteriormente, a planta de arruamento oficial do loteamento das terras do bairro foi aprovada pelo Ato n.º 101, a 29 de maio de 1931.[1 e 8] Seu loteador, Dr. Manoel Jacyntho Vieira de Moraes, inventariante das terras herdadas por ele e seus irmãos após o falecimento de sua mãe Rosa Emília de Moraes e sensível ao futuro promissor da região, desmembrou-o do Brooklin Paulista.[2]

A nomenclatura das ruas do novo bairro foi definida pelo Ato n.º 23, de 14 de julho de 1934.[8]

Esses dados constam de Certidão expedida a 29 de setembro de 1950, pelo 19.º Tabelião de Ofício de Notas.[8]

Diz a tradição que o nome escolhido para o bairro teria sua origem na beleza natural dos campos cortados pelo trem a vapor da Cia. Carril de Ferro de São Paulo-Santo Amaro, de Alberto Kuhlmann. Os passageiros, chegando à região, vindos de São Paulo ou de Santo Amaro, costumavam exclamar: "que belos campos!" referindo-se ao verde, às flores, às barbas-de-bode e algumas árvores frutíferas que enfeitavam o vale do ribeirão da Água Espraiada.[3 e 13] Alguns deles desciam para comer frutas, como as guabirobas, conforme crônicas da época.[3 e 12]

As mudanças trazidas pelo progresso mataram as belezas naturais.

O asfalto sepultou alguns dos cursos d'água e suas várzeas. Com eles desapareceu a vegetação original, secou o charco que, com suas taboas, abrigava muitos sapos, rãs e pererecas, cujo coaxar orquestrado, parecia uma "filarmônica de batráquios" que ainda se ouvia nos anos 70 e marcava o fim de mais uma época.[11]

O bairro é ainda belo, mas sua beleza é agora produzida pelo homem: edifícios requintados oferecem um paisagismo bem cuidado, estudado que agrada aos olhos de quem o vê.

As ruas, a partir dos anos 70, ganharam mais árvores que, purificando e perfumando o ar, embelezam os espaços.

Moderno, tem sua "área nobre" no centro de seus limites definidos pelas grandes e movimentadas avenidas: Santo Amaro (O), Washington Luiz (L), Bandeirantes (N) e Água Espraiada (S). Junto delas, o ruído e a poluição dificultam a vida de quem busca um pouco de sossego em uma cidade grande.[4]

No passado, as imobiliárias que iniciaram a venda dos lotes ou de alguns conjuntos residenciais deram nomes próprios aos seus empreendimentos. Assim, tivemos: Vila Congonhas; Vila Aeroporto; Vila Independência; Vila Nova Pirajú, Parque Colonial e Jardim Aeroporto.[5 e 6]

Hoje totalmente urbanizado, era zona rural no século dezenove e suburbano no início do século XX.

Distando 12 km da Praça da Sé, centro da capital de São Paulo e 2,7 km de Santo Amaro, Campo Belo situa-se, conforme já foi citado, no terraço da margem direita do Rio Pinheiros.

Seus terrenos são caracterizados por plataformas tabulares, dispostas de 15 a 25 m do nível dos baixos terraços fluviais e das planícies de inundação do Rio Pinheiros e seus afluentes. Seu vizinho, o Brooklin Novo, mais baixo, sofreu, no passado, muitas enchentes.[9]

O relevo de Campo Belo é levemente acidentado e tem um espigão, onde hoje se situam as pistas do Aeroporto de Congonhas. Esse espigão torna o bairro ventilado, pois sendo alto e aberto, permite a livre circulação do ar.[10]

Na esquina da Av. Washington Luiz com a Rua Rafael Iório, há uma grande depressão e nela se fixou nos anos 70 o 4.º BPM, depois acrescido de uma brigada do Corpo de Bombeiros.

No final dos anos 20 do século findo, perdurando até o início dos anos 40, um grande lago público foi formado com o represamento do Córrego Invernada. O lago preencheu a depressão e tinha aproximadamente 100 m de extensão, nas margens voltadas para a futura Avenida Washington Luiz.

Inicialmente teve o seu entorno gramado; alguns pés de bouganville roxo coloriam o lugar. Aos poucos foi sendo descuidado.

Não é preciso pensar muito para imaginar a tentação que aquele lago representava para a juventude local. Nos dias quentes eram muitos os que, saltando da borda mais alta, nos lados da futura avenida, nadavam felizes refrescando-se. Nas entrevistas, muitos olhos brilharam ao descrever as brincadeiras.

Nos anos 40, o lago foi esvaziado pois, sem manutenção e vigilância, o local se tornara descuidado e perigoso. Havia mato nas margens, lodo no fundo e muitos dos caçambeiros que faziam o movimento de terras na construção do Aeroporto de Congonhas vinham se lavar nas águas, o que as tornou mais sujas. Além disso, aumentava o número de jovens que morriam afogados presos no lodo do profundo lago.

Nas noites quentes, as águas não mais iriam refletir a luz prateada do luar. Acabara-se o encanto... desaparecera o espelho d'água.

Vivendo há sessenta e quatro anos em Campo Belo e tendo trabalhado muito pelo bairro, Jayro Raphael nos cedeu uma preciosa foto do citado lago que tanta vontade tínhamos de conhecer.

Já foi comentado que o clima agradável e o forte nevoeiro davam um aspecto europeu à região. Também já se comentou quanto ao vento constante, vindo do sul, que até hoje sopra no bairro.

Moradores dos anos 20 e 30 citaram alguns pássaros que existiram também na vizinha Moema: inhambús, bem-te-vis, maitacas, pardais, bicos-de-lacre, pombos, beija-flores, sabiás e corujas.

Alguns desses pássaros voltaram a pousar nas árvores que vem se multiplicando no bairro.[1]

Entre as décadas de 50 e 80, num desenvolvimento contínuo, o bairro se urbanizou e, nas décadas de 80 a 90, verticalizado, está apto a entrar no século XXI.

Assim como o trem e o bonde elétrico foram responsáveis por grandes mudanças na região, em suas épocas, podemos destacar alguns fatores recentes que também determinaram mudanças no bairro:

— abertura das grandes avenidas que limitam o bairro e que trouxeram, ao lado de benefícios como o encurtamento de distâncias e maior comunicação, a poluição sonora e do ar, os congestionamentos enervantes, maior trânsito nas ruas internas do bairro.

— a construção do Shopping Center Ibirapuera, no lugar da Fiação Indiana que, instalada num casarão amarelo, dava um ar de tranqüilidade àquela quadra. O Shopping, freqüentadíssimo, trouxe comodidade, lazer e bastante movimentação de carros e pessoas em suas proximidades. Campo Belo fica-lhe tão próximo que mereceu ter seu nome registrado em um dos pisos do referido Shopping.

— a ampliação das operações aeroportuárias que geraram maior afluência de viajantes e aumento do número de aviões. Em decorrência também abriram-se várias escolas profissionalizantes para aeronautas, aumento do número de táxis que servem ao aeroporto e a construção de dois grandes hotéis modernos e de luxo para comodidade daqueles que tem que permanecer em São Paulo.

— a verticalização do bairro trouxe um aumento de sua população, o que motivou um aumento do número de escolas, de pontos de comércio e serviços e de lazer. Até igrejas vem tendo seu número aumentado.

— com poder aquisitivo alto, a grande maioria das famílias dispõe de vários carros e isso gerou o aparecimento de muitos postos de gasolina, oficinas mecânicas e de peças para autos, lava - rápidos e diversos estacionamentos.

— embora não seja estritamente residencial, os moradores ainda são numerosos. Seu comércio está distribuído de forma equilibrada e não perturba a ordem local.

— pelas ruas do bairro ainda é possível caminhar tranqüilamente, muito embora já se tenha que esperar para atravessar algumas ruas, que servem de escoadouro para as grandes avenidas.

— aconchegante, mesmo sem seus belos campos, tem sua beleza moderna vigiada de perto por seus moradores que querem garantir uma vida com qualidade.

— a população em geral é da classe média e média alta.

— os favelados vem sendo remanejados, pois os terrenos caríssimos já não os podem abrigar e as várzeas desapareceram.

— alguns pacatos indigentes se "acomodam" em alguns pontos do bairro e ficam à espera de ajuda.

— duas delegacias de Polícia se propuseram a zelar pela segurança local, sediadas no bairro.

— as pequenas vilas foram fechadas com portões eletrônicos e se tornaram condomínios; as ruas largas e arborizadas constituem maioria; é reduzido o número de estreitas vias, abertas no passado, sem planejamento adequado.

— comércio requintado substitui lentamente os antigos estabelecimentos que não acompanharam a chegada do progresso.

Fontes consultadas

[1] Caixa 10. Papéis avulsos sem verificação. CMSA (Câmara Municipal de Santo Amaro); Seção Diversos I. Requerimento Vol. 23 — D.5.1 (1895-1936) sobre pedido de oficialização da planta do bairro.
Planta Original de Arruamento de Campo Belo (AR-SAMARO – Administração Regional de Santo Amaro).
Escala 1:2500 (medidas). Santo Amaro (26/5/1931) representação n.º 101, aprovada em 29/5/1931. AR-SAMARO. Propriedade de Rosa Emília de Moraes e José Manuel V. de Moraes. Seção de Plantas, Identificação. Distrito de São Paulo: Subdistrito do Ibirapuera. Campo Belo. Parada.
Mapa cedido em 1976 pela Sociedade Amigos de Campo Belo.
Planta n.º 62.d; escala 1:400. Dizeres: "Rincão do Buraco do Peixe — entre os ribeirões da Traição e da Água Espraiada, no Brooklin Paulista e Vila Helena, hoje denominados: Vila Independência na Freguesia e Município de Santo Amaro — Capital. Adquiridos por carta de arrematação em 1834."
Caixa 10. Diversos I. Papéis sem verificação — CMSA; Requerimento — vol. 23, D.5.1 (1895-1936), in: AHMW, Luis (sobre documentos de pedido de oficialização da planta do bairro).

[2] Relatos Familiares.

[3] *Revista Interlagos*. Edição Comemorativa, Ano XI, n.º 20, 1961. Texto Elisário Venâncio de Mello: "guabiroba é o araçá felpudo ou *Psidium catleyanum*. A árvore é de porte médio e seus frutos (de fevereiro a março) são amargos, mas agradáveis e servem para fazer geléias e compotas. As folhas dão bom chá contra diarréia e hemorragias intestinais. Vem do Tupi Wa' Bi Rob (amargo ao comer). Tem floração de outubro a dezembro. Aves, peixes e abelhas delas se alimentam.
Um trecho do livro *História e Tradição da Cidade de São Paulo* de Ernani da Silva Bruno, vol. I, p. 275, encontramos uma citação de um texto da obra de von Martius, *Viagem pelo Brasil* no ano de 1813, onde lemos "... von Martius observou que além das frutas nacionais: goiaba, guabiroba, grumixama, jabuticaba, caju — cultivavam-se a melancia, a laranja, o figo e outras frutas européias.". Essa descrição se referia às frutas abundantes nos pomares, nos arredores de São Paulo, no século passado. O Sítio Traição, dentro do qual nasceu Campo Belo, situou-se "nos arredores de São Paulo", logo, a presença da guabiroba não era inesperada.
Não há documentação sobre a tradição do uso da exclamação popular: "que belos campos!" ao avistar as terras do futuro bairro. Porém, os antigos moradores, estrangeiros, todos se referem a beleza do bairro em formação nos anos 20 e 30. Outras citações registram, na obra citada de Ernani Bruno, ainda no volume I, citações do padre Manoel Fonseca, que reforçam a tradição.
Vejamos: "... e havia os bairros que se destacavam pela beleza de sua paisagem, como o de Santo Amaro, descrito pelo padre Manoel da Fonseca..." — um bairro a pouco mais de duas léguas de distância do centro de São Paulo... É bairro aprazível por sua natureza, em uma campina de tal sorte levantada que, não perdendo o título de vargem, dá bastante matéria aos olhos para divertirem." (Ernani da Silva Bruno, *Op. cit.* vol. I, p. 193-194 (Coleção de Documentos Brasileiros). Rio de Janeiro: José Olympio, 1953).
"Gabiroba, *Campomanesia pubescens*, da família das Mirtáceas, é um arbusto, de flor branca, fruto arredondado, amarelo esverdeado, carnoso, suculento e provido de

muitas sementes, lembra uma pequena goiaba, comestível e saboroso e de uso em geléias, sorvetes, refrescos e como medicinal laxativo *in natura*; a folha é antidiarréica." Mitzi Brandão, Patrícia Garcia da Silva Carvalho e Gleuza Jesué. *Guia Ilustrado de Plantas do Cerrado de Minas Gerais.* Belo Horizonte: CEMIG, 1992.

[4] Limites Geográficos extraídos da Planta urbanística original.

[5] Denominações citadas em escrituras de residências, no bairro de Campo Belo; Denominações encontradas na Planta do bairro, 1976.

[6] Rol de entrevistados.

[7] Idem; texto de E. V. de Mello. *Revista Interlagos*, citada na nota 3.
Águas Espraiadas — Córrego. Fonte: Caixa 52 — papéis sem verificação. CMSA (1949). Abaixo assinado: moradores da margem do Córrego da Água Espraiada, no trecho compreendido entre a Av. Cons. Rodrigues Alves (atual Vereador José Diniz) e Av. Adolpho Pinheiro (final da Av. Santo Amaro), pedem para que se canalize em linha reta aquele ribeirão e pedem a abertura da Rua Barão do Triunfo, até o ribeirão, 28/9/1949.

[8] "O arruamento de Campo Belo foi aprovado pela Prefeitura Municipal de Santo Amaro, pelo Ato n.º 101 de 29 de maio de 1931, por requerimento do Dr. Manoel Jacyntho Vieira de Moraes." Caixa 48 — papéis sem verificação. CMSA (1940-1941). In: A. H. M. W. Luiz — São Paulo. "A 14 de julho de 1934, três anos após a oficialização da planta de arruamento do bairro de Campo Belo, o Ato n.º 23, oficializou a denominação dada às suas ruas, já planejadas, mas não abertas nem reconhecidas." Conforme: Certidão passada a 29 de setembro de 1950, a pedido de pessoa interessada, pelo 19.º Tabelião de Ofício e Notas, de Hildeberto Vieira de Mello, na Capital de São Paulo.

[9] Os bairros da Zona Sul e ocidental, na cidade de São Paulo, vol. III, p. 273. *In*: "O bairro do Ibirapuera" de Maria Celestina T. M. Torres, p. 66 e 67. "Os bairros, situados nos terraços da margem direita do Rio Pinheiros, têm suaves ondulações que se estendem do Parque do Ibirapuera a Santo Amaro, Indianópolis, Brooklin Paulista, Vila Nova Conceição e algumas vilas." "... outros bairros surgirão nessa zona da bacia do Rio Pinheiros, caracterizada por plataformas tabulares, dispostas a 15 e 25m do nível dos baixos terraços fluviais e das planícies de inundação do Pinheiros e Tietê." "Tais bairros, desde o Ibirapuera até Santo Amaro, tendo por eixo a atual Av. Santo Amaro, assentam-se sobre colinas de fraca declividade e terraços pertencentes a margem direita do Rio Pinheiros." "Atravessados pelos trilhos da SP-SAM, a cada parada dos bondes corresponderá, posteriormente, a um pequeno núcleo com terrenos valorizados, e que se desenvolverá sob nova denominação."

[10] Muitos moradores antigos da região de Campo Belo, atravessavam o Parque Jabaquara, a pé, para irem ao bairro do Jabaquara.

[11] Um passeio noturno, no verão de 1973, feito pelos autores deste trabalho, juntamente com seus filhos, mantendo um costume antigo de fazer longas caminhadas, levou-os até a margem do ribeirão da Água Espraiada, no final da Rua Estevão Baião. Muito calor, um céu estrelado nos fez parar para mostrar às crianças o que era um charco, sua vegetação e sua fauna. As águas corriam com dificuldade. O ribeirão já estava assoreado.
Um forte som saia da escuridão; eram sapos, rãs e pererecas que coaxavam incessantemente. O lugar era silencioso, pois ainda estava desabitado. A favela ainda não

ocupava toda a extensão do curso d'água. Observadores, os filhos nos crivavam de perguntas. Um deles, com cinco anos de idade, hoje audiófilo, e tendo ouvido uma orquestra filarmônica ainda tão pequenino, disse-nos diante daquela "cantoria": — Papi, isso parece uma 'silarmônica' de sapos!" — Isso consta da fita que o pai gravou, no local, para eles ouvirem "aqueles sons" em casa.

Hoje, uma terrível via expressa, a tudo mudou.

Aquele momento único de um bairro em transição ficou por eles registrado. São passados 26 anos!

[12] Sobre o nome do bairro:

Um texto do livro *A Freguesia de N.ª S.ª da Conceição de Carrancas e sua História* de Marta Amato, p. 220, registra um trecho que suscitou algumas perguntas sobre certos nomes dentro de nosso bairro em estudo. Vejamos o texto:

"Em Minas Gerais, na cidade de *Carrancas*, próximo do município de *Campo Belo*, no século XIX, viveu uma família *Vieira de Moraes*, representada por descendentes do Capitão *Manuel Antonio de Araújo*, que era casado com *Maria Justino da Silva*. Esta, era neta, pelo lado materno, do sargento-mor *Lourenço Correa Sardinha*, casado com *Maria Assunção Moraes*. Esta era filha de *Antonio Vieira de Moraes* e neta de *Antonio Vieira Dourado* e *Francisca de Moraes*. Seus avós, Antonio e Francisca eram pais de *Maria Vieira de Moraes* casada com *Antonio Brito Peixoto*."

Dúvidas:

Por que a casa grande do *Sítio Traição* teve a rua onde se situava batizada com o nome de *Brito Peixoto*?

Por que a parada do bonde e o bairro tem o nome de *Campo Belo*?

Não se encontrou documentação que explicitasse o porquê do nome do bairro, mas apenas o que diz a tradição oral.

Seriam aqueles Vieira de Moraes parentes dos que eram proprietários do Sítio Traição?

Caberá aos linhagistas fazerem essa pesquisa e talvez responderem a essas perguntas...

[13] Os campos de Campo Belo: sobre sua paisagem

Nosso país é riquíssimo em variedades vegetais. Entre os mais usados nas forragens estão os capins, nome este que designa as várias espécies de Gramíneas e Ciperáceas. A barba-de-bode é um exemplo dessas gramíneas e pertence ao gênero *Aristida pallens*, cuja inflorescência, quando seca, lembra a barba do bode. Há outros gêneros como o *Ctenium*, o *Cyperus* e *Eragrostis*.

Sendo a barba-de-bode uma Ciperácea, suas flores em pequenas espigas se reúnem num pedúnculo. Existem várias plantas conhecidas com o nome vulgar de barba-de-bode. Dessas, o ramo floral tem tamanhos e cores diferentes.

Em Campo Belo, no passado, até os anos 60 do século XX, era comum a presença dessa gramínea. Algumas tinham as flores peroladas outras, flores rosadas. Era bonita a visão daquelas a balançarem suavemente, movidas pela passagem constante dos ventos sul, que sempre varrem o bairro. Pareciam ondas coloridas sobre um verde mar de suas folhas.

Não é poesia, foi realidade.

Quem aqui residiu ou reside há mais de 40 anos poderá confirmar o que dizemos. Era impossível não perceber aquela porção de pequenas "plumas" vegetais em sua "dança". Elas estavam presentes em toda parte.

Mesmo quando a ocupação dos espaços cresceu, no bairro que se desenvolvia, ainda se podia vê-las nos terrenos baldios que ainda eram muitos.
No atual Jardim Aeroporto, onde a urbanização demorou mais a chegar, elas eram abundantes até os anos 70.
Entre as dezenas de entrevistados, muitos citaram a sua presença e comentaram como era gostoso correr entre elas.
No tempo frio aquelas pequenas plantas cobriam-se de geada na madrugada e, pela manhã, as pobrezinhas estavam envoltas naquela capa gelada e esmaeciam.
No tempo quente o sol fazia brilhar aquelas pequenas "plumas" e realçava sua cor. Felizes aqueles que tiveram a sensibilidade de admirar aqueles espetáculos singelos e únicos.
Os campos sempre inspiraram aos artistas por sua simplicidade.
O bairro em estudo, era região suburbana de Santo Amaro e nele as grandes mudanças tiveram início a partir dos anos 50. Fazendo parte da paisagem, hoje totalmente urbanizada, a barba-de-bode, com sua singeleza, reforçava, por certo, a beleza natural da região santamarense decantada por muitos.
O padre Manuel da Fonseca referiu-se a região de Santo Amaro, como sendo "aprazível por natureza" e que as belezas de suas campinas davam bastante motivo para nossos olhos se distraírem. Isso foi no século XVIII. Muito tempo se passou e tudo se transformou.
As barbas-de-bode, antes abundantes, não mais existem em Campo Belo.

O Campo Belo: sobre o nome do bairro
Trechos extraídos da *Revista Interlagos*. Ano XI, n.º 20, 1961. Edição Comemorativa. Texto de Elisário Venâncio de Mello.
"... os pontos de parada (do bonde SA-SP) exigiam nomes mais consentâneos, uma vez que a população (local) aumentava rapidamente, resolveu dar-lhes outras denominações. Assim sendo, atendeu-se a algumas sugestões dos proprietários de loteamentos ao longo da linha dos bondes elétricos, como sucedeu com um dos maiores povoadores locais, o Dr. João Manuel Vieira de Moraes, que pediu se denominasse "Campo Belo" o ponto de parada de sua influência (dentro de suas terras)."
Outros foram conservados como os de "Volta Redonda" a que o povo mencionava como que para localizar a região onde existiam inúmeras curvas da linha férrea percorrida pelo trem da Cia Carril Estrada de Ferro São Paulo a Santo Amaro. Interessante é citar outras denominações desse gênero: "Piraquara" que em Tupi-Guarani, traduz-se por "Buraco do Peixe", pela qual os moradores a chamavam em virtude da existência no local (indeterminado) de um pequeno lago, onde haviam peixes em abundância".
"Entretanto, a Empresa concessionária — Tram Way Light and Power — conservaria para si algumas localidades onde se processariam outras mudanças, a fim de homenagear os antigos Presidentes da República (Rodrigues Alves)... e uma homenagem à Nação que foi o berço da luz e força elétrica, (os EUA) (em cuja grande cidade) a maior cidade do mundo, (ficava) o famoso bairro do Brooklin."
Mais tarde, as autoridades exigiram que se chamasse Brooklin Paulista e mais adiante, que se denominasse Ibirapuera. "Todavia, os moradores ficaram tomados de grande indignação... e reagiram de forma drástica queimando todas as tabuletas." ... "venceu o povo!"

(Inclusão nossa): Temos documentos que indicam o senhor José Ermírio de Moraes, da S/A Votorantim, como propositor do nome de Brooklin ao seu loteamento e parada. Teria ele sido sugestionado pela Light?
"O Brooklyn Paulista tinha sua área demarcada pelo Rio Jurubatuba (ou Jeribatiba), pelo Córrego da Traição, pelo Córrego do Cordeiro, pela Estrada da Conceição e teve como seu fundador o Comendador Manoel José de Moraes..." "a enorme gleba de três milhões de m^2 era compreendida pelo: Rio Uberaba que atualmente (1961) passa além de Indianópolis, pelo Rio Pinheiros, Córrego do Cordeiro e pelo antigo Caminho do Carro de Boi, que vai para Santo Amaro, que tendo início onde termina a atual Rua da Liberdade, na Capital (SP) passava pelo espigão, atrás do Aeroporto de Congonhas — hoje no bairro do Jabaquara.
"... a casa grande... o 'casarão velho' como era designado pelos atuais moradores do bairro, se localizava nas proximidades do Córrego do Espraiada, onde hoje, está a Rua Brito Peixoto. (Ele) teve seu fim no início do ano passado (1960), sendo demolido...".

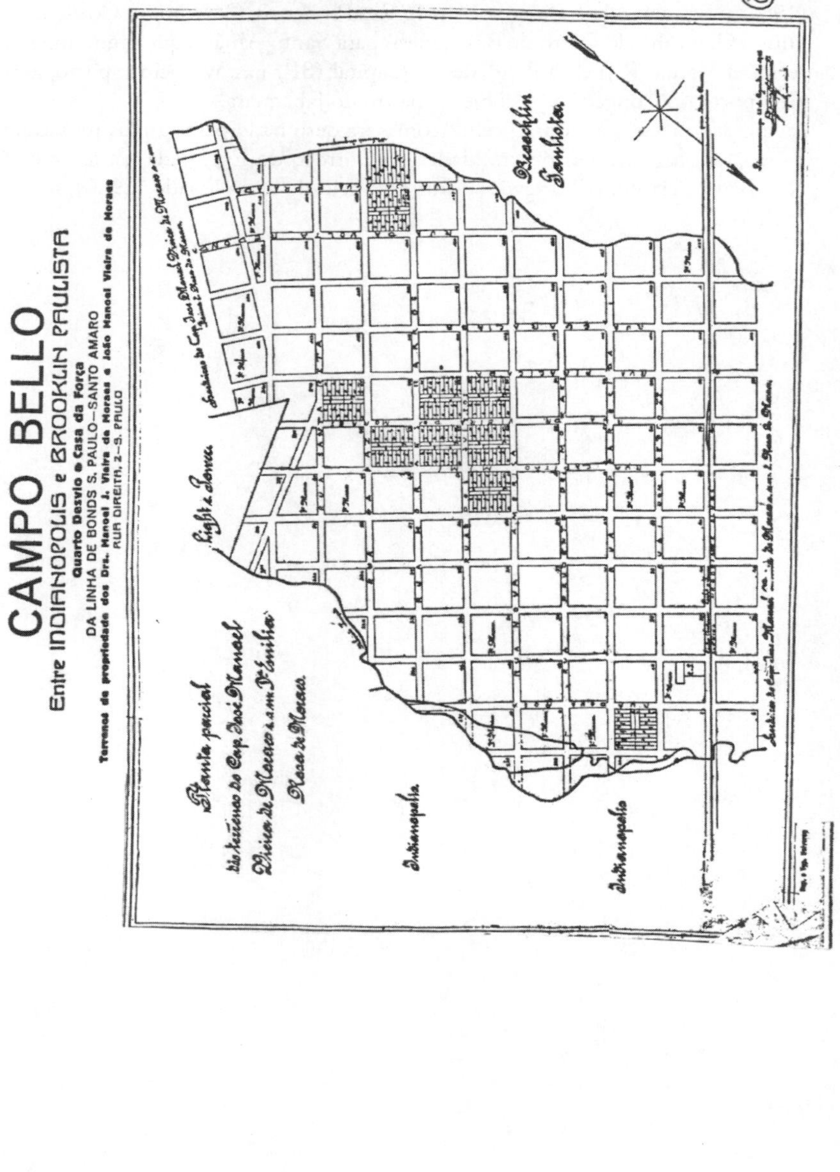
CAMPO BELLO
Entre INDIANOPOLIS e BROOKLIN PAULISTA
Quarto Desvio e Casa da Força
DA LINHA DE BONDS S. PAULO–SANTO AMARO
Terrenos de propriedade dos Drs. Manoel J. Vieira de Moraes e João Manoel Vieira de Moraes
RUA DIREITA, 2–S. PAULO

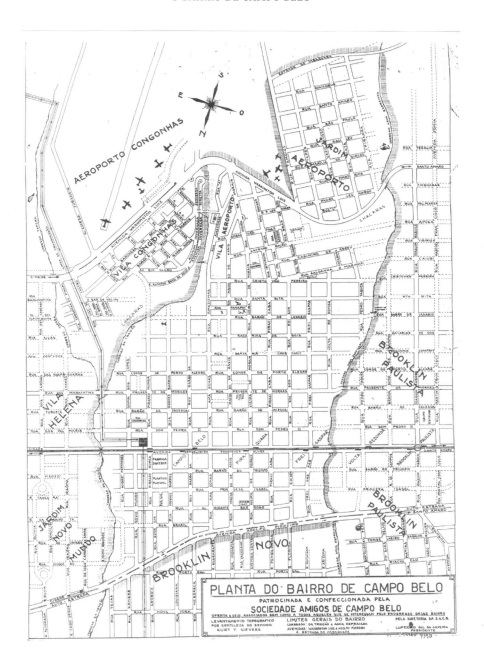

14
Breve análise da planta do bairro

Quanto ao arruamento, notamos dois tipos de traçado:
1 Em xadrez, no baixo Campo Belo, próximo à antiga linha de bonde que ligava São Paulo a Santo Amaro. As ruas são largas e regulares, semelhantes às do Brooklin Paulista. Isso se explica pela análise da época na qual se deu o arruamento na região a partir dos anos 20, do século XX. Naquele tempo, apenas o bonde elétrico da Light & Power Co. ligava Santo Amaro a São Paulo e seu percurso cortava os terrenos onde foram abertas as citadas ruas. A proximidade daquele precioso meio de transporte valorizou a área, daí o esmero no arruamento;
2 Traçado irregular, no alto Campo Belo, próximo à futura Avenida Washington Luiz, que na época do arruamento era uma estreita pista de terra.

Distante do bonde e com terrenos de relevo acidentado, teve seus lotes menos valorizados e seu traçado mal feito, gerando pequenas vilas com imóveis modestos e ruas com dimensões fora dos padrões convencionais.

Observando a planta, percebe-se que a Rua Zacarias de Góes, que nasce no Brooklin Paulista e se estende até Moema, separa as partes alta e baixa do bairro. Acompanhando o valor dos terrenos, a parte baixa tornou-se a área nobre e desde as suas antigas residências, dos anos 20 até os edifícios luxuosos dos anos 90, o alto padrão das construções vêm justificando a designação mencionada.

A planta analisada registra a presença das chácaras, do estúdio cinematográfico, da primeira escola do bairro, das fábricas *Jantzem* e a de plásticos *Plavinil*, uma estação telefônica e muitos terrenos baldios e ruas sem nomes. Tudo isso desapareceu.

Muitas ruas teriam seus nomes trocados, no futuro.

Embora de boa qualidade, a planta registrou um equívoco ao colocar o nome de Córrego Tapera, onde corre o Traição e Córrego da Traição onde existe o Córrego da Invernada.

Patrocinado pela Sociedade Amigos de Campo Belo, presidida por Lupércio Gil da Silveira, nos foi ofertado no final dos anos 70. Lupércio presidiu a sociedade nos anos 50, o que faz supor que a planta tenha sido traçada naquela época.

Concluindo a análise, apontamos a atual Avenida Dr. Lino de Moraes Leme, que na planta ainda aparece como trecho da Estrada do Jabaquara, no Jardim Aeroporto. Também os nomes da Avenida Rodrigues Alves, atual Avenida Vereador José Diniz e Avenida Adolfo Pinheiro, no trecho hoje denominado Avenida Santo Amaro, cuja denominação antiga era Auto Estrada para Santo Amaro.

15
Vias do Campo Belo

As vias urbanas são classificadas quanto ao padrão de mobilidade em: avenidas, ruas, travessas, vilas e praças. Esta hierarquia se baseia na possibilidade relativa que elas apresentam como meios de comunicação e deslocamento.

Avenida é a via urbana mais larga que a rua, em geral com diversas pistas para circulação de veículos. Neste conceito, se enquadram também as modernas vias expressas que diferem das avenidas tradicionais por permitirem maior velocidade ao trânsito de veículos e quase não possuírem paradas para transportes coletivos ou acesso ao pedestre. Também são raramente cortadas por vias transversais.

No Campo Belo quatro vias expressas o circundam: Avenida Washington Luiz, Avenida dos Bandeirantes, Avenida Água Espraiada e Avenida Santo Amaro. Uma quinta, a Avenida Vereador José Diniz, corta o bairro.

A Avenida Invernada não é expressa e, na Vila Congonhas, duas ruas receberam nomes de avenidas, fugindo ao conceito: a Avenida Barão do Rego Barros e a Avenida Barão de Valim.

Rua é uma via pública para circulação urbana, total ou parcialmente ladeada de casas ou construções e com calçadas (passeio) de largura variável e muitas vezes até ausente.

Com um mínimo de dez metros de largura, as ruas variam em extensão. Em Campo Belo atingem o número aproximado de quarenta.

Há guias comerciais que apresentam os nomes das ruas em ordem alfabética. Nesse rol aparecem também algumas ruas de bairros adjacentes.

Travessa é uma via transversal, entre outras vias que, por suas dimensões, são mais importantes. A travessa é uma rua menor.

No bairro existem aproximadamente 37 travessas, nem sempre designadas como tal.

Vila é constituída por conjuntos de pequenas casas, independentes e, em geral, idênticas, dispostas de modo que formem espaços interiores particulares. Em Campo Belo, existem cerca de 28 vilas, das quais a apenas nove foram dados nomes.

Bem conservadas, algumas descaracterizadas por reformas; muitas já tem quase cinqüenta anos de existência. Para garantir segurança e privacidade, muitas delas foram fechadas com altos portões eletrônicos, de ferro, tornando-se condomínios horizontais fechados.

Como Vilas denominadas temos:

1. Visconde de Maranguape, na Rua República do Iraque, 1745;
2. Canção das Águas, na Rua Cataguás, 57;
3. Canção Excêntrica, na Rua Dr. Jesuíno Maciel, 1797;
4. Lázara da Rocha Crepaldi, na Rua Nhu-Guaçu, 172;
5. Leal Souza, na Rua Visconde de Castro, 543;
6. Alexandrina Rosa, na Rua Vieira de Moraes, 1443;
7. George Perry, na Rua Edson, 1087;
8. José Vieira da Luz, na Rua João Álvares Soares, 1548;
9. Travessa Conselheiro Pedro Luís, na Rua Visconde de Castro, (n.º ?). Esta, na verdade é uma vila.

Entre as *não* denominadas, temos:

Na Rua Moraes de Barros, 367 e 391;
Na Rua Vicente Leporace, 1408;
Na Rua Braz de Arzão, 275;
Na Rua Edson, 926, 1295 e 1288;
Na Rua República do Iraque, 1780;
Na Rua Vieira de Moraes, 1458, 1542, 1990, 2004 e 2055;
Na Rua Selma, 66;
Na Rua Dr. Jesuíno Maciel, 1667, 1611 e 1681;
Na Rua João Álvares Soares, 1777 e 1548;
Na Rua Princesa Isabel, 660.

Suas placas, ao denominá-las, nos indicam que se trata de rua ou travessa quando na verdade são vilas.

Nas atuais plantas do bairro, nem todas as vias foram consignadas ou o foram de forma inadequada, o que dificultou suas localizações e exigiu penosa pesquisa de campo.

Algumas falhas nas plantas consultadas, podem gerar equívocos. Por exemplo, a Rua Casemiro de Abreu, que termina na Rua Ibituruna, no Campo Belo, aparece em uma planta do ano de 2000, como terminando na Rua Ubirassanga.

Os limites oficiais do bairro, em geral, não são respeitados e o nome de Campo Belo se expande às regiões próximas. Esse equívoco persiste em muitas especulações imobiliárias e muitos guias de bairro e jornais, com relação aos bairros Parque Jabaquara, Vila Alexandria, Jardim Alice, Brooklin Paulista e Brooklin Novo.

Algumas plantas apresentam as ruas Visconde de Castro e Antonio Comparato, como sendo paralelas; na verdade, uma é prolongamento da outra.

A Rua Antonio Comparato corre paralelamente à Av. dos Bandeirantes e vai da Rua Constantino de Souza até a Rua Antonio de Macedo Soares onde é fechada por uma calçada alta e uma placa indica "rua sem saída".

Uma pequena travessa sai da Rua Antonio Comparato e termina na Rua Domingos Lopes, é a Travessa Jorge N. Haiddar, onde existe um pequeno espaço verde com esse nome.

Há uma pequena Travessa chamada Camandocaia que ladeia a E.E. Pe. Manoel de Paiva.

A Rua Visconde de Castro é o prolongamento da Rua Antonio Comparato, da qual se separa pela Rua Antonio de Macedo Soares.

A Rua Alberto Gebara aparece como Rua Conselheiro Pedro Luís e a Travessa de mesmo nome, existe, mas não aparece na planta. A Travessa Manzini, na Rua João Álvares Soares 1653, aparece como rua e não é.

Em uma planta de 1974, uma indicação não confirmada em outras plantas da época mostra que o trecho final da Rua República do Iraque, junto da Avenida dos Bandeirantes, chamava-se Rua Conde de Ipanema.

Praça ou Largo é um lugar público que pode estar ou não cercado de edifícios.

Somente no século XIX, o Brasil, acompanhando influências das cidades norte-americanas e européias, concebeu suas primeiras praças. Modernizando a paisagem urbana, ruas mais largas foram rasgadas e, em lugares pré-determinados, permaneceram abertos espaços destinados ao convívio social, ao lazer, ao descanso. Esses lugares seriam arborizados, com bancos, espelhos d'água ou fontes e monumentos, caminhos livres e bem cuidados. Seriam menores do que se convencionou chamar de parque.

Os urbanistas dizem que "as praças são espaços harmoniosos que provêem um respiro para a geografia intrincada das grandes metrópoles..."

Pudemos encontrar as seguintes praças, sendo apresentadas em ordem cronológica de homologação:

Praça Linneu Gomes:
Linneu Gomes (1909-1967), foi pioneiro na aviação comercial. Com seus aviões C-47 implantou a 'Redes Estaduais Aéreas Ltda.' — REAL.

Este logradouro é limitado pelas ruas Rafael Iório, Sapotí e avenidas Invernada e Washington Luiz. Criado pelo Decreto n.º 8.026, de 11/3/1969;

Praça Jaime Benkler:
Jaime Benkler (1942-1984), residente no local, lutou pela obtenção de melhoramentos para as redondezas. Organizador de festas juninas.
Criada pelo Decreto n.º 22.176, de 5/5/1986;

Praça Roque Willer Affonso:
Roque Willer Affonso (1938-1991), foi fundador da Roque & Seabra Empreendimentos Imobiliários em 1972.
Criada pelo Decreto n.º 34.678, de 21/11/1994;

Praça Pastor Stremme:
O Pastor Stremme (1866-1951), foi pioneiro na educação e na atividade religiosa da região.
Criada pela Lei n.º 12.104, de 25/6/1996, situa-se na confluência da Rua Sônia Ribeiro com a Rua Cristóvão Pereira. Somente em outubro de 1998, após insistentes pedidos foram colocadas as placas nesta praça;

Praça Dr. Décio Cinelli:
Décio José Pedro Cinelli (1931-1998). Advogado. Dirigiu a Cinelli Advocacia. Homenageado pelo Decreto n.º 37.446, de 28/5/1998.

Encontramos ainda algumas praças não nominadas, de pequeno porte:
1. Formada pelas ruas Barão do Rego Barros e Otávio Tarquínio de Souza;
2. Formada pela Rua Barão do Rego Barros e Av. Invernada;
3. Formada pelas ruas Renascença e Baronesa de Bela Vista.

Fontes consultadas
1. *Guia Levi*. São Paulo/Campo Belo, São Paulo, 1974.
2. *Guia Cartoplan*. São Paulo/Campo Belo, São Paulo, 2000.
3. *Livro Amarelo Regional*, Setor Sul, São Paulo, 2000.
4. Aurélio Buarque de Holanda. *Novo Dicionário da Língua Portuguesa*. 2.ª ed. Rio de Janeiro: Nova Fronteira, 1986.
5. Planta da Sociedade Amigos de Campo Belo, 1956.
6. Pesquisa de campo — os autores. São Paulo.
7. Revista ASBRAP, *Op. cit.* (nota 1), 2000.
8. *Revista E. Cultural*. SESC, março, 1998, p. 10-16.
9. Seção de Logradouros — PMSP. Arquivo Washington Luiz, São Paulo.
10. Weber, Sérgio. O Luteranismo no Campo Belo. *Revista Asbrap*, n.º 8, São Paulo.

16
As principais vias

I – Avenida Santo Amaro

Sucessora de outros antigos caminhos, a Avenida Santo Amaro é responsável pela ligação entre São Paulo e Santo Amaro. É um dos limites do bairro de Campo Belo.

Já no século XX, em 1927, sensível à necessidade de uma estrada entre aquelas duas cidades, a Câmara Municipal Santamarense estudou um projeto apresentado pela Auto-Estrada S/A que compreendia a construção de uma super estrada de rodagem, que sairia do Córrego da Traição e iria até a represa de Santo Amaro.

A 7 de janeiro de 1928, o projeto de lei n.º 61, foi aprovado como lei e concedeu à empresa Denon-Sanson da Auto-Estrada S/A, a construção desta via. A primeiro de fevereiro de 1928, foi assinado o contrato de construção e exploração.

Caberia à Câmara Municipal de Santo Amaro regulamentar a urbanização em uma faixa de mil metros de largura, de cada lado da futura estrada. Os terrenos, nessas áreas, ficaram muito valorizados na época.[1]

A planta definitiva foi apresentada pela empresa à Prefeitura Santamarense a 4 de fevereiro de 1929. Delineava-se a via que, no futuro, seria chamada de "estrada velha para Santo Amaro"; a "nova", seria a Avenida Washington Luiz.

No início de 1930, a sete de janeiro, a empresa apresentou à Prefeitura de Santo Amaro um requerimento apontando um custo de hum mil e novecentos e setenta contos e quatro mil setecentos e cinqüenta e nove réis

---
1. Atas da CMSA, Livro 13, p. 47 verso; Projeto de Lei n.º 61 "concede à Sociedade Anônima Denon-Sason a 1/2/1928 a construção e exploração de uma super estrada, com pedágio, partindo do Córrego da Traição até as Represas de Santo Amaro". A lei foi aprovada em sessão de 7/1/1928. O presidente da Sociedade Anônima era o Dr. Fernando Ahrens (p. 81-v). Este apresentou certidão e duas plantas definitivas conforme cláusula 11, do contrato (entre as partes). Era presidente da CMSA, Isaías Branco de Araújo.

(1.970:004$759), para realizar as obras do trecho compreendido entre a Av. Brigadeiro Luiz Antonio até o Córrego do Traição, passando pela Av. Rodrigues Alves.²

Seriam feitos cortes, aterros, drenagem, abaulamentos e consolidação do leito, que teria dez metros de largura. Seria revestida de concreto de quatro metros e oitenta e sete centímetros de largura, com iluminação elétrica e serviço de ônibus, de três em três horas.

Devido à crise mundial de 1929, as obras se atrasaram e somente foram concluídas em 1933.³

Em Santo Amaro, a auto-estrada se ligaria à Avenida Adolfo Pinheiro, uma das principais ruas santamarenses, já famosa no século passado "... a necessidade de retirar os restos de trilhos da Rua Adolfo Pinheiro, por que era intuito melhorar a rua, uma das principais desta localidade."⁴

A 15 de setembro de 1930, a família Nardini, obteve concessão, pela Resolução n.º 28 da Câmara Municipal de Santo Amaro (CMSA), para explorar, por dez anos, uma linha de ônibus que trafegaria entre o Largo 13 de Maio, em Santo Amaro e a Praça da Sé, em São Paulo e ao Largo São Francisco.⁵

Em maio de 1986, Mário Covas planejou reformar a avenida, desgastada e saturada. Pretendia construir um corredor expresso, apenas para trólebus (ônibus elétrico a cabo). Seu mandato acabou e apenas dois terços da obra havia sido realizada.

Em junho de 1987, Jânio Quadros acabou por colocar, no corredor, ônibus diesel de várias companhias, particulares e municipais. Tentou até instalar ônibus importados, de dois andares, vermelhos, semelhante aos londrinos. Foram apelidados de "dose-dupla" ou "fofão". A experiência não vingou.

Em setembro de 1996, Paulo Salim Maluf fez algumas mudanças no corredor e instalou o trólebus e o ônibus a diesel, articulado. Os carros permaneceram se atrapalhando no percurso, muito estreito para eles.⁶

O Projeto de Maluf previa pistas de 2,6 m por 2,85 m, jardins reurbanizados, plataformas de embarque e desembarque com novas coberturas, paredes de ladrilhos e vidro reciclados, gradis novos, pistas fresadas e crespas. O corredor tem 14,5 km de extensão e a reforma custaria dezenove milhões e seiscentos mil reais.⁷

---

2. Atas da CMSA, Livro 13, p. 52, 54 e 81.
3. Atas da CMSA, Livro 14, p. 1-20 frente e verso.
4. Atas da CMSA, Livro 14, p. 41.
5. Idem *Op. cit.*
6. *Folha de S. Paulo*, 10/9/1996.
7. *Folha de S. Paulo*, 10/9/1996.

As mudanças não foram concluídas. Hoje, a avenida, além de saturada, é feia, perigosa, não tem segurança para pedestres que ali morrem às dezenas, atropelados, suja e apertada devido a tantas adaptações e descontinuidades nas obras, o que gera desconforto e torna o trânsito moroso; é uma violência urbanística.

Talvez, no próximo milênio, as autoridades se ocupem de, mais uma vez, adaptar a via à realidade atual. Afinal, ela já tem quase setenta anos e as reformas deixaram muito a desejar...

II – Avenida Washington Luiz

O Prefeito de São Paulo, o engenheiro Francisco Prestes Maia fez um grande projeto para modernizar a cidade e, assim, acompanhar as exigências impostas pelo crescimento populacional tornando-a viável, sob todos os pontos de vista.

Em 1928, este projeto foi proposto. Um complexo viário ligaria as regiões Norte-Sul. Composto por sete grandes avenidas, seria um extenso corredor que, devido às suas dimensões e características, permitiriam um tráfego intenso e veloz.

A cinco de fevereiro de 1929, a Lei n.º 3.272, concedia e aprovava a abertura da grande Avenida Itororó, como foi inicialmente chamada.

Embora necessário e aprovado, o projeto levou quarenta anos para ser finalizado. Era dispendioso e exigia inúmeras desapropriações para alargamentos de ruas que seriam aproveitadas. Iniciando no vale do Anhangabaú, foi esse trecho construído no governo do prefeito Fábio Prado em 1937. A Lei n.º 3.612, de 28 de julho de 1937, aprovou o plano de construção e deu a esse trecho o nome de Avenida Anhangabaú.[8]

A 15 de março de 1938, pelo Ato n.º 1.382, esse projeto sofreu várias alterações.

De 1932 é a construção do trecho que ligou o Aeroporto de Congonhas à cidade. Com suas obras iniciais prontas em 1936, o aeroporto necessitava de uma avenida que o ligasse ao centro de São Paulo e, ao iniciar a sua construção forçou a abertura de uma auto-estrada que se estendia até Santo Amaro e cujo trecho final ficou pronto apenas no final da década de 40.

Essa via ficou conhecida como Estrada Nova para Santo Amaro e antecedeu a atual Avenida Washington Luiz, muito maior. Novamente as terras próximas da avenida ficaram mais valorizadas. A indústria automobilística

---

8. Torres, Maria Celestina T. M. *Ipiranga*. São Paulo: PMSP, Secretaria Municipal de Cultura, 1977, p. 5, 76-78.

— Fiat, colocou uma linha de ônibus que serviria aos bairros da região cortada pela auto-estrada.[9]

O projeto foi executado também pela já citada Auto-Estrada S/A, sob a direção do engenheiro e sócio-proprietário, Luiz Romero Sanson.[10] Caberia a ele o direito de cobrar pedágio, durante quinze anos dos usuários da via, que seria pavimentada com concreto armado e teria, conforme o projeto, suas margens arborizadas.

Relatos de 1948 apontam que, nesse ano, o trecho do Jardim Marajoara, até seu final em Interlagos, era de apenas uma pequena pista, de pouco mais de dois metros de largura pavimentada. Muitos depoimentos afirmam que a arborização não aconteceu.[11]

Em 1945, o projeto de Prestes Maia foi reformulado; um conjunto de três grandes avenidas deveriam atravessar São Paulo, desde o Rio Tietê até o Pinheiros. Para isso, várias mudanças foram necessárias: para os lados da região sul, uma via com cinco quilômetros de extensão e uma largura que variava entre trinta a cinqüenta metros, ligaria o centro com o Aeroporto de Congonhas, substituindo a pequena auto-estrada já insuficiente para a demanda do tráfego na época.

A 14 de novembro de 1957, o prefeito Adhemar de Barros aprovou o projeto da abertura da via que, conforme a Lei n.º 5.418, do governo Jânio Quadros, dava o nome de Avenida 23 de Maio para aquela que fazia parte do Projeto Itororó de Prestes Maia.

Ela terminava na Praça Rodrigues de Abreu. Ficou pronta já na década de 70. Seu tráfego intenso exige constantes reparos nesses quase trinta anos de existência.

Com dezoito viadutos, com um custo inicial de 44 milhões de cruzeiros novos, teve seu custo acrescido com o passar dos anos e com a realização das obras de paisagismo e iluminação.

O trajeto percorrido pelas vias que constituem o projeto viário é o seguinte:
1. inicia-se na Ponte das Bandeiras, sobre o Rio Tietê, na zona norte;
2. continua, a partir daí, pelas avenidas Tiradentes, Prestes Maia, Anhangabaú (até a Praça das Bandeiras), 23 de Maio (até a Rua Miruna, no antigo canal 7 [Rede Record de Televisão]), Rubem Berta (até a Av. Bandeirantes), Washington Luiz (até a Av. Santo Amaro);
3. na altura da Rua Botafogo, na Chácara Flora, a Av. Washington Luiz desce, contornando a citada região do bairro e os Jardins Santo Amaro e Bela Vista, até encontrar a Praça Dom Francisco de Souza e a

---

9. Beiguelman, Giselle. *No Ar: 60 anos do Aeroporto de Congonhas*. S. Paulo: Infraero, 1996, p. 20-22.
10. Câmara Municipal de Santo Amaro. Atas, Livro 13, p. 47 e 81v.
11. Entrevistas. Campo Belo.

Av. Manzini. Esta corta o Rio Grande e vai para o Socorro, com o nome de Av. Guarapiranga.

III – Avenida dos Bandeirantes

As primeiras plantas do projeto viário da Avenida Traição, depois chamada dos Bandeirantes, datam de 1955 e seus registros na Prefeitura Municipal de São Paulo, departamento de Obras Públicas, datam de 1960. No final dos anos 70 o projeto foi concluído.

Iniciada no entroncamento com a Rodovia dos Imigrantes, teve seus trabalhos iniciais no Jabaquara, nas proximidades da então Avenida Conceição.

Saindo da rodovia dos Imigrantes com o nome de Av. Afonso d'Escragnole Taunay, contornaria o Aeroporto de Congonhas, no Jabaquara; atravessaria a Av. Engenheiro Armando de Arruda Pereira, dirigir-se-ia para a Rua Guaiós, na Saúde. Ai receberia o nome de Av. dos Bandeirantes.

Conforme o projeto, a avenida nova entraria pela Av. Washington Luiz, no bairro de Campo Belo e se dirigiria para a Avenida Santo Amaro. Em Moema, iria da Avenida Moreira Guimarães até a Avenida Santo Amaro. No Brooklin Novo, iria da Avenida Santo Amaro até o Rio Pinheiros onde, uma ponte, receberia o nome de Engenheiro Ary Torres, chegando na Avenida das Nações Unidas.

Até os anos 70, quando parte das obras foi entregue, o Córrego da Traição corria a céu aberto e era ladeado pela Avenida Traição. Nas margens deste, a favela Traição se fixara. Foi desalojada.[12]

O jornal do Brooklin, de 16 de setembro de 1972, em sua página dois, refere-se a desapropriações nas vias expressas da Avenida Traição e Avenida Washington Luiz.

IV – Avenida Água Espraiada

Um projeto inicial, de 1940, pretendia criar, na região sul da capital de São Paulo, um grande anel viário, o "Cebolão", hoje existente na região sudoeste. O anel passaria pelo Córrego da Água Espraiada.[13]

---

12. Departamento de Urbanismo. Prefeitura Municipal de São Paulo, Avenida Traição, Avenida Bandeirantes, Planta nº 55.544, de 20 de abril de 1970; trecho da Av. Rubem Berta e Rua Alberto Willo, Rua Augusto Sommcal Júnior. Planta do trecho da Av. Conceição, de 24 de junho de 1955 e registrada em 1 de fevereiro de 1960, com o n.º 25.080-F3; Planta do trecho da Rua Imarés, de 17 de junho de 1955, n.º 25.078-F3; Planta do trecho da Rua Aicás, de 14 de abril de 1970, fichas de 1-5 da Prefeitura Municipal de São Paulo, Secretaria de Vias Públicas — Registro de Plantas.
13. Jornais de 1988.

A 7 de janeiro de 1955, foi feita uma planta de canalização das marginais do Água Espraiada.[14]

O alto custo e as dificuldades das desapropriações necessárias, assustaram os governos federal, estadual e municipal e o projeto ficou guardado até 1960 quando foi revalidado.

Na década de 70, no governo estadual de Laudo Natel, tendo Paulo Maluf como Secretário dos Transportes, foi autorizada a desapropriação da área destinada às obras. Porém o anel não foi construído, pois seu custo era alto demais. As desapropriações, de 1.500 imóveis[13], foram iniciadas e os problemas começaram. As boas casas eram muitas e seus donos se revoltaram com os prejuízos.[15]

O objetivo do projeto era aliviar o trânsito nas artérias já saturadas e combater as enchentes do Córrego da Água Espraiada. Seria uma via alternativa para maiores velocidades.[14]

Conforme as desapropriações foram acontecendo, aqueles que ainda não haviam sido convocados para sair de suas casas, criaram uma comissão (1987), para apresentar novas propostas de desapropriações de terrenos baldios e não de casas. Beatriz Chedid liderou o grupo. Ao mesmo tempo, pessoas sem recursos invadiam as casas já vazias. As melhores tiveram suas chaves "vendidas" por funcionários. Houve denúncias.[16]

Na década de 80, um novo projeto propunha a construção de uma grande avenida que se uniria à marginal do Rio Pinheiros; passaria sobre o Córrego da Água Espraiada e chegaria à Rodovia dos Imigrantes.[14]

A avenida proposta teria uma extensão de 4,5 km, contendo seis pistas, três de cada lado do córrego que, sendo retificado e canalizado, correria a céu aberto. Vários pontilhões, uma ponte e dois viadutos fariam as travessias; um "piscinão", igual ao da região do Pacaembu, combateria as enchentes. Em um ano e meio a obra deveria ficar pronta e custaria 120 milhões de reais.

O projeto foi executado, superfaturado segundo a Justiça e não ficou pronto ainda em 1999.

Os funcionários do GT-48, que trabalhavam no projeto, foram acusados de participar das "vendas das chaves" das casas desapropriadas. O DER-SP (Departamento de Estradas de Rodagem de São Paulo), abriu sindicância contra eles, mas nada aconteceu.[14]

Em 1994, as casas foram demolidas para dar lugar à avenida. Alguns imóveis foram leiloados pelo DER-SP, pois não precisaram ser derrubados.

---

14. Papéis sem verificação, Câmara Municipal de Santo Amaro. Caixa 16-A, de 7/1/1955.
15. Jornais de 1994 e 1995.
16. Jornais de 1987/8.

A Prefeitura ficou com outros imóveis, como acerto de contas, acordado entre as partes.[14]

Em 1995, teve início a grande obra de retificação e canalização do Córrego da Água Espraiada, que exigiu muitos meses de pesado trabalho. Muitos moradores gostavam de observar o grande canteiro de obras que parecia um imenso formigueiro. Máquinas e homens misturavam-se ao barro.

A presença de grandes favelas, nas margens do citado córrego, dificultava os trabalhos. A Prefeitura deu, a cada família, uma moradia em condomínios populares, na periferia. Algumas delas venderam as casas e voltaram para a favela, mais próxima de seus trabalhos, no bairro.

Vários incêndios, de origem duvidosa, aconteceram nesse período. Destruíram dezenas de barracos e o pouco dos pertences de seus moradores. Eram aproximadamente quarenta mil pessoas, amontoadas em barracos de construção precária e material inflamável: madeira velha, papelão, trapos.[17]

Cumprindo um cronograma apertado, a 27 de outubro de 1995, foi inaugurado o primeiro trecho da obra, a 20 de dezembro do mesmo ano, o segundo trecho, entre a Rua Zacarias de Góes e a Av. Washington Luiz; a 4 de abril de 1996, inaugurou-se o último trecho dentro do bairro, junto ao "piscinão" situado após a Av. Washington Luiz. Este, com capacidade para receber 400 mil m³ de águas pluviais, evitaria o transbordamento do córrego. Custaria quatro milhões de reais.[18]

Em 1997, terminou o governo de Paulo Maluf e seu sucessor, Celso Pitta, não continuou as obras, a partir do piscinão.[17] Assim mesmo, em 1998, foi inaugurada.

Larga, reta, permite razoável velocidade ao trânsito; sua paisagem ainda é desértica, pois o projeto de paisagismo não aconteceu. Os poucos eucaliptos que sobreviveram ao plantio, não são recomendáveis como arborização de avenidas pelos perigos que representam.[17]

A EMURB (Empresa Municipal de Urbanismo de São Paulo) alegou que as citadas árvores foram plantadas nos espaços vazios das margens da avenida para evitar que as favelas voltassem a ocupá-los.[17]

Fechados com frágeis muros de concreto, alguns dos espaços aos poucos vêm sendo reocupados por favelados.[19]

O córrego, ladeado por muros, permanece escuro, sujo, sem vida.[19]

"A implosão da ponte sobre o Córrego da Água Espraiada dará início às obras de alargamento da Avenida Vereador José Diniz, que deverá comportar maior trânsito devido as obras da Avenida Água Espraiada. A implosão

---

17. Jornais dos anos 90 e *Revista Veja São Paulo*, de 1988 (favelas).
18. Jornais dos anos 90.
19. Observações dos autores.

acontecerá a 30 de abril de 1988. Serão usados 18 kg de dinamite. O especialista Hugo Takahashi, será responsável pelo feito que está marcado para as 8:00h do sábado. A construção da nova ponte ficará sob a responsabilidade da Construtora Mendes Júnior."

A *Revista Veja São Paulo*, de 20 de abril de 1988, indica a presença de vinte mil favelados, sendo cinco mil barracos, junto do Córrego da Água Espraiada.

A *Folha de S. Paulo*, de 3 de dezembro de 1994, indica quarenta mil favelados. A população de excluídos dobrara em menos de dez anos.

Fontes consultadas
1. Papéis sem verificação. Câmara Municipal de Santo Amaro — CMSA. Caixa 16A, de 7 de janeiro de 1955.
2. *Gazeta de Moema*. São Paulo, 29/3/1987.
3. *O Estado de S. Paulo*. São Paulo, 29/3/1987.
4. *Jornal do Campo Belo - Etc. & Tal*. São Paulo, março/1988.
5. *O Estado de S. Paulo*. São Paulo, 16/4/1988.
6. *Revista Veja S. Paulo*. São Paulo, 20/4/1988.
7. *O Estado de S. Paulo*. São Paulo, [implosão] 28/4/1988.
8. *Folha de S. Paulo*. São Paulo, 3/12/1994.
9. *Jornal de Campo Belo - Etc. & Tal*. São Paulo, setembro/1995.
10. *Folha de S. Paulo*. São Paulo, 22/10/1995.
11. *Folha de S. Paulo*. São Paulo, 21/12/1995.
12. *Folha de S. Paulo*. São Paulo, 24/10/1996.
13. *Folha de S. Paulo*. São Paulo, 26/10/1996.

V – Avenida Vereador José Diniz

A avenida que hoje conhecemos como Vereador José Diniz tem como as demais, sua história a ser registrada.

De 1913 a 1968, um bonde elétrico uniu a região de Santo Amaro ao bairro de Vila Mariana. Seu percurso exigiu mudanças na Avenida Rodrigues Alves, recentemente aberta no início do século XX sobre pequenas ruas mais antigas.[20 e 21]

Cortando três bairros, Jardim Lusitânia, Moema e Campo Belo, que se formariam várias décadas mais tarde, a Av. Cons. Rodrigues Alves se iniciava em Vila Mariana, no largo Ana Rosa e determina em Santo Amaro onde se une a Av. Adolfo Pinheiro.[19]

---
20. *Guia Cartoplan*, Edição 2000, São Paulo; p. 205Eg; p. 178 Ao; p. 177Pt.
21. Observações dos autores.

Quando o bonde elétrico desapareceu, deixando saudades, novas reformas prepararam a avenida para o intenso tráfego de carros e ônibus que exigiram alargamentos, asfalto e pontos de parada dos coletivos.

A partir dos anos 70, sepultando o passado, a avenida ganhava não apenas "novos ares", mas também novos nomes:

— o trecho compreendido entre as avenidas Adolfo Pinheiro e dos Bandeirantes, passou a ser denominado de Vereador José Diniz, em homenagem ao político e romeiro santamarense;

— o trecho entre a Av. dos Bandeirantes e o bairro de Vila Mariana, após o DETRAN-SP (Departamento Estadual de Trânsito de São Paulo), no Ibirapuera, passou a se chamar Avenida Ibirapuera;

— o trecho compreendido entre as ruas Tangará e Domingos de Moraes, permaneceu com o nome original de Avenida Conselheiro Rodrigues Alves. Para que tanta mudança?[19]

Dentro de Campo Belo situa-se o trecho denominado Vereador José Diniz. Ele possui duas pontes que estão sobre os córregos da Água Espraiada e da Traição, cortados pela via.

Próximo à Rua Gabriele D'Annunzzio, o leito rebaixado fica contido entre dois taludes revestidos de pedras. A região é acolinada nas margens da avenida.

Atrás do Esporte Clube Banespa, um pequeno trecho permanece com o aspecto bucólico que no passado se complementara com o bonde.[22]

A atual avenida em nada, ou em quase nada, nos lembra o pitoresco caminho de um passado recente.

Nos fins de maio de 1990, foi inaugurado o Viaduto Austregésilo de Athayde sobre o Água Espraiada, quando o mesmo adquiriu o formato atual.

No tempo do bonde, o trecho entre os taludes era mais estreito.

---

22. Masarolo, Pedro Domingos. *O bairro de Vila Mariana*, Op. cit., p. 88 e p. 99.

17
Duas ruas em destaque

O critério da escolha foi baseado na antiguidade da Rua Ibituruna e importância, para a economia local, da Rua Vieira de Moraes onde o comércio e os serviços se concentram e daí se expandem para as ruas próximas.

Seguem algumas notas históricas sobre ambas:

1. Rua Ibituruna

Em 1921, o Brooklin Paulista foi loteado; arruado, foi sendo habitado, lentamente. Nos anos 20 algumas famílias se fixaram na região de Piraquara, nas partes baixas, próximas do bonde para Santo Amaro e na alta, dele distante.

Quando em 1931 loteou-se o bairro de Campo Belo, até então Piraquara, formava-se um bairro independente do Brooklin Paulista.

No alto Campo Belo, uma pequena rua já estava ocupada por algumas famílias que para ela haviam se mudado no final dos anos 20. Era a Rua Hindenburg.

Nos anos 30, aumentara o número de seus moradores. Pequenas casas predominavam avizinhando-se com poucas de maior porte. As famílias, em geral, eram estrangeiras.

Como conseqüência da Segunda Guerra Mundial (1939-1945), nos anos 40 foi substituído o nome da rua. Passou a se chamar Ibituruna.

Pesquisas documentais nos permitiram levantar os nomes de algumas famílias moradoras da citada via. Um quadro, anexo a este destaque, apresentará o levantamento.

No final dos anos 50, a Rua Ibituruna já era calçada com paralelepípedos. O asfalto chegou nos anos 70.

No passado, abrigou dois pontos de comércio pioneiro, o armazém dos Wessel e o bazar dos Hermann.

Na quadra próxima à atual Rua Casemiro de Abreu, um grande terreno, que chegava até a Rua Estevão Baião, pertencera ao pastor Stremme que, nele tinha sua casa construída na então Rua dos Armênios, hoje Casemiro de Abreu. Conforme depoimentos de antigos moradores, deveria esta se estender até a Rua Vieira de Moraes. Ocupando o espaço da hoje Rua Selma.

Sobre a catraca que existiu na tão antiga rua, há depoimentos apresentados em capítulos especiais.

A proximidade dessa pequena via com um antigo açougue, e a presença do armazém e do bazar garantiram certo conforto, que provavelmente, atraiu para ali os mais antigos moradores. Também a presença do pastor luterano e da escola alemã, no Grêmio situado na atual praça que se denomina Pastor Stremme, lhes dava o conforto espiritual e cultural.

Ao redor desse núcleo outras famílias foram se fixando e ocupando os espaços no alto Campo Belo.

Segue o quadro (Quadro 1) dos antigos moradores da rua historiada.

Quadro 1. Moradores da Rua Ibituruna

Casa N.º antigo / atual	Morador	Ano
4/-	Vicent Wolff	1934
5/-	Carlos Fidder	1934
6/1638	Família Ottershagen	1928
7/1663	Henrique Stulla	1934
8/1576	João Esertz	1934
9/-	José Gerdinitz	1934
10/1598	Hugo Mayner	1934
10A/1598A.	-	-
13/-	Francisco Germano	1934
14/1668	Família Ozervalla	1934
16/1692	Rudolf Wessel	1927
22/-	Paulino Mertmann	1934
30/1727	Franz Hermann	1928
-/1558	Ernesto Figge	1934
-/s/n.º	Carlos Limemann	1934
-/1643	Pedro Stand	...- 1955
-/-	Werner Stupff	1955-1962
-/-	Paulo Gustavo F. Bartz	1962-1970

Casa N.º antigo / atual	Morador	Ano
-/-	A.F.R. Ortiz	1970-1999
-/1718	Família Lüchow	1960
-/1641	Família Rodrigues Pereira	1980

Citamos apenas os nomes encontrados nos documentos e demos preferência àqueles que constituem a ocupação mais antiga da rua em destaque.

A casa de número dez, antes da pequena reforma sofrida no ano de 2000, apresentava sinais de sua antiguidade. Havia alguns tijolões a descoberto, na entrada da casa e via-se nitidamente as camadas de barro que os unia, no lugar da argamassa. O costume era encontrado nos anos 20.

Da casa de número atual 1643, pudemos documentar uma seqüência de moradores. Ela chama a atenção por se tratar de um pitoresco chalé com bonito envidraçado emoldurado por madeira escura envernizada. Foge ao estilo das casas da rua.

Atualmente a Rua Ibituruna tem trinta e sete imóveis, sendo alguns de construção recente, nos anos 90.

Alguns dos antigos moradores estão citados em capítulos especiais, pois participaram ativamente da vida econômica e social nas primeiras décadas da história de Campo Belo.

Fontes consultadas
   Livro de Índice dos Proprietários. CMSA, 1934.
   Caixa 40, Papéis sem verificação. CMSA, 1931-1947.
   Caixa 10, Papéis sem verificação. CMSA, 1931.
   Entrevistas com antigos moradores da Rua Ibituruna.
   Arquivo da Igreja Evangélica Luterana de São Paulo — AIELSP.

2. Rua Vieira de Moraes

O nome Vieira de Moraes, dado à rua que aqui destacamos, é uma homenagem ao Dr. Manuel Jacyntho Vieira de Moraes, pai do Dr. João Manuel Vieira de Moraes, o loteador do bairro de Campo Belo. O nome deste consta da Planta Oficial de 1931.

Cortando-o em toda a sua extensão Leste-Oeste, num retão, a via serviu de entrada e saída do bairro, quando no passado dispunha de trânsito com mão dupla.

De 1931 a 1956, coberta de mato, foi sendo aberta lentamente conforme os lotes situados em suas margens ou bem próximos delas, iam sendo vendidos e recebiam, então, alguma construção. Os moradores caminhavam pela via, de terra, para chegarem até a parada Piraquara, do bonde Santo Amaro.

Somente em 1956 ela foi calçada e então seu perfil mudou.

Saindo do Anhangabaú com destino ao Aeroporto, uma linha de ônibus pioneira, de número 106, veio servir ao bairro. Lento, raro, mas valioso, fazia seu ponto final na esquina das ruas Estevão Baião e Vieira de Moraes. Mais tarde se deslocou para a lateral de embarque do Aeroporto de Congonhas.

Cavalos e carroças foram cedendo lugar aos ônibus e carros que se multiplicaram com o passar dos anos; os terrenos se valorizaram.

O calçamento e o transporte despertaram interesses e criaram oportunidades de crescimento para a região e não tardou que o comerciante Mário Moraes, português, investisse na rua que insinuava ter um futuro promissor. Nas duas esquinas das ruas Vieira de Moraes e Estevão Baião, fez ele construir dois conjuntos comerciais que não tardaram a serem ocupados por estabelecimentos que lá permaneceram até o ano de 1999. Mário inaugurou, nessa época, a Padaria Presidente, de sua propriedade, e passou a residir no apartamento construído sobre a citada padaria.

Também no período compreendido entre 1956 e 1960, na esquina oposta, o conjunto foi ocupado pelos seguintes comerciantes: o alfaiate João Ambrosano, no número 1655; Antonio Ramos, que abriu uma quitanda, no número 1657; Maria Matsuda e seu pai, que abriram uma papelaria que recebeu o nome da família. Era no número 1659; Elísio Cabral que no número 1663 abriu uma sapataria para consertos de calçados e bolsas. O estabelecimento recebeu o nome da família também; Afonso Moraes que, no número 1671, abriu o açougue Presidente. Antonio Depetris que, no número 1679, abriu a Casa de Calçados Presidente e Sérgio Kima, que abriu uma oficina mecânica, no número 1689. Todos eles permaneceram, por várias décadas com seus estabelecimentos, que foram passados aos seus filhos. Sobre eles existem algumas notas em capítulo especial.

O país vivia o desenvolvimentismo e cremos que o otimismo do presidente Juscelino Kubitscheck de Oliveira influenciou os comerciantes que deram a três dos oito estabelecimentos, o nome de Presidente.

A Rua Vieira de Moraes se inicia na Avenida Santo Amaro, na altura do número 3651; ali está o número 45 da rua mencionada. Vai até a Avenida Washington Luiz, onde termina. Sua última construção tem aí o número 2177. Suas dimensões aproximadas são de pouco mais de dois quilômetros de extensão por dez metros de largura.

A partir dos anos 70, algumas de suas casas se transformaram em estabelecimentos comerciais e essa mudança acontece até nossos dias; outras casas foram demolidas e cederam seu espaço para a construção de altos edifícios. Nos anos 90, em duas de suas esquinas na Av. Vereador José Diniz, ergueram-se modernos conjuntos comerciais.

No final da década de noventa, com várias linhas de ônibus e um tráfego crescente de carros e caminhões, ela está quase saturada. Desde os anos 80 tornou-se rua de mão única.

Necessitando de maior planejamento e manutenção, a rua apresenta contrastes. Trechos depreciados se alternam com outros requintados. Cremos que essa via mereça maior carinho.

Alguns periódicos se referiram à Rua Vieira de Moraes, qualificando-a como a "grande passarela"[1] do bairro e de "rua auto-suficiente"[2], bem servindo à comunidade local.

Nossa "Fifth Avenue", é digna de destaque.

A seguir, colocamos um quadro (Quadro 2) com o levantamento dos antigos moradores, respeitada a grafia do documento original.

Quadro 2. Moradores da Rua Vieira de Moraes

Casas n.º antigo	Morador	Condição*	Época
1	Ernest Dettmer	p.m.	1934
3	Godofredo Barnsley	p.m.	1934
7	João Hammer	p.m.	1934
9	Germano Rauch	p.m.	1934
12	Arthur Lindsay	p.m.	1922
14	João Lafont	i.m.	1934
	Mathias Becker	i.m.	1934
	Nair A. Echecania	i.m.	1934

---

1. *Jornal do Campo Belo — Etc. & Tal*, 22/7/1999, artigo do Arquiteto e Urbanista Marcelo Teixeira.
2. *Jornal do Brooklin*, 11/5/1972, p. 12, artigo "Pujante comércio da Rua Vieira de Moraes"; *Jornal do Brooklin*, 18/11/1972, p. 12, artigo "Rua Vieira de Moraes, uma rua auto-suficiente".

Casas n.º antigo	Morador	Condição*	Época
16	José Cabral Costa	i.m.	1934
	Víctor M. Dubregues	i.m.	1934
	Waldemar Brito	i.m.	1934
18	Nair A. Echecania	p.m.	1934
20	Godofredo Barnsley	p.-	1934
	Nair A. Echecania	p.m.	1934
24	Alberto Reischrbark	p.m.	1934
26	Godofredo Barnsley	p.-	1934
28	Thereza Plaza	p.m.	1934
30	Domingos Perrotti	p.m.	1934
55	Indústria Paulista de Ferro e	p.id.	1947
56	Benedito F. Soares	p.m.	1934
61	Joaquim Ramalho	p.m.	1934
66	Ranzan Jorge	p.	1934
220	Germano Hahmann	p.	1934
318	João Wilt (sapateiro)	i. s.	1947
417	Leo Despolme (oficina	i. s.	1947
563	Helmut Müller (armazém)	i. c.	1935
566	Casa de frios Lúculus	i. c.	1950
573	Sophia Hammer (botequim)	i. c.	1935
662	Escola Conde de Ipanema	p. s.	1950
612	Açougue Piraquara	i. c.	1940
678	Margarida L. L. Leinert	—	—
704	Quitanda Campo Belo	—	—
781	Ollandya Perez Ribeiro	—	anos 50

Casas n.º antigo	Morador	Condição*	Época
805	Adam Manz (açougue)	i. c.	1934
	Waikiki (bar)	i. c.	anos 40
	Pizzaria Chopizza Ltda.	i. c.	anos 70
987	Escola M. D.ª Chiquinha	i. s.	anos 50
1434	Martim Wollenweber	—	1936
	Carlos e Therezzia Egger	—	1950
1442	José e Maria Hölker	—	1936
1890	INELCA (eletrônicos)	id.	1965

*Legenda:
p. m. = proprietário morador;
i. m. = inquilino morador;
p. id. = proprietário de indústria;
i. s. = inquilino prestador de serviço;
i. c. = inquilino com comércio;
p.- = proprietário de condição desconhecida;
p. = exclusivamente proprietário;
p. s. = proprietário prestador de serviço;
id. = sede de indústria;
— = dado não disponível.

Podemos observar que os moradores, pontos de comércio e indústria mais antigos se concentraram na parte baixa da rua, mais próxima das avenidas Santo Amaro e Conselheiro Rodrigues Alves, atual Vereador José Diniz.

Os nomes de 43 famílias estrangeiras foram obtidos como sendo de antigos moradores da rua em destaque. São eles os: Balmer, Müller, Becker, Biasi, Böttcher, Brehm, Schultz, Brünger, Diehl, Dietz, Debbert, Fouquet, Gilg, Grabenweger, Hanser, Hargesheimer, Hatheyer, Hatje, Herub, Hölber, Kaiser, Krause, Krauss, Marcondes, Milioni, Nietzche, Paspinchek, Poppendich, Reinhard, Remlinger, Röhrig, Roiha, Rubopf, Kalil Sahad, Savin, Schachtitz, Schaffer, Schlasser, Schmidt, Schoneweg, Volles, Windhövel e Witie. A maioria ali residiu nos anos 50 e 60 e uma minoria nos anos 30 a 90 do século XX.

Fontes consultadas
1920-1930 — Entrevistas com antigos moradores;
Caixa 40, Papéis sem verificação — CMSA, 1935;
1930-1940 — Entrevistas com antigos moradores;
Caixa 40, Papéis sem verificação — CMSA, 1936;
Caixa 41, Papéis sem verificação — CMSA, 1947;
Livro de Índice de Proprietário — CMSA, 1934;
1940-1959 — Entrevistas com antigos moradores;
Arquivo da Igreja Evangélica Luterana de S. Paulo — AIELSP;
Entrevistas com antigos comerciantes e clientes.

18
O que oferece a Rua Vieira de Moraes

Um levantamento concluído em 1999 aponta, em números aproximados, os estabelecimentos situados na Rua Vieira de Moraes. Concentrados em uma única via, refletem a diversidade do comércio e serviços no bairro.
As indústrias, poucas, são artesanais.
Alguns estabelecimentos são antigos, outros têm curta permanência.
Segue uma lista de estabelecimentos levantada neste logradouro como foi mencionado:

COMÉRCIO

Auto-Peças	1
Agência de carros	8
Açougue	1
Alfaiate	1
Água mineral	2
Artefatos de madeira	1
Banca de jornal	4
Bronze-Metal	1
Bichos de pelúcia	1
Bar & Café	11
Bazar	9
Confeitaria	1
Casa de tintas	2
Comércio de animais	1
Comércio de pedras	1
Embalagens	2
Ferragens (casa)	1
Floricultura	3
Farmácia	10
Informática-Produtos	8

Elétric.-Hidráulicos	2
Instrumentos médicos	1
Lanchonetes	2
Lojas de roupas	13
Lingerie (loja)	1
Móveis (escritório)	1
Móveis (cozinha)	1
Materiais de construção	3
Motos (loja)	1
Mercadinho	2
Molduras (quadros)	2
Ótica-Relojoaria	3
Papelaria	4
Padarias	3
Pneus	1
Prótese	1
Produtos alimentícios	1
Perfumaria	3
Papéis de parede	1
Piscinas	1
Perfumaria	2
Pizzaria	8
Quitanda	1
Revistaria	1
Restaurantes	12
Sebo	1
Sanduíches	1
Serralheria	2
Sapataria	1
Supermercado	3
Tapetes (carro)	2
Toldos (lonas)	1
Vidros-Box-Espelhos	2

SERVIÇOS

Advocacia-Escritórios	3
Administradoras	2
Ar Condicionado	1

O QUE OFERECE A RUA VIEIRA DE MORAES

Agricultura - Produtos	1
Bancos	8
Barbearias	3
Buffet Infantil	2
Consultoria Técnica	6
Consultoria Geral	5
Copiadora	2
Comércio Exterior (escritório)	1
Correio	1
Costureira	2
Cabeleireiro	3
Despachante	2
Editora	2
Escolas:	(14)
Tradicionais	4
Aviação	1
Música	1
Pintura	1
Auto-Escola	3
Enfermagem	1
Idiomas	1
Computação	1
Artes Marciais	1
Eventos	1
Estética	1
Engenharia	3
Estacionamento	3
Fotógrafos	7
Financiadora	1
Impermeabilização	1
Imobiliária	3
Lotérica	2
Locadora (carro)	1
Locadora (vídeo)	2
Lava-rápido	4
Lavanderia	3
Oficina mecânica	6
Pintura de casas	1
Postos de combustível	3
Restauração de móveis	1

Sindicato 1
Som-vendas-instalação 6
Turismo (agência) 2
Tinturaria 1
Tapeçaria 2
Veterinária 1

INDUSTRIAL

Abajour 1
Bijuteria 1
Construtoras 2

Fontes consultadas
Lista Telefônica Telesp. Endereços, São Paulo, Sul 1, 1996/98;
Agendas de Bairro;
Publicidade em Jornais, Catálogos e Folhetos;
Pesquisa de campo. Os autores.

19
Alterações dos nomes de algumas ruas

Fontes consultadas para o quadro adiante:

1 Planta Oficial de Arruamento do Campo Belo, 29/5/1931. CMSA-AR-SAMARO; Planta n.º 101;
2 Livro de Índice dos Proprietários. CMSA, 1934;
3 Planta do Bairro, 1950. Associação dos Amigos de Campo Belo;
4 Planta (1974). *Guia Levi*, São Paulo;
5 *Guia Cartoplan*, São Paulo, 2000. Planta;
6 João Netto Caldeira. *Álbum de Santo Amaro*, São Paulo: Edit. Organização Cruzeiro do Sul, B. & Netto, 1935, p. 105;
7 Papéis Avulsos — CMSA, várias caixas contendo nomes de ruas e citação de muitos endereços, no bairro, anos 30 e 40; Caixas n.º 36 (1927); 41 (1935); 48 (1940-41); 52 (1948);
8 Arquivo da Igreja Evangélica Luterana de São Paulo, endereços no bairro;
9 Entrevistas com antigos moradores;
10 Depoimentos colhidos pelos autores;
11 Plantas n.º 5, de 1931 e n.º 62, 1931, com nomes de loteamentos e suas ruas, no bairro, no Rincão do Buraco do Peixe. AR-SAMARO;
12 *Livro Amarelo*. Brooklin/Campo Belo, 1999. Planta do Bairro;
13 Arruamento do Brooklin Paulista, 1921.

Nomes Atuais (1999) [fontes 5 e 12]	De 1999 a 1950 [fontes 4, 8, 9, 10]	Anos 50 [fonte 3]	Anos 40 e 30 [fontes 2, 6, 7, 8, 9, 11]	1931 [fontes 1 e 11]	1921 [fonte 13]
Álvaro Nunes	Álvaro Nunes	Álvaro Nunes	sem dados	sem dados	sem dados
Anseriz	Anseriz; Dom Bosco	sem dados	sem dados	sem dados	sem dados
Antonio Comparato	A. Comparato; André Fernandes	André Fernandes	André Fernandes	Huffenback	sem dados
Antonio de Macedo Soares	Antonio de Macedo Soares; Prudente de Moraes	Prudente de Moraes	Prudente de Moraes	Prudente de Moraes	sem dados
Bandeirantes, Av. dos	Av. Bandeirantes; Traição, Av./Córrego	Traição, Av. e Córrego	Traição, Av. e Córrego	Traição, Córrego	Traição, Córrego
Barão de Jaceguai	Barão de Jaceguai	Barão de Jaceguai	Aparecida	Aparecida	K
Barão do Rego Barros	Barão do Rego Barros	Barão do Rego Barros	sem dados	sem dados	sem dados
Barão do Triunfo	Barão do Triunfo	Barão do Triunfo	Barão do Triunfo	Barão do Triunfo	H
Barão de Valim	Barão de Valim	sem dados	sem dados	sem dados	sem dados
Baronesa de Bela Vista	Baronesa de Bela Vista	Baronesa de Bela Vista	sem dados	sem dados	sem dados
Braz de Arzão	Braz de Arzão	Braz de Arzão	Braz de Arzão	Braz de Arzão	sem dados
Caiapós	Caiapós; Caiapós	sem dados	sem dados	sem dados	sem dados
Casemiro de Abreu	Casemiro de Abreu	Casemiro de Abreu	Casemiro de Abreu	Armênios, dos	sem dados
Castro Soromenho, Prof.	C. Soromenho, Prof.; Projetada H	sem dados	sem dados	sem dados	sem dados
Cataguás	Cataguás	Cataguás	Cataguás	1.º de Maio	sem dados
Conceição Marcondes Silva	Conceição Marcondes Silva; Itatins	Itatins	Itatins	Conde Zeppelin	sem dados
Conde de Porto Alegre	Cde. de Porto Alegre	Cde. de Porto Alegre	Nova América	Nova América	M
Condessa do Pinhal	Condessa do Pinhal	Condessa do Pinhal	sem dados	sem dados	sem dados

NOMES ANTIGOS DE ALGUMAS RUAS

Nomes Atuais (1999) [fontes 5 e 12]	De 1999 a 1950 [fontes 4, 8, 9, 10]	Anos 50 [fonte 3]	Anos 40 e 30 [fontes 2, 6, 7, 8, 9, 11]	1931 [fontes 1e 11]	1921 [fonte 13]
Conselheiro Pedro Luís	Conselheiro Pedro Luís; sem dados	sem dados	sem dados	sem dados	sem dados
Constantino de Souza	Constantino de Souza; D. Pedro II	D. Pedro II	D. Pedro II	D. Pedro II	sem dados
Cristóvão Pereira	Cristóvão Pereira	Cristóvão Pereira	João Maciel	João Maciel	sem dados
Demóstenes	Demóstenes; Rui Barbosa	Rui Barbosa	Rui Barbosa	Dr. Roosevelt	sem dados
Dom Manuel	Dom Manuel; sem dados	sem dados	sem dados	sem dados	sem dados
Domingos Lopes	Domingos Lopes	Domingos Lopes	Rosa Emília	Rosa Emília	sem dados
Edson	Edson; Rio Grande	Rio Grande	Rio Grande	Rio Grande	sem dados
Comendador Eduardo Saccab	Comendador Eduardo Saccab; Brasil	Brasil	Brasil	sem dados	sem dados
Estevão Baião	Estevão Baião	Estevão Baião	Estevão Baião	Eugênio Potenbecker	sem dados
Gabriele D'Annunzio	Gabriele D'Annunzio; Frei Gaspar	Frei Gaspar	Heitor de Carvalho	sem dados	sem dados
Gil Eanes	Gil Eanes; Almirante Barroso	Gil Eanes	Almirante Barroso	Adolph Hitler	Adolph Hitler
Ibituruna	Ibituruna	Ibituruna	Ibituruna	Hindenburg	sem dados
Jesuíno Maciel, Dr.	Jesuíno Maciel; Amazonas	Amazonas	Amazonas	Amazonas	sem dados
João Álvares Soares	João Álvares Soares; Benjamin Constant	Benjamim Constant	dos Suíssos	dos Suíssos	sem dados
João de Souza Dias	João de Souza Dias; Piracicaba	Piracicaba	Piracicaba	Piracicaba	sem dados
José Diniz, Av. Vereador	Vereador José Diniz; Conselheiro Rodrigues Alves	Conselheiro Rodrigues Alves	Conselheiro Rodrigues Alves	Servidão da Light (bonde)	sem dados

CAMPO BELO

Nomes Atuais (1999) [fontes 5 e 12]	De 1999 a 1950 [fontes 4, 8, 9, 10]	Anos 50 [fonte 3]	Anos 40 e 30 [fontes 2, 6, 7, 8, 9, 11]	1931 [fontes 1 e 11]	1921 [fonte 13]
Moraes de Barros	Moraes de Barros	Moraes de Barros	Moraes de Barros	Moraes de Barros; Ubirene	sem dados
Nhu-Guaçu	Nhu-Guaçu	Nhu-Guaçu	Nhu-Guaçu	Berlim	sem dados
Otávio Tarqüínio de Souza	Otávio Tarqüínio de Souza; Pirassununga	Pirassununga	Pirassununga; Ubirene (trecho)	Pirassununga	sem dados
Paião	Paião; s/nome	s/nome	sem dados	sem dados	sem dados
Paiaguás	Paiaguás	Paiaguás	Paiaguás; Dr. H. Eckner	Dr. H. Eckner	sem dados
Padre Leonardo	Padre Leonardo	Padre Leonardo	Padre Leonardo; Bavaria	Bavaria	sem dados
Pascal	Pascal; Machado de Assis	Machado de Assis	Machado de Assis; Capitão Mimi	Capitão Mimi	sem dados
Poveiros	Poveiros; s/ nome	s/nome	sem dados	sem dados	sem dados
Princesa Isabel	Princesa Isabel	Princesa Isabel	Princesa Isabel	Princesa Isabel	G
Rafael Iório	Rafael Iório; Rua A	Rua A	Rua A	sem dados	sem dados
República do Iraque	República do Iraque; Barão de Ladário	Barão de Ladário	Barão de Ladário; da Paz	da Paz	P
Rita Joana de Souza	Rita Joana de Souza; Novo Mundo	Novo Mundo	sem dados	sem dados	sem dados
Rosário Catanzaro	Rosário Catanzaro; Pirassununga (parte da Pirassununga)	Pirassununga	Pirassununga	Pirassununga	sem dados
Sampaio de Barros	Sampaio de Barros	Sampaio de Barros	Sampaio de Barros; Schiller	Schiller	sem dados
Santo Amaro, Av.	Santo Amaro, Av.	Av. Santo Amaro	Auto-Estrada Sto. Amaro	Auto-Estr. Sto.Amaro	sem dados
Sebastião Paes	Sebastião Paes	Sebastião Paes	Sebastião Paes; Saxônia	Saxônia	sem dados
Selma	Selma; Mármora	Mármora	s/nome	sem dados	sem dados

NOMES ANTIGOS DE ALGUMAS RUAS

Nomes Atuais (1999) [fontes 5 e 12]	De 1999 a 1950 [fontes 4, 8, 9, 10]	Anos 50 [fonte 3]	Anos 40 e 30 [fontes 2, 6, 7, 8, 9, 11]	1931 [fontes 1e 11]	1921 [fonte 13]
Sônia Ribeiro	Sônia Ribeiro; Jean Sibelius; Saldanha Marinho	Saldanha Marinho	Saldanha Marinho; Teotônia	Teotônia	sem dados
Suruí, Barão de	Barão de Suruí	Barão de Suruí	sem dados	sem dados	sem dados
Tamoios	Tamoios	Garcia Velho	Garcia Velho	sem dados	sem dados
Unapitinga	Unapitinga; Av. Rio Claro	Av. Rio Claro	sem dados	sem dados	sem dados
Vicente Leporace	Vicente Leporace; Sta. Rita	Santa Rita	Santa Rita	Santa Rita	sem dados
Vieira de Moraes	Vieira de Moraes	Vieira de Moraes	Vieira de Moraes	Vieira de Moraes	sem dados
Volta Redonda	Volta Redonda	Volta Redonda	Volta Redonda	Volta Redonda	sem dados
Washington Luiz, Av.	Washington Luiz, Av.; Auto-Estrada para Interlagos	Auto-Estrada Interlagos	Pequena passagem de terra	Pequena passagem de terra	sem dados
Xavier Gouveia	Xavier Gouveia; Água Espraiada	Água Espraiada	Água Espraiada; Aipuá	Água Espraiada; Aipuá	sem dados
Zacarias de Góes	Zacarias de Góes	Zacarias de Góes	Zacarias de Góes	Dr. Barnsley	sem dados

20
Crítica à denominação e à numeração de ruas do Campo Belo

O loteador das terras de Campo Belo era membro da família Vieira de Moraes, ex-proprietária do Sítio Traição. Os Moraes eram amigos pessoais da família imperial brasileira e muitos dos familiares foram ilustres, cultos e participaram da vida político-econômica do país. Talvez por esses motivos, as primeiras ruas batizadas no bairro tiveram seus nomes escolhidos em homenagem aos grandes vultos de nossa história pátria. Outros, honraram cidades ligadas à vida dos Vieira de Moraes e outros ainda, aos grupos estrangeiros que foram dos primeiros a povoar o bairro que se formava.

De 1921 a 1931 Campo Belo era parte integrante do Brooklin Paulista e as ruas que se abriram nesse bairro foram denominadas já no arruamento de 1921 e assim permaneceram.

Até 1935, Santo Amaro era um município independente de São Paulo. Quando retornou à condição de bairro paulistano, os nomes de algumas ruas que já existiam em São Paulo, tiveram que ser substituídas. Nessa troca, quase não se respeitou o critério anterior na escolha dos nomes. Queria-se evitar a duplicidade nos nomes.

Devido à eclosão da Segunda Guerra Mundial, deu-se a discriminação a tudo que estivesse ligado aos países do Eixo: Alemanha, Itália e Japão e seus aliados. Nessa época, nosso governo determinou a substituição dos nomes de ruas e demais logradouros que tivessem relação com os citados países. Também não houve rigoroso respeito ao critério histórico na escolha dos nomes já dados.

Um quadro das planilhas de ruas, contendo as alterações dos nomes das ruas, com as datas aproximadas de suas mudanças, mostra o que foi comentado.

Há ruas, vilas e travessas com nomes cujo histórico desconhecemos; outros que, embora ilustres e conhecidos, nada têm em comum com a história do bairro. Caberia à Prefeitura colocar nas placas, ao menos, uma linha identificando o homenageado.[1]

Apenas três pequenos exemplos para ilustrar:

— Rua Dr. Domingos Lopes: em 1904 ele se tornou médico da Santa Casa de Misericórdia de Santo Amaro. A placa não contém o indicativo de sua profissão ou graduação. Seu nome substituiu o proposto inicialmente: Rosa Emília que, sendo Vieira de Moraes, fora o primeiro membro da citada família a residir no Sítio Traição, dentro do qual formou-se o bairro.[2]

— Rua Gabriele D'Annunzio: poeta italiano; seu nome substituiu o nome de Frei Gaspar (da Madre de Deus), grande vulto brasileiro, um dos primeiros a historiar a Capitania de São Vicente, hoje chamada de São Paulo.

— Rua Demóstenes: grande orador ateniense, do século IV a.C., que nas Filípicas, advertiu a Grécia contra as ameaças de Felipe da Macedônia; substituiu a insigne e polêmica pessoa do cultíssimo baiano, bacharel, Dr. Rui Barbosa, "Águia de Haia".[3]

Há um caso que foge, felizmente, a essa regra:

— Rua Sônia Ribeiro, competente profissional do rádio e da televisão brasileiros, que tendo residido em Campo Belo, recebeu essa homenagem póstuma, da comunidade. Seu nome substituiu o de João (Júlio Cristiano) Sibélius, compositor finlandês (1865-1957), autor da famosa "Valsa Triste" e de "A Finlândia" entre outras obras.

O descuido, em geral, mata a tradição e a memória.

Uma curiosidade não pode ser esquecida: na Rua Henrique Lancelotti há uma placa onde se lê: Rua Martírios; ela não mais existe no bairro, e seu prolongamento, no Jardim Aeroporto, recebeu outra denominação.[4] Com as obras da Av. Washington Luiz, a Rua Martírios foi seccionada e apenas um pequeno espaço, contendo três imóveis, de números 31, 58 e 62, permaneceu, encravado na Rua Henrique Lancelotti.

Se considerarmos o conceito de rua, a Martírios é uma anomalia.

Poucas ruas permaneceram com os nomes originais.

---

1. Caixa 48 (1940-1941). Papéis sem verificação — CMSA. O Ato n.º 23, de 14/7/1934 e o Ofício n.º 62.640, de 26/11/1940, dão nomes oficiais às ruas de Campo Belo; muitas delas já denominadas desde 1921 ou 1931, mas não reconhecidas oficialmente. A Rua Machado de Assis, denominada e arruada desde 1921, foi então oficializada, como outras. Atualmente ela recebe o nome de Pascal.
2. O nome de Rosa Emília fora proposto pelos familiares. Atualmente, a neta caçula do Dr. João Manuel Vieira de Moraes, tem o nome de sua ancestral, na linha paterna.
3. Caixa 52 (1948). Papéis sem verificação — CMSA. A 30/12/1949, seriam colocados pedregulhos nas ruas Rui Barbosa e Vieira de Moraes, ainda sem calçamento.
4. Caixa 41 (1935). Papéis sem verificação — CMSA. Um comunicado sobre a oficialização da Rua dos Martyrios e a denominação da Rua Moraes de Barros que seria substituído por Rua Capitão José Manuel Vieira de Moraes. Não o foi. Os autores fizeram essa constatação em novembro de 1999.

Outro fato digno de menção é relativo às diversas alterações da numeração dos edifícios e casas em muitas das vias. Em geral, permanecem fixados nas paredes números antigos e novos, o que dá origem a constantes dúvidas. Pudemos verificar essa ocorrência em algumas ruas, como a Rua Ibituruna, a Rua Edson, a Rua João de Souza Dias, a Rua Pe. Leonardo, entre outras.

21
Infra-estrutura urbana

Saneamento Básico

Toda atividade gera lixo e este, se mal cuidado, torna-se problema grave de ordem pública.

No passado, os moradores de Campo Belo, em sua maioria estrangeiros, costumavam abrir pequenas valas em seus quintais e ali, depositavam os restos de cozinha. Com o tempo, decompostos, se transformavam em adubo natural para as hortas domésticas. O lixo, considerado sujo, era colocado em outra vala distante da casa, pois ainda não havia coleta de lixo na região.

Nos anos 50, com as ruas sendo calçadas, o bairro recebeu as primeiras carroças coletoras que, sendo parte dos serviços municipais, passavam três vezes por semana recolhendo o lixo doméstico que ficavam depositados em latas, pelas famílias.

Dez anos depois, caminhões coletores substituíram as carroças e nos anos 70 chegaram os primeiros e modernos caminhões compactadores e trituradores de resíduos domésticos, agora depositados em sacos plásticos.

Em uma atividade paralela àquela exercida pelos lixeiros, havia os carrinheiros[1], figura típica que, desde os anos 60 até hoje, percorrem as ruas do bairro e, numa coleta seletiva, estes catadores levam jornais, revistas, papelões e caixas, madeira, isopor, aço, vidros, alumínio e até mesmo móveis e objetos ou eletrodomésticos velhos e quando contratados levam restos de jardinagem e entulhos de obras pequenas da região. São moradores das favelas que, há quarenta anos, se formaram no vale do Córrego do Água Espraiada.

---

1. Carrinheiro: um derivativo de carroceiro, designação regional dada à pessoa que faz serviço de carroça, que recolhe, separa, faz triagem manual no próprio local de coleta de resíduos domésticos, pelas vias, geralmente próximo de baixadas e favelas, como meio informal de sobrevivência digna, muitas vezes até mesmo com cooperativas e vale-se do comércio de todos os objetos reutilizáveis e recicláveis encontrados no lixo urbano, levando-os até compradores e sucateiros em carroças de madeira a cavalo ou carrinhos feitos de carcaça de geladeiras ou madeira, sendo estes puxados humanamente por solitários e às vezes verdadeiros nômades urbanos.

Um problema inaceitável é a existência de restos de construção e móveis velhos, colchões, etc. depositados nos poucos terrenos baldios que ainda existem na região.

O bairro também sofreu, num passado recente, com o mau cheiro e as enchentes de seus córregos, constantemente assoreados pelo desmatamento e lixo que os favelados e outros jogavam nos cursos d'água. E os mosquitos!

As ruas de Campo Belo ainda carecem de varrição regular, o que acontece apenas nas fachadas dos edifícios e por conta dos condomínios. A varrição feita pela regional da Prefeitura é inconstante e não acontece em todas as ruas.

Outros problemas são: os detritos deixados por cães, cujos donos não respeitam as vias públicas e os deixam defecar e urinar na porta de seus vizinhos.

Também as calçadas esburacadas e árvores mal cuidadas ou plantadas de forma incorreta, tem seus galhos baixos que ameaçam os rostos dos pedestres, além de raízes nada apropriadas de certas árvores, que destroem calçamentos e trazem riscos a quem passa.

Ainda há pessoas que jogam lixo em nossas ruas que asfaltadas, não têm mais o pó que atormentou moradores no passado, porém menos permeáveis às águas das chuvas que, somam-se ao lixo abandonado e trazem outros transtornos.

Nos primeiros trinta anos de sua existência, o bairro não dispunha de água corrente. As caixas eram abastecidas com água de poços providos de bombas manuais, ou apenas do sarrilho.

No final dos anos 60, a Repartição de Águas e Esgotos da capital paulista ligou as redes de água e esgoto em Campo Belo e as fossas sanitárias foram fechadas, assim como a maioria dos poços. Algumas famílias não os fecharam o que as livrou das constantes faltas de água em alguns trechos do bairro.

Conforme temos salientado, a verticalização em Campo Belo trouxe consigo, a partir dos anos 70, várias alterações. Entre elas, a instalação da rede de gás de rua para servir aos condomínios. Por questão de segurança, há determinação legal da obrigatoriedade do uso de gás de rua nos apartamentos, para evitar-se o alto risco dos botijões que ameaçariam a todos os moradores.

INFRA-ESTRUTURA URBANA

No passado, o pó das ruas levantado pelo vento ou pelas turbinas dos aviões em manutenção cobriam as casas. O cheiro de querosene "perfumava" o ar no alto Campo Belo. No presente, a poluição, em geral, agride o bairro como acontece em toda cidade grande. É o progresso?

Apesar da falta de certos recursos, o bairro já dispôs de mais qualidade de vida: muito verde, ar limpo, silêncio, segurança, privacidade. A população pouco densa e disciplinada, a ausência do tráfego, hoje sempre crescente, a ausência também das grandes avenidas, contribuíam para uma vida saudável, harmônica e tranqüila.

Distante do burburinho dos centros de São Paulo e de Santo Amaro, vivia-se em uma região suburbana, com muitas chácaras e quintais cheios de árvores frutíferas. O clima frio lembrava a Europa.

Se alguém adoecia, os remédios caseiros, em geral, tratavam dos males menores. As receitas dos avós eram preciosas. Para casos mais graves era preciso ir longe para se encontrar atendimento. Sem transporte particular nem coletivo, muitos tinham que percorrer grandes distâncias, às vezes, com o doente nos braços. A Santa Casa de Misericórdia santamarense e a Cruz Azul Infantil eram os mais próximos! Quando as favelas se formaram no bairro, a situação piorou. Quem cuidaria deles?

Nos anos 60, a igreja paroquial, pela Pastoral da Saúde, passou a cuidar dos menos favorecidos. Médicos voluntários, fornecimento de remédios gratuitos, visitas aos doentes. Era a igreja atendendo aos seus reais objetivos: amor ao próximo.

Nos anos 80, a Associação dos Amigos de Campo Belo conseguiu a instalação de um posto de saúde pública, na Rua República do Iraque, 1870, ao lado da Igreja; é o Centro de Saúde Dr. Massaki.

Nos anos 90 se estabelece, no bairro, o Hospital Evaldo Foz e, aos que têm recursos, sua presença é um conforto. Desde os anos 80 várias pequenas clínicas, com especialidades diferentes, funcionaram no bairro assim como consultórios de diversas especialidades na área de saúde.

Com o número sempre crescente de moradores e seus carros particulares, tornou-se fácil o acesso dessa população aos locais de atendimento médico.

Apesar do acidentado relevo, observa-se, com freqüência, a passagem de casais e de jovens estudantes, em suas caminhadas pelas ruas mais pitorescas da região enquanto isso ainda é possível. Suas fisionomias saudáveis refletem a boa qualidade de vida que a maioria deles desfruta.

O Campo Belo verticalizado, cortado por grandes ruas e avenidas perdeu seu silêncio. Carros, ônibus, motos, caminhões e agora helicópteros perturbam a paz local e poluem, inclusive sonoramente, o ar. O aspecto saudável de seus moradores, por certo, não é mais fruto simplesmente do singelo paraíso de outrora.

A partir de 25 de março de 1992, uma agência dos correios foi instalada à Rua Vieira de Moraes, 789. Antes disso, os moradores tinham algumas opções, todas fora do bairro; uma agência no Brooklin Paulista, outra no Jardim Aeroporto e outra no Aeroporto de Congonhas. Nos anos 40, tinha-se de se deslocar até a agência de Moema e, nos anos 20 e 30, contar com o bonde elétrico que ligava Santo Amaro a São Paulo. Ele fazia o serviço de coleta e entrega de tudo o que seria deixado no Correio.

Até o final dos anos 90 do século XX, o bairro dispunha de doze estabelecimentos de crédito, a saber: Banespa, BCN, Bradesco, Banco do Brasil, Caixa Econômica Federal, duas agências do Itaú, Banco Mercantil de S. Paulo, Nossa Caixa, Santander, Real, Sudameris e o Bilbao Viscaia.

Quanto ao ensino, Campo Belo dispõe de muitas escolas de alto padrão, de caráter privado e boas escolas públicas, sendo duas estaduais e uma municipal. Neste segmento Campo Belo pode ser considerado auto-suficiente. Há um capítulo especial, um histórico das escolas mais antigas do bairro. A maioria delas ainda existem.

Até os anos 60, o bairro, com suas ruas sem calçamento, não dispunha de transporte coletivo. A partir dessa década, várias linhas de ônibus ligam a região a todos os pontos da cidade, chegando a bairros muito distantes. Também há linhas de integração com o serviço metroviário. Após os anos 80, nenhuma dessas linhas fez mais ponto terminal dentro do bairro.

É interessante citar que desde a década de 20, do século findo, alguns moradores da então chamada Vila Independência no futuro baixo Campo Belo, já possuíam veículo próprio. Essa minoria destacava-se dos demais que ou caminhavam a pé ou se serviam do bonde de Santo Amaro a São Paulo.

Até 1911 Santo Amaro não dispunha de luz e força. Coube à Light & Power Co. receber, por quarenta anos, a concessão para distribuí-las no município, assim como substituir o trem a vapor, de Alberto Kuhlmann, pelo bonde elétrico. Chegava o progresso.[2]

De 1911 a 1913 a citada companhia canadense adquiriu extensa faixa de terra com vinte metros de largura, para assentar os trilhos do novo veículo e construir a Casa da Força[3], que seria responsável pela distribuição de energia na região. Ela se tornaria ponto de referência, nos anos 20 e 30, pois durante muito tempo foi a única construção naquele local. Destacava-se, no meio dos campos cheios de mato.

---

2. Caixa 21 (1911) Papéis sem verificação — CMSA. Iluminação.
3. Caixa 29 (1920) Papéis sem verificação — CMSA. Iluminação.

INFRA-ESTRUTURA URBANA

Circulando desde 1913, o bonde elétrico que ia para Santo Amaro, e seu 4.º desvio, situado na futura esquina, formada pela Rua Vieira de Moraes e a Av. Vereador José Diniz, também eram referências.

Em 1924, a Light pediu à Prefeitura autorização para prolongar a rede de iluminação já existente, até a Rua 20, no 4.º Desvio dos bondes. Essa rua situava-se dentro do futuro Campo Belo. Também no Brooklin Paulista duas ruas, 'G' e 'M', receberiam iluminação.[4]

Um pedido de 1926 queria autorização para assentar postes em uma rua então sem nome, situada entre as ruas Vieira de Moraes e Piracicaba, no 4.º Desvio. No ano seguinte a Light recebeu a aprovação da Câmara Municipal de Santo Amaro — CMSA, para assentar postes na Estrada de Rodagem de Santo Amaro, futura Av. Santo Amaro.[5]

Em 1942, durante a Segunda Guerra Mundial (1939-1945), o Serviço de Defesa Passiva Antiaérea, através do Ofício n.º 73, determinou o exercício de "black-out" em Santo Amaro. Seria um "apagão" há sessenta anos! Isso prova que Santo Amaro já era iluminado o suficiente para que se exigisse um corte de luz na região.[6]

Os moradores das ruas Pirassununga, Amazonas e Barão do Triunfo solicitaram, em 1945 e 1947 respectivamente, que a Câmara Municipal de Santo Amaro concedesse iluminação pública nas referidas vias. Porém, como estas ainda não eram oficiais, a prefeitura sugeriu aos interessados que se dirigissem diretamente à Light e refizessem o pedido.[7]

Onze ruas de Campo Belo receberam iluminação pública em 1948. A maioria delas situava-se no bairro e eram elas: Barão de Ladário, Piracicaba, Pirassununga, Barão de Jaceguai, Prudente de Moraes, Frei Gaspar, Princesa Isabel, Volta Redonda, Cristóvão Pereira, Conde de Porto Alegre e Rui Barbosa.[8]

Nos anos 50, a iluminação chegou à Rua Vieira de Moraes.

Foi no período compreendido entre os anos de 1950 a 1970, que a maioria das ruas do alto Campo Belo recebeu iluminação pública.

Nos anos 80, o bairro já completara a iluminação de suas ruas. Nessa época, já verticalizado e com sua população mais adensada, o conseqüente aumento da demanda provocou falhas no fornecimento de energia em alguns trechos de Campo Belo, nada, porém, de muito grave.

Ao terminar a década de noventa o número de edifícios de alto padrão cresceu assustadoramente e dois grandes hotéis foram lançados na Avenida

---

4. Caixa 33 (1924). Papéis sem verificação — CMSA. Iluminação.
5. Caixa 36 (1926) e Caixa 37 (1927). Papéis sem verificação — CMSA. Iluminação.
6. Caixa 49 (1942/ 44). Papéis sem verificação — CMSA. Iluminação.
7. Caixa 50 (1945/ 46). Papéis sem verificação — CMSA. Iluminação.
8. Caixa 52 (1948) e Caixa 53 (1949). Papéis sem verificação — CMSA. Iluminação.

Washington Luiz em frente ao Aeroporto. Preocupa-nos o que acontecerá com a energia.

Durante quase trinta anos, Campo Belo, pouco habitado e tranqüilo, não teve problemas com relação à segurança. Porém, a partir dos anos 50, tornou-se necessária a criação de uma delegacia local. Já não bastavam as dos bairros vizinhos.

A sete de março de 1957, o Decreto n.º 27.661 criou a 18.ª Subdelegacia de Polícia, da décima primeira circunscrição da capital, Santo Amaro, com sede na Vila Congonhas.

Anos depois, o bairro recebeu o 27.º Distrito Policial, da Polícia Civil — D. P., da Secretaria de Estado dos Negócios da Segurança Pública e a 1.ª Cia. do 12.º BPM/M, da Polícia Militar, sediada na Rua Demóstenes, 407 a 411.

Um decreto de outubro de 1997, do governador Mário Covas, deu novo endereço à citada 1.ª Cia. do 12.º BPM/M; na Rua República do Iraque, 1119. A mudança aconteceu em fevereiro de 1998 e, na ocasião, o comandante da unidade, capitão João Abner, declarou que "a nova sede está localizada no centro das regiões que abrangemos, facilitando o acesso dos policiais; a nova sede poderá servir como palco de reuniões entre policiais e a comunidade, para esclarecimentos e idéias, em geral. São duzentos e trinta homens e doze viaturas disponíveis para fazer o trabalho de prevenção, ajuda, prestação de serviços, segurança e atendimento dos chamados da população."

Sediada na Rua Rafael Iório, 160, está o Sub-grupamento de Incêndios da Zona Sul. É parte integrante do 12.º BPM e é extensão do 4.º Grupamento de Incêndios da Zona Sul, sediado na Rua Adolfo Pinheiro, 704 e cuja central se encontra à Rua Domingos de Moraes, 2329, em Vila Mariana.

A unidade de Campo Belo, até o final dos anos 90, dispunha de um carro auto-bomba com escada, unidades de resgate e auto-tanque.

A dedicação e o altruísmo caracterizam esses profissionais respeitados e admirados por todos.

Preocupados com o bem estar da comunidade, os membros da corporação dão palestras e treinamentos em escolas, shoppings, edifícios de apartamentos, e em outros espaços, aos interessados na difusão de uma postura preventiva que ensine a defender vidas.

Residindo no bairro, a psicóloga Eliana de Almeida fez um TCC (Tese de Conclusão de Curso), na Universidade Mackenzie; na monografia, a profissional relata a dedicação dos psicólogos junto aos bombeiros a fim de restabelecer o equilíbrio emocional indispensável àqueles profissionais que constantemente têm que lidar com a morte.

A unidade a que nos referimos, o 2.º GI, no bairro, aniversaria a 20 de agosto, data sempre por ela festejada.

Seu lema, "Vida por Vidas!" tão bem os caracteriza.

Em um projeto pioneiro, o 12.º BPM/M criou o "Forças Amigas", que se responsabilizou por preparar e adequar os vigias particulares credenciados. Estes trabalharão em parceria com a Polícia Civil. O projeto abrange também a comunidade a qual, participando das reuniões específicas voltadas para os interesses do bairro, colaborará na busca de soluções e na defesa das tão desejadas segurança e qualidade de vida para o Campo Belo.

Até os anos 50, do século XX, parte dos moradores de Campo Belo não possuía rádio em suas casas. Alguns motivos justificam essa ausência: a grande maioria das famílias, nos anos 20 e seguintes, era estrangeira e por não conhecer bem a língua portuguesa não se interessava pelos programas exibidos nas rádios brasileiras. Como conseqüência das discriminações sofridas no pós-guerra, tinha receio de ouvir programas estrangeiros. Outro motivo era o baixo poder aquisitivo de muitos. Os mais abastados no entanto, não dispensavam a companhia de um rádio, ao qual já estavam habituados na Europa. Estes, eram ainda poucos, mas já dispunham até de toca-discos. As ondas curtas permitiam-lhes matar um pouco das saudades da pátria distante. Arriscavam-se.

Desde os anos 20, as casas tinham energia elétrica, na região. Após à década de 50, um dilúvio de eletrodomésticos invadiu o Brasil e aparelhos modernos substituíram os antigos modelos e junto com os rádios e vitrolas chegaram os televisores. O bairro que crescia participou das novidades.

Nos anos 80, chegaram os computadores pessoais (PC) e, nos anos 90, a multimídia, os CD, DVD e os Home Theater.

Recuando no tempo, encontramos no bairro um pequeno boletim informativo que, no final dos anos 60, chegava como pioneiro da comunicação escrita local. Era o *Construindo*, publicado pela Paróquia de Nossa Senhora de Guadalupe. Ele circulou até a década de noventa.

Nos anos 70, surgiu o *City News*, jornal de cunho publicitário, gratuito, assim como vários jornais de bairro e guias comerciais que se multiplicaram, na época.

Como periódico específico do bairro, surgiu o *Jornal do Campo Belo etc. & tal*, fundado em 1989, por Luiz Barreiro Fernandes, seu diretor, informa a comunidade e divulga sobre tudo o que lhe possa interessar, no bairro e fora dele.

Em junho de 1999 este periódico, agora quinzenal, adquiriu o formato atual dos grandes jornais nacionais e suas ilustrações tornaram-se coloridas.

Quanto aos telefones, até os anos 40, poucas famílias, as mais abastadas, dispunham desse conforto. A linha mais antiga tinha por prefixo o número 61. No entanto, no pós-guerra, tal comodidade encurtando distâncias, cresceu assustadoramente em quantidade e em tecnologia. Atualmente é muito comum, no bairro, muitas famílias disporem de mais de uma linha telefônica, além dos celulares e da internet. Campo Belo além de moderno é habitado por uma maioria de famílias abastadas.

Como os demais bairros da cidade, os "orelhões", como assim são chamados os telefones públicos de ponto fixo de São Paulo, da antiga Telesp, se instalaram na região, a partir dos anos 70, ainda de ficha e depois substituídos por cartão telefônico, bem distribuídos, ainda que muito depredados por alguns usuários, prestam ajuda aos que não podem ainda dispor de uma linha própria.

22
Aspecto social

Presença humana e fatos noticiados no período de 1857-1921
na região do futuro Campo Belo e de seu entorno

Conforme foi registrado no capítulo especial sobre as terras que formaram o Sítio Traição, de cuja fragmentação resultaram vários bairros, relatamos a presença de sitiantes, que residiram dentro destas terras. Os documentos indicam esses proprietários como sitiantes do traição. São eles: João Esteves Correa (1742-1784), a família Safino de Arruda (1784-1832), a família Vieira de Moraes (1837-1857), a família Klein (1857-1859), a família Klaunning (1859-1920). A partir daí tem início a transformação das citadas terras em bairros, por meio de loteamentos oficializados pela Câmara Municipal de Santo Amaro.

Do longo período que antecedeu à formação dos bairros a documentação relativa à presença humana na região é rara e incompleta.

Partindo da certeza de que um trem a vapor cortou a região do sítio no período de 1886-1913, quando foi substituído por um bonde elétrico que lá trafegou até 1968, pode se supor que ao longo dos trilhos algumas famílias tenham se fixado.

Por não haver pontos marcantes de referência anteriores a 1900, a localização dessas famílias torna-se difícil.

Em 1822, foi construída uma casa grande no Sítio Traição e ai passaram a residir os Safino de Arruda e as famílias acima citadas.

No período de 1891 a 1892, a CMSA registra a relação daqueles que na região citada pagavam impostos. Podemos citar José Valentim que trabalhava com a venda de líquidos e outros artigos e que pagou 10$000 de imposto. Ele residia no vale da Água Espraiada.

Em 1893, encontramos o registro de sepultamento de um homem, não nominado no registro e que residia no *Ágoa Espraiada* e foi sepultado no Cemitério Municipal de Santo Amaro.

Em 1899, um registro revela o sepultamento de um menino de 5 meses, filho de Antonio Justo de Almeida, residente no vale do Água Espraiada. O sepultamento se deu a 20 de julho de 1899, no Cemitério Municipal de Santo Amaro.

O jornal *O Diário Popular* de 14 de outubro de 1902, registrou sob o título "Onça perigosa" a seguinte notícia:

> Ouvimos dizer que duas onças que fugiram do Jardim Zoológico do Ypiranga, estão na Volta Redonda, próximo de Villa Mariana, fazendo estragos, sendo perigoso o trânsito por aquelle ponto. A ser exacto, é necessário uma providência de quem competir afim de evitar que taes animaes alli continuem trazendo risco de vida aos moradores.

A 27 de junho de 1902, o já mencionado jornal dizia o seguinte:

> Pedem-nos chamar a atenção do senhor Dr. Alípio C. Borba, gerente da Light, para os carros que trafegam na Carril de Ferro de Santo Amaro, cujo passeio deixa a desejar.

Ao tratarmos da ocupação humana dos espaços em Campo Belo, distinguimos duas fases e dois núcleos diferentes.

A primeira fase, compreendida entre 1920 e 1930, foi marcada pela vinda dos pioneiros que fixaram residência no núcleo conhecido como Piraquara, junto da parada do bonde, de igual denominação. Era parte integrante do bairro do Brooklin Paulista que começava a ser loteado. Os moradores adquiriram terrenos distribuídos desde a linha dos bondes na Avenida Cons. Rodrigues Alves até à futura Av. Washington Luiz, na época apenas uma estreita passagem, mal aberta. A população era então diminuta.

A segunda fase, a partir de 1930 até nossos dias, foi marcada pela emancipação de parte das terras do Brooklin Paulista e pela formação de um novo núcleo, o bairro de Campo Belo, oficialmente reconhecido a 29 de maio de 1931. Este compreendido em terras situadas na parte baixa, junto do bonde e na parte alta junto da futura Avenida Washington Luiz.

Segue a análise das duas fases distintas, de forma cronológica.

ASPECTO SOCIAL

Anos 20 (1920-1929)

Na década de 20 o mundo vivia o complexo período de entre-guerras e as dificuldades vividas, sobretudo na Europa, forçavam o povo sofrido a procurar uma vida melhor fora de seus países de origem. Resultado dessa busca foi a vinda de muitos imigrantes para o Brasil, onde as oportunidades de trabalho eram muitas.

Fugindo do desemprego, fome, alta inflação, governos autoritários, camponeses e outros profissionais urbanos se fixaram no sul e sudeste brasileiros.

Na baixa Piraquara, nas terras servidas pelo bonde que ligava São Paulo e Santo Amaro, confortáveis casas de estilo europeu foram construídas. Nelas vieram residir aqueles que tinham maior poder aquisitivo. Embora sem a infra-estrutura necessária, viveram bem. Em geral eram profissionais urbanos, mais qualificados.

Distante do único transporte local, o bonde, situavam-se as terras altas, próximas do espigão onde no futuro seria construído o aeroporto de Congonhas. Os terrenos ali eram mais acessíveis e atraiam uma população menos abastada. As casas eram mais simples, mas dispunham de construção sólida e razoável área externa onde um jardim enfeitava a entrada da residência e um quintal abrigava árvores frutíferas, galinheiro, cabras, porcos e às vezes até cavalos e vacas. Estes últimos indispensáveis ao transporte e ao leite para a família e seus vizinhos. Todos dispunham de pequena horta. Um cipreste costumava perfumar e embelezar o portão de entrada e algumas vezes cercavam o terreno.

A vida, em geral, era modesta, tranqüila e suburbana.

Enquanto as mulheres cuidavam dos afazeres domésticos e das crianças, tendo que muito caminhar para chegar às escolas, hospitais e mercados e fazer muita força para tirar água do poço, os homens exerciam, cada qual, sua profissão trazida da Europa distante. A todos não faltou coragem e dedicação.

A maioria da população era alemã, seguida de grupos menores de austríacos, suíços, eslavos, povos bálticos, ibéricos, balcânicos, armênios dentre outros.

As crianças, na maioria louras, coradas pelo sol ou pelo vento frio que soprava na região ainda pouco urbanizada, brincavam sossegadas nas campinas formadas pelas ruas não abertas e terrenos baldios. A bola, a pipa, as corridas, os banhos nos córregos ou lagos da região, os piqueniques, as festas familiares, escolares ou religiosas, tudo os divertia. Parecia tratar-se de uma grande família, pois quase todos se conheciam e se respeitavam. Afinal, eram tão poucos...

No tempo de calor, os mosquitos, vindos dos córregos, atormentavam os moradores que, para barrá-los, colocavam telas metálicas nas portas e janelas. Tal era a segurança naquele tempo distante que portas e janelas viviam abertas, daí as telas serem suas únicas proteções.

O mato alto cobria os terrenos vazios e as ruas não abertas e era difícil localizar as poucas casas existentes. Nessa época, apenas uma construção de porte maior se distinguia junto da linha dos bondes. Era a Casa da Força até hoje destacada em uma das margens da moderna Avenida Vereador José Diniz. Ela servia de ponto de referência na Piraquara envolta no seu capinzal.

Construída pela Light, no início do século XX, situava-se na esquina da atual Av. Vereador José Diniz com a Rua Otávio Tarqüínio de Souza, próxima do então conhecido "quarto desvio" dos bondes que iam a Santo Amaro ou ao Brooklin Paulista. Acompanhando a ocupação dos espaços na região em estudo, destacamos, nas três primeiras décadas do século XX, algumas poucas famílias cujo passado pudemos, até então, resgatar. São famílias pioneiras cujas vidas são a própria Piraquara e o Campo Belo que se formava. Foram os desbravadores desta região.

No núcleo inicial da parada Piraquara, destacamos dezesseis famílias cujas histórias se entrelaçam, por vezes, entre si pela existência comunitária por eles vivida. São elas, por ordem de chegada: os Lindsay, Hackenbruch, Kluge, Wollenweber, Latorre, Figge, Kiredjian, Rodovalho, Bauer, Wessel, Manz, Isliker, Unterleitner, Müller, Hermann, Stockmann, Pellegrini.

Os **Lindsay**: criticados por amigos e parentes, pelo arrojo jovial de recém-casados, Arthur e Florence iniciaram sua nova vida na Piraquara, em 1922. Um sobradão, com aspecto inglês, situado na esquina das atuais ruas Vieira de Moraes e Barão de Jaceguai acolheu o casal. Tudo era mato e solidão! Apenas o barulho do bonde interrompia o silêncio.

Arthur, filho de norte-americanos, era funcionário graduado do City Bank. Moderno, acompanhava os acontecimentos no Brasil e participava ativamente dos movimentos sociais e políticos. Foi o primeiro a abrir as portas de sua casa para que ali se reunissem aqueles que, como os Lindsay, quisessem trabalhar para o crescimento do bairro e pela melhoria das condições de vida na região. O endereço era Rua Vieira de Moraes, 12.

Florence era filha de ingleses. De 1922 ao final dos anos 70, ela lecionou inglês aos jovens da região. Iniciou dando aulas em sua própria casa e, nos anos 50, tornou-se a primeira professora de inglês do Externato Vieira de Moraes. Nos anos 70 voltou a lecionar em sua casa. Nunca parou!

ASPECTO SOCIAL

A professora, dinâmica e muito dedicada, foi citada por senhoras octogenárias, cujos filhos sexagenários, foram alunos de Florence. Lembravam-se de seus cabelos ruivos, grandes olhos azuis e seu rosto corado e marcante. Era sorridente.

Os Lindsay foram pais de Lloyd David e Johan Andrey.

Os **Hackenbruch**: na Rua Luís Roberto de Assunção, 43, no passado Rua Piracicaba, 84 residiram Jacob e Susana Hackenbruch. O casal veio da Alemanha em 1918, trazendo consigo quatro filhos: Maria, Wilhelm (o Willi), Catharina e Susanna. Em Campo Belo nasceria Margarida, quinta filha do casal.

Jacob era especialista na construção de grandes fornos de lenha, industriais, para panificadoras. Em Campo Belo construiu, nos anos 30, o forno da padaria VASP, situada na esquina da Av. Cons. Rodrigues Alves (atual Vereador José Diniz) com a Rua Vieira de Moraes. Muitas outras, na cidade de São Paulo, foram construídas por ele.

Catharina casou-se com Francisco Bauer Filho e residiu, com o marido, na casa dos Bauer, até falecer, em 19 de dezembro de 1998. Ela deixou dois filhos, dois netos e quatro bisnetos, todos ainda residindo na casa dos Bauer, construída no final dos anos 20. Sobre eles faremos referências adiante.

Susanna casou-se com Paulo Gustavo Fernando Bartz e residiu na Rua Ibituruna, em um chalé sobre o qual fazemos comentário neste trabalho.

Os demais filhos de Jacob e Susana residiram fora de Campo Belo.

Os **Kluge**: alemães, Adolph e Anna Kluge, residiram na Rua Conde Zeppelin, 30, atual Conceição Marcondes Silva, 49 e 49C. Vieram para Piraquara em 1923 e ali viveram modestamente.

Em seu pequeno quintal criavam galinhas e ovos para vendê-los. Tinham uma carroça, com a qual faziam entrega das encomendas, quando recolhiam restos de comida para alimentar as aves.

A 8 de janeiro de 1938 completaram cinqüenta anos de casados e como eram muito queridos a comunidade lhes ofereceu uma festa no salão dos Wessel. Todos contribuíram e uma mesa farta complementou a inesquecível festa. Uma boa música convidava a todos a dançar.

As meninas Therezia Hölker e Wilma Hermann homenagearam o casal amigo de seus pais com poesias do folclore alemão. Sobre um banquinho, para ficar em evidência, cada uma arrancou aplausos dos presentes. Therezia chegou ao final da declamação e, como era de costume europeu, quebrou um prato, como símbolo. Wilma, mais tímida parou na metade da poesia e, corada, desceu do banquinho sob aplausos e risos de todos.

Não foi esquecida a foto tradicional, tirada na porta da residência do casal. Ela lhes foi oferecida pela comunidade. Atrás da foto lia-se: "Erinnerung an unsere goldene hochzeit am 8/1/1938".

O que significava: "Lembrança de nossas bodas de ouro a 8/1/1938".

Em trajes de festa, sorridentes, os Kluge posaram para a posteridade. A foto registrou um instante único, trazendo para nosso presente a felicidade por eles vivida.

Therezia Hölker era amiga, na infância, das netas de Anna Kluge, Greta e Turandot. Eram amigos da família.

A 27 de junho de 1953, faleceu Anna, deixando três netos, oito bisnetos e um tetraneto. Era octogenária e perdera o marido a 31 de dezembro de 1941, com ataque cardíaco, e uma filha ainda jovem, em 1935.

Os depoimentos dos que os conheceram foram unânimes em afirmar a simpatia, humildade e dinamismo do casal.

Os **Wollenweber**: o exímio serralheiro, Martim Wollenweber, deixou muitos vitrôs, janelas, grades, portas e portões, nas antigas casas de Campo Belo. Ainda hoje estão em perfeito estado, após setenta anos de uso!

Residindo desde 1925 na Piraquara, no alto Campo Belo, na Rua João Maciel, 13, mudou-se mais tarde para a Rua Sebastião Paes, 275, atualmente demolida.

Nos anos 40, Martim trabalhou para a Aeronáutica, tendo sido apontado como profissional muito competente, que se destacara entre outros.

Ele faleceu nos anos 80 em um acidente de carro.

Até os anos 90 seus descendentes ainda residiam no bairro. Um de seus filhos, tinha uma bonita e confortável casa na antiga Rua Itatins, 50, hoje demolida.

Os **Isliker**: família muito conhecida no alto Campo Belo, o casal Heinrich e Lídia Isliker saíram da Suíça, terra natal, em 1918. Heinrich era filho de Conrad Isliker e Maria Isliker, naturais de Ondesfingem, Suíça.

Aos 27 anos, Heinrich, com a esposa e dois filhos, Heinrich Filho e Lídia, se fixaram em Pitangui (MG) para fugir da guerra que flagelava a Europa. Exímio construtor, não lhe faltou trabalho no grande país. Em Minas Gerais nasceu, em 1921, o terceiro filho do casal, o menino Walter.

Mais tarde, em 1927, a família Isliker mudou-se para São Paulo, para a recém-aberta Travessa Friedrich Schiller, 2, atual Rua Sampaio de Barros, 34. A pequena casa dispunha de um terreno que chegava até a Rua Estevão Baião. Neste, um quintal, complementava a casa e nele brincariam seus filhos. Em 1932, foi oficializada a Rua Friedrich Schiller, anteriormente sem nome.

ASPECTO SOCIAL

Walter cresceu, viveu e morreu em Campo Belo. Pequenino, claro, sorridente e comunicativo, tornou-se conhecido e querido por todos. Casado com Maria Helena Raimundo, filha de Samuel Raimundo e Senhorinha de Jesus, foi pai de nove filhos, a saber: Lourdes, casada com Roberto De Angeli; Arnaldo, casado com Sônia Ávila; Heinrich, casado com Glória Bernardo; e os filhos Maria, Walter Islicker Filho, João, Sueli, Regina e Augusto, ainda solteiros quando o pai foi entrevistado em 1976.

Com muitos netos, Walter faleceu a 18 de dezembro de 1980, com sessenta anos de idade. Maria Helena, septuagenária, ainda vive e reside em um bairro próximo a Campo Belo.

Entre seus ricos depoimentos, pois viveu mais de cinqüenta anos no bairro que se formava, falou-nos também de seus pais; Heinrich senior, pertencera ao terceiro Batalhão de Novaggir Tessin no início da primeira Guerra Mundial.

O muito, por ele citado, foi devidamente historiado em capítulos a eles pertinentes. Destes fatos evidenciamos aqui o que tinham de pitoresco, tais como: a paz e o aspecto bucólico da região, o clima com temperaturas baixas e ventos constantes, os matagais que a tudo cobriam, a cidade cinematográfica que ele viu construir e onde, escondido, ia bisbilhotar as atividades que enchiam sua imaginação de criança.

No local, antes coberto de mato, viu seus vizinhos matarem, a pauladas, uma cobra que comia ovos e pintainhos, causando prejuízo. Soube do acidente ocorrido em 1932, que vitimou militares em Interlagos. Descreveu o lago público da Rua Rafael Iório e o Lago das Carpas, na atual Vila Alexandria, onde se afogou seu irmão mais velho, Heinrich, aos dezesseis anos. Viu o desfilar de carroças que movimentando-se pela vizinhança, retiravam terra vermelha dos terrenos onde em 1936 foi construído o Aeroporto de São Paulo, Congonhas. Citou os passeios a pé que a juventude fazia no Parque Cantarella que ligava Campo Belo ao Jabaquara; freqüentou a escola primária do pastor Heinrich Stremme que, juntamente com o pai e membros da comunidade, ajudou a construir. Era então um menino. Comentou sobre o comércio local movimentado pelos Wessel, Latorre, Hermann e outros. Viu o acidente aéreo que, em 1942, vitimou 23 passageiros e a tripulação de um avião da VASP, que caiu e se incendiou no Vale do Água Espraiada. Falou sobre seu pai, exímio construtor.

Walter e Maria Helena residiram na esquina das ruas Sampaio de Barros e Estevão Baião, com o n.º 24. Sua pequenina casa, em alvenaria e madeira, era a de seus pais, na Rua Sampaio de Barros, 34. Atualmente ali existem dois sobrados dos anos 80. Walter tinha uma banca de jornais, instalada nas dependências de sua casa.

Os **Kurdjian-Kiredjian**: na Rua Rio Grande, 18, atual Rua Edson, um terreno fora vendido por Godofredo Barnsley a José Tomassian que, em 1925, o vendeu ao casal armênio, Garebed e Elisa Kurdjian; que ali construiu sua residência.

O citado casal teve oito filhos, todos nascidos no citado endereço: Aram, Wartuki, Gerina, Antranik, Bedros, Princesa, Marie e Kevork.

A família possuía fábrica de calçados, fora do bairro. Os filhos a mantiveram por algum tempo após a morte do pai e depois, venderam-na, dedicando-se cada um a outras pequenas empresas particulares.

Ainda em vida, Garebed deu ao filho Aram, um terreno situado na Rua João Maciel, 1433. Com dezoito anos, Aram manteve o terreno desocupado até 1961, quando a 4 de fevereiro casou-se com Osana Kiredjian, sua prima em terceiro grau. A casa existe até hoje, reformada e modernizada, na praça Pastor Stremme, onde passa a Rua João Maciel, hoje Cristóvão Pereira.

O casal Aram e Osana tiveram três filhos nascidos em Campo Belo: Garebed Kiredjian Neto, Susana e Luciana. A família possuía um posto de gasolina, fora do bairro. Este foi vendido após o falecimento prematuro de Aram, a 21 de abril de 1980, com apenas quarenta e oito anos de idade. A filha Suzana, casada e residindo fora do bairro, tem um filho, Gabriel, que é a quarta geração dessa família aqui historiada.

Osana Kiredjian é filha de Avedis e Maria Arabiam, que residiam no Imirim e eram também pais de Pedro, Levon e Arniv Arabiam. Pedro Arabiam faleceu em 1956, afogado em São Vicente, São Paulo.

Nos anos 20, o clã armênio foi homenageado quando a atual Rua Casemiro de Abreu foi denominada Rua dos Armênios. Na verdade, algumas famílias com a mesma nacionalidade dos Kiredjian, residem ainda nas ruas Edson, Vicente Leporace e Cristóvão Pereira: os Kirkelian, Apparien, Chadalakian, Armandian, Sarian, Balekian, Guelmalmazian, Aristakezian, Arabiam e Kiredjian. Estes últimos serão citados em alguns momentos da história do bairro de Campo Belo, quando deles participaram.

Os **Rodovalho**: descendentes de ilustre e antiga família de origem espanhola, os Rodovalho de São Paulo se tornaram conhecidos por serem proprietários de uma famosa casa funerária, na Moóca.

Em Campo Belo, nos anos 20, Edgard Rodovalho era proprietário de uma bela chácara, a das Hortênsias. Sobre esta há referências em capítulo especial. Situada na Rua Moraes de Barros, ocupando uma quadra, ela foi vendida, nos anos 30, ao Dr. João Manuel Vieira de Moraes, que nela residiu durante grande parte de sua vida. Foi a propriedade muito citada por antigos moradores que não se esqueceram de suas flores, altos ciprestes, cavalos e a bela casa.

ASPECTO SOCIAL

Os **Bauer**: Nas margens da futura Avenida Nove de Julho, em São Paulo, uma grande propriedade cultivava flores e plantas ornamentais, era a chácara dos Dieberger. De 1925 a 1927 nela residiram Francisco e Victória Bauer, vienenses, e seus quatro filhos: Victor e Francisco Filho, gêmeos e as meninas Anna e Susanna, vinham da Áustria a procura de trabalho no Brasil.

Em 1927, querendo uma vida melhor, os Bauer compraram um grande terreno na esquina das ruas dos Armênios e Dr. H. Eckner, 18 e para ele se mudaram, mesmo antes da casa estar concluída. Era um bonito dia de abril e a família dormiu, olhando o céu todo estrelado. A casa ainda estava sem telhas!

Durante alguns meses, o vizinho Heinrich Isliker, dedicou-se a terminar a construção. A casa era cercada de jardins e por muitos anos era a única da Rua Dr. H. Eckner. Ela ainda existe e suas janelas, vitrôs e grades, em perfeito estado, foram feitas pelo vizinho Martim Wollenweber. Os bonitos móveis, dos anos 30, também muito bem conservados, são obra de outro vizinho, Karl Unterleitner.

Francisco Bauer Filho, chegou da Áustria com treze anos em 1925 e viu o bairro nascer, a partir de 1927, residindo na Piraquara.

A 18 de junho de 1939 ele se casou com Catharina Hackenbruch e o casal passou a residir na casa dos Bauer. Seu pai vendera parte do grande terreno e construíra, no que lhe restara, uma casa para si. Seu filho, no futuro, construiria casas para sua filha e netos.

Francisco era especializado na afiação e consertos de ferramentas de corte; Catharina era excelente dona de casa e mãe zelosa. Inicialmente, ele trabalhou na cidade e, depois, montou uma oficina na garagem da casa paterna. Durante trinta anos foi pastor da Igreja Nova Apostólica Independente, mantendo uma capela no terreno da família cuja frente era voltada para a atual Rua Casemiro de Abreu.

Amigo dos Isliker e deles contemporâneo em Campo Belo, participou, com eles, da formação da comunidade e do bairro. Citou as festas do Grêmio escolar Teuto-Brasileiro e do Babemberg e os nomes dos vizinhos que, residindo próximos dele, foram seus amigos: os Isliker, os Wollenweber, Vieweg, Wessel, Hermann, Hölker, Zwip, e aqueles que residiram na própria Rua Dr. H. Eckner: os mais antigos, dos anos 20 e 30 eram: Alberto e Elfrida Hoffstetter, na casa 13 e, Karl Wagner, na casa 15; Erwin Nebele, na casa 21; João Standt, na casa 23; Karl Ischiesche, na casa 25; dos anos 40 e 50, citou: Antônio e Maria Cardoso e os filhos Egle e Odair, cuja casa já foi demolida e não se recordou do número; Mário e Maria Luiza Crippa, na 83, cujo filho Newton José foi o primeiro vigário da paróquia do bairro; Erick Ludwig Karl Hansen, na casa 142; Paulo e Emília Reisch na 129. Dos anos 60 e 70 citou Laura Forkel na casa 10, Hugo e Erna Grimm, na casa 212; Helmut Felix Knoblauch, na casa 66; José Sanches, na casa 222; José e Jane Sans Soria, na 218 (onde os autores desta monografia e filhos também residiram de meados de 60 até 1997); Amélia e Arthur Botelho, na 202; Ernesto e Júlia Domingues, na casa 230; Therezia e Evelyn H. Egger, na casa 212.

De um susto um reencontro marcou a família. No diário alemão *Deutsche Zeitung* de 13 de maio de 1935, página 4, registrava um acidente na linha de bondes São Paulo-Santo Amaro. Tratava-se da jovem Anna Bauer, irmã do futuro pastor Francisco Bauer. Ela se dirigia ao dentista e foi ferida levemente na cabeça e nas pernas.

O irmão Francisco, em sua casa, procurava o nome de algum filme interessante para ir se distrair e ao passar os olhos pelo noticiário, leu que sua irmã se acidentara e até esqueceu-se do filme, foi visitá-la em Indianópolis, onde ela residia.

Com tristeza, Francisco também se recordou de uma tragédia por ele vivida, aos 24 anos de idade. Era o feriado de 25 de janeiro de 1936, quando um grupo de cinqüenta rapazes, do qual ele participava, foi fazer um piquenique na região do Lago das Carpas, na atual Vila Alexandria, junto ao atual Pão de Açúcar.

Acomodados na carroceria do caminhão dos Bauer, lá foram os jovens e adolescentes ao passeio programado. No calor do verão, a água do lago era a atração principal. Todos se atiravam do cocho de madeira, e ali brincavam quando, inesperadamente, Heinrich Isliker Filho, tendo seu calção preso nos pregos do cocho, assustou-se, engoliu água e morreu afogado. Tinha apenas dezesseis anos. Francisco tentou salvá-lo, mas não conseguiu. O lago foi mais tarde desativado.

Os Bauer, acostumados àquele bairro tranqüilo, não apreciavam todas as mudanças ocorridas, sobretudo o barulho crescente.

Aquela casa, quase octogenária, firme e confortável, tem hoje, em parte de suas dependências, um atraente bar alemão, o Arkaiko, de propriedade de Jorge, neto de Francisco.

O terreno dos Bauer é grande como o coração daquela família que há quase oito décadas vive em Campo Belo, naquele endereço, onde todos residem.

No jardim interno, agora bastante reduzido, brincam os bisnetos de Francisco e Catharina. Eles curtem aquele pequeno mundo encantado, para eles acolhedor. Ainda não conhecem a história daquela esquina, daquela casa, daquela família.

Como profissional, Francisco Bauer Filho trabalhou durante toda a sua vida como amolador especialista em ferramentas da área cirúrgica e estética, assim como ferramentas para uso mecânico. Foi proprietário de uma loja na Liberdade, onde tinha sua oficina e ali trabalhou até se aposentar. Já aposentado transferiu sua oficina para a sua residência, onde uma clientela fiel não permitiu que ele parasse até o fim de sua vida.

A 11 de fevereiro de 2003, o pastor emérito e profissional competente Francisco Bauer, faleceu pouco antes de completar seus 91 anos.

Os **Latorre**: Natale Latorre se tornou muito conhecido nos anos 30, no alto e baixo Campo Belo, pois era o mais antigo açougueiro do bairro. Comunicativo, descendente de italianos, simpático, atencioso e brincalhão, assim foi descrito por todos seus antigos fregueses e amigos.

Designado por "seu Natal", "seu Torres", nos anos 40 abriu outro açougue, no baixo Campo Belo, o Piraquara. O primeiro, Açougue d'Latorre, situava-se na Rua Conde Zeppelin, 19; no n.º 38 da mesma rua ficava a sua residência. Era o prédio do açougue, próprio, comprado do amigo Rudolph Wessel, seu vizinho. O segundo açougue, situava-se na esquina das ruas Vieira de Moraes, 704 e Barão de Jaceguai, onde existiu a Quitanda Campo Belo da família Setoguchi.

Fazendo parte do grupo dos tripeiros do matadouro de Vila Clementino, Natale foi um dos primeiros vendedores ambulantes, nos anos 20, em São Paulo. Chegou em 1903, na capital paulista, recém-nascido. Era filho único do casal Genoveva e Ângelo Latorre, originais do Sul, talvez a Calábria, na Itália. Inicialmente a família residiu em Vila Mariana, onde seu pai trabalhava no Matadouro Municipal.

Em 1925, casou-se com Maria Rapv, de família austríaca e foi pai de seis filhos, nascidos em Campo Belo, na casa da Rua Conde Zeppelin, 38: Genoveva (cujo apelido era Eva), Ângelo, Biaggio, Bárbara, Joana e Natalina. As crianças foram citadas por vários entrevistados, hoje septuagenários, que brincavam com elas, na infância distante que deixou saudades. Bárbara era chamada de Baby.

Ângelo Latorre, casou-se com Margarida Clara Figge, conhecida como Ida, e que era de família luterana, do bairro em estudo.

Nos anos 50, Natale foi membro da diretoria do antigo Grêmio Teuto Brasileiro e que tinha então uma maioria de sócios de famílias italianas que chegavam na região.

Durante muitos anos, o açougue abasteceu o alto e o baixo Campo Belo e seu proprietário fazia entregas, em sua carroça. Demorou a ter um concorrente, no baixo Campo Belo; era Adão Manz que tinha também um armazém na esquina das ruas Vieira de Moraes e Antonio de Macedo Soares, onde hoje se situa o restaurante e pizzaria Choppiza.

Foi a 3 de fevereiro de 1993 que Natale faleceu.

Shirlei Latorre, sua neta, filha de Bárbara, deu-nos entrevista complementando o que já havíamos coletado. Ela foi nomeada pelos tios, para administrar os imóveis da família. Por ela soubemos que o imóvel da Rua Barão de Jaceguai, 1209, onde hoje se situa a doceria Sweet Cake, é também propriedade de seu avô.

Natale deixou netos e bisnetos. Nenhum de seus descendentes residem em Campo Belo, atualmente.

A filha Bárbara, mãe de Shirlei, nascida em 1935 no bairro e em 1956 casou-se em Campo Belo.

Natale tornou-se conhecido no final dos anos 20 quando abriu seu primeiro açougue. Sua família é citada na monografia de Vila Mariana, de Pedro Domingos Masarolo, na página 50, onde aparece grafada como Torres e não Latorre. Isso aconteceu também em Campo Belo, conforme já explicamos anteriormente. Era do grupo dos tripeiros que vindos do sul da Itália, Cilente, em Salermo, Calábria e Castellabate se instalaram em Vila Mariana desde os fins do século XIX.

Os **Figge**: família alemã, dos anos 20, residiam na Rua Conde Zeppelin, 1558. O casal Ernest Figge e Margareth Hahmann Figge, eram pais de Maria, Margarida Clara, Elizabeth e Werner. Margarida Clara, apelidada de Ida, casou-se com Ângelo Latorre e tiveram uma filha, Margarida Latorre.

Werner Ernest Germano Figge e Wilma Grassmann, eram pais de Gilberto Werner Figge e Deise Figge.

Ernest Figge, casado com Ida Bohm eram pais de Grete Figge que se casou com Frederico Wollenweber.

Os **Unterleitner**: em 1928 chegava na Piraquara, na Rua João Maciel, 3 o casal Karl e Leopoldina Unterleitner.

Tirolês, de pouca estatura, corado, sisudo, o laborioso carpinteiro se tornou alvo de admiração pela qualidade de seus trabalhos. Portas batentes, portões e móveis feitos por ele nos anos 30, ainda existem, em algumas casas mais antigas do bairro. Todos estão perfeitos e são sólidos, belos e bem elaborados. Não lhe faltava o que fazer.

De pouco falar, tinha amigos que o admiravam, como os Hölker, os Bauer, os Latorre, os Islicker e outros.

Na juventude, Therezia Hölker, cujo pai José era marceneiro, foi muito amiga de Leopoldina, Alfredo e Karl, filhos de Karl e Leopoldina senior.

De seus filhos, apenas Alfredo, apelidado Fredy, reside no bairro, assim como sua neta Annemarie, filha de Leopoldina. Sua bisneta Marta, filha de Annemarie, já residiu em Campo Belo e diz sentir saudades do bairro que deixou.

O bisavô Karl tinha uma grande oficina de carpintaria, na Rua Vieira de Moraes, anexa à sua residência, na esquina da Rua João Maciel. Ambas chamavam a atenção de quem ali passava. Tinham estilo bem europeu, com telhado igual àqueles feitos nos países onde a neve cobre as residências e a paisagem. Em 1970, ambas foram demolidas. Em seu lugar hoje, se situa o Consórcio Remaza. Fredy ainda guarda algumas peças da extinta carpintaria de seu pai.

Karl faleceu em 1967 e Leopoldina em janeiro de 2000.

Os **Wessel**: em 1927, na Rua Hindenburg, 16, residia o casal Rudolph Wessel e Paula Finch Wessel. A casa, acolhedor chalé com aspecto europeu, era anexa ao armazém da família, o primeiro do alto Campo Belo. Na Rua Conde Zeppelin, 20 os Wessel possuíram um concorrido salão de festas. Quanto as suas atividades faremos referências em capítulo especial.

Paula Johanne Helena Wessel, mãe de Rudolph, residiu com eles até 1946, quando faleceu.

Ingeborg Johanne Mathilde, filha do casal residiu na casa paterna, onde nasceu, até se casar com Karl Schinke. Moravam na mesma rua de Rudolph.

Os **Müller**: Fredrich e Verônica Müller residiam, desde 1928, na Rua dos Suíssos, 1846. Sua casa cercada de muito verde, tinha estilo europeu.

Como organista da igreja de Nossa Senhora de Guadalupe, tornou-se muito conhecida no bairro. Simpática e tranqüila fez muitos amigos.

Verônica conheceu a comunidade alemã do bairro, dos anos 20 aos 40. Participou dentro dela das festas e do sossego da região.

Em seus depoimentos referiu-se às enchentes do Córrego da Invernada que nos dias chuvosos a obrigava a carregar seus filhos para transpô-lo. As crianças estudavam em Moema e iam a pé.

Verônica faleceu nos anos 80.

Os **Hermann**: vindos da Alemanha para a Rua Pelotas, 44, em Vila Mariana, Franz e Alma Hermann tiveram, nesse endereço seus filhos Wilma e Rudolph. Wilma, com poucos meses de idade, mudou-se, com a família, para Piraquara, Rua Hindenburg, 30, no ano de 1928. Com mais de setenta anos ela ainda reside no Campo Belo. A casa paterna foi demolida nos anos 90.

No passado, na esquina das ruas Eugênio Potenbecker e Hindenburg, 30, situava-se a confortável casa térrea dos Hermann. Cercada de jardins floridos, tinha uma pequena garagem onde, de 15 de outubro de 1936 a 22 de junho de 1986, funcionou o primeiro bazar do alto Campo Belo. Ali compravam produtos de papelaria, armarinho, tecidos, plásticos, lãs, alguns brinquedos e presentes.

Quando faleceu Franz, a filha Wilma assumiu a direção da loja Campo Belo, conhecida como "Bazar da Dona Wilma".

Os Hermann eram amigos de toda a comunidade alemã que morava na Piraquara. Luteranos, colocavam seus filhos na escola alemã do Grêmio Teuto-Brasileiro de Campo Belo. Nesta eles fizeram o curso primário e estudaram a catequese. O pastor Stremme e sua esposa, dedicados, dinâmicos e carinhosos conquistaram a simpatia de todos. Que deliciosas eram as festas no Grêmio ou no salão dos Wessel! E a groselha com biscoitos doces oferecidos às crianças da catequese pela senhora Stremme? Wilma e Rudi lá estudaram de 1934 a 1938. Eles aprendiam a fazer peças artesanais expostas nas festas de final de ano.

No Natal, os pequeninos aguardavam ansiosos as festas quando então, após "comes e bebes", um sorridente Papai Noel, em seus trajes típicos, distribuía presentes a todos. Certa vez, Wilma, já crescidinha, descobriu que o Papai Noel era o brincalhão Franz, seu pai! Que decepção! O pai não gostou da descoberta... acabava aqui parte do encanto infantil...

Wilma foi quem se esqueceu do final da poesia na festa dos Kluge. Ela se recordou da grande curiosidade que sentiu quando, pela primeira vez, nos anos 30, assistiu de longe um acontecimento que lhe era totalmente inusitado: em um terreno baldio da atual Rua Estevão Baião, uma família negra e alguns de seus parentes e amigos, igualmente negros, reunidos festivamente em torno de uma grande fogueira, cantavam e dançavam músicas estranhas e comiam, gulosamente, cheirosas pipocas, milho cozido, pés-de-moleque, batatas doces assadas na fogueira. Vivendo apenas entre alemães, até então, jamais vira uma festa junina, tão comum no Brasil, naqueles tempos.

Os Hermann fizeram parte dos comerciantes pioneiros da saudosa Piraquara dos anos 20. Alma faleceu em 1991.

Os **Stockmann**: vindos da Alemanha também nos anos 20, o senhor Kurt Stockmann casou-se com a catarinense Clotilde Santoro. O casal construiu uma bela casa na Rua Ubirene, 11, na Vila Independência, próxima da Casa da Força. Alugaram-na de 1930 a 1945 e foram residir em Vila Mariana, bairro mais antigo; em uma casa menor, onde tiveram um filho, Walter.

Com o aumento da família, mudaram-se para o casarão da Vila Independência, hoje Rua Moraes de Barros, 1029. Ali nasceriam Ingeborg e

ASPECTO SOCIAL

Edeltraud, irmãos de Walter; quando este se casou com Erica Huber, artista plástica e destaque em capítulo especial, seus pais lhe cederam o casarão da Rua Moraes de Barros, indo para o Brooklin. Pais de Robert, Thomas e Karina, Walter e Erica ali residiram. Entre viçosa vegetação a artista montou seu ateliê junto da casa.

Na confortável casa, janelas feitas por Martim Wollenweber, resistem ao tempo, perfeitas.

Em seus depoimentos Walter nos citou alguns amigos da família: Os Raphael, os Hermann, os Diettel, os Oliveira, os Wessel; também comentou sobre as chácaras, o campo da Tozan e o bucolismo local.

"Com os alemães, austríacos e suíços chegaram, na Piraquara, os usos e costumes, que iriam dar à região, nos anos 20 e 30, um aspecto bem europeu. A língua, os trajes, o modo de vida, a cerveja e as festas. As chaminés dos velhos fogões a lenha, o galo-celta, altaneiro e encimando telhados, as silhuetas negras de ferro batido exibindo elegantes carruagens ou cenas de caça a enfeitar as paredes dos terraços, os hoje extintos limpa-pés, que protegiam a limpeza dos pisos ao retirar a lama que aderia aos sapatos, nos dias chuvosos."

Como todas as regras têm exceções, na Piraquara, onde predominavam os alemães, existiu uma praça de touros! Não era, sem dúvida, um costume alemão...

Portugueses e espanhóis têm em sua cultura, o prazer de assistir a touradas, nas praças de touro e as corridas de touros, nas ruas da cidade. Cremos que foram os imigrantes de origem ibérica os responsáveis pela existência da citada praça, nos anos 20 e seguintes.

Heitor Barroso da Costa, a 17 de novembro de 1922, requereu à Câmara Municipal de Santo Amaro a concessão para a abertura de uma praça de touros na região santamarense. Ele faleceu em seguida e o pedido foi arquivado.

Em 1927, em uma planta descritiva dos arredores de São Paulo, feita pelos engenheiros Ernesto Piersburg e Erwin English, destinada aos automobilistas e proprietários interessados na região. Nela se destaca uma casa de touros situada entre as ruas Vieira de Moraes, Princesa Isabel e Barão do Triunfo. Seria ela aquela solicitada por Heitor?

Em 1924 a S/A Fábrica Votorantim, instalada em terras do Brooklin Paulista, fizera um pedido à Câmara Municipal de Santo Amaro para que as autoridades proibissem urgentemente, a soltura de bois e touros, por seus proprietários, nos terrenos da citada empresa situados na Vila Independência.

Considerava abusivo o fato desses animais estarem transformando sua propriedade em pasto e encosto de animais.

Em 1934, o Decreto Federal n.º 24 645, de 10 de julho proibia as touradas, isso prova que elas aconteciam.

Em 1941, a Sociedade Paulista Protetora de Animais registrou na CMSA, através de seu presidente Helládio Capote Valente, uma denúncia de que a empresa Alexandre Eder (Frigor Eder) de Santo Amaro, fornecia bois e touros a uma empresa circense, que "apresentava espetáculos que eram simulacros de touradas, na região santamarense." Helládio pedia que se cumprisse a lei de 1934.

Os **Pellegrini**: No final de 1918, o casal Ferruchio Pellegrini e Giusepina Kerpan Pellegrini deixaram Trieste, na Itália e vieram para o Brasil. Ela esperava um filho, Alberto, que nasceria em 1919, no Brasil, no Largo Paissandu, onde seus pais se fixaram. Ela era de origem iugoslava.

A família residiu no Municipal Hotel, no largo Paissandu, que era propriedade de sua avó. Esta também foi proprietária do Hotel Paissandu, vendido em 1929, por cem contos de réis.

Alberto teve mais dois irmãos, nascidos também no Brasil: Alfredo, já falecido e Ada, que reside na Rua Demóstenes, 376. Ela e Alfredo nasceram no bairro do Bixiga, em São Paulo.

No citado bairro, chamado então de Bela Vista, a família residiu nas ruas João Passalacqua, Santo Antônio e Rui Barbosa.

Em 1924, na Revolução Paulista Tenentista, Ferruchio Pellegrini, motorista profissional, apresentou-se como voluntário na Cruz Vermelha e, por seus muitos socorros prestados tornou-se sócio honorário da Cruz Vermelha.

Durante a revolução, morando na Rua João Passalacqua, próxima da Rua dos Ingleses, quase foi atingido por balas de metralhadora disparadas de uma trincheira instalada num paredão que ali se erguia. O local era bem alto e dali via-se toda a cidade, sendo por isso um ponto estratégico. Ferruchio escondeu seu filho sob o concreto do tanque em seu quintal.

Quando o hidroavião Jaú chegou a São Paulo, deveria descer na represa Guarapiranga e Ferruchio, que era motorista de Luiz de Oliveira Barros, sobrinho de Washington Luiz, estava na lancha que transportava autoridades e que deveria puxar o avião para a margem. O avião, porém, enguiçou e Ferruchio pulou na água para ajudar o Jaú. O episódio foi registrado em um filme documentário nacional.

Em 1929 os Pellegrini se mudaram para Campo Belo (Piraquara) se fixando na Av. Roosevelt, depois Rua Rui Barbosa e atualmente na Rua

ASPECTO SOCIAL

Demóstenes. Hoje, Alberto, com 84 anos, reside na Rua Princesa Isabel, 1404, desde 1966, quando se casou.

Na infância, Alberto fez seus estudos primários, como aluno interno, no Liceu Coração de Jesus, na Alameda Nothman, Campos Elíseos. Nesse período foi colega de Grande Otelo.

De 1926 a 1932, Alberto tendo terminado o primário, ficou sem escola, tendo que matricular-se na escola alemã de Campo Belo, dirigida pelo pastor Stremme. Em 1929, ele se fixara na Piraquara, onde ainda não havia escola. Alberto não conhecendo a língua alemã, não aproveitou as aulas e transferiu-se para o Grupo Escolar, do Brooklin Paulista, futura E. E. Mário de Andrade. No pátio desta escola, juntamente com seus colegas, ele plantou uma árvore na entrada da primavera. Alberto pretendia acabar seus estudos, mas não o fez.

Ele é viúvo da senhora Manoela e pai de Alberto Júnior e Ferruchio Donizetti. Sua esposa residia em Moema e descendia de espanhóis. Ela faleceu em 1999.

Alberto Júnior tem dois filhos, adultos e formados, Leandro e Alessandro e Ferruchio Donizete é pai do menino Ricardo. Nenhum deles reside em Campo Belo. Seguem os depoimentos sobre Campo Belo:

Alberto, conhecido como Bertinho e seu pai Ferruchio, eram motoristas profissionais, tendo dirigido caminhões e táxis. Ambos conheceram o taxista e colega Humberto Valente, por nós já retratado para o *Jornal do Campo Belo* (Ei Taxi!).

Também trabalhou por nove anos na Indústria Colgate Palmolive e por 33 anos na Eletron Indústria e Com. Ltda., em Diadema, cujo proprietário era genro de Humberto Valente.

O taxista Guerino, citado por Humberto Valente, era compadre de Ferruchio Pellegrini, pai de Alberto.

Na juventude, Alberto gostava muito de esporte e participou, como amador (de 1929 a 1966), de muitos times de futebol locais, tais como: o Dragão, o Reação (constituído por membros da Congregação Mariana da igreja local), o Fiação Indiana e o Piraquara. De 1949 a 1954, ele jogou profissionalmente no time Estrela da Saúde. Também jogou bocha no Clube Caramuru, na Rua Maracatins, em Moema. Ele era zagueiro central. Em 1949, indicado pelo jogador Feitiço, Alberto jogou como profissional no Santos Futebol Clube.

Alberto lembrou-se também de antigos moradores de Moema e de Campo Belo: Raul Loureiro, de Moema e a filha do proprietário de uma farmácia na Av. Moema; esta trabalhava na Cia. Nacional Ferropuro, e em Campo Belo ele, conheceu os Raphael, os Catanzaro, os Strano e muitos outros de famílias alemãs na vizinhança.

Entre suas lembranças, Alberto citou o palhaço Chicharrão, pai do também palhaço Torresmo, que residiam na quadra entre as avenidas Santo Amaro e Vereador José Diniz.

Referindo-se aos anos 30, o entrevistado citou a praça de touros, então desativada, que funcionara até poucos anos antes, nos terrenos, então baldios, na margem da Av. Rodrigues Alves, atual Vereador José Diniz. Atualmente, nesse local, se situam o Banco do Brasil e a Indústria química e farmacêutica Billi.

A família Pellegrini já está na 4.ª geração no Brasil.

Na juventude, saboreou muitos frutos da guabiroba que, segundo ele, eram azedas e cuja cor ia do amarelo alaranjado até o vermelho. No futuro Jardim Aeroporto havia esse arbusto em abundância, no vale do Água Espraiada.

Famílias que residiram na Piraquara, desde os anos 30, nos confirmaram tais informações ao citar que, parentes seus, costumavam freqüentar, com amigos, as touradas em Campo Belo, nos anos 30 e 40. Eles também viram bois e touros pastando em terrenos baldios.

Alguns dos entrevistados, não acreditavam que os espetáculos tivessem acontecido; muitos se surpreenderam quando lhes relatamos a existência de documentação a respeito.

Finalizando, Alberto casou-se em 1945 com Manoela de raiz espanhola, e foi pai de Alberto Júnior, que lhe deu os netos Leandro e Alessandro, e seu filho Ferruchio Donizetti, que lhe deu o neto Ricardo.

Os anos 20 terminaram. Na década seguinte formar-se-ia o bairro de Campo Belo.

Fontes consultadas
1. Barbosa, Pe. Lemos. *Pequeno Vocabulário Tupi-Português*. Rio de Janeiro: Livraria São José, 1955. [Piraquara: Pirá: peixe; cuara: buraco; cova.]
2. Papéis sem verificação. CMSA. Caixa 10, ano 1930. [Festividades no Clube Alemão, no salão Wessel; referências a Casa da Força].
3. Livro de Índice de Proprietários da região santamarense. CMSA, 1934, vol. 666, Arquivo Histórico Municipal Washington Luiz — AHMWL, São Paulo.
4. Papéis avulsos sem verificação. CMSA, seção Diversos I, 1931, AHMWL, Caixas 10, 32, 33, 35, 37, 40, 48.
5. Depoimentos de antigos moradores. Consultar rol dos entrevistados no final deste trabalho n.º 2, 6, 8, 9, 17, 19, 21, 45, 52, 91, 130, 131, 160, 168.
6. Papéis sem verificação. CMSA, Caixa 40, Lista de profissionais de 1930-1947.
7. O terreno de Garebed Kurdjian custou Cr $ 3.500,00, com escritura lavrada no 15.º Tabelião de Manuel Ubaldino de Azevedo, na Rua José Bonifácio, 292. Livro 120, nota 14.038, fls. 38v. Protocolado a 1/B n.º v636v. p. 268, Livro 3x, n.º 34.038, p. 68. 31/10/ 1949. [O terreno foi doado a seu filho Aram.]

ASPECTO SOCIAL

Referências
a Papéis sem verificação, Caixa 4, CMSA, ano 1991.
b Papéis sem verificação, Caixa 5, CMSA, ano 1892-1893.
c Papéis sem verificação, Caixa 11, CMSA, ano 1899.
d *Diário Popular*, 14/10/1902, São Paulo.
e *Diário Popular*, 27/7/1902, São Paulo. Observação: Até o século XX chamava-se de "sitiante" aquele que passou a se chamar de "fazendeiro."

Anos 30 (1930-1939)

Os anos 20 terminaram deixando para a década seguinte as terríveis conseqüências da crise mundial de 1929. Esta propiciou a ascensão do Nazi-Fascismo e à Segunda Guerra Mundial (1939-1945). O desemprego, a inflação e a insegurança abalaram ainda mais a Europa e a emigração cresceu.

Nesse contexto, a região santamarense continuou recebendo muitos imigrantes.

A 29 de maio de 1931, foi aprovada pela Câmara Municipal de Santo Amaro, a planta de loteamento e arruamento de um bairro novo que se chamaria Campo Belo, na região da Piraquara, emancipada, então, do Brooklin Paulista.

A família Vieira de Moraes, antevendo o progresso daquela região, onde dispunham de muitas terras, nomeou o Dr. João Manuel Vieira de Moraes como seu representante e este cuidou de lotear o bairro que nascia, beneficiado pela presença do bonde elétrico que, desde 1913, unia Santo Amaro a São Paulo, atraindo moradores para a região por ele cortada.

Coube aos recém-chegados, ocupar as terras e construir o bairro onde tudo estava por fazer. Eles eram, na maioria, imigrantes ou filhos de imigrantes europeus, sobretudo alemães.

Ao lado daqueles que haviam chegado nos anos 20 na Piraquara, a família Strauss[1] foi uma das primeiras a chegar em Campo Belo, em 1930. Dela faremos citações mais adiante.

Nos anos 30 poderemos destacar a presença marcante de famílias, acontecimentos, grandes construções e os primeiros contatos dos moradores com a beleza e peculiaridades da região. De cada presença, fato, construção e peculiaridade apresentaremos descritivo nos momentos oportunos, de forma cronológica.

No ano de 1930, a Piraquara recebeu a fundação do primeiro centro cultural, recreativo e religioso: o Grêmio Escolar Teuto-Brasileiro sobre o qual há, neste trabalho um histórico em capítulo especial. Isso aconteceu para atender a comunidade que lentamente se formava.

Em 1931, completava um ano a presença da família **Strauss**, que se fixara na Rua Barão do Triunfo, 886, atual 1148, na esquina da Rua Rio Grande. Atualmente a bonita casa foi adaptada para nela funcionar um bufê infantil.

O casal Wendelin e Margaret Strauss, alemão de Hamburgo, chegaram no Brasil em 1928 e ficaram por dois anos em Porto Alegre, de onde se mudaram para São Paulo. Em 1932, nasceu Irene Charlotte e em 1936, Werner. Os filhos do casal, nascidos em Campo Belo, nele cresceram.

A família tornou-se amiga de moradores, que como eles, foram pioneiras na região: os Wenger, os Wessel, os Isliker, os Hölker, os Huger, os Kruhtch e outros. Irene Charlote foi colega de escola de Doris Hölker.

Em seus depoimentos, Werner disse ter feito o primeiro grau (1943-1948), na Escola Luterana Concórdia em Indianópolis, Alameda Jauaperi.

O edifício da escola ainda existe, em 1999.

Em seguida (1949-1951) cursou a Escola Vocacional Antártica, da Fundação Antônio e Helena Zerrener, onde formou-se marceneiro. A escola, situada no Cambuci, também ainda existe.

Vocacionado, competente, trabalhou com prazer e dedicação como produtor de móveis de alto padrão, feitos sob encomenda, para os clientes da empresa Casa & Jardim (1952-1982). Tornou-se encarregado geral de produção. Aposentou-se na citada empresa. Comentando sobre o respeito e competência de seus colegas, lembrou-se do amigo Karl Goetjen, maquinista-tupista da mais perigosa máquina das oficinas de marcenaria. Karl era o único que não perdera um dedo sequer.

Werner ainda trabalha em Campo Belo, no clube Babemberg, mas ao se casar com Glória, em 1958, mudou-se de Campo Belo. Ainda é exímio marceneiro e cuida da manutenção do citado clube.

Uma reportagem do *Jornal da Tarde* de 8 de novembro de 1999, que trata da beleza e qualidade dos móveis que ornamentam as dependências externas de clubes, condomínios, hotéis e grandes residências, destaca que a beleza das peças se deve aliar ao conforto e durabilidade, que marcam a qualidade. A agressão constante do vento, do sol e da chuva são um desafio. Quem conheceu o que se produzia nas oficinas da Casa & Jardim sabe que ela oferecia tudo isso!

Seguem alguns dos moradores antigos do bairro em formação, nos anos 30, conforme pesquisa em documentação da CMSA:[2]

André Kuller, esquina das ruas Hindenburg e Conde Zeppelin, s/n.º em 20/3/1931; Lantarus Beninga, 4.º desvio (futura Av. Vereador José Diniz) em 7/4/1931; Marx Grubergue, Rua Conde Zeppelin, 13 em 24/12/1931; Henrique Hicher, Rua s/nome, Campo Belo em 27/8/1931; Leonardo Hantzinger, Rua s/nome, Campo Belo em 8/9/1931; Franz Polhuber,

4.º desvio, Rua n.º 15, em 16/9/1931; Erick Bartsch, 4.º desvio, rua s/ nome em 15/9/1931; Demerval Gomes dos Santos, Rua Ubirene, 2, junto da Casa da Força em 9/12/1931; Carlos Blamoser, Rua n.º 15, 4.º desvio em 22/9/1931; Rodolph Wessel, "salão de dança" e armazém com moradia (reformou) Rua Conde Zeppelin, 16 (salão) e Rua Hindenburg, 20; H. Martius, Rua Vieira de Moraes, "4.º Desvio dos bondes", casa n.º 4 em 1/8/1931; Theobaldo Streger, 4.º desvio, Rua Cap. Mimi em 6/10/1931; Kurt Stockmann, Rua Ubirene, 11 em 21/12/1931; Frederico Salewski, Rua Piracicaba esquina da Rua Santa Rita, casa e loja em 31/3/1931; Heinrich Stremme, Rua Hindenburg, Conde Zeppelin e Armênios, em seu terreno, pedia autorização para construir sua casa em 24/2/1931.

Em 1932, São Paulo viveu a Revolução Constitucionalista. Moradores do bairro que nele já residiam desde os anos 20 relataram, com emoção, a repercussão do fato, na região. Deram destaque ao acidente ocorrido junto à represa Billings, ao acampamento de alguns revolucionários, na região, e à morte de Santos Dumont.

Em um campo de provas, militar, junto da represa, o Coronel Júlio Marcondes Salgado, teve sua carótida secionada por um estilhaço de granada, que explodira dentro do tubo do morteiro, da bombarda em experiência. Ele faleceu no local. Também o Capitão José Marcelino da Fonseca, que o acompanhava, ferido, faleceu a caminho do Hospital. O superior, General Bertoldo Klinger, foi ferido levemente no braço, e atendido no Hospital Santa Catarina, na Avenida Paulista, curou-se.

Como tudo era ermo, na região de Campo Belo, o acontecido pareceu a todos como tendo sido muito perto. Os comentários duraram dias e se pensava em possível sabotagem.

O acampamento de alguns revolucionários foi citado por muitos como situado nas terras onde hoje existe o Aeroporto de Congonhas. Os acampados foram descritos como jovens fortes, saudáveis e muito bem educados. Davam balas e doces para as crianças da região que lhes levavam água fresca. Tal fato não foi documentado.

A 23 de julho de 1932, no Guarujá, suicidava-se Santos Dumont. Ele estava deprimido por saber que os aviões, que criara, estavam sendo usados na Revolução. Os entrevistados citaram o constrangimento de todos diante da perda de ilustre brasileiro.

Em 1934, 164 famílias, proprietárias de imóveis, já residiam em Campo Belo e nesse ano, um folheto circulou por São Paulo procurando atrair ainda mais moradores para a Zona Sul da cidade.

Dizia ele:

Zona residencial em pleno desenvolvimento.

Zona situada entre a Avenida Paulista e a Represa da Light, em Santo Amaro, é a mais indicada para que nela se venha a dar uma grande parte do desenvolvimento residencial de S. Paulo, por contar com as seguintes facilidades:

1.º Acesso rápido e commodo por estrada de rodagem e por bondes;

2.º Abastecimento de água, com que ficará dotada como resultado das obras em execução pelo Prefeito de Santo Amaro;

3.º Serviço de luz elétrica;

4.º Posição favorável dos terrenos onde, por ser o prolongamento da parte aristocrática da cidade;

5.º Óptimas condições de salubridade;

6.º Situação pitoresca dos terrenos, com belíssimas paisagens;

7.º Fornecimentos diários das necessidades dos novos moradores devido a este serviço estar já atendendo a numerosa povoação da Zona Sul;

8.º Ausência de estradas de ferro, de bairros industriais e operários, em cuja proximidade nunca se dá o desenvolvimento residencial da cidade;

9.º Ponto inicial de interesse, nelle se encontrando o Parque Municipal, os Institutos de Biologia e Veterinária;

10.º Ponto final de grande atrativo, devido aos lagos da Light que dão à cidade os prazeres balneários e as vantagens da navegação.

Auto Estradas S/A, Praça Ramos de Azevedo, 16, telephone - 1 - 0530.

A atual Avenida Santo Amaro, um dos limites do bairro em estudo, corresponde à antiga Auto Estrada de rodagem para Santo Amaro, citada no folheto.

Posteriormente a auto-estrada seria chamada de Estrada Velha para Santo Amaro.[3]

Nos anos 30 um pontilhão avaliado em trinta e um contos de réis, estava programado para ser construído, em concreto, sobre o Água Espraiada. Um aterro seria feito no local. Também se programava uma nova rodovia entre São Paulo e Santo Amaro. O tráfego de veículos os exigia.

Embora crescendo, demorou quase três décadas para que realmente a região obtivesse a infra-estrutura apregoada no folheto.[4]

Em Campo Belo, com a chegada de muitas famílias, tornaram-se conhecidas as bicas que foram de grande utilidade no passado. Eram elas numerosos olhos d'água situados na ribanceira do Córrego da Água Espraiada. Cristalinos, os jorros d'água eram utilizados pelos moradores. Esse costume permaneceu até o final dos anos 40, quando a ribanceira foi loteada e construídos vários sobrados. As bicas desapareceram, permanecendo apenas na memória dos mais velhos, que as conheceram.

Nos anos 70 descobrimos uma remanescente daquelas bicas, dentro de um terreno baldio na Rua Barão do Sabará. Ainda límpida, fora encanada e, dentro de pequeno jardim feito pelos vizinhos, jorrava dentro de um pequeno tanque azulejado, saída de um cano. Atrás do tanque, em uma parede caiada, um grafite reproduzia Charlie Chaplin e uma grande boca escancarada exibindo uma língua vermelha, como na marca da banda Rolling Stones. Crítica e rebeldia. Aqueles ícones refletiam o espírito da época. Ao lado, versos de cordel escritos com tinta negra diziam:

> "Lutemos por um mundo novo, um mundo bom que a todos assegure, o ensejo do trabalho, que dê futuro à mocidade e seguro à velhice..."

Anônimo e sem data, exprimiam a preocupação e a esperança, de um futuro, então ameaçado, e que... não veio até hoje!

Atualmente, nos anos 90, canalizada, a bica desapareceu.[5]

Os **Goetjen**: O ano de 1922, no pós-guerra, foi muito difícil para a economia européia, sobretudo para a Alemanha. Nesse ano, muitos alemães emigraram e alguns chegaram no Brasil. Vieram membros das famílias Schaller, Strobel, Schimdt, Berger e Goetjen. Todos parentes; embora não tenham vindo juntos.

Os primeiros a chegar foram Antonio Schmidt e sua enteada Ella Lina Strobel, cuja mãe era separada e casou-se depois com Antonio. Vindos da Saxônia, na Alemanha, pretendia ele se fixar no Brasil e aqui abrir uma empresa produtora de cortinas finas para residências. Acometido de malária, desistiu do empreendimento, voltou para a Alemanha, onde faleceu. Ella permaneceu no Brasil, em Vila Mariana, em casa de amigos. Meses depois, ainda em 1922, chegaram até ela seus irmãos Erich e Curt Strobel. Ficaram juntos.

Ainda na Alemanha, Ella conhecera Jorge Schaller, com quem se casaria, no Brasil e viveria em Vila Mariana, pois ele também veio para o Brasil em 1922. Jorge chegou acompanhado do irmão Max.

Jorge e Ella se casaram em 1924 e se mudaram para a casa própria, na Rua das Acácias, s/n.º, no Brooklin Paulista. A casa era grande e ficava nos fundos de um terreno de 1.000 m², parecendo uma chácara, cercada de muito verde, ar puro, espaço livre e sossego.

Jorge era ferramenteiro e artesão habilidoso. Trabalhava na Fábrica da Parquetina, no Ibirapuera e tinha uma boa oficina em seu quintal. Nas horas vagas ele instalava bombas elétricas nas casas do bairro. Era conhecido como "Jorge alemão".

Em fins de março de 1926, na Rua das Acácias, nasceu a filha única do casal: Elfride. Nessa casa aconchegante ela cresceu e brincou.

Em 1932, Ella se separou de Jorge e se casou com Hermann Berger e o casal se mudou para Campo Belo.

Aos seis anos, Elfride, apelidada de "Mausi", loirinha, passou a viver em Campo Belo onde reside há 61 anos. Sua nova casa se situava na Rua D. Pedro II, onde atualmente existe um pensionato para alunos do Instituto de Educação Mackenzie, que tenham família no interior.

As primeiras letras, Elfride conheceu na escola teuto-brasileira, do pastor luterano Stremme, no alto Campo Belo. Depois, a exigente Ella matriculou-a na tradicional escola alemã de Vila Mariana, atual Colégio Benjamin Constant. Sua mãe residira naquele bairro e conhecera a alta qualidade de ensino naquela escola.

Lembrando-se da infância e mocidade, saudosa, Elfride descreveu o bairro suburbano, as chácaras, a solidariedade e seriedade dos moradores, as festas e as "longas caminhadas a pé amassando o barro" das ruas sem calçamento. Lembrou o quanto andavam por entre mato alto para visitar amigos. Atravessavam o eucaliptal que cobria o Parque Cantarella, "para chegar ao Jabaquara, iam a pé até Indianópolis (Moema) para pegar o bonde e iam até o Largo da Batata, em Pinheiros, para economizar um tostão que seria para comprar 10 coquinhos queimados."

Quando adulta, tornou-se funcionária na Fábrica da Volkswagen onde permaneceu por 22 anos até se aposentar. Era secretária bilíngüe na Divisão de Compras de Material Improdutivo.

Em 1950, aos 24 anos, Elfride se casou, em Vila Mariana, com Henrique Goetjen. Henrique nasceu em julho de 1922, no Jardim Paulistano, no final da Rua Augusta. Os pais dele vieram de Hamburgo. Tinham raízes holandesas.

O casal, sem filhos, está junto há 53 anos e vive em Campo Belo.

Do álbum de família, várias fotos registraram as suas casas e seus moradores, a partir dos anos 20 do século XX.

Elfride citou algumas, dentre muitas, famílias e amigos que com ela curtiram os bons tempos do bairro tranqüilo de Campo Belo: os Wessel, da Rua Ibituruna; os Burger, da Rua Edson; os Lindsay, da Rua Barão de Jaceguai; o casal Otto Volkmer e Klara Lindhart e seus filhos Robert e Werner, da Rua Demóstenes; os Hellwinkel e os Thielle, residentes próximos da A. C. Kolping; os Kuhn, da Rua Rui Barbosa; os Schnur, vindos dos Bálcãs; os Behrens, na Rua Moraes de Barros; os Polack, da Rua Prudente de Moraes; os Schelleenberg, cuja casa se situava onde hoje existe uma igreja Presbiteriana, na atual Rua Demóstenes; os Urschel da Rua D. Pedro II, a família do jogador Del Debio, também na Rua Demóstenes; os Werneck, da Rua D. Pedro II, onde se situa a Clínica Pinheiros; os Wengel; os Hermann, na Rua Prudente de Moraes em frente da antiga Clínica Müller Carioba; a família russa dos Kipman, na Rua Vieira de Moraes; os Eisenhover, na Rua Rui Barbosa; Tina Fischer, da Rua Nhu-Guaçu; os Senger; os von Almen; os Vlassak, também dos Bálcãs, na Rua República do Iraque. Eleonora, jovem dessa família, era muito amiga de Elfride; Klaus Dietrich casado com Margaret Müller e os von Tein, da Rua D. Pedro II; os Bierle e os Höhne, que conhecia do trabalho na Volkswagen, da Rua Barão de Jaceguai e os Übele que eram proprietários de uma indústria têxtil, na Rua Antonio de Macedo Soares, onde hoje se situa o Horti-Fruti de Campo Belo.

Elfride, comentando a indiferença marcante, entre os atuais moradores do bairro verticalizado, lembrou saudosa da fraterna e saudável amizade que unia, como uma única família, alemães, austríacos, húngaros, portugueses e outros grupos que aqui chegaram. Tais recordações a tornaram nostálgica.

Seus depoimentos reforçaram outros feitos por seus contemporâneos e vizinhos: Campo Belo mudou muito!

No capítulo relativo a economia de Campo Belo, estão registrados outros tantos amigos da família de Elfride, que se destacaram como profissionais no bairro.

Foi no ano de 1934, que encontramos também inúmeras famílias proprietárias de imóveis em Campo Belo, que seguem em ordem alfabética:

A
A. Santos, Almeida, Ambres, Anspres, Apparian, Arias, Armando, Avellar.

B
Bachio, Bainer, Bauer, Barnsley, Becker, Bedanie, Berdta, Berger, Blascio, Brasker, Brechini, Bremer, Brito.

C
C. da Costa, Casmann, Chrismann, Cinto, Correa.

D
Del Debbio, Dettmer, Dias, Dietrich, Dubreges.

E
Echecania, Ergante, Esertz, Evil.

F
Feiklinker, Felinguer, Fellur, Ferraz, Ferreira Soares, Fidler, Figger, Fischel, Franz, Frauendorf, Fritze.

G
G. Pereira, G. Santos, Gerdimitz, Germano, Grassnann, Gruber, Gruzsctk, Guimarães, Gutierre.

H
Hackenbruck, Hahmann, Haner, Harnenann, Heihmholz, Helbig, Henecke, Herling, Hofstetter, Hoischmidt.

I
Ischiesche, Isliker, Isager.

J
Jorge.

K
Keredjan, Kirechmayer, Klappa, Klein, Klulz, Kornmeller, Kuls.

L
Lafront, Landi, Latorre, Liensemann, Lindsay, Lorestky, Luciano.

M
M. Herling, M. Veiga, Malta, Martins, Mantz, Mauser, Mayner, Meriwether, Meschrarzine, Mertmann, Meiyer, Moreira, Müller.

N
Nibele, Neketian, Nelson, Neufeld.

O
Oliveira, Otto.

P
P. Moreira, Paterno, Pellegrini, Pereira, Perg, Perrotti, Pett, Plaza, Pechuber, Pommer, Prestt, Prino.

R
Ramalho, Ranzerni, Rautch, Reimer, Reischerbark, Ribeiro, Rodovalho, Rodrigues, Rudolph, Ruhert, Ruscher, Ruschka, Rychlak.

S
Sá, Saleswke, Santoro, Santos, Sauerwein, Scherhelz, Schlekmann, Schlimpel, Schmell, Schmetutz, Schneider, Schulz, Scott, Semenoff, Skielka, Soares, Sommer, Standt, Stocknann, Stulla.

T
Tapton, Theophiler.
U
Unterleitner, Urban, Urchel.

V
Vaz Valença, Veiga, Vieira de Moraes, Viesseg, Vocelka, Volk, Vontabel.

W
Wagner, Wessel, Wolck, Wolker, Wollenweber, Wollner.

Z
Zimmermann, Zurker.

Algumas dessas famílias possuía dois ou mais imóveis, chegando alguns a possuírem quinze. Esse fato revela que já valia a pena ser proprietário na região.[6]

Cristóvão F. de Sá, tinha, em 1934, 3 imóveis no bairro; os Landi 3; os Kirschmayer tinham 2 imóveis; os Barnsley 15 imóveis; os Mayner 2; os Paterno 2; os Vieira de Moraes 6; os Herling 3; os Echecannia 3; os Wessel 2; os Becker 2; os Tapton 2; os G. Pereira 2; os Klein 2, os Rudolph 2 e os Vaz Valença 2.

Em 1934, chegaram os Behrens, os Vieira de Moraes, os Turelli, os von Tein. Deles obtivemos valiosos depoimentos que seguem:

Os **Behrens**: Gerard Behrens e Erika Mank Behrens vieram, em 1922, da Alemanha do norte para o Brasil, em Minas Gerais, para trabalhar na agricultura.

Em 1934, o casal passou a morar no Campo Belo, à Rua Moraes de Barros, 894. Nesse endereço ainda reside Kurt Walter Gerard Behrens e sua família, filho do citado casal.

Morando vizinho à Chácara das Hortênsias deu o descritivo da propriedade, desde a época de Edgard Rodovalho, primeiro proprietário, até os Vieira de Moraes. Assistiu nostálgico a sua demolição.

Membro da comunidade alemã que se formava na região, desde os anos 20, conheceu quase todas as antigas famílias; com elas partilhou a tranqüilidade, as distrações e as festas locais assim como se serviu dos primeiros pontos de comércio que começavam a se instalar no bairro.

Pertenceu ao grupo pioneiro dos moradores.

Também em 1934 chegavam no bairro os pioneiros membros da família Vieira de Moraes, descendentes do Capitão José Manuel Vieira de Moraes, proprietário do Sítio Traição. Dr. João Manuel foi o loteador das terras da família e o primeiro a vir residir no bairro que ajudou a formar.

Em 1934 comprou a já citada Chácara das Hortênsias que até então pertencia à família de Edgard Rodovalho. Bem instalado na magnífica propriedade nela residiu até os anos 70 quando então mudou-se para a Chácara Vila Aipuá, também de sua propriedade. Aí permaneceu até falecer em 1980.

A partir dos anos 40 e 50 outros membros da família Vieira de Moraes se mudaram para Campo Belo e, até hoje, aqui permanecem, muitos deles. São quase setenta anos consecutivos, no bairro.

A família de Hamilcar **Turelli**, presidente, nos anos 40, do Colégio Visconde de Porto Seguro, veio para Campo Belo, residindo na Avenida Rodrigues Alves, então cortada pelo bonde elétrico que ia para Santo Amaro. Atualmente, em sua residência, funciona o laboratório Delboni Auriemo, no número 3.687 da Avenida Vereador José Diniz.

Amigos dos Wenger, os Turelli foram por eles citados, como vizinhos muito estimados.

Também em 1934, chegava no bairro a família **von Tein**, residindo na esquina das ruas Capitão Mimi, 612 e D. Pedro II. A confortável casa térrea ainda existe no local.

O casal, vindo do norte da Alemanha era formado por Kurt von Tein e Kathe Sauerwein foram pais de Kurt Johann Heinz que, casado com Elisa Valentim, tem filhos e netos. Todos residem no bairro.

Diante de um volumoso álbum de família, os von Tein nos fizeram viajar no tempo. Quantas lembranças!

A infância tranqüila, na região suburbana, ruas mal abertas, carroças trafegando, inesquecíveis piqueniques na represa da Guarapiranga, férias na Boracéia, as festas familiares. Nos depoimentos, Kurt Johann Heinz destacou a festa de São Pedro, a 29 de junho, quando também comemoravam o aniversário da matriarca Kathe.

Uma foto registrou o mastro e a fogueira que eram erguidos no cruzamento das ruas D. Pedro II e Capitão Mimi, ainda sem calçamento e quase

ASPECTO SOCIAL

sem moradores. Familiares, amigos e vizinhos desfrutavam as alegrias da festa anualmente organizada.

Confirmando tudo o que se tem registrado sobre o modo de vida das crianças e adultos na região, Kurt descreveu as brincadeiras de rua, nos cursos d'água, as caminhadas.

Entre os vizinhos citou os Vieira de Moraes, os Raphael, os Stiel, os Berger, os Prüffe, os Motta, os Kornmeller, os Urehel, os Brechin, os Cinto, os Dietrich, os G. Pereira, os Pantel, os Schalletz, os Püschell, os Engel; muitos não mais residem no bairro.

Fábio, filho de Kurt Johan Heinz, é casado com Edilene R. Dalle Nogare e é pai de Enris Nogare von Tein, a quarta geração dos von Tein em Campo Belo. Fábio é irmão de Renáto von Tein.

Kurt Johann lembrou-se de um entregador que vinha com uma carroça entregar pães da Wickbold em sua casa, assim como o tripeiro Natale Latorre que lhes entregava carne e miúdos de boi.

Lembrou-se de um senhor inglês, Alexandre MacDowal, funcionário do London Bank, muito conhecido no baixo Campo Belo, era proprietário de muitos cães, bem tratados. Os animais o acompanhavam por toda a parte.

A família von Tein presenciou a construção do Aeroporto de Congonhas, da Cia. Cinematográfica, do Externato Vieira de Moraes. Viu o bairro literalmente se formar.

Em 1935, chegavam em Campo Belo os **Ferreira da Silva**.

Os **Ferreira da Silva**: Um interessante artigo de Odir Cunha, no *Jornal da Tarde* de 5/12/1999, teceu comentários sobre a caça no Brasil. Nele se lia que, no Rio Grande do Sul, "quase todos tem um tio ou um avô, que faz caça e sabe que ela é uma atividade equilibrada."

O entrevistado, Sr. Álvaro Mouawad, que é ex-diretor executivo de uma entidade que defende a caça de forma planejada para que não se desequilibre o meio ambiente, expôs a necessidade de uma pesquisa científica de monitoramento da fauna para que se determine: as espécies, locais, épocas e quantidades de animais que poderão ser retirados pela caça, sem prejuízos.

A caça é a colheita de um recurso natural renovável. Deve-se detectar o "boom" de cada espécie e então nesse momento, caçar.

Até os anos 70 a caça era livre no Brasil e regulamentada pelo extinto Instituto Brasileiro de Desenvolvimento Florestal — IBDF. Hoje, é controlada por leis ambientais e fiscalização do Instituto Brasileiro do Meio Ambiente e dos Recursos Naturais Renováveis — IBAMA.

O sul do país tem grande presença de europeus e com eles a caça se estabeleceu de forma organizada: aves aquáticas (patos, marrecos), pombas e codornas, lebre européia e futuramente javalis, atuais predadores da lavoura local. Os banhados do sul são ricos em caça.

Dentro deste contexto encaixa-se, perfeitamente, o depoimento da Sra. Ceomar Ferreira da Silva sobre seu pai, a quem chamamos de "caçador em Campo Belo".

Joaquim Ferreira da Silva mudou-se para Campo Belo a 22/12/1935. Era natural de Cruzeiro, no Vale do Paraíba.

Como profissional, era mecânico de aviões e foi um dos primeiros funcionários da VASP. Com ela, transferiu-se do Campo de Marte para o novo Aeroporto de Congonhas, em 1936.

Nos anos 40, aproveitando sua larga experiência como caçador, perito em conduzir cães de caça pelos banhados e campos do sul, em Guarapuava, no Paraná, à procura de aves de espécies variadas, decidiu abrir um canil para criar, treinar e vender cães de caça.

Na Rua Sampaio de Barros, 35, ele residia e no terreno baldio, seu vizinho, ele instalou um canil. O local era propriedade do senhor Natale Latorre, que ali guardava seus cavalos usados na charrete de entregas das carnes de seu açougue. Ele alugou o imóvel ao senhor Joaquim.

O Canil Ipacaré tinha, como clientes, homens abastados como os Souza Queiroz, os Vituzzo, ricos empresários italianos e portugueses como o proprietário da casa de calçados Guarani, famosa na época.

A senhora Francisca Capote Ferreira, esposa do senhor Joaquim, servia pensão aos funcionários da Cia. Americana S/A de filmes. A família vira a construção de seu grande edifício que ficava próximo; também o Aeroporto de Congonhas teve sua construção acompanhada por eles.

Os Ferreira da Silva tiveram sete filhos, dos quais três ainda moram no bairro. Foi grande a luta do casal para criar tantos filhos. Eles eram minoria em meio aos estrangeiros, seus vizinhos, e sofreram certa discriminação e críticas por parte destes. Joaquim, orgulhoso de ser brasileiro reagia com veemente defesa da pátria que tão bem acolhera aqueles imigrantes e lhes dava oportunidade para progredir. A filha Ceomar se recordou dos incidentes, com mágoa, mas isso não impediu que os Ferreira da Silva tivessem grandes amigos entre os estrangeiros. Amizades estas que duram até hoje.

Conforme disseram seus filhos, Joaquim era inteligente, trabalhador e culto e os encheu de orgulho.

Curiosamente, o pai escolheu nomes "sui generes" para sua prole: Arsol, Marceia, Ceomar, Solceia, Arges e Marar. Precisando viajar a negócios, deixou sua esposa grávida da última filha. Esta nasceu na sua ausência e a mãe lhe deu o nome de Maria Antonia.

ASPECTO SOCIAL

Ceomar conheceu os Kluge, foi à festa de bodas do casal, era amiga de Therezia Hölker, de Wilma Hermann e dos filhos do Senhor Natale Latorre, Eva, Biaggio, Bárbara e Ângelo, dos Isliker, dos Wollenweber, dos Bauer.

O canil vendia os setter irlandeses, especialistas na caça de aves aquáticas, como os patos da lagoa, os marrecos, as batuíras.

Joaquim caçava também codornas; quando menino acompanhava seu tio e mestre nas caçadas nos banhados do Paraná.

Experiente e transformando o prazer em profissão se tornou respeitado por sua competência.

Nada melhor do que fazer aquilo que sabemos e gostamos.

Foi com saudades e orgulho que sua filha Ceomar nos falou sobre ele, inesquecível.

A foto que nos foi cedida registra uma de suas muitas caçadas, feita nos campos do Paraná, na fazenda de seus familiares.

Em 1936, duas construções de grande importância para o bairro, terão seu histórico em capítulo especial: a Cia. Americana S/A de filmes e o Aeroporto de Congonhas.

Nesse ano, chegavam várias famílias, das quais conseguimos entrevistar as seguintes: os Raphael, os Wenger, os Hölker, os Ohtake e os Helbig.

Os **Raphael**: O casal José Joaquim e Anna Maria do Rosário Alonso Raphael, acompanhado dos filhos Jayro e Mauro e de dois irmãos de José Joaquim, Antonio e Manuel, chegaram em 1936 em Campo Belo para administrar uma chácara da família Vieira de Moraes. Esta se situava onde hoje é a Fiação e Tecelagem Campo Belo S/A; na Av. Vereador José Diniz, e que ocupa as quadras seguintes, formadas pelas ruas Barão do Triunfo, Moraes de Barros, Pirassununga e Princesa Isabel.

José Joaquim Raphael ganhara experiência administrando outras chácaras nos então suburbanos Morumbi e Brooklin Paulista, nos anos 20.

Na década de 40, a família arrendou terras de João Camargo Ribeiro e organizou uma chácara de produtos hortifruti e floricultura. Esta situava-se na quadra formada pelas ruas Amazonas e Prudente de Moraes, Pascal, Barão de Jaceguai. Foi nessa chácara que cresceram os filhos e brincaram no bairro tranqüilo. Era a Chácara das Flores.

Os Raphael eram nove rapazes e duas moças, todos amigos e joviais e, por isso, muito requisitados para as brincadeiras e festas no bairro. Aníbal, Darcy, Álvaro, Alfeu, Cid, Antônio, José, Jayro, Mauro, Ophélia e Lourdes; esses primos também iriam, no futuro, trabalhar muito pelo progresso em Campo Belo.

Na infância, Jayro e Mauro estudaram nas classes isoladas da futura EEPG Mário de Andrade. Elas se situavam onde hoje está o restaurante Mister

Sheik. A senhora Dalila foi a primeira professora deles. Na adolescência, foram para a Cidade Monções, em outras classes isoladas; a professora era a senhora Amélia. Depois foram para o Mário de Andrade.

Contador e administrador de empresas, Jayro trabalhou muitos anos como gerente de banco e administrador da Clínica Müller Carioba, no bairro.

Na juventude, durante os anos 30 e 40, como os demais jovens, jogou bola nos campinhos cobertos de mato, fez longas caminhadas, nadou nos lagos e ribeirões do Campo Belo, pescou traíra, bagre e lambari no Córrego da Água Espraiada, assistiu jogos dos clubes de várzea locais. Um deles se situava na Rua Constantino de Souza (ex-D. Pedro II), onde depois se construiu, em 1954, o Externato Vieira de Moraes. Conheceu o Piraquara situado na esquina das ruas Gabriele D'Annunzio (ex-Frei Gaspar) e Vicente Leporace (ex-Santa Rita); o União da Mocidade, próximo do Córrega da Água Espraiada, no final da Rua Santa Rita. Este teve sua sede feita pelo empreiteiro Armando Petisco. Conheceu as bicas cristalinas da Volta Redonda e as antigas pontes usadas no passado pela ferrovia de Alberto Kuhlmann.

Uma referência feita por Jayro Raphael, ao tão citado "lago do peixe", foi elucidativa. Este era ocasional e dependia de chuvas abundantes.

Os Raphael compravam secos e molhados, carnes e produtos de higiene nas lojas atacadistas[7] da Av. Santo Amaro.

O pão vinha da padaria Hectore, na Cidade Monções. Materiais para construção e ferragens, compravam na Casa Ernesto, no Largo Franco, em Moema.[7]

Junto do Água Espraiada, ficava a chácara do Monteirinho e, mais para cima, numa depressão, a Cia. Americana S/A de Filmes.

Os Raphael eram amigos do Dr. Plínio Lopes Ribeiro, dedicado médico que jamais deixou de atender aqueles que o procuravam; vocacionado e competente tratava a ricos e pobres com o mesmo carinho e competência. Numa tarde, ao atender dois rapazes que o procuraram em seu consultório, em casa, foi por eles roubado e assassinado. Eram bandidos. Ele morava na esquina da Rua Barão de Jaceguai com a Rua João de Souza Dias.

Trabalhara no ambulatório do CEPAS.

Um testemunho valioso, rico em detalhes, nos foi dado pelo Jayro. Entre os vários depoimentos, contou-nos que seu pai e alguns amigos gostavam de assistir as touradas em Campo Belo.

Nos anos 60, Jayro e sua esposa Judith Dias foram residir na Av. Vereador José Diniz. O casal tem duas filhas: Lúcia Helena, cujo filho Lucas Raphael Dias di Paula Costa e Silva, é a 4.ª geração dos Raphael no bairro, e Célia Regina, ambas residindo no bairro.

ASPECTO SOCIAL

Os Raphael conheceram os Catanzaro, os Strano, os Neri, os Sartorato, os Alarcon e dezenas de famílias alemãs e austríacas o que lhes valeu muitas idas ao Babenberg.

A família Raphael empenhou-se, de "corpo e alma" nos trabalhos da Paróquia de N.ª Sra. de Guadalupe e foi muito citada como "gente muito dedicada aos interesses da comunidade".

Os **Wenger**: A soprano Rosina Aloisia Wenger e seu esposo Friederich Wenger vieram da Áustria para o Brasil nos anos 30. Ele era exímio baixo[7]. Ambos se apresentavam nas festas da colônia austro-alemã em São Paulo, ou seja, na Igreja Luterana do Centro, na Igreja do Mosteiro de São Paulo, na Sociedade Lyra e em outras para as quais fossem convidadas, como no salão dos Wessel em 18 de novembro de 1933.

Na esquina das ruas Vieira de Moraes com Av. Santo Amaro, onde se situou a loja Jotapetes, eles fixaram residência.

Seus filhos, Helmut e Friederich Emil, cresceram em Campo Belo, onde se casaram.

Helmut casou-se com Marta Uhle e foi pai de três lindas meninas: Heidi, Traut e Gundi. A caçula Gundi Wenger é secretária da Associação Austro-Brasileira Babenberg e embora residindo atualmente fora do bairro, nele permanece trabalhando. Seus filhos constituem a 4.ª geração dos Wenger no Brasil.

O senhor Helmut era proprietário da Sociedade Elétrica Fulgura, da qual fazemos uma nota no capítulo especial sobre a economia no bairro.

Friederich Emil Wenger casou-se com Helga Elfrid e foi pai de Lothar Dietrich e Freia, Lothar é o atual presidente do Babenberg a que faremos referências em capítulo especial sobre a cultura e lazer em Campo Belo.

Freia casou-se com Walter Burguer Júnior, filho do casal proprietário de uma indústria, do bairro, a fábrica Cornersol. Ela conhecera seu marido em uma festa no Babenberg que reunia e unia seus associados formando uma grande família.

Os Wenger fazem parte do pequeno grupo que fundou o Babenberg, pelo qual tem especial carinho e dedicação. A família, muito conhecida, citada por muitos dos antigos moradores do bairro, também muito colaborou com a cultura, lazer e trabalho dentro de Campo Belo.

Os **Hölker**: José e Maria Hölker, alemães, chegaram em Campo Belo em 1936, trazendo sua única filha Therezia com um ano e meio de idade. Ele era marceneiro e muito trabalhou no bairro. Os cabos de madeira torneada colocados nos ferros elétricos da fábrica Fulgura, eram feitos por José.

Os Hölker vieram da Westfália e viveram em Campo Belo durante 29 anos (1936-1965); viúva, Maria viveu mais 11 anos (1972-1983) no bairro, residindo com os Hermann e depois com a filha Therezia.

Os Hölker residiram na Rua Vieira de Moraes, 1442, onde hoje existe uma papelaria e bazar de armarinhos. Therezia mudou-se do bairro em 1992, tendo nele vivido por 56 anos. Entrevistada, nos disse:

> "Cheguei no Brasil trazida por meus pais, pois tinha um ano e meio de idade. Cresci e amadureci dentro do bairro, onde vivemos felizes, tranqüilos e com simplicidade durante vinte anos. Éramos felizes e não sabíamos!"

Descreveu a Rua Vieira de Moraes como "vazia, sem moradores, e cheia de mato e coberta de terra." Sobre o comércio, relatou que "se comprava leite na porta de casa vendido por um português que o tirava da sua vaca. Era forte e não fazia mal a ninguém.

Foi somente nos anos 40 que apareceu no bairro uma carroça do Leite Vigor. Ela parava na esquina das ruas Vieira de Moraes e Santa Rita (Vicente Leporace) e nós íamos buscá-lo, vendido em latões."

O calçamento da Rua Vieira de Moraes chegou em 1956.

Seguro, o bairro tinha ainda poucos moradores, cujas casas eram protegidas apenas contra o vento, por cercas vivas, em geral, de cheirosos ciprestes.

Os Hölker conheceram Martim Wollenweber, que lhes vendeu as casas da Rua Vieira de Moraes. Martim a adquirira da família Hermann e este, de um genro do Adolph Kluge.

Therezia e sua família eram amigos dos Kluge, cujas netas Greta e Turandot brincaram, na infância, com Therezia.

Uma das primeiras citações sobre o "lago dos peixes", no bairro, foi feita por Maria Hölker, em 1976. Seria um charco ocasional que se formava nos períodos chuvosos, na parte baixa da Rua Vieira de Moraes, junto da Rua Santa Rita. Ele fazia parte das brincadeiras dos meninos, na região. O lamaçal que formava era o terror das mães!

Vinte anos mais tarde, uma entrevista com Jayro Raphael, que fez parte dos meninos do bairro que brincavam no "lago dos peixes", elucidou o que não se compreendera sobre o comentado "lago".

Em capítulo especial sobre a hidrografia de Campo Belo foram apresentadas notas sobre este mencionado "lago".

Finalizando a entrevista, lembrou-se das balas que recebia do sorridente Rudolph Wessel, amigo de seu pai José, quando juntos os dois amigos tomavam cervejas geladinhas e comentavam os fatos da época e que hoje são passado e história.

ASPECTO SOCIAL

Os **Ohtake**: No ano de 1936, chegava ao bairro, a jovem Tomie Ohtake. Desde então, até nossos dias, essa renomada artista plástica reside em Campo Belo e cobre seus moradores de orgulho, por tudo o que ela e seus filhos realizam de bom e de belo, tendo ela residido, por algum tempo, na Moóca.

Sobre a família Ohtake há um destaque especial no capítulo relativo à cultura no bairro.

Os **Helbig**: Residindo na Rua Berlim, 6, atual Nhu-Guaçu, 44, onde hoje se situa uma empresa de engenharia, foi citado o casal, Paulo Helbig, como operário de uma cervejaria em São Paulo, e sua esposa, que era enfermeira. Junto com o casal morava uma irmã da senhora Helbig. Ela era também enfermeira. Depoimentos registraram que, diariamente, a família, assim como outros moradores do bairro, caminhavam cedinho até o Jabaquara para seus empregos. A condução era distante, mas bem mais barata que aquela que saia de Campo Belo. O bonde do Jabaquara tinha uma tarifa de 200 réis e o do bairro, de 600 réis. Os tempos difíceis forçavam tais sacrifícios...

Vizinho dos Helbig, residia Úrsula, a primeira mulher brasileira a receber brevê para pilotar profissionalmente aviões. Inteligente, poliglota, moderna e arrojada, foi residir nos EUA. Não se conseguiu obter o nome de família de Úrsula, mas muitos vizinhos seus a conheceram. Conforme depoimentos ela era alta e bonita.

Os **Jokobaitieny**: Em uma bem cuidada casa, com uma grande e bela árvore em sua calçada, reside Estanislava Jokobaitieny Cizauskas. A atual Rua Cristóvão Pereira, 1507 é o endereço da simpática senhora, de belos olhos azuis que brilham em um rosto claro, emoldurado por cabelos brancos como a neve, que ela conheceu na infância.

Octogenária, firme, sorridente e muito lúcida, recorda em poucas palavras a longa trajetória de sua vida: aos seis anos de idade, acompanhando sua mãe viúva e suas três irmãzinhas, deixou a Rússia em 1926 e veio para o Brasil.

Afastada do trabalho após um acidente, sua mãe buscou nos cafezais do Vale do Paraíba uma nova oportunidade para criar as meninas. Filomena era viúva de Alexandre Jokobaitieny e precisava, sozinha cuidar de Marie, Sophie, Estanislava e Olga. Eram lituanas e a vida na Rússia estava difícil.

Conhecida no Brasil, como "Anastácia", nome de uma das princesas russas, Estanislava passou alguns anos na colônia destinada aos imigrantes que vinham trabalhar na lavoura. Na nova pátria, viu pela primeira vez muitas coisas diferentes de tudo o que conhecera até então: os negros, as frutas que saboreou com prazer, os animais, a natureza, a imensidão de terras. Lindo e assustador foi apreciar dezenas de vaga-lumes que brilhavam na escuridão da noite. O que seriam? E as bananas deliciosas! Já vinham com açúcar? Eram tão doces!...

A viagem em um pequeno vapor brasileiro não lhe saiu da memória; as ondas, o balanço, o calor, o café matinal muitas vezes varrido da mesa pelo jogo das águas do mar. Que medo sentiu ao cruzar a linha do Equador! Dizia-se que ali o vapor afundaria...

Do Vale mudou-se a família para a casa 1511, da Rua Cristóvão Pereira. Era final dos anos 30 e a casa era bem menor e mais simples. Viveram anos difíceis, mas com muitas amizades inesquecíveis. Quantos já se foram!

Quando suas irmãs se casaram e levaram sua mãe para morar com uma delas, Anastácia ficou. Era então casada com Casemiro Cizauskas, que conhecera no bairro de Cumbica, onde ele residia.

Anastácia e Casemiro tiveram três filhos: Odair, Wilma e Alexandre e foram avós de quatro netos que os encheram de orgulho. Ele criou a família trabalhando exaustivamente como motorista de táxi, no Aeroporto de Congonhas. Ela, mãe e esposa zelosa, cuidava dos afazeres domésticos.

Em 1954, o casal ingressou na Associação Cultural e Recreativa de Campo Belo cuja sede era quase vizinha de sua casa. Ele jogava bocha e ela jogava bolão. Como boa jogadora foi premiada certa vez.

Em 1966, o filho Odair, se tornou membro do Conselho Fiscal da Associação e em 1970 foi eleito seu presidente.

Casemiro faleceu no final dos anos 60 e sua esposa abriu um pequeno armazém no cômodo da frente de sua casa, para se sustentar. As dificuldades encontradas na administração do comércio a fez desistir e ir trabalhar, até o final dos anos 70, na Cooperativa da Varig, na Rua Vieira de Moraes, próximo da Av. Washington Luiz. Então, cansada, aposentou-se.

Idosa e sozinha, cedeu sua casa a um de seus filhos e passou a morar na pequena casa que então construiu no vizinho espaço.

Foi há mais de 20 anos que ela plantou a bela árvore em sua porta. Certa vez um mau motorista a derrubou e arrastou para longe. Chorando, Anastácia foi buscá-la e a replantou. Sensível, a natureza correspondeu ao ato de amor e a árvore sobreviveu. Junto dela, Anastácia posou para a posteridade.

Ela é a mais idosa das entrevistadas que ainda reside no bairro.

Concluindo os registros sobre os anos 30, citamos fatos que confirmam as causas do silêncio de alguns dos entrevistados que talvez ainda guardem na memória os sofrimentos do passado.

Durante o governo de Getúlio Vargas (1930-1945), o Brasil viveu um clima de terror com a intensificação da xenofobia. Em 1939, com o início da Segunda Guerra Mundial (1939-1945) a política da era Vargas, perseguiu

ASPECTO SOCIAL

não apenas aqueles que eram oriundos dos países formadores do Eixo, mas também húngaros, lituanos, ucranianos, russos, poloneses dentre outros. As pressões aumentaram em 1942, quando nosso país entrou no conflito que se tornaria mundial.

Conforme Sônia Maria Freitas, historiadora do Memorial do Imigrante, "não ter passaporte nacional, naquele período, era bastante perigoso.

A xenofobia colaborou para o enfraquecimento de traços étnicos e manifestações culturais" dos grupos perseguidos, conforme se tem comentado neste trabalho. A tese de Sônia M. Freitas comprova o que temos afirmado.[8 e 9]

Notas e fontes consultadas
1. Entrevista n.º 100.
2. Papéis sem verificação. CMSA. Caixa 10, ano 1931 — AHMWL.
3. Beiguelmann, Giselle. *No Ar — 60 anos: Congonhas*, Op. cit.
4. Idem
5. Pesquisa de campo realizada pelos autores. Entrevistas com muitos antigos moradores.
6. Livro Índice dos Proprietários, ano 1934 — CMSA-AHMWL.
7. Entrevistas n.º: 2, 19, 35, 57, 78, 77, 102, 100, 110, 109, 121, 124, 132 (utilizadas nos textos relativos às famílias que se fixaram no bairro de Campo Belo nos anos 30).
8. Album Família: dos Raphael, dos von Tein, dos Hermann, dos Bauer; Papéis sem verificação. Caixa 47, ano 1938 — CMSA-AHMWL. Ofícios: 1.º — "A Cia. Americana S/A convida o prefeito Dr. Américo de Carvalho Ramos a visitar os 'studios' ora em conclusão, no bairro de Campo Bello, Distrito do Ibirapuera..." [...] "Contribuindo sinceramente para o desenvolvimento do distrito em que está, ultimando a construção de sua grande e moderna villa cinematográfica, a Cia. Americana S/A de Filmes..." (assinado por Dr. João Manuel Vieira de Moraes, 14/1/1938); 2.º — "Comemorando o mez do Cinema Nacional, inaugurará dia 12 do corrente, às 15 horas, os laboratórios de revelação e copiagem nos seus studios em Campo Bello, nesta Capital, no km 11 da Auto Estrada de Santo Amaro. Esta solenidade terá a presença do senhor Interventor Federal em S. Paulo, Dr. Adhemar Pereira de Barros..." (9/5/1938); Jornais consultados para o período (1930-1939): [Wenger] — *Deutsche Zeitung* 14/4/1935, p. 7; 20/7/1935, p. 7; 5/4/1935, p. 3; [Schmidt] — *Deutsche Nachrichten* 6/11/1948, p. 4 (sobre o falecimento de Ernesto Carlos Fernando Schmidt, aos 24 anos de idade, filho de Ernesto Schmidt).
9. *Revista e*. SESC-SP, São Paulo, ano VIII, n.º 4, novembro de 2001(mensal): texto consultado: "A Convivência na Diversidade" de Augusto Ruas [tese de Sônia Maria Freitas], p. 20-21.

Anos 40 (1940-1949)

Pouco mudara no bairro quando este completou dez anos de existência, mas algumas peculiaridades distinguiram a década de 40.

O mundo ainda vivia os horrores da Segunda Guerra Mundial e seus reflexos se fizeram sentir nos imigrantes, vindos dos países que compunham o Eixo, e que residiam no Brasil. Foram discriminados. Proibidos de escrever em suas línguas maternas, tiveram que fechar jornais e revistas suas, assim como escolas e clubes. Até as igrejas foram fiscalizadas. No bairro em estudo, fechou-se a escola alemã, do pastor Stremme, o clube, o salão dos Wessel. A comunidade sofreu em silêncio e se adaptou às circunstâncias. Não esmoreceu e cresceu.[1]

A 26 de novembro de 1940, a Prefeitura Municipal de São Paulo expediu em ofício, de número 62.640, que informava à Subprefeitura de Santo Amaro, terem sido reconhecidas oficialmente as denominações dadas às ruas do bairro de Campo Belo, pelo Ato n.º 23 de 14 de julho de 1934. O ofício de 1940 permitia que a partir daí as ruas pudessem ter iluminação pública e calçamento. Porém, demorou mais vinte anos para que tal ocorresse.[2]

Alguns casarões de alto padrão foram construídas nessa década, sobretudo no baixo Campo Belo.

Singelamente nasceria, na Rua Barão do Triunfo, 1390, a Seara Bendita, que muito iria trabalhar na área social, no bairro.

Um clube, o União da Mocidade, na Rua Vicente Leporace, foi fundado.

Na quadra compreendida entre as ruas Vieira de Moraes, Panapoi, Santa Rita e Machado de Assis, a Light fez construir um conjunto de dez casas, térreas, de médio porte, destinadas aos seus funcionários graduados. Não geminadas, diferentes umas das outras, existiriam, não descaracterizadas, até o final dos anos 80. Atualmente, poucas permaneceram e estão totalmente diferentes das originais.

Foi também nos anos 40 que algumas poucas famílias, de origem escandinava,[3] se fixaram no bairro em estudo. Eles constituíram um tipo diferente de estrangeiros, que se fixou no Brasil. Originários de países de primeiro mundo, eram geralmente profissionais altamente qualificados e para cá vinham com emprego garantido em empresas de patrícios, o que lhes dava maior poder aquisitivo e status superior aos demais imigrantes vindos de outros pontos da Europa. A maioria se fixou na Chácara Flora, onde belíssimas casas foram construídas. Era diminuto o grupo dos menos favorecidos economicamente.

Poucos deles residiram em Campo Belo mas, deixaram aqui duas marcas de sua presença; a primeira marca era a casa pastoral, que se situava na esquina das ruas Vieira de Moraes e Princesa Isabel, e que ali permaneceu até 1970, quando foi transferida para a Chácara Flora, ao lado da magnífica igreja de culto luterano-escandinavo ali construída.

ASPECTO SOCIAL

Como segunda marca, o Nordliset, na Rua Moraes de Barros, 1009, um clube que também tem atividades beneficentes e reúne os escandinavos que residem em São Paulo. Dele faremos referências em outro capítulo.

Entre alguns dos representantes dos moradores escandinavos destacaremos Ica Janete Anitfeld Siewers que, residiu durante muitos anos no bairro: quando criança, na Rua Prudente de Moraes (Antonio de Macedo Soares) e quando se casou, na Rua Edson, 1418. Foi funcionária do Instituto Martius Staden. Transcrevemos aqui uma passagem interessante de sua infância vivida em Campo Belo:

> "Aproximadamente nos anos 50, quando residia na Rua Prudente de Moraes, comecei a participar da organização da festa de natal em casa de meus pais. Era criança e o fato marcou minhas lembranças.
>
> Nas semanas que antecediam às festividades, eu, meu irmão e uma prima nossa, aproveitávamos os passeios familiares feitos nas margens da represa em Santo Amaro e colhíamos cuidadosamente belas pinhas que se espalhavam, abundantemente, pelo chão. Em casa, separávamos as pinhas, por tamanho; dávamos um trato e fixávamos um preço. Elas eram vendidas por nós aos nossos vizinhos em C. Belo. Eles as usariam nos seus arranjos natalinos.
>
> Alegres, entregávamos o dinheiro às nossas mães que, com ele, compravam os ingredientes que usariam para fazer deliciosos doces típicos do natal e que nós muito apreciávamos.
>
> Na noite de Natal, junto de uma árvore natural, cheia de velinhas coloridas e acesas, entre outros presentes, um era muito aguardado: os doces de mamãe Érica.
>
> Carinhosamente, durante o ano, ela guardava as caixinhas com papel colorido e as enchia com seus doces. Jamais me esqueci!
>
> Quando me casei e me tornei mãe, passei a repetir aquele momento inesquecível, mantendo a tradição. Em casa, para meus filhos, não faltavam os doces e as velinhas; estas eu ia comprar no Brooklin Paulista."

Citaremos outras famílias que residiram em Campo Belo e que também têm origem escandinava:

Os Sternberg, os Bobrik, os Thordsen e os Liebrecht. Todos eram amigos ou parentes da senhora Ica Janete Anitfeld Siewers.[3]

O ano de 1942 recebeu, no bairro de Campo Belo, a chegada de uma família cujo chefe se tornaria ilustre: era a família de João Batista Vilanova Artigas, um jovem arquiteto que residiu na hoje tão conhecida "Casinha", situada na esquina das ruas Piracicaba e Aparecida, 1151.

Sobre ele há registros num capítulo a parte.[4]

Também dessa década são as famílias Strano, Catanzaro e Neri, sobre as quais há também referências em capítulo especial.[5]

Sobre a década de 40, algumas informações obtidas através da imprensa da época ou de entrevistas com antigos moradores, dão um colorido especial ao introduzir as imagens promissoras de um bairro que, a partir de então, cresceria rapidamente.

Ao lado das Chácaras, como a de Léo, na esquina da Avenida Cons. Rodrigues Alves e Rua Vieira de Moraes e a bela Vila Antonia, que permaneceria com sua construção original até o século XXI, chegavam a iluminação pública, a abertura de ruas já projetadas, a venda de muitos terrenos, nos quais surgiriam novas casas e mais moradores, o desenvolvimento dos serviços aeroportuários, em Congonhas e a crescente necessidade de mais opções com relação aos transportes no bairro.[6] Elegantes casas foram erguidas nessa época.

Christóvão Ferreira de Sá[7] adquiriu, em 1941, 31 imóveis em Campo Belo, situados nas ruas Barão de Jaceguai, Barão de Ladário, Domingos Lopes, Estevão Baião, Frei Gaspar, Nhu-Guaçu, Zacarias de Góes, Volta Redonda e Edson. Tal fato evidenciava a valorização da região onde já se tornava interessante investir.

Jornais alemães de 1946, ofereciam "terrenos, face norte" situados entre a Auto-Estrada para Santo Amaro e o bonde e "a poucos metros da Cia. Americana S/A de Filmes". Havia a parada Piraquara, de bondes, que permitia chegar-se ao novo bairro, também em ônibus que ligavam o centro de São Paulo a Santo Amaro.[8]

Campo Belo, na década seguinte, sofreria transformações maiores.

Notas e fontes consultadas
1. Entrevistas n.º 42, 82, 67, 71, 90 e outras, do período. Pesquisa.
2. Papéis sem verificação. CMSA — Caixa 48, ano 1940/41 — AHMWL.
3. Entrevistas n.º 67, 55.
4. Entrevista n.º 82; *Vilanova Artigas Arquitetos Brasileiros* — Instituto Lina Bo e P. M. Bardi, Fundação Vilanova Artigas, Linc. São Paulo, 1997.
5. Entrevistas n.º 71, 42.
6. Papéis sem verificação. Caixa 51, ano 1947; Caixa 53, ano 1949. CMSA — AHMWL. Ofício n.º 81.267, PMSP, 8/4/1947 (enviado pela Light & Power Co. Ltda.) — [assentamento de postes nas ruas Barão do Triunfo e Pirassununga].
7. Papéis sem verificação. Caixa 48, ano 1941. CMSA — AHMWL (requerimento de Christóvão Ferreira de Sá à CMSA, pedindo informações sobre o imposto a ser pago por ele, por seus 31 imóveis no Campo Belo).
8. Jornais: *Deutsche Nachrichten*, 26 de novembro de 1946, p. 5 (valor de CR$ 30.000,00); *Deutsche Morgen*, 10 de maio de 1946, p. 16 (sobre ônibus); Ofício de 11 de março de 1949 da Light & Power Co. Ltda. à CMSA (sobre assentamento de postes na Rua Barão de Jaceguai).

Anos 50 (1950-1959)

Nos anos 50, o pós-guerra sacudiu a poeira que restava dos vestígios do século passado. Historicamente, foi nesse momento que o século XX realmente começou, marcado por um renascer de atividades paralisadas durante a guerra cruel, que arrasara a Europa e maltratara a humanidade (1939-1945).

A reconstrução européia não foi apenas física.

Com vinte anos de existência, Campo Belo viveu nos anos 50, um período de desenvolvimento, acompanhando o compasso mundial.

O Dr. João Manuel Vieira de Moraes, homem moderno, de visão e mente abertas, nem sempre compreendido pelos mais conservadores, sentiu a virada da História e correu atrás do progresso. Para desenvolver o bairro que loteara, e por certo amava, conseguiu o asfaltamento da Rua Vieira de Moraes que, cortando Campo Belo todo, no sentido L-O, num retão, era a via principal.

Os resultados não se fizeram esperar: a primeira linha de ônibus, n.º 106 que, partindo da Praça da Bandeira, cortava Moema e chegava em Campo Belo.[1]

Em duas esquinas da Rua Vieira de Moraes com a Rua Estevão Baião, o senhor Mário Moraes fez construir dois conjuntos comerciais. Sobre eles há referências em capítulo à parte.

No semi-abandonado Grêmio Escolar Teuto-Brasileiro, fechado pelo governo por ser alemão, embora servisse a todo e qualquer cidadão interessado, o pastor Francisco Bauer Filho organizou uma comissão de antigos associados e reativou a entidade.[2]

O Aeroporto de São Paulo, Congonhas, tornou-se o terceiro do mundo em volume de carga aérea.[3]

O edifício da antiga Cia. Americana S/A de Filmes era então alugado, pela Caixa Econômica Federal, para as lojas Mappin que ali instalaram um bem cuidado depósito.[4]

O casal Irene Maria de Oliveira e Luiz Grandeza, portugueses, residentes em Campo Belo desde os anos 50, vieram de Aveiro, ela em 1952 e ele um pouco mais tarde.

Há cinqüenta anos no bairro, em entrevista concedida em 1997 ao Jornal *O Estado de S. Paulo*, lembraram-se do passado e disseram:

> "Embora a infra-estrutura tenha melhorado, a qualidade de vida piorou. Hoje em dia, nós mal conhecemos os vizinhos... no passado a maioria da população era

composta por estrangeiros... Campo Belo era formado por chácaras que cobriam a paisagem. A gente só via mato." (Jornal *O Estado de S. Paulo*, 26/11/1997).

Eles são comerciantes no bairro, residem na Rua Conde de Porto Alegre, 1172.

Em 1954, Thereza Vieira de Moraes inaugurou o que seria a primeira escola privada no bairro, o Externato Vieira de Moraes. De sua propriedade nela esmerou-se ao oferecer alto padrão educacional a jovens privilegiados da sociedade paulistana.[5]

Dois anos mais tarde, sua família concedeu, por dez anos, terreno de sua propriedade na Rua Vieira de Moraes, para que nele se erguessem salas provisórias para o ensino público, no bairro.[6] Também doou outro terreno para que nele se construísse o edifício destinado à escola.

Um terceiro terreno da família foi proposto, e não aceito, para ser vendido à comunidade para que nele se erguesse a igreja paroquial.

Outras salas de ensino público se formaram no bairro. De 1952 a 1956 funcionaram na Associação Esportiva e Recreativa de Campo Belo as salas agrupadas da Escola Mista do Alto da Boa Vista, nas quais Maria Rosa Maia Braga e Joaquina Dias Lara foram as primeiras professoras.[7]

Instalavam-se no bairro os bares: conhecido como "Lanterna" e o dos Silva,[8] o Bar e Mercearia Esperança, a Cooperativa da Vasp, as Indústrias Titã,[8] Arteb,[8] Inelca e Carlo Erba; o Bazar e Papelaria São José; a Tinturaria Campo Belo e outros estabelecimentos comerciais como o salão de beleza Alvorada e os ferros-velhos.[9]

Chegaram as feiras-livres que mataram as chácaras, agonizantes desde a abertura definitiva das ruas no bairro.

Carroceiros, como João Maneta, desapareceriam lentamente, com a chegada dos carros e caminhões.

Em franco crescimento, tornava-se conhecida, por seus trabalhos, a Associação dos Amigos de Campo Belo.[10]

Foi nos anos 50 que a população do bairro cresceu e recebeu grupos familiares de raízes italiana, portuguesa e espanhola. Trazendo seus costumes geraram mudanças que se refletiram na região.

Muitos dos atuais moradores chegaram no bairro nos anos 50 e seus depoimentos foram confirmados por documentos por nós pesquisados em diferentes arquivos da capital paulista.

Alguns espanhóis trouxeram para Campo Belo, os "ferros-velhos" que propiciaram o crescimento do número de "carrinheiros". Estes, coletando jornais e revistas velhas, papelões, garrafas e outras sucatas, tiveram, a partir daí, um lugar certo para vender seus recicláveis. Esses trabalhadores urbanos vinham das favelas, situadas nos vales dos cursos d'água, do bairro; estas moradias se multiplicavam a olhos vistos.

Fazendo parte do contexto das inúmeras famílias italianas, espanholas e portuguesas que se fixaram em Campo Belo nos anos 50 do século XX, destacamos o casal Carmem Castellani e Fernando Perez Fernandez, ela descende de italianos e ele, espanhol nascido em Córdoba, na Espanha.

No final do século XIX, chegava no Brasil, vindos de Luca, na Itália, as famílias Castellani e Bianchi. Alessandrina se casou com Felício Bianchi e Helena Castellani que também casou-se no Brasil. São eles os avós de Carmen. Fixaram-se em Jaboticabal, interior paulista.

Fernando Perez Fernandez era filho de Luiz Perez Parra e Paulina Fernadez Galisteu, ambos nascidos em Córdoba. Com eles vieram os filhos Fernando, já mencionado, e suas irmãs: Glória, Mercedes, Luiza, Dolores e Rafaela, esta com apenas seis meses de idade. Chegaram no Brasil em 1953 e se fixaram no bairro paulistano de Vila Nova Conceição. Foi nesse bairro que Carmen e Fernando se conheceram em 1954 e se casaram em 1958. O casal teve quatro filhos e oito netos, a saber: Luiz, casado com Cláudia Parasmo, e pai de Fernanda e Felipe; Mário, casado com Denise, é pai de Mário e Leandro; Fernando, casado com Débora Manfredini, é pai de Fernando e Marcela; Paulo, casado com Andrea Coskac, é pai de Camila e Bruna. As crianças são a quinta geração dos Castellani e Perez no Brasil.

Glória Perez Fernandez se casou com Antonio Expósito, proprietário de um depósito de sucatas, conhecido como "ferro-velho" situado na Rua Nhu-Guaçu, 270, onde hoje existe um edifício. Fernando Perez Fernandez se associou ao cunhado na mencionada empresa que deixou de funcionar nos anos 80 do século XX, pois os terrenos, muito valorizados no bairro, não mais comportavam os depósitos. Outros se mudariam para bairros mais distantes.

Outro espanhol, Francisco, conhecido como 'Paco' e seu sócio Manolo, tinham também um ferro-velho situado na Rua Nhu-Guaçu, na quadra entre as ruas Pe. Leonardo e Sebastião Paes.

Toda sucata dos depósitos era comprada pela Metalúrgica Dedini, de Piracicaba/SP.

Mercedes, irmã de Fernando Perez Fernandez, casou-se com Augusto Cabrera, proprietário de uma oficina de serralheria, na Rua Nhu-Guaçu, onde hoje se situa o restaurante Juca Alemão. O edifício original da serralheria foi adaptado para se tornar um restaurante típico alemão.

Carmen e Fernando vieram para Campo Belo em 1969 e, no bairro, nasceram seus quatro filhos. Inicialmente a família residiu na Rua Caiapós, 79, residência dos pais de Fernando. Depois, mudaram-se para a Rua Prof.

Castro Soromenho, 66 e finalmente, já viúva, Carmen se mudou para a casa dos seus pais, na mesma rua, no número 45.

Os portugueses, donos de armazéns, bares e padarias, quase não se divertiam. Zelosos, cuidavam das caixas registradoras de seus estabelecimentos. "Os olhos do dono engordam o gado...". Cedinho, nos sete dias da semana, lá estavam eles abrindo as portas e preparando mais um dia de trabalho. Exaustos, em casa, eles ainda faziam o balanço diário e, merecidamente, sorviam um bom vinho e comiam pratos típicos, como o bacalhau. Raramente alguns jogavam dominó com os amigos.

Italianos e espanhóis, mais agitados, divertiam-se jogando "boccia" que aqui se tornou conhecida como bocha e malha. Também apreciavam os jogos de cartas.

Nos primeiros anos de vida do bairro, a maioria alemã jogava o "bolão" disputando partidas entre homens e mulheres nos clubes locais. O bolão ainda persiste nesses clubes. Com relação às moradias, as casas onde residiram espanhóis e portugueses não tinham mais os traços que caracterizavam as casas alemãs. Em geral, adaptaram-se em construções mais modestas, ou não, que várias construtoras haviam erguido no bairro. Muitos conjuntos constituídos por sobrados iguais e cujos padrões variavam, são desse período e alguns ainda existem, embora descaracterizados.

A maioria de origem alemã, perfeitamente entrosada com italianos, portugueses e espanhóis que chegavam iria aos poucos se diluir. Alguns voltaram para a Europa após o término da guerra de 1939-45, outros foram para lugares mais distantes, outros bairros que se formavam.

Irene Maria Gravato Dias de Oliveira, aos nove anos (30/7/1952), veio com seus pais, Mário da Fonseca Dias de Oliveira e Modesta Manuela Gravato, da Vila do Vago, no Distrito de Aveiro, Portugal. O navio North King que trouxe a família para o Brasil era um cargueiro misto, inglês e fazia sua penúltima viagem. Ela se recorda da ansiedade de todos para conhecer a nova terra. Desceram no porto de Santos, vieram para São Paulo, para a Vila Mariana e em seguida, ainda em 1952, se fixaram em Campo Belo, na Rua Saldanha Marinho, esquina da Rua Cristóvão Pereira, 1293 e, já casada, para a Rua Conde de Porto Alegre, 1172 em 1966.

Conforme foi mencionado anteriormente, as famílias Dias de Oliveira e Grandeza, residentes em Campo Belo desde o início dos anos 50, deixaram marcas na vida econômica do bairro. Comerciantes, competentes e simpáticos tornaram-se testemunhas de uma época de muitas mudanças.

Irene teve o privilégio de assistir a primeira missa rezada pelo Pe. Newton Crippa, na garagem da casa dele, na Rua Paiaguás, 83. Também participou da cerimônia de colocação da pedra fundamental da Igreja de N.ª Sra. de

Guadalupe, quando então ouviu maravilhada a voz de Frei José Mojica. Ela citou inúmeros profissionais excelentes, europeus, que trouxeram de seus países seus dons. Tornaram-se conhecidos na região. Várias farmácias, das mais antigas foram apontadas por ela: a da Rua Vieira de Moraes, a farmácia Mantovani, que ficava onde hoje existe a farmácia Vida, outra, cujo nome não se recorda, que antecedeu a boate Waikiki, no local da atual Choppiza; havia uma pequena farmácia na Rua Paiaguás, de João Braile, outra na Rua Saldanha Marinho. O pai de Irene, Mário, era sócio da padaria VASP, na esquina da Rua Vieira de Moraes com a Av. Cons. Rodrigues Alves, atual Vereador José Diniz e outra na Rua João de Souza Dias, próximo da Rua Vicente Leporace.

De sua terra natal, a entrevistada citou que a vila de onde nasceu é conhecida por sua capela dedicada à N.ª Sra. de Vagos, cuja origem remonta ao ano de 1200, erguida por ordem do rei D. Sandro III. É histórica.

Irene e Luiz são pais de Margarete, Ana Cristina, Luiz Adolfo e Adriana.

Luiz Grandeza, brasileiro, descendente de italianos Grandezi, que em 1891, deixaram a região do Vêneto e vieram para o Brasil, para São Paulo. O casal Antonio e Luiggia Grandezi veio no navio "Solferino" e desembarcou em Santos. Com eles, vieram seus seis filhos, entre os quais, Luiz Grandezi, casado com Angelina Masson Grandezi, avô de Luiz Grandeza; Adolpho Grandeza, casado com Nair Batista Grandeza, pais de Luiz, já eram brasileiros e tiveram o nome de família alterado para Grandeza.

Em 1959, Adolpho, Nair e o filho Luiz se fixaram em Campo Belo e se estabeleceram como comerciantes, em uma mercearia, datada de 1934, na esquina das ruas Conde de Porto Alegre e Piracicaba, atual João de Souza Dias. O filho viria, mais tarde, a ocupar o lugar dos pais na empresa familiar.

Luiz endossou os depoimentos da esposa, complementou-os citando festas no Babenberg e na paróquia, a amizade com os alemães, a presença marcante dos inesquecíveis vizinhos Nhô Totico, Yuta Hertal e a exímia cozinheira do casal, que parecia a Dona Benta do Sítio do Pica-Pau Amarelo. Lembrou-se do bonde de Santo Amaro e seu peculiar trajeto, do ônibus Congonhas, único no bairro, cujo ponto final ficava em frente a recém-construída padaria Presidente.

Para ilustrar o sossego do bairro, disse: "Na Rua João de Souza Dias, antiga Piracicaba, havia a 1.ª Delegacia de Campo Belo, essa que hoje se situa na Rua Demóstenes. Tudo era tão tranqüilo, que ela funcionava apenas de 2.ª à 6.ª feira, das 13 às 19 horas. Ficava fechada nos finais de semana!"

O casal sente saudades dos "velhos e bons tempos quando todos se entendiam, se conheciam e se estimavam" com respeito raro em nossos tempos atuais. Eles estranham as diferenças do bairro verticalizado, sofisticado e com várias famílias que, sem raízes na região, procedem como estranhos, uns aos outros, desequilibrando a antiga e saudável harmonia local. "Hoje, ninguém conhece ninguém."

Luiz e Irene se casaram na Igreja de N.ª Sra. Aparecida, em Moema e eram freqüentadores assíduos da vida naquele bairro. Conheceram Ernesto Schmidt, dono da Casa Ernesto, no Largo Franco, a fábrica de bombas Itaúna e outros locais característicos naquela região.

Nair Batista Grandeza hoje conta com 90 anos de idade e foi lembrada com carinho por seu filho Luiz. A família traz no nome o tamanho de sua simpatia e competência profissional dedicada há mais de 40 anos no bairro: Grandeza![11]

Crescia, também nesta época, o número de escolas privadas. Onde hoje se situa o edifício Maison Saint-Hilaire, na esquina das ruas Edson e Benjamin Constant, 1126, abria-se o Jardim da Infância Piraquara, que oferecia ensino moderno, nos moldes europeus. Sua clientela era, na maioria, formada por alemães luteranos.[12]

Outra característica dos anos 50 foi o aparecimento de pequenos núcleos residenciais que, batizados por suas construtoras receberam os nomes de Vila Congonhas, Vila Aeroporto e Parque Colonial.[13]

A Vila Congonhas tem por limites as avenidas Washington Luiz e Invernada e as ruas Unapitinga, Visconde de Aguiar Toledo e Barão de Valim.

Nessa região, mais recentemente ocupada, foram encontrados alguns antigos moradores cujas famílias têm, ainda, costumes europeus.

Podemos citar alguns, ali fixados entre as décadas de 50 e 80: Ernst Gramss, Hans Bruno Heinz Gut, Hermann Grünge, Inês Annemarie Poller, Kaare Hafströn, Karlis Ploko e Reynaldo Lima Weber.

Raphael de Barros Monteiro e sua mulher Marina Vieira de Moraes Barros Monteiro formalizaram a alienação de alguns terrenos nas quadras da Vila Aeroporto; em 1953, a Acrópole S/A — Engenharia e Construção, que incorporaria diversas unidades nessas quadras, obteve a aprovação das plantas que dariam vida à pequena vila, travessa da Rua Braz Arzão, 275.

No ano seguinte eram aprovadas também as das unidades da Rua Pe. Leonardo, sendo a última delas entregue em 1955.

Assim se ocupava, nos anos 50 as ruas próximas a um dos limites do bairro, a Avenida Washington Luiz. O local tinha suas ruas sem esgoto, água e iluminação pública. Somente na década de 60, chegaram alguns melhoramentos como esgoto e água.[14]

ASPECTO SOCIAL

A Vila Aeroporto abrange as ruas Dr. Jesuíno Maciel, Pascal, Pe. Leonardo, parte da alta Vieira de Moraes, Nhu-Guaçu, Braz Arzão, Cristóvão Pereira e a Av. Washington Luiz.

O Parque Colonial se limita pela Av. Washington Luiz e pelas ruas Barão de Valim, Octávio Tarqüínio de Souza e Zacarias de Góes.

A 8 de dezembro de 1955, foi inaugurado o CEPAS, sobre o qual há referências em capítulo especial. Dentro desta entidade muitos paroquianos se destacaram no desempenho da árdua tarefa de atender a população carente das favelas. Entre muitos podemos destacar Isidro Vignola, Guido Sartorato, Newton dos Santos, Antonio Ponsirena, Affonso Caravila, Armando Petisco e Hernani Domingues. Estes participaram também de outras atividades sociais dentro da comunidade.

Vinda da Iugoslávia, destacamos a família Zwipp, que em 1929 veio para o Brasil em busca de uma vida melhor. O grupo de imigrantes balcânicos ainda era pequeno. Tendo se fixado por três meses no bairro paulista do Tremembé, o casal Fellipe Zwipp e Suzana Zwipp logo se mudaram para Campo Belo. Foram pais de Jacob Zwipp, Petru e Konrad Zwipp.

Fellipe era funileiro industrial e logo se tornou operário na empresa dos Elevadores Atlas S/A.

Jacob, quando jovem, trabalhou como balconista e entregador do armazém de Rudolph Wessel, na Rua Ibituruna. Jacob nasceu a 31 de julho de 1939, no Hospital São Paulo, em Vila Clementino. Jacob mencionou, como companheiros de trabalho, o senhor Mendes, que fazia entregas maiores, do armazém, com sua charrete; Toninho e Armando, os balconistas. Outro irmão de Jacob, Konrad Zwipp, se tornou proprietário do armazém do Wessel, no período de 1956 a 1963.

Jacob conheceu a família iugoslava dos Brenner. O casal mais velho era pai de Rosa, esposa de André Tachaux. Brenner era carroceiro de Wessel.

Os Zwipp moravam na Rua Estevão Baião, 589, em frente ao atual Restaurante Nova Parada. Saiu do bairro do bairro em 1970.

Jacob é pai de Marcelo e Márcio e avô de Gabriel e Guilherme, o primeiro com 3 anos e meio e o segundo com oito meses. Ele reside fora do bairro, no Jardim Sandra e está com sessenta e quatro anos. Ainda trabalhava como entregador de produtos para a mercearia da família Grandeza, que em janeiro de 2004 encerrou suas atividades.

Jacob, na mocidade, era goleiro do time de futebol da empresa Duplex.[15]

Nos anos 50, o bairro começava a mudar o seu perfil.

Notas e fontes consultadas
1. Depoimentos n.º 20, 165, 166, 169 e 170.
2. Documentação consultada sobre o Grêmio Escolar Teuto-Brasileiro.
3. Documentação e publicações consultadas sobre o Histórico do Aeroporto de Congonhas.
4. Documentação e publicações consultadas sobre o supermercado Extra Aeroporto.
5. Consultar o capítulo especial sobre Escolas, Histórico do Externato Vieira de Moraes.
6. Consultar o capítulo especial sobre Escolas, Histórico da EMEI "D.ª Chiquinha Rodrigues".
7. Depoimentos de ex-alunos e nota 2 deste capítulo.
8. idem nota 1.
9. Consultar capítulo especial sobre a economia dos anos 50, no bairro.
10. Consultar capítulo especial sobre a Associação Amigos de Campo Belo.
11. Jornal *O Estado de S. Paulo* de 26/11/1997. Depoimentos da Família Grandeza. Entrevista n.º 170.
12. *Jornal Cruz do Sul*, n.º 2, 1959. p. 13. AILSP.
13. Planta de 1956 cedida pela Associação Amigos de Campo Belo; Mapa SP. 22/1. AR-SAMARO-01, COGEP, 1976; Traslado: Documento de Venda e Compra de Terreno na Vila Aeroporto. Escritura de 3/4/1956, 10º Tabelionato da Capital de São Paulo, Livro 645, fl. 62 e Registro de Imóveis da 11.ª Circunscrição, Capital, n.º 72.590, Livro 3BB, fl. 56 de 3/5/1956; Documentos de Compromisso de Venda e Compra do terreno citado e do edifício nele construído, datados de 1959, 1960, 1962, 1969 e 1970; Planta descritiva do imóvel construído aprovada pela PMSP a 7/4/1953, Tabelião Bruno, XVI Ofício, São Paulo, Capital, Construtora Acrópole S/A Engenharia e Construção.
14. D.O. do Município de São Paulo de 23/11/1976, Processo n.º 115.795/76 Pros. n.º 1. AR-SAMARO-G.16.; Homologação da Habilitação por concorrência para a pavimentação e obras complementares das ruas Pe. Leonardo e outras, pela firma Camargo Campos S/A — Engenharia e Comércio. Documento de 23/10/1962. Recibo da Ligação de Esgoto na citada Rua Pe. Leonardo.
15. Entrevista n.º 171.

Anos 60 (1960-1969)

Os anos 60 foram terríveis para o Brasil e para o mundo. A euforia do pós-guerra terminara e a realidade feria a todos. O choque entre o capitalismo e o socialismo, refletido na Guerra Fria, trazia insegurança e prejuízos.

ASPECTO SOCIAL

Em Campo Belo a realidade era conflitante: de um lado casarões antigos e confortáveis dividiam os espaços da chamada área nobre com os belos edifícios, que chegavam devagar. De outro lado, casas modestas situadas mais próximas das grandes avenidas, avizinhavam-se com as favelas, que cresciam sem parar. Crescia o número dos excluídos.

A injustiça social que há quinhentos anos se institucionalizara no país, se refletia no pequeno mundo de Campo Belo. Os pobres e excluídos de então não eram violentos. Suas famílias se espalhavam no bairro em busca de recursos: as mães eram domésticas, os pais peões de obra, carrinheiros ou empacotadores. Sem estudo e sem profissão não poderiam ambicionar outras profissões. Os filhos pediam roupas, alimentos, material escolar, remédios, brinquedos, dinheiro... e um pouco de carinho. Chamavam, àqueles que os atendiam de fregueses.

Era triste ver aquelas crianças crescerem esmolando. As que sobreviveram, hoje estão perto dos cinqüenta anos. Onde estarão?

Os transportes, no bairro, eram ainda deficientes. Algumas linhas, com poucos carros mal tratados, constituíam o panorama dos transportes coletivos. O bonde, que era ótimo, foi suprimido em 1968 e os ônibus não davam conta do serviço.

Poucas famílias tinham automóveis e em geral, um só, para os mais velhos.

O esgoto e a iluminação pública estavam parcialmente implantados no bairro.

O comércio crescia, mas era ainda comum a entrega do pão e do leite a domicílio.

As chácaras desapareciam cedendo seu espaço para as feiras-livres, que cresciam em tamanho e variedade de produtos.

A verticalização iniciada nos anos 50, com poucos e pequenos edifícios, situados no alto Campo Belo, prosseguiu de forma tímida.

O Brooklin Paulista atraía compradores ao seu requintado comércio e Moema, aos seus bares e restaurantes. Campo Belo ainda não dispunha destes atrativos.

No bairro em estudo, multiplicavam-se as escolas privadas sobretudo as de educação infantil e também escolas públicas instaladas em seus edifícios próprios. Ampliava o número de alunos. Algumas indústrias deixavam a região.

Historiados em capítulos especiais, fixavam-se em Campo Belo, o Clube Aquático do Brooklin, a Associação Esportiva e Recreativa da VASP, a Auto-escola Holywood, a NEPL — Conde de Ipanema, a Escola União, a Floricultura Frey, o bar Waikiki, a Casa de Calçados Presidente, a Oficina Mecânica para carros, de Sérgio Kima, o Açougue Presidente, a Papelaria

Matsuda, a Sapataria Cabral, a Barbearia do Santos, a Casa Paschoal, a Casa Universal de Material Elétrico, a padaria dos búlgaros Singer, a barbearia do Adelmo. As escolas públicas Leonina dos Santos Fortes e Dona Chiquinha Rodrigues, recebiam seus edifícios próprios.

A década foi privilegiada com a chegada de um morador inesquecível, Vital Fernandes da Silva, o admirável Nhô Totico!

As crianças e adolescentes do bairro ainda dispunham de algumas ruas tranqüilas e poucos terrenos baldios para jogar bola, correr e andar de bicicleta.

Na Rua Vieira de Moraes, 1635, chegava, em 1965, o primeiro supermercado do bairro, o Barateiro. Sua presença levou alguns pequenos armazéns a fechar suas portas. Era a concorrência.

Com 35 anos de existência Campo Belo ainda tinha ruas sem calçamento. A *Gazeta de Santo Amaro*, de 7 de janeiro de 1966, noticiava que Fernando Scalamandré Jr., enviara para a sub-prefeitura de Santo Amaro dois bilhões de cruzeiros para a pavimentação de ruas em Campo Belo e no Brooklin Paulista. Seriam pavimentadas as ruas: Conde de Porto Alegre, Benjamim Constant, Cristóvão Pereira, Barão do Triunfo, Princesa Isabel, Acruás, Baronesa de Bela Vista e Edson. Também seria pavimentado o pontilhão sobre o Córrego da Traição.

Bombas elétricas puxavam água dos poços nos quintais. Fossas sanitárias aguardavam a chegada da rede de esgotos. Eram os últimos vestígios do primitivo tempo de um bairro que, agora, iria correr em direção ao progresso.

O ano de 1968, considerado "o ano que não terminou", ficou estigmatizado pelos horrores do AI-5. O país sofreria muito pela perda da preciosa liberdade.

Em julho de 1969, quando a terrível década estava para terminar, o homem chegou à lua.

Extasiado, o mundo entrava na década de 70 com esta grande vitória: a era espacial.

Notas e fontes consultadas
1. Jornal a *Gazeta de Santo Amaro* dos anos 1960-1969.
2. Pesquisa de campo feita pelos autores na década 60-69.
3. Entrevistas de números 5, 15, 18, 22, 43, 49, 60, 83, 88, 90 e 95.

ASPECTO SOCIAL

Anos 70 (1970-1979)

Inteiramente urbanizado, o bairro ganhou um novo perfil: moderno, refinado, verticalizado. Com ruas asfaltadas, iluminadas, comércio renovado e crescente, a região tornou-se mais atraente. Um novo grupo de moradores veio em busca de conforto que se aliava a tranqüilidade local.

Embora tendo por limites grandes artérias que facilitavam a comunicação com pontos distantes, Campo Belo dispunha de muitas ruas largas e arborizadas, não afetadas ainda pelo ruído e poluição do trânsito das suas avenidas. Era uma ilha de paz em um mar agitado por numerosos veículos que transitavam no seu entorno.

A verticalização impôs a derrubada de inúmeros imóveis que foram substituídos por edifícios, cujo padrão de qualidade era cada vez maior. Cercados de áreas verdes, respeitando largo espaçamento entre as construções, tais edifícios eram também belos e confortáveis.

O que hoje se tornou corriqueiro, apresentou-se na década analisada, como novidade e de grande praticidade dentro do bairro; tratava-se do primeiro supermercado local, o supermercado Barateiro S/A, que não tardou a crescer e ter que se mudar para um local mais amplo. Saiu do número 1636 para o 1597 da Rua Vieira de Moraes.

Em 1972, na Av. Washington Luiz, abria o supermercado Pão de Açúcar — Jumbo Aeroporto, de grande porte, que tinha diferentes e variados produtos a oferecer para uma clientela crescente.

Nos anos 70 multiplicaram-se os bancos, as linhas de ônibus, os pontos de comércio. As feiras-livres aumentaram o número de suas barracas e a variedade de seus produtos. A demanda assim o exigia.

Nesse contexto, chegava para ficar, a Confeitaria Christina, de Johann Kornfeller e se fixava, no bairro, a Sociedade Filarmônica Lyra.

Para defender os interesses da comunidade, a Associação dos Amigos de Campo Belo, teve a felicidade de empossar como presidente, o dinâmico e competente Isidro Vignola.

A pequena e perfumada chácara, a das Orquídeas, situada na Rua Edson, 1295 e pertencente à família Schmidt, iria desaparecer deixando saudades. Em seu lugar, um edifício que perpetuaria sua lembrança, foi construído, recebendo o nome de Mansão das Orquídeas.

Atrás de uma cerca viva de ciprestes, uma grande estufa feita com ripas de madeira pintadas de verde escuro, acolhia belíssimas orquídeas cultivadas para serem vendidas. Schmidt era casado com a mineira Iolanda. O casal era conhecido na região.

Em frente à chácara, chegando até a esquina da Rua Santa Rita, um conjunto de casas térreas, de construção interessante, lembrava os chalés europeus pintados de branco e ocre. Davam um toque especial àquela esquina, onde hoje se situa o edifício de número 1378.

O Clube União da Mocidade, os campos de futebol e os terrenos baldios não mais existiam.

Cresciam as favelas nos vales. Canalizava-se o Córrego da Traição e eram pavimentadas as últimas ruas do bairro.

Um jovem, Octávio Weber Neto, nascido e criado no bairro descreveu suas impressões percebidas em sua infância e adolescência. Em seu mundo ainda pequeno, tais impressões ainda eram profundas. Seguem seus depoimentos:

> Nasci em 1969 e por trinta anos residi em Campo Belo do qual guardo muitas lembranças. As mais marcantes estão ligadas à natureza, que sempre me atraiu. A presença do verde era uma constante, além da variedade de insetos e pássaros, nossos visitantes urbanos.
>
> Minha rua era pequena, como pequeno é o mundo de toda criança. Tinha apenas duas quadras, mas seus jardins, ainda que dispondo de pouco espaço, eram floridos e verdejantes: pinheiros, acássias, quaresmeiras, eritrinas, flamboyans, yucas, damas-da-noite, jasmins, coqueiros e dracenas perfumavam e coloriam todo o ambiente.
>
> A acácia dourada, que via da janela de meu quarto, enfeitava a casa do simpático senhor André; muitas pessoas paravam para admirá-la e levar-lhes as favas que caíam na calçada. Os cachos de flores balançavam no ar sacudidos pelo vento que sempre soprava no bairro.
>
> Em nossa casa, papai mantinha canteiros bem cuidados. Em um deles, um bonito pé de esquiva, que se tornou uma árvore alta e em cuja copa verde-escura belas flores, semelhantes a um tufo de fios amarelo-mostarda, atraíam a atenção de pessoas e de minúsculos beija-flores e saíras. Na calçada, um alto coqueiro adornado por cachos pendentes de várias orquídeas, ali colocadas por papai, cheiravam a mel.
>
> Tal era a minha admiração pelo verde que embelezava o bairro que tornei-me um biólogo. Fotografei as orquídeas, acompanhei os seus respectivos crescimentos e observei a harmonia existente entre a vegetação e as maritacas, que buliçosas vinham comer coquinhos e, as pequeninas jataís que voavam em torno das flores.
>
> Quando passo agora de carro, pela avenida Água Espraiada, nua e quase sem verde, não posso conter minhas lembranças. No início dos anos 70, nas noites quentes de verão, passeávamos pelo bairro então tranqüilo. Na várzea do Água Espraiada tivemos então a oportunidade de ver e ouvir uma orquestração singular executada por rãs, sapos e pererecas. Ali era um grande charco e, nele, estes batráquios habitavam. Nessas noites também admirávamos os vaga-lumes voando próximos de nós.

Papai gravou em fita o som daquela "orquestra". Grandes mariposas também se faziam notar e assustavam a minha mãe.

Certa vez, um daqueles sapos foi parar no jardim de nossa casa. Eu e meus irmãos fomos espantá-lo e ele, assustado, urinou no piso branco de nosso alpendre. A mancha, indelével, não desapareceu até que o piso foi substituído.

Quando adolescentes, jogávamos bola no campinho da várzea na baixada da Rua Santa Rita.

Inesquecível também são os bandos de irerês e poucas corujas brancas que víamos cruzar os céus indo em direção ao Ibirapuera.

Morávamos próximo ao Jumbo Aeroporto e quando o natal se aproximava o aroma dos panetones ali assados penetravam pelas portas e janelas das casas.

Nem tudo eram flores. Crianças pobres saídas das favelas nos entristeciam e os constantes incêndios que destruíam seus barracos, nos indignavam.

Lembro-me bem da solidariedade demonstrada quando vizinhos correram para ajudar a combater o incêndio na barbearia do salão Zula até o corpo de bombeiros chegar.

Já adulto, presenciei a verticalização do bairro e o fim do primitivo encanto. O dito progresso acabou com a várzea e o verde.

O pouco de vegetação do sudeste da Capital, ainda conservada, incluindo o Campo Belo, já é considerada, de modo preocupante, como significativa e remanescente em relação aos demais bairros e regiões da cidade. Isso é um alerta aos urbanistas, que andam a plantar desertos e insustentabilidade às metrópoles.

Guardo na memória as lembranças de um bairro que já fora mais verde... e que valha de alerta.

Notas e fontes consultadas
1. Entrevistas de números 13, 64, 75, 127.
2. Pesquisas de campo feitas pelos autores na década.
3. Consultar capítulos sobre Hidrografia e Vegetação local.

Anos 80 e 90 (1980-1999)

Como os demais bairros que já podiam desfrutar de algum conforto proveniente da infra-estrututra urbana obtida, Campo Belo apresenta como principais marcos na história local destas décadas:

1) a verticalização generalizada, com mais qualidade, com o conseqüente aumento da densidade populacional;

2) a significativa diversificação da oferta nos segmentos de comércio, notadamente na de abastecimento, inclusive de combustíveis. A abertura do Hipermercado Extra e a expansão dos postos de combustíveis são exemplos;
3) idêntica expansão na área terciária, com o oferecimento dos mais sofisticados serviços. Vídeo-locadoras, restaurantes com refeições a quilo, lanchonetes, pizzarias, bares e cafés requintados, perfumarias, boutiques, agências de turismo, clínicas veterinárias, farmácias de manipulação;
4) o aparecimento de definitiva mídia local, como utilidade pública, cultura e publicidade. Assim se caracterizaria o surgimento do *Jornal do Campo Belo etc & tal*;
5) a fundação de entidades voltadas aos reclamos locais e à cidadania, em defesa da qualidade de vida ameaçada pela defasagem entre a Educação e a Tecnologia;
6) o aparecimento de estabelecimentos na área da saúde, em geral, com a inauguração de hospital, abertura de posto de saúde e de numerosas clínicas e consultórios;
7) a complementação na infra-estrutura urbana, na segurança, na hotelaria e no ensino, principalmente. Cita-se a abertura de uma agência postal, instalação de uma unidade Corpo de Bombeiros da Polícia Militar e mais uma delegacia policial;
8) o desenvolvimento de oportunidades locais para a prática do esporte e de exercícios físicos;
9) a conclusão das obras da paróquia de N.ª Sra. de Guadalupe, assim como do aparecimento de outros templos não católicos;
10) aumentam as possibilidades de emprego;
11) recrudesce o desfavelamento na várzea do Córrego da Água Espraiada;
12) reaparece uma fauna, composta de pássaros, certamente pela integração das vias verdes;
13) cresce ainda, o requinte nas construções e instalações principalmente nas áreas de comércio e serviços;
14) ao terminar a década de 90, São Paulo traz a Campo Belo um jeito novo de morar, são os lofts, cuja origem data dos anos 20, quando Paris, Londres e Nova Iorque adaptaram grandes galpões industriais desativados, para se transformarem em moradias baratas, muito procuradas por artistas que, neles, iriam morar e trabalhar. Em Campo Belo, são construções requintadas. Os primeiros lofts construídos no bairro situam-se na Rua João Álvares Soares, esquina da Rua Domingos Lopes.

ASPECTO SOCIAL

15) há também em Campo Belo alguns condomínios horizontais como por exemplo o situado na Rua João Álvares Soares, 1970.

Como subprodutos negativos, do desenvolvimento dessas décadas, observa-se:

1. um aumento conseqüente no número de veículos no interior do bairro;
2. freqüentes incêndios, abrindo vazios nas favelas ampliando os problemas de desabrigo;
3. uma crescente população indigente de crianças pedintes no comércio dos semáforos;
4. aumento sensível da poluição ambiental do ar, das ruas, praças, comprometendo a qualidade de vida;
5. um aumento de outros fatores degenerativos do ambiente, tais como:
    5.1 ruído diurno e noturno, causados pelas atividades diárias e pela falta de escrúpulo noturno;
    5.2. nível de higiene em declínio pela liberação de lixo nas vias públicas e fezes de animais;
    5.3. riscos de atropelamentos, apesar do balizamento; desrespeito aos pontos de ônibus.

O fechamento de algumas escolas tradicionais, no bairro, como o Externato Vieira de Moraes, a EEPG Leonina dos Santos Fortes e outras unidades menores é acontecimento desfavorável para a região.

Devemos ainda, lamentar o falecimento de ilustres moradores, como: João Manoel Vieira de Moraes, João Batista Vilanova Artigas, Vital Fernandes da Silva e outros.

A execução de um arrojado projeto de recuperação do meio ambiente em São Paulo merece destaque porque, além de contar com a participação de Ricardo Ohtake, cuja família reside há 63 anos no bairro, trata da recuperação da mata que, no passado, revestiu a várzea do Rio Pinheiros, um dos limites do Sítio Traição.

Chegamos ao final da década de 90 e a implantação do Projeto São Paulo Pomar, a 8 de novembro de 1999, servirá como fecho aos nossos registros.

Também para os anos 90 foi projetada a construção da Torre Pluralista, idealizada por Gaetano Pesce, a ser construída na Rua Gil Eanes no Campo Belo, ela terá andares personalizados e contará com a colaboração de Ruy Ohtake, Paulo Mendes da Rocha, Ricardo Julião, entre outros arquitetos de renome. Do exterior viriam: Jean Nouvel, Takamatsu e Frank Gehry. Será uma ocupação vertical, personalizada e ousada. Tal obra se inspirou em antigas construções inglesas de Hong Kong, onde apartamentos baratos tiveram suas fachadas reformadas de modo independente, irregular e lá, ilegal.

A torre se chamaria São Paulo, teria 11 andares, seria a primeira no mundo e sua construtora seria a Método Engenharia.

O plano Collor fez arquivar temporariamente o projeto.

Notas e fontes consultadas
1. *Jornal da Tarde*, 8/11/1999, p. 10. "... entre 1928 e 1950 várias intervenções cuidaram da retificação e canalização do Rio Pinheiros, o que exterminou aquilo que restava da vegetação.
2. *Jornal da Tarde*, 8/11/1999, p. 15a. "pássaros que voltarão a S. Paulo: sabiá-laranjeira, tico-tico, coleirinho, bem-te-vi, maritaca, periquito, tuim, bandeira, saíra, pomba, araponga, codorna, garça, pato, marreco e frango-d'água. Poderão vir até macacos."
3. Jornal *Folha de S. Paulo*, 7/11/1989, p. 8 e de 28/8/1990, p. E-12.
4. Revista do *Estado de S. Paulo*, 1990.

23
Favelas: moradia dos excluídos e ocupação informal

Data dos anos 30 o início do êxodo rural no Brasil que alavancou uma migração interna voltada para as cidades industrializadas. Supondo encontrar oportunidades para usufruir uma vida melhor, mas não tendo profissão urbana, os camponeses criaram para si e para as cidades que os acolheram graves problemas.

Alguns se encaixaram nas construções civis, onde eram mal remunerados, outros encontraram subempregos que não lhes garantiam vida digna. Havia desemprego para a grande maioria. Sem recursos, construíram os primeiros barracos na região industrializada de Santo Amaro; não tinham onde morar.[1]

Da mencionada década em diante, os barracos se multiplicaram nas áreas de servidão, junto dos cursos d'água e até em locais de mananciais. Formaram as favelas que, abrigando de maneira informal um número crescente de excluídos, atualmente se instalam até mesmo nas margens das avenidas e sob os viadutos.

Campo Belo também tem favelas desde o final dos anos 30, quando a família Vieira de Moraes cedeu parte das terras no vale do Água Espraiada àquelas famílias sem recursos para morar bem.

A favela do Buraco Quente ali instalada, abrigada na depressão do vale, escapava do vento frio que varre o bairro. Daí o seu nome. Nas décadas seguintes, ela se estendeu chegando até quase o Jabaquara.

A cada núcleo que se formava, nomes locais surgiam: Buraco do Sapo, Risca Faca, Levanta a Saia, Morro do Piolho, Guinéia, Alegria, Buraco Frio e outros.[2]

Dos anos 50 aos 70, formou-se a favela Traição, no vale do córrego que lhe deu o nome. Chegou a ter mais de dois mil barracos e seu fim chegou com as obras da Av. dos Bandeirantes. Para onde foram seus moradores?

Na década de 50, a recém-formada paróquia de N.ª Sra. de Guadalupe, através do CEPAS, tentou minimizar os sofrimentos daqueles que viviam em uma condição sub-humana. Para isso criou uma frente voluntária de apoio aos favelados do bairro. Distribuiu latões para que eles coletassem seu lixo, antes jogado nas vielas e nas águas do córrego. Orientados por profissionais aprendiam o básico da higiene.

Havia médicos, dentistas, professores, enfermeiros, catequistas e professores de arte trabalhando para eles gratuitamente. Com carinho, eram preparados para o mercado de trabalho restabelecendo-se assim a dignidade daquelas famílias.[3] Eram cerca de trinta mil famílias.

As crianças estudavam nas várias escolas públicas do bairro.

Dos anos 60 em diante, o número de crianças cresceu e muitas delas tornaram-se pedintes, pois o que seus pais ganhavam não bastava para o sustento da família.[4]

Em 1964, a *Gazeta de Santo Amaro* noticiou que a 28 de fevereiro daquele ano seriam entregues às famílias carentes do Buraco Quente casas populares para aquelas que tivessem maior número de filhos. Coube ao Centro Social do Brooklin presidido por Conceição Ana de Araújo e Celestina Steward distribuir as casas que se situavam nos bairros periféricos de Santo Amaro.

Nos anos 70, com a abertura dos supermercados no bairro, surgiam novas oportunidades de trabalho aos favelados.

Quando nos anos 80 faleceu o Dr. João Manoel Vieira de Moraes, chamado de "Dotô" pelos favelados, seus familiares tentaram reaver os terrenos por ele cedidos às favelas, mas nada conseguiram.

Nessa década, o projeto de um anel viário no vale do Água Espraiada ameaçava a favela. Vários incêndios noticiados nos jornais acabaram com dezenas de barracos.

O córrego, então assoreado pelo lixo nele depositado, causava transtornos ao transbordar. O mau cheiro e os mosquitos atormentavam aqueles que moravam próximos do vale.

Apesar do contraste entre o modo de vida da classe média que se avizinhava com os favelados, havia solidariedade. Muitas famílias pobres eram dignas, mas sem oportunidade para viver uma vida melhor. Humildes, mas trabalhadores e simpáticos, se tornavam conhecidos. Era o caso de alguns carrinheiros e crianças que, sendo assíduos, cumprimentavam os moradores e desejavam bom dia.

José Nunes, carrinheiro, que morava no bairro, na favela do Buraco Quente, durante trinta anos cortava as ruas do bairro com sua carroça puxada por um magro, mas bem cuidado, cavalo. Usava um chapéu azul, de ráfia, com a aba levantada na frente, descobrindo seu rosto largo e sorridente. Chamava de patrão e madame, aos seus "fregueses".

Conseguiu, no final dos anos 80, comprar um cômodo e cozinha na Vila Guarani. Faleceu nos anos 90.

Como José Nunes, outros tantos se destacaram, como José Murilo Domingues, Manuel Pedro Gradil e Nelson Gonçalves Barreto. Morando na favela ou em terrenos públicos, em modestas casas, mantém-se e ajudam a família coletando sucatas pelas vias da região.

Vinda do Sul, do campo, uma família de gente loira, educada e simpática, se fixou na favela nos anos 80. Quando nasceu o último dos quatro filhos, o marido foi embora. Desesperada, a mãe e os filhos se tornaram pedintes. O mais velho, Iraildo, querido por todos que o conheceram, conseguia ganhar alguma ajuda em troca de pequenos serviços. Teria uns doze anos e estudava na escola pública estadual do bairro. Seus cadernos eram bem cuidados e orgulhoso ele os mostrava aos seus "fregueses". Quando a Av. Água Espraiada foi aberta e os favelados foram removidos, não mais foi vista aquela família.[5]

De Minas Gerais viera Narciso e sua família. Ele fora motorista da CMTC (atual SP Trans), mas aposentado por invalidez após um desastre, foi morar no Buraco Quente e se tornou carrinheiro. Tinha quarenta anos, era calmo, trabalhador e educado. Assíduo, era estimado por todos.

Algumas crianças deixaram-se fotografar e, felizes, receberam cópias de suas fotos expostas neste trabalho.

Foi ainda nos anos 80 que o bairro foi palco de um fato inusitado até então, em suas ruas.

Certa manhã, num final de semana, em fevereiro de 1985, a Rua Paiaguás foi acordada por uma cantoria lembrando o carnaval que se aproximava. Que surpresa! Com roupas simples, vários jovens da favela dirigidos por uma moça cantavam e dançavam sorridentes. Era agradável o som de suas vozes afinadas. Foi uma falha eles não terem gravado o que cantavam para que outros pudessem ouvir em outra ocasião.

A moça, uma professora, entregava uma folha de papel, e explicava o fato: um ensaio da escola de samba, a Imperatriz D' Ouro do Aeroporto, iniciativa do Grêmio Recreativo Cultural, cuja existência se desconhecia.

Eles apresentavam um samba-enredo, para aquele carnaval de 1985, cujo tema era: "Festa na Favela".

[Letra e Música de Cidinha Santos]

"Há festa na favela sim senhor ô ô ô...
Há festa na favela sim senhor ô ô ô...

Vamos convidar o nosso amor
Vamos sair para sambar   Bis
E alegrar a favela do lugar

A nossa favela tem valores
Que nós conquistamos com o samba
Temos que aplaudir os moradores   Bis
Os diretores e os nossos jogadores

Que fazem parte da nossa batucada
Vamos sambar, é madrugada   Bis
E o samba corre solto na calçada"[6]

Ensaio da escola: Rua Tapés, s/n.º atrás do Jumbo Aeroporto.

Atualmente os favelados estão sendo transferidos para outras regiões.[7]

Em maio de 2002, a ONG Conexão Gaia, a primeira do bairro, fundada por um grupo de executivos da área de marketing, interessado em aplicar suas habilidades em projetos que gerassem resultados sociais, deu início ao Projeto Alquimia. O objetivo deste era a melhoria das condições de vida da comunidade formada pelos moradores da favela do vale da Água Espraiada.

Prevendo a instalação de um pólo sócio-econômico e cultural dentro da citada comunidade, onde haveria uma usina de reciclagem e um centro cultural e profissionalizante, o projeto tinha como alvo crianças e jovens.

Com um trabalho contínuo pretendia a ONG, gerar trabalho digno e formar cidadãos.

Previa a urbanização da área hoje em condições de vida sub-humana.

Se implantado seria a concretização de um sonho. A favela não mudaria de lugar, mas mudaria de vida. Infelizmente, o terreno e a ajuda prometia à ONG, não se efetivaram e a favela permanece entregue à sua situação de exclusão social e permanentemente ameaçada por despejos judiciais, obras públicas, especulação imobiliária e incêndios.

Notas e fontes consultadas
1. Levantamento dos Recursos Sociais-Econômicos e Urbanos. AR-SAMARO, área IV, SEBES, 1974; AR-SAMARO, 1976 (folheto); Secretaria do Bem-Estar Social. SEBES, 1976; Trabalhos Publicados pelo SEBES: Caderno Especial n.º 1, CAPED, outubro, 1974; Caderno Especial n.º 13; Boletim Habi-CAPED, outubro, 1974.
2. Departamento de Habitação e Trabalho. Órgão municipal que cadastrou mais de três mil barracos distribuídos nas favelas de Santo Amaro, 1973.

3. CEPAS, 1975. Entrevista com a diretoria; Listagem de Entidades Particulares do Município de São Paulo. Departamento de Integração Social, 1977.
4. Depoimentos de Moradores, de favelados e de Entidades Assistenciais do bairro, 1969-1977.
5. Favelados entrevistados: José Murilo Domingues; Manoel Pedro Gradil (*Jornal do Campo Belo etc & tal*, 7/12/1995); Nelson Gonçalves Barreto; Conversa com dezenas de Adultos e Crianças favelados.
6. A letra da Música "Festa na Favela" foi entregue aos autores deste trabalho na porta de sua residência na época do ocorrido.
7. *Jornal do Campo Belo etc & tal*, n.º 297, ano XIV, 6-20/5/2002, capa. [atualidades: a partir de agosto de 2001 a PMSP vem transferindo moradores que ocupam os vãos dos viadutos na capital paulista, para casas construídas na periferia da Zona Sul de São Paulo – Projeto de Zoneamento. Aproximadamente já foram transferidas cerca de 679 pessoas. A 3 de maio de 2002 dentro do Projeto, foram transferidas 6 famílias de sob o Viaduto João Julião da Costa Aguiar em Campo Belo.]

24
Aspecto cultural e educacional

Escolas

Como único canal de transformação confiável, a Educação, instrumento usado pelo binômio família-escola, é a receita insubstituível para se construir uma sociedade saudável, sob todos os pontos de vista. Um povo educado gera um país de primeiro mundo, pois é dele que emanam seus dirigentes — suas cabeças pensantes, seus cidadãos.

Campo Belo teve a felicidade de se formar sob os cuidados de uma família preocupada com a Educação.[1]

Com apenas um ano de existência, o bairro recebeu sua primeira escola por iniciativa do pastor Heinrich Stremme e do Dr. João Manoel Vieira de Moraes.

Antes de registrarmos as notas históricas sobre a primeira escola do bairro, destacamos as realizações da primeira professora cujos trabalhos particulares antecederam o nascimento do bairro. Trata-se da senhora Florence Lindsay, já citada como membro de uma das mais antigas famílias locais.

Residindo no bairro desde 1922, muito jovem, ela não tardou a exercer sua profissão, ensinando as primeiras letras às crianças do bairro.

No início dos anos 50, foi inaugurado o Externato Vieira de Moraes e Florence se tornou ali a primeira professora de inglês.

No final dos anos 70, ao entrevistá-la em sua casa, conhecemos sua grande biblioteca e sentimos o ar austero e europeu do mobiliário que caracterizavam o ambiente. Algumas crianças lá estavam aprendendo inglês. Ela era filha de ingleses e estes são conservadores, daí a sensação de uma volta ao passado ao observarmos a sua casa.

Florence já estava viúva desde os anos 70 e faleceu nos anos 80. Nos anos 90, faleceu também sua filha Johanna.

O interesse e carinho que caracterizou a professora foram confirmados com grande entusiasmo por seu genro: Firnn E. Christofer. Achamos justo que seu nome desse início à lista dos nomes daqueles que batalharam pela educação no bairro.

O edifício Tatiana, na esquina das ruas Barão de Jaceguai, 1274 e Vieira de Moraes substituiu o grande sobrado erguido nos anos 20 para a família Lindsay.

A primeira escola

Em Campo Belo, a colônia alemã crescia e reclamava por uma escola para suas crianças. O pastor emérito luterano, Heinrich Stremme, sensível diante da situação, tudo fez para satisfazer àquela necessidade prioritária.
O Dr. João Manoel Vieira de Moraes, grande proprietário de terras na região, quando consultado, pois era um entusiasta pelo desenvolvimento do bairro, doou um pequeno lote, na Rua João Maciel, 1444 e tijolos e areia destinados à construção da escola. Em mutirão, toda comunidade colaborou. O senhor Heinrich Isliker, construtor, dirigiu a obra e ergueu a tão esperada sala de aula.[1]
A 18 de janeiro de 1930, tinha sido inaugurado o Grêmio Escolar Teuto-brasileiro de Campo Belo e nele se ergueria a escola. Esta receberia crianças de qualquer credo e nacionalidade.[2]
Um requerimento datado de 22 de dezembro de 1931, feito pelo pastor Stremme à Câmara Municipal de Santo Amaro, informava que as aulas teriam início a 11 de janeiro de 1932. Pedia ele, a autorização.[2 e 3]
A comunidade escolhera os primeiros professores: Theofibia Hilles Fortes, Cloe e Cornelius Diezeck. A primeira sala logo ficou lotada e exigiu que se erguesse uma segunda.[4]
Alguns ex-alunos, das turmas de 1932 e 1934 entrevistados, citaram os nomes de seus colegas, que aqui ficam registrados: Heinrich, Lídia e Walter Isliker; Maria, Wilhelm, Catharina, Suzana e Margarida Hackenbruch; Wilma e Rudolph Hermann; Oscar Danninger; Aermenui e Kevorak Keridjian; Jeremias Kerlakian; Louisi Grubber; Antonio Bergmann (Tony); Anna Christmann e Elvira Knapp.[5]
A esposa do pastor Stremme era catequista, ministrando aulas de religião na escola, e ensaiava um coral de jovens que cantava nas festas da colônia. Ensinava artesanato aos seus alunos.
Carismática, a senhora Stremme, tornou-se inesquecível; foi citada por todos pela alegria e dedicação com que tratava as crianças às quais também oferecia seus bolos e biscoitos e um copo de groselha fresquinho. As peças elaboradas pelas crianças eram anualmente expostas à comunidade na escola.[6]
O casal Stremme, residia na Rua dos Armênios, 680, atual Casemiro de Abreu.[7]

ASPECTO CULTURAL E EDUCACIONAL

Tornaram-se inesquecíveis as festas escolares realizadas pelo grêmio no salão dos Wessel, que reunia sócios e convidados e ofereciam uma diversão saudável, variada e tipicamente alemã. Elas mantinham acesas as chamas da tradição e tinham um requinte especial.

De 1932 a 1939, a escola cresceu e trabalhou muito.

Quando a Segunda Guerra Mundial começou, o governo brasileiro através de decretos, foi cerceando as atividades e discriminando alemães, italianos, japoneses e seus descendentes.[8]

Neste contexto, o Grêmio Escolar Teuto-brasileiro sofreu nefastas conseqüências e o pastor Stremme foi para a Alemanha rever a família. A escola e o grêmio, sem o seu competente criador e administrador ficaram semi abandonados.

As famílias se afastaram e a escola fechou.

Somente de 1951 a 1953, as salas de aula foram reabertas. O pastor Francisco Bauer Filho, da Igreja Nova Apostólica Independente, reativou também a associação e em suas dependências ministrou o culto, e a catequese. Todavia, o barulho vindo da quadra esportiva atrapalhava o seu trabalho e, ele acabou por se retirar.[9]

De 1954 a 1962, as classes foram utilizadas por unidades isoladas de ensino público para o primeiro grau. Era a Escola Mista do Alto da Boa Vista, que aguardava um edifício próprio. Foram responsáveis por esse período as professoras: Maria Rosa Maia Braga e Joaquina Dias Leme, conhecida como Quininha.[10]

De 1975 a 1985, atendendo às necessidades dos moradores do alto Campo Belo, distantes da matriz da Igreja de N.ª Sra. de Guadalupe, foi instalada, nas salas do antigo grêmio, a sede da Comunidade Apóstolo Paulo. O culto católico era ministrado pelo padre Paulo Homero Gozzi e as aulas de catequese também ali eram realizadas.[11]

De 1985 em diante, o grêmio se tornou exclusivamente um centro de práticas esportivas. Em capítulo especial trataremos da associação a partir dos anos 80.

Notas e fontes consultadas
1. Entrevista n.º 2.
2. Entrevista n.º 6; Jornal *Deutsche Zeitung*, 6/1/1932, convite para a inauguração da escola, p. 5.
3. Papéis sem verificação. CMSA, Caixa 10. Diversos, requerimento e licença emitidos em 1931 pelo pastor Stremme à CMSA.
4. Os nomes dos professores citados por vários entrevistados estão confirmados no documento citado na nota anterior.

5. Ver entrevistas de números: 2, 13, 52, 77 e 128.
6. Entrevistas de n.º 6 e 77.
7. Papéis sem verificação da CMSA, Caixa 10, 24/2/1931, pedido de permissão para ampliar a casa do pastor Stremme, na Rua dos Armênios, 680.
8. Citações das entrevistas de números: 56 e as citadas anteriormente. Documentação específica do Grêmio Escolar Teuto-Brasileiro (GETB). *O Álbum de Santo Amaro*, 1948, de João Netto Caldeira, p. 112: citação de uma classe de 37 alunos da Escola Pública Isolada em Campo Belo da professora Dalila Silva.
9. Entrevista n.º 6; Documentos do grêmio.
10. Entrevista n.º 68.
11. Entrevistas n.º 13 e 56. Depoimentos das catequistas: Maria Aparecida Lacerda Duarte Weber e Maria José Danniger, que lecionaram na Comunidade, de 1963 a 1980.

Externato Vieira de Moraes

Durante quarenta anos (1954-1994) jovens paulistas de tradicionais famílias, residentes ou não em Campo Belo, puderam usufruir de um ensino privado e esmerado. A alta qualidade e seriedade do trabalho realizado no Externato Vieira de Moraes, mereceu respeito no meio educacional e marcou uma época e algumas gerações.

Cedendo espaço físico a um futuro edifício, foi demolida a construção escolar que tinha aspecto de um casarão colonial erguida em 1953, na Rua Dom Pedro II, 1403, hoje Constantino de Souza. A jovem proprietária da escola era Thereza Vieira de Moraes (1917-2004).

Professora, especialista em Educação, recém formada, ela recebeu de seu pai, Rodrigo Vieira de Moraes, a escola pronta e a esta dedicou grande parte de sua vida. Como instituição característica dos anos 50, o externato tinha um uniforme clássico no qual se destacavam as cores da bandeira paulista: uma saia de xadrez miúdo preto e branco, blusa branca com as iniciais E.V.M. em vermelho no bolso. Na cintura uma faixa vermelha, sapatos pretos, meias brancas e uma malha vermelha.

Para os meninos um uniforme igual, no qual uma calça curta substituía a saia. No final dos anos 80, o uniforme foi abolido por não mais se adequar aos jovens alunos.

A escola, funcionando em dois períodos, vespertino e matutino, não tardou a por em funcionamento, além da pré-escola, as oito séries dos cursos então chamados: primário e ginasial. Em 1985, inaugurou-se o então colegial.

Era comum, a maioria dos alunos, cursar da pré-escola ao final do colegial passando grande parte de suas vidas dentro da escola considerada extensão de suas casas.

ASPECTO CULTURAL E EDUCACIONAL

A difícil tarefa de educar era exercida por uma equipe formada pelos pais, diretores e professores.

Não podemos esquecer de citar a fanfarra constituída por mais de quarenta figuras e que foi muitas vezes premiada. Os jovens componentes da fanfarra usavam bonitas fardas militares com as cores branca, azul e vermelha.

O tempo passou e Therezinha sentiu-se cansada para continuar à frente de sua escola; em 1994 para tristeza de muitos, a escola foi fechada e, em seguida, o prédio demolido.

Muitos de seus ex-alunos choraram diante do fato. Hoje, profissionais competentes, recordam saudosos a base sólida recebida dentro daquele inesquecível estabelecimento.

A participação social do externato no bairro, na comunidade e na cidade ficará perpetuada na memória e revelada no trabalho de todos aqueles que passaram parte de suas vidas dentro dele.[1 e 2]

Fontes consultadas
1. Entrevista n.º 20.
2. Depoimentos da professora Maria Aparecida Lacerda Duarte Weber, que lecionou no estabelecimento de 1980 a 1988.

G. E. Leonina dos Santos Fortes

Em terreno concedido por dez anos pela família Vieira de Moraes, inaugurou-se a 20 de novembro de 1956, na Rua Vieira de Moraes, 987, um galpão de madeira onde, funcionaria provisoriamente, o Grupo Escolar de Campo Belo.

A 12 de agosto de 1961, em festividade solene, iniciaram-se, em edifício próprio, as atividades do citado grupo escolar. Ficava ele entre as ruas Edson, Barão de Ladário e Dom Bosco, onde ficava a entrada principal da escola. Na solenidade estiveram presentes o governador estadual, professor Carvalho Pinto e senhora, acompanhados de grande comitiva constituída por autoridades civis, religiosas e militares.

A professora Ana Ferreira Goyos foi a primeira diretora e coube a ela abrir a cerimônia de inauguração à qual estavam presentes também professores, alunos, seus pais e alguns moradores do bairro. O Dr. João Manuel Vieira de Moraes, representando sua família, discursou exaltando o interesse de todos pela Educação.[1]

Funcionando no mesmo edifício inaugurado, instalou-se o G. E. Leonina dos Santos Fortes; em 1973 as escolas de 1.º grau fundiram-se em uma só unidade escolar. A partir daí, permaneceu o nome Leonina dos Santos Fortes².

Nos anos 50, o bairro não dispunha de escolas públicas em número suficiente para atender à demanda.

Desconhecendo a importância de uma escola, alguns vândalos, na escuridão da noite, entravam no pátio ainda sem muros, pichando as paredes e quebrando os vidros da escola.

De 1963 a 1986, a professora Maria de Lourdes Mischek Garabosky assumiu a direção da escola e encampou os problemas buscando soluções. Auxiliada por seu marido, o jornalista, Moysés Garabosky e pela comunidade, redesenhou o perfil da escola que, desde a inauguração não mais contara com o apoio das autoridades públicas competentes.

Dinâmica, criativa, entusiasta e idealista a professora iniciou uma longa jornada de trabalho de grande valor. Formou a Associação de Pais e Mestres e a transformou em modelo comentado pela imprensa e seguido por outras escolas. Criada a 21 de março de 1967 a A.P.M. ganhou um estatuto específico cujos objetivos prioritários eram a qualidade do ensino e da vida de seus alunos. As crianças vinham da classe média e das favelas e todos eram bem atendidos ³.

A professora Maria de Lourdes, para combater o vandalismo, muito trabalhou para levantar, com a ajuda de particulares, o muro de fecho da escola. A burocracia emperrava a ajuda governamental. Em lugar de elogios, por seu desempenho, a direção da escola teve que provar que nada recebera do governo, pois uma denúncia apontara injustamente a saída de recursos públicos para o erguimento do muro; isso não acontecera.

Sem desanimar, sempre contando com o apoio da comunidade, a professora conseguiu também a construção de uma quadra de esportes, um projetor de slides, máquinas de calcular, microscópios e uma biblioteca com qualidade. Também conseguiu um portão de ferro, colocado na Rua Barão de Ladário, para facilitar a entrada e saída dos alunos e mais um alambrado, o conserto dos banheiros, a instalação de filtros para alunos e professores, pintura da escola e cortinas nas janelas. O novo aspecto e ordem impuseram respeito[5 e 6].

Dentro do estabelecimento, havia silêncio, ordem e harmonia.

A professora Maria de Lourdes incentivava os professores a despertar nos alunos a consciência cívica. Com o apoio da Secretaria da Cultura, ela trouxe para a escola bandeiras históricas do Brasil e de São Paulo que eram hasteadas nas datas cívicas e homenageadas pela fanfarra e execução do hino nacional cantado pelos alunos[7].

Não podemos deixar de lembrar que a professora Maria de Lourdes desempenhou o seu trabalho em plena ditadura militar.

Preocupada com a saúde, a diretora cuidava de oferecer às crianças uma merenda saudável, vacinação periódica, serviços médicos prestados por voluntários e a participação de membros da comunidade que vinham cortar cabelos e unhas das crianças e acompanhar-lhes a higiene bucal.

Pensando no mercado de trabalho, a direção e a comunidade criaram oficinas de cultura e trabalho nas quais as crianças aprendiam artesanato, dança, canto e a tocar violão. Para sustentar o bom nível do empreendimento a direção e a comunidade organizavam muitos eventos para angariar fundos.

Nos anos 80, teve início o desfavelamento no bairro e o número de alunos favelados diminuiu muito. Em 1986, o casal Garabosky se afastou da escola e a precariedade voltou lentamente a agredir o edifício.

Em fevereiro de 1998, a escola cedeu seu lugar à 1.ª Cia. do 12.º BPM, conforme decreto de outubro de 1997 assinado pelo então governador Mário Covas[8].

O Capitão João Abner assumiu o comando da Companhia e se dispôs a cuidar da segurança do bairro.

Terminara a nobre missão de ensinar naquele edifício que a ele se dedicara durante 37 anos.

Em um país tão carente de bons educadores não poderiam permanecer anônimos os abnegados Maria de Lourdes e Moysés Garabosky.

Fontes consultadas
1. *Revista Interlagos*. Ano X, n.º 20, setembro, 1961, SAMARO.
2. Resolução n.º 378, de 2/7/1973. D.O. Ofício do Delegado de Ensino. C. Pirró Filho.
3. Atas da APM. Originais cedidas pelo casal Garabosky, para consulta.
4. Idem.
5. Idem.
6. *Folha de S. Paulo* e *Diário Popular* de 30/4/1967 [sobre a APM como modelo].
7. Entrevista com o casal Garabosky pelos autores.
8. *Jornal de Campo Belo etc & tal*, outubro, 1997.

E.M.E.F. "D. Chiquinha Rodrigues"

Inserida no período histórico dos anos 50, durante o qual o bairro em estudo teve considerável crescimento populacional, fundava-se a primeira escola municipal de notória qualidade e referência. Ela atenderia a um grande número de crianças em Campo Belo.

Com o nome de Primeira Escola Mista de Campo Belo, sob a regência da Professora Ollandya Peres Ribeiro, funcionou a partir de 3 de setembro de 1956, uma classe construída no quintal da casa da citada professora, na Rua Vieira de Moraes, 781, no Campo Belo.

A 8 de abril de 1957, em um galpão de madeira, construído na Rua Vieira de Moraes, 1021, passaram a funcionar as Escolas Agrupadas de Campo Belo. O galpão de madeira pintado de verde escuro situava-se em terreno concedido por dez anos pelo Dr. João Manuel Vieira de Moraes.

Com classes de 1.ª a 4.ª séries, a professora Ollandya contava com a ajuda das colegas, as professoras: Rosa Branco de Araújo e Leonor Dias Cunha da Silva. O calor e o desconforto dificultavam os trabalhos educacionais.

Em agosto de 1957, a professora Jamile Yvone Narche tomou posse como diretora. Eram já oito classes funcionando em dois períodos.

A 8 de abril de 1967, as classes se mudaram para um edifício de alvenaria construído pela prefeitura na Rua Machado de Assis esquina com a Rua Benjamim Constant. Nessa ocasião passou a escola a se chamar: Escolas Agrupadas D. Chiquinha Rodrigues, pelo Decreto n.º 6.936, de abril de 1967. Neste ano, em setembro foi criada a Unidade de Ensino Primário-Pré-Vocacional, na escola. Crescendo o número de matrículas, mais sete classes foram abertas. Continuavam os dois períodos de funcionamento. O Pré-Vocacional, tinha duas classes e o Núcleo Comum, 20.

Em 1970, um decreto transformou as classes-piloto em classes comuns, pois no ano anterior o pré-vocacional fora extinto. No ano de 1970, a professora Ollandya assumiu a diretoria.

Em 1973, a escola passou a se chamar: Escola Municipal Dona Chiquinha Rodrigues e inaugurou cinco salas de 5.ª série; teria agora três períodos.

Nos anos 80, a escola recebeu o nome de Escola Municipal de 1.º Grau e nos anos 90, Escola Municipal de Ensino Fundamental.

Em 1975, O Plano Nacional de Ensino Infantil, PLANED, foi inaugurado com a professora Jadna de Moura Rangel à frente de uma numerosa classe de crianças com seis anos de idade uniformizados com calção, tênis e boné vermelhos, meias curtas e camiseta branca; eram uma novidade no ensino municipal.

Durante alguns anos, a parte física da escola esteve sem manutenção suficiente, porém, no final dos anos 90, a nova diretoria conseguiu deixar a escola muito bem cuidada.

Muitos se dedicaram à qualidade do ensino na mencionada escola: Diretoria-Professores: Antonia Katsuko Ishida, Aparecido Flávio de Souza,

ASPECTO CULTURAL E EDUCACIONAL

Denise Gomes E. Villa Nova, Maria Cecília de Moraes Parra, Aparecida da Graça B. Gonzalez; Área Pedagógica: Maria Inês P. Teixeira Barbosa, Maria Luisa Bonilha Bruno; Secretaria: Bernadete Rizzo Moreira, Lúcia Ferreira Calanco.

É gratificante admirar o resultado de tanta dedicação. Embora modestas, as crianças são bonitas, saudáveis, bem comportadas. Refletem o carinho que recebem.

Como funciona a escola: período matutino – 5.ª a 8.ª séries; período vespertino – 1.ª a 4.ª séries; período noturno – 1.ª a 8.ª séries supletivas. São 14 salas, sessenta e quatro professores, 31 funcionários e quatro professores readaptados.

A escola dispõe de: biblioteca, laboratórios de ciências e informática, sala de vídeo, quadra de esportes, horta, retro-projetor, aparelho de som, interfones e fanfarra.

São 1.527 alunos, na maioria, residentes na favela da Avenida Água Espraiada.

De 1993 a 1999, a equipe pedagógica da escola desenvolveu projetos diversificados, tendo como objetivo preparar o educando para o próximo milênio.

Assim, através de técnicas atuais, criou possibilidades para que o educando, pré-adolescente, conhecesse a si e aos outros, tornando-se mais sociável e participante dentro do grupo, em seus estudos e no aprimoramento de suas qualidades.

Ficou clara a preocupação da equipe em preparar bons profissionais e cidadãos responsáveis.

Dispondo de recursos modernos e de profissionais competentes a equipe salientou a importância da ética dentro e fora da escola e ainda, usando a música como forma de desenvolver a sensibilidade, equilíbrio e criatividade, cuidou do desenvolvimento psicológico e sexual.

Disse a professora Maria Inês que: "quem educa uma criança não precisará punir um adulto."

Não podemos neste contexto histórico deixar de resgatar o seguinte:

1. a grande fanfarra municipal formada por trinta fanfarras de escolas municipais paulistanas, que reunindo mais de quinhentos jovens, participou de vários eventos cívico-culturais em todo estado.

A escola aqui historiada encantava os moradores do bairro quando da apresentação de sua unidade musical.

2. Wilma Varella, que nos anos 70 como um anjo protetor, muito querida pelas crianças cuidou da saída e entrada dos alunos, organizando a travessia da rua, evitava conflitos na área da escola. Com seu uniforme azul, um boné militar, treinada pelo DSV, garantia o sossego das famílias dos escolares.

Ela foi alvo de muitas reportagens de jornais e TVs na época.

Enérgica e responsável, pedia silêncio àqueles que, com suas buzinas quebravam o silêncio indispensável e sagrado nos ambientes de ensino e hospitais. Também pedia colaboração àqueles que paravam seus carros sobre a faixa de pedestres ou em filas duplas na porta da escola. Para esses, ela era aborrecida.

Após ter trabalhado de forma exemplar, foi afastada injustamente de sua função.

A professora Francisca Rodrigues, dinâmica e entusiasta, em sua juventude, criou em São Paulo uma campanha educacional denominada Bandeira Paulista de Alfabetização. A campanha se estendeu para os outros estados brasileiros, nos anos 30 do século findo.

Apoiados pela prefeitura, os membros da entidade conseguiram criar algumas centenas de escolas públicas e privadas. Chiquinha Rodrigues, líder incontestável, foi por isso muito elogiada.

"Aquele que pode ler é, pela primeira vez, um homem." Era o lema da patronesse da escola aqui historiada.

Chiquinha nasceu a 4 de maio de 1896 em Tatuí-SP. Em 1913, formada, começou a lecionar em sua cidade e depois na escola normal da Praça da República. Foi deputada estadual e prefeita em sua cidade, tendo escrito um livro intitulado *Problemas Brasileiros*.

Viajando por todo o país e pelo mundo, tornou-se conferencista requisitada. Foi membro da Embaixada Cultural Brasileira e da Academia Brasileira de Letras. Participou do 3.º Congresso Internacional de Toponímia e Antroponímia. Estagiou nos Estados Unidos, em curso de língua inglesa. Na Argentina, estudou educação infantil. Recebeu nove medalhas e seis títulos que confirmaram seu valor como educadora. Faleceu em outubro de 1966, deixando o esposo Adolfo Rodrigues e seus cinco filhos.

Notas e fontes consultadas
1. Entrevista n.º 15.
2. Entrevista n.º 95.
3. Entrevistas com ex-alunos.
4. *Jornal do Campo Belo etc. & tal*, dezembro de 2000, p. 3. [Um marco na Educação do Campo Belo, por Luiz Barreiro Fernadez].
5. Entrevista n.º 96, [professora Maria Inês].
6. Folheto de 5/2/1978, fornecido pela escola.
7. *Diário da Manhã*, Santos 19/8/1934.

8. Depoimentos da Autora, que trabalhou como voluntária no PLANED em 1975.
9. Evaldo de Almeida Pinto, diretor da Rádio Cultura, chamado por Jânio Quadros de "meu caro Evaldo", foi presidente da Associação de Pais e Mestres da Escola Municipal D. Chiquinha Rodrigues, onde atuou de forma brilhante e moderna, muito tendo ajudado aos alunos da mencionada escola pública. *Jornal do Brooklin*, 21/7/1972, p. 8.

Colégio Friburgo

Fundado a 28 de outubro de 1959, era mantido pela Associação Campo Belo.

Inicialmente teve apenas o curso Primário e, depois, o Ginasial.

O Jardim da Infância tinha por objetivo dar às crianças liberdade e respeito individuais; teriam aulas sobre a flora e a fauna do país para que aprendessem o amor à natureza.

O diretor fundador era Affonso Maurício Vívolo.

Com uso de técnicas variadas e modernas de ensino, os alunos eram preparados para observar, analisar e concluir seu estudo o que, no futuro, auxiliaria muito a alfabetização, no curso primário.

A personalidade dos alunos seria respeitada e bem formada.

Os pais teriam participação na evolução de seus filhos.

Pela Lei n.º 5.692, o colégio emitia certificados profissionalizantes, em nível técnico, para o Segundo Grau. Havia cursos de Administração de Empresas e Publicidade.[1]

A escola situava-se na Rua Benjamim Constant, atual João Álvares Soares, onde existe hoje um edifício de nome Friburgo em alusão à referida escola.

Atualmente, ocupando um grande edifício, situa-se na Avenida Adolfo Pinheiro, 242.

NEPL - Núcleo de Ensino Profissional:
Escola Conde de Ipanema

Nos anos 50, período de muitas mudanças no bairro, a senhora Priscila Gedeão Coutinho Nunes da Silva abriu, em sua residência, uma escola profissionalizante de datilografia, indispensável então àqueles que, principalmente, procuravam o mercado de trabalho.

---

1. O ideal dos educadores citado no texto, extraído de artigo publicado a 27 de outubro de 1973, no *Jornal do Brooklin*, p. 3.

A 20 de janeiro de 1966, com cem alunos, a escola se mudou para a Rua Vieira de Moraes, 608. A profundidade e duração dos cursos eram adaptados às necessidades dos alunos.

Funcionando em três períodos, tornou-se conhecida e procurada. No final dos anos 80, adaptando-se às novas exigências do progresso, transformou-se em moderna escola de computação e, com o nome de "Escola Conde de Ipanema", mudou-se, novamente, para o n.º 662 da Rua Vieira de Moraes. Os cursos com atendimento individualizado aos alunos têm como monitores alguns ex-alunos da escola, como Lorna Alice Fanelli Kirkuk, moradora do bairro.

São mantidos cursos para adolescentes e para adultos.

Fontes consultadas
1. Entrevista com a proprietária da escola, 1976.
2. Entrevista com o aluno Octávio Weber Neto.

Colégio Paulicéia

A 30 de setembro de 1960, na Rua Barão do Pirai, 223, inaugurava-se o Externato Paulicéia, já então com duzentos alunos.

Dos anos 60 aos 80 a escola permaneceu, já em edifício próprio, na Rua Estevão Baião, 13. Nova mudança foi forçada pela desapropriação do imóvel, resultado da implantação do projeto do anel viário no vale do Água Espraiada.

Até 1985, na Rua Vieira de Moraes, onde hoje se situa uma agência bancária, funcionou o estabelecimento aguardando a construção de novo edifício próprio, situado na Rua Dr. Jesuíno Maciel, 1833.

Sua diretora fundadora, a professora Juracy da Silva Trunci, vê coroado de êxito seu trabalho, realizado durante quarenta anos, na educação dentro de Campo Belo.

Nos anos 60 e 70, a escola, então voltada à educação infantil, tinha entre seus alunos, a maioria constituída por filhos de aeroviários e de artistas da Rádio e Televisão Record, que se situava próxima à escola, assim como o Aeroporto de Congonhas.

Lucy Weber, professora da escola nos anos 60, comentou a disciplina das crianças, suas alunas, entre as quais citou o filho da atriz Nair Belo, bonito, educado e inteligente e também Carmem Lídia, filha da diretora da escola e que atualmente é psicopedagoga nesta empresa familiar. Sua irmã Cristina Helena dirige a pré-escola e seu irmão Oswaldo César é diretor de esportes.

A unidade voltada à educação infantil é denominada Peninha-Branca.

Atualmente, quinhentos alunos se distribuem no Ensino Fundamental, o Médio Profissionalizante voltado para as habilidades de Processamento de Dados e Magistério.

Segundo a direção, a escola dá ênfase à Informática, Línguas e Esportes de interesse dos profissionais do século XXI. Há grande respeito à individualidade dos jovens educandos.

A 30 de setembro do ano 2000, a escola completou 40 anos de existência, o que foi comemorado com muita festa.

Fontes consultadas
1. Entrevistas de n.ºs 122 e 123.
2. Visita dos autores a escola.
3. *Jornal de Campo Belo etc & tal* de 24/8/2000, p. 5.

Escola União

De 1969 a 1999, a família Fernandes da Silva administrou a Escola União, por ela fundada. Após 30 anos servindo a comunidade, cansada, a família vendeu o estabelecimento a uma empresa proprietária de uma organização educacional situada em bairro vizinho.

Ondina Terra da Silva, seu marido Mário Fernandes da Silva e suas filhas Miracy, Marlene e Márcia deram início às atividades na primeira unidade da escola, situado na Rua Estevão Baião, 855. A construção datava dos anos 40 e nela funcionara um laboratório.

De 1969 a 1971, funcionaram dez classes destinadas à Educação Infantil, desde o maternal até a 4.ª Série Primária. Eram sessenta alunos e o regime era de externato e semi-internato, em período matutino. O vespertino foi aberto em 1971.

De 1971 a 1975, os primeiros alunos chegaram então ao curso ginasial, a pedido dos pais, os diretores abriram de 5.ª a 8.ª Séries no edifício da Rua Estevão Baião, 868.

Em 1988, na Rua Conceição Marcondes Silva, 203 inaugurava-se, em prédio próprio, o curso colegial aberto em 1979.

Nos anos 80, Mary Fernandes da Silva e seu irmão Mário, passaram a trabalhar na empresa familiar. Ela como diretora do curso Colegial, ele como responsável pelas partes financeira e administrativa da escola.

Além do curso tradicional, o curso Colegial tinha também o curso de Magistério. O curriculum tradicional de toda escola era complementado por aulas de balê, judô, inglês, espanhol, computação, coral e violão.

Nos anos 80, foi organizada uma fanfarra infanto-juvenil que se tornou detentora de muitos prêmios estaduais e municipais.

Anualmente, no mês de outubro, a escola oferecia aos alunos e à comunidade, eventos culturais e esportivos muito concorridos. Eram eles A Feira de Ciências, e a Semana Cultural e Esportiva (FECEU e SECEU).

Em agosto, anualmente, acontecia o UNIARTE, evento que se consistia em uma exposição de trabalhos artesanais e apresentação teatral dos alunos para a comunidade. No teatro, as peças eram leituras ou releituras de obras famosas.

A escola possui um amplo e moderno teatro, laboratórios e biblioteca.

Atualmente, sob nova direção, adotou o sistema Anglo de ensino e prossegue em sua trajetória e no campo educacional no bairro.

Fontes consultadas
1. Entrevista n.º 18.
2. Depoimentos dos autores.

Escola Estadual Manoel de Paiva

Inaugurado a 30 de agosto de 1972, situado na Rua Barão de Jaceguai, 2001, antigo 1967, a Escola Estadual Padre Manoel de Paiva, foi, inicialmente, dirigida pela professora Rosely Verchier Salgueiro.

A 4 de setembro de 1972, em ato festivo, a primeira diretora, professora Maria Aparecida Lima Martins, no grande edifício próprio, recebia seus 2.500 alunos.

O casal Maria de Lourdes e Moysés Garaboski, pais de alunos da nova escola, trabalharam arduamente na direção da APM da escola então criada.

A 23 de agosto de 1973, a APM realizou a Festa das Nações, que se tornou muito comentada pela comunidade, tal foi o seu sucesso. No ano anterior, a APM colaborou com a aquisição de fantasias e instrumentos musicais para que tivessem sucesso a escola de samba idealizada pela professora e pela coreógrafa, Ilka Brunhilde Laurito e Iolanda Amadei. Batizada como Catequissamba, a escola de samba foi treinada pelos professores de educação física Nemesis Pivetta e Antonio Bosi e pelo baterista Oswaldinho.

ASPECTO CULTURAL E EDUCACIONAL

O jornal *A Gazeta*, do dia 6 de setembro de 1973, publicou um texto sobre a escola de samba e uma foto registrou o evento para a posteridade.

A comunidade encantou-se com aquela apresentação original. A Rua Vieira de Moraes encheu-se de pessoas para aplaudir o belo espetáculo. Aquele concretizava, há 30 anos, a idéia de interdisciplinaridade, pois reunia os professores de educação física, história, arte dramática, dança e artes plásticas. Os alunos aprenderam com prazer, ao construir seu próprio conhecimento, as raízes históricas formadoras de sua escola e de sua cidade.

A direção da APM obteve, no ano seguinte, toca-discos, auto-falantes e cortinas para as salas de línguas e projeções. Montou uma sala de áudio-visual, colocou grades nas janelas, portas e escadas, refez o muro de fecho e comprou mesas para jogos de tênis. Organizou um clube de xadrez para alunos, colocou um som ambiente no pátio, organizou biblioteca e reformou os sanitários.

A 9 de junho de 1973, no Clube Sírio Libanês foi oferecido aos alunos um concerto didático com músicas clássicas.

A 6 de setembro de 1973, houve o desfile do Catequissamba e o entusiasmo que marcou esse ano prosseguiu durante toda a década.

Nos anos 80 e 90, a grande escola teve seu patrimônio desgastado pelo uso e pela pouca manutenção.

Até 1999, a escola sediou também a 14.ª Delegacia de Regional de Ensino da Capital (14.ª DRECAP).

Em dezembro de 2003 a escola fechou. Seu edifício foi ocupado por uma repartição da Secretaria Estadual de Educação em 2006.

Fontes consultadas
1. Entrevistas com Moysés e Maria de Lourdes Garabosky.
2. Jornal *A Gazeta* de 6/9/1973.
3. Entrevista com Nemesis Pivetta, a 13/5/1999.
4. Entrevista com a Diretora da escola.

N.A.: a professora Ilka Brunhilde Laurito é autora do Caderno 2 da coleção sobre cinema brasileiro, com o título "O Cinema e a Infância", biblioteca — Cinemateca de São Paulo — "Paulo Emílio Sales Gomes".

EACON — Escola de Aviação

Fundada em 1975 a EACON situa-se na Av. Washington Luiz, 6055. É uma escola profissionalizante com modernos cursos destinados a formar pilotos para as linhas aéreas. Também oferece curso básico para pilotos de empresas privadas preparando-os para aviões e helicópteros; oferece também especialização para pilotos de aeronaves de grande porte.

Fonte consultada
Folheto com notas históricas sobre a escola.

Escola da vasp

Com o nome de Comandante Pezzotto, inaugurou-se nos anos 40, na Rua Sebastião Paes, 350, uma escola para pilotos e comissariado de bordo. Atualmente, tendo sido fechada a escola, no referido local funciona um centro de treinamento profissional.

Fonte consultada
Dados obtidos na Secretaria da Escola.

Escola Piraquara

A 4 de março de 1974, na Rua Edson, 953, inaugurou-se a Escola Piraquara. No estabelecimento a professora Erna Schweiss ensinava alemão e português a grupos formados por seis ou dez alunos. Esses grupos dividiam-se conforme o grau de adiantamento dos alunos. Quatro grupos eram formados pelos mais adiantados e mais velhos e outros dois para aqueles mais novos e destinados a aprender também o português.

Fonte consultada
Jornal *Brasil-Post*, São Paulo, 16 de fevereiro de 1974, p. 5.

Escola de Educação Infantil Frei Gaspar

Destinada a preparar crianças ao estudo das línguas inglesa e alemã, foi inaugurada, em 1974, na Rua Piracicaba, 1311, a Escola de Educação Infantil Frei Gaspar.

Fonte consultada
Jornal *do Brooklin*, São Paulo, 2 de março de 1974, p. 4.

Escola de Educação Infantil Pimpolho

Em 1980, na Rua Edson, 1329, esquina com a Rua Vicente Leporace, foi inaugurada a escola Pimpolho.

Durante vinte anos, as irmãs Darcy Ramil Sforcini e Dora Ramil de Almeida Maia, dedicaram-se com competência e carinho a educar crianças com idades entre três e seis anos. Darcy como diretora e professora e Dora como pedagoga muito trabalharam nessa escola, cercada de muito verde, cuja construção era confortável e bem cuidada.

Os pequeninos chamavam a escola de "Pimpa" e, hoje adultos, se recordam de todo o gostoso ambiente que freqüentaram, das tias, dos coleguinhas e das deliciosas comidas cheirosas e quentinhas que a eles eram servidas diariamente. Eram indispensáveis, na hora do "soninho", após as refeições, o respeito aos costumes caseiros, tornava a escola continuação de seus lares. Duas chupetas, fraldinhas para encostar nas bochechas coradas, bichinhos de pelúcia ou travesseirinhos eram trazidos pelos pequeninos para acompanhá-los no descanso.

As irmãs Ramil sempre tiveram como prioridade a qualidade na educação e por isso anualmente não aceitavam mais que cinqüenta alunos.

Nas datas cívicas e religiosas, a escola sempre festejou com os alunos e seus familiares. Fotos significativas registraram esses momentos inesquecíveis e geraram um álbum cheio de magia. Uma festa que deixou muitas saudades, era a do "arraiá", quando a petizada, vestida a caráter, dançava e cantava ao som do violão da professora Magali de Almeida Maia e da harmônica da professora Ângela Godini Chueco.

Há vinte anos passados, o amor e respeito à natureza; já era prioridade e na escola, uma horta plantada pelas crianças produzia hortaliças e temperos que eram utilizados na confecção das refeições diárias e ainda as sobras das hortaliças eram ensacadas para as crianças levarem às suas mães.

Toda manhã era um desfilar de pequeninos, vestindo um bonito uniforme café e laranja e que ainda sonados eram deixados por seus pais, no colo das professoras.

O primeiro aluno a ser matriculado na escola foi Rodrigo Ramil Sforcini, filho de Darcy. Rodrigo e todos os ex-alunos, tinham por costume ir visitar por várias vezes a escola para matar as saudades.

Antes que o progresso apague da memória esse belo recanto, a escola que encerrou suas atividades em 1999, nos apresentou os nomes daqueles que foram responsáveis pelo sucesso da "Pimpa":

Vera Lúcia Fiorezzi; Liliana Pescarmona; Elaine Regina Brisquiliare; Ana do Prado; Gilvanir de Araújo Castaldo; Deise Pedroso; Maria Alexandrina de França; Renata Misterori; Ruth Macedo; Magali Ramil de Almeida Maia; Darcy Ramil Sforcini.

Foram citadas as cozinheiras muito queridas das crianças: Adelzuíta Silva e Josefa Dutra dos Santos.

Coube a alguns familiares constituir uma valiosa linha de apoio: Renato Ferreira Urbano; Armando Pereira; Rodolfo Sforcini; Manuel Ferreira e outros.

Fontes consultadas
Folheto com o histórico feito por Darcy Ramil Sforcini;
Entrevista, n.º 118 e Visita à Escola Ed. Inf. Pimpolho.

Levantamento de Escolas de Campo Belo

EE. Homero Santos Fortes, Rua Rui Barbosa, s/n.º; EE. Leonina dos Santos Fortes, Rua Barão de Ladário, 1119; EE. Ilka J. Germano, Rua Barão do Rego Barros, 430; EE. Pe. Manoel de Paiva, Rua Barão de Jaceguai, 1967; EM. Dona Chiquinha Rodrigues, Rua Machado de Assis; Colégio Paulicéia, ruas Vieira de Moraes, 1988 e D. Pedro II, 1169; Escola de Educação Infantil Curumim, Rua Princesa Isabel, 1036; Criativa EE. Infantil, Rua Moraes de Barros, 510; Colégio Santo Estevão, Rua Frei Gaspar, 367; Escola União, Rua Estevão Baião, 765, 855 e 868; Externato Vieira de Moraes, Rua D. Pedro II, 1403; Escola Conde de Ipanema, Rua Vieira de Moraes, 608; Escola de Corte e Costura Piraquara, Rua Vieira de Moraes, 678; Colégio Friburgo, Rua Benjamim Constant, 1456.

Fonte consultada
Listagem cedida pela 14.ª Delegacia de Ensino de São Paulo em Campo Belo, no ano de 1976.

Levantamento de 1998 pela 14.ª Delegacia de Ensino Campo Belo

Augusto Laranja, Unidade III, Rua Vieira de Moraes, 231; Cria-Escola, Rua Constantino de Souza, 1744; Criativa, Rua Baronesa de Bela Vista, 293 e 580; Essência — Equipe de Ensino, Rua Moraes de Barros, 664 e 660; Indianópolis — Escola de Educação Infantil, Rua Antonio de Macedo Soares, 414; Jean Piaget, Rua Zacarias de Góes, 749; Magno, Unidade II, Rua João de

Souza Dias, 684 e 851; Mater Domus, Rua Pascal, 1403; Paulicéia, Rua Dr. Jesuíno Maciel, 1819; Semente — Escola Experimental, Vicente Leporace, 1518; Seni — Suplemento a distância, nível superior, ensino médio e auxiliar de enfermagem, Rua Vieira de Moraes, 1862; Uirapuru, Rua Princesa Isabel, 378; Vértice, Rua Vieira de Moraes, 172; Stockler — Colégio (Ensino Médio), Rua Barão do Triunfo, 648; Escola União, Rua Estêvão Baião, 765, 855 e 868 e Rua Conceição Marcondes Silva, 203.

Fontes consultada
Listagem complementar fornecida pela 14.ª Delegacia de Ensino de São Paulo em Campo Belo;
N.A.: Não foram cedidos os nomes das demais escolas privadas por não serem estas de competência da Prefeitura Municipal de São Paulo.

Arte

Ainda é pequeno o conhecimento que se tem a respeito da arte historicamente acumulada dentro dos limites de Campo Belo.

Sem a pretensão de adotar critérios técnicos, procurou-se tão somente fornecer subsídios, registrando-se o que de arte se encontrou durante as pesquisas feitas no bairro.

Como estratégia para circunscrever o que se definiu como *arte correlacionada com o bairro*, foram estabelecidas duas categorias:

1. Arte produzida no Campo Belo;
2. Arte não produzida no Campo Belo, mas colecionada ou preservada por seus moradores.

Como arte elaborada no bairro, localizamos o seguinte:
 1.1. Detalhes artísticos singelos nas arquiteturas, encontrados nos "bungalow" e nas construções para fins profissionais e alguns edifícios residenciais, dos anos 20 e 30.
 Com a verticalização, atualmente são esses edifícios residenciais que, exclusivamente, mostram detalhes artísticos. Muradas de arenito, o verde das áreas livres, as fachadas, algumas sacadas, delineiam um novo ciclo de estética.
 1.2. Grades, vitrais, portões, etc, em ferro ou aço com desenhos artísticos, para residências do bairro. Feitos de forma artesanal, nos anos 30, eram do serralheiro Martim Wollenweber.
 1.3. Móveis, portas em madeira de lei, em residências do bairro; anos 30, obras de Karl Unterleitner.

1.4. Cinema: Cia. Americana de Filmes S/A; Auto-Estrada para Santo Amaro, km 11. Produção no Campo Belo de diversos filmes de curta e longa metragem. Ano de 1936.
1.5. Trabalhos em tecidos bordados a mão, típicos e artesanais. Autora Ângela Bothner, ano 1940.
1.6. Residência e respectiva área verde complementar, com vegetal tombado. Casa do arquiteto João Batista Vilanova Artigas, 1942.
1.7. Pinturas, esculturas, instalações e trabalhos em tecido e madeira de Tomie Ohtake, 1956.
1.8. Pintura a óleo sobre tela, título: Jesus abençoa as crianças. Autora Lieselotte Althausen, 1958;
Pinturas a óleo sobre telas e cerâmicas, Erica Stockmann, 1970.
1.9. Poesia e Arte Plástica. Erica Stockmann, 1970.
1.10. Artesanato em latão, de Michele Azzela, cuja oficina se situava na Rua Vieira de Morais. Eram belas peças, feitas sob encomenda: camas, lustres, molduras para espelhos, puxadores e peças decorativas.

Quanto à arte colecionada ou preservada, pressupõe-se a existência de peças remanescentes de família, antiquário, propriedades de famílias residentes no bairro.

As peças presumidamente preservadas representam testemunhos dos movimentos imigratórios e uma vez catalogadas poderão no futuro enriquecer o acervo museológico da imigração.

Foram destacados, como vimos, alguns nomes citados pela maioria dos entrevistados. Estes conhecem ou conheceram pessoalmente os artistas que residiram no bairro como eles. Alguns moradores têm em suas residências trabalhos produzidos por aqueles.

Por motivos diversos não obtivemos dados para registrar notas biográficas sobre todos os artistas, mas aqui exporemos o que nos foi concedido.

Embora óbvio, explicitamos que o rol aqui elencado seria muito mais extenso se possível fosse levantar dados de outros tantos nomes de artistas que com certeza residem ou residiram no bairro.

Seguem as notas biográficas.

Erica Stockmann: filha de Leonor Sönksen e Luitpold Huber, Erica é artista plástica que retrata em suas telas e cerâmicas decoradas o folclore brasileiro. Viúva de Walter Stockmann, reside em Campo Belo há trinta e quatro anos onde mantém seu atelier e ministra aulas de pintura.

Sobre o casal Stockmann e seus filhos Robert, Karina e Denise há referências no capítulo relativo a ocupação humana em Campo Belo.

Presença constante em eventos culturais, em um espaço de dezenove anos, Erica recebeu dezenove prêmios em exposições coletivas nacionais e estrangeiras, dos quais seis foram medalhas de prata, duas de ouro e menções honrosas. Nas exposições individuais esteve também na Alemanha e diversos estados brasileiros. Autodidata, seu trabalho demonstra sensibilidade, delicadeza e perfeição.

O senso de organização e o calor humano da artista levaram-na a organizar um bazar anual de natal em favor do Lar Ternura que é um abrigo para crianças carentes com paralisia cerebral. Este bazar, que acontece no final de outubro, à Rua Otávio Tarquínio de Souza, 848 é muito visitado, pois a originalidade e qualidade dos produtos expostos atraem.

Quem visita o atelier da artista, além de desfrutar a paz que ali existe entre tanto verde, se encanta com a doçura da artista e a beleza de seus trabalhos ali expostos. Estes são constantemente exportados a pedido de estrangeiros admiradores de suas obras.

Com espírito inovador, apresentando sempre algo diferente, Erica vem atualmente criando formas de figurativo moderno onde o movimento das formas humanas, se mesclam com transparências obtidas por diferentes texturas e pigmentos de tinta a óleo. Complementando seus dons ela prepara um livro de poesias suas.

Segue uma poesia ofertada por Erica aos autores deste trabalho:

Um bom amigo

"Um bom amigo é pedra rara
Muito difícil de encontrar
É como um grão que é pra seara
Que nós devemos bem guardar.

Um bom amigo é alguém que sente
A dor a nos atormentar
É alguém de nós tão diferente
Mas tão querido ao nosso olhar.
Amigo é um clarão na noite
Que faz a ira se acalmar
Seu bom conselho é um açoite
Que pode nos estimular.

Um bom amigo é a alegria
Que faz a lágrima secar
É o grão nosso dá pra cultivar."

(Erica Stockmann, 1999.)

João Batista Vilanova Artigas: O Instituto Lina Bo e P. M. Bardi iniciou em 1993 a série monográfica Arquitetos Brasileiros com o objetivo de reunir e divulgar a obra de grandes nomes da arquitetura brasileira, para criar uma Biblioteca de Arquitetura.[1]

Consultando o segundo volume da série, que trata da vida e obra de João Batista Vilanova Artigas,[2] pudemos confirmar a admiração que resulta da observação de suas obras e, pela leitura, pudemos conhecer os sentimentos que caracterizaram o profissional dinâmico, criativo e inovador que soube respeitar a realidade brasileira e integrar de forma original e poética sua obra no contexto nacional. Foi também ele, um exemplo de cidadania.

A Fundação Vilanova Artigas,[3] responsável pela monografia mencionada, expôs de forma atraente os fatos marcantes da vida do ilustre curitibano que chegou a São Paulo em 1932 para cursar a Escola Politécnica de São Paulo e aqui ficou até o final de sua vida.

Enriquecida por quase duzentas páginas que contém belas fotos de suas obras, algumas acompanhadas de suas plantas, o trabalho é leitura indispensável para quem deseja conhecer o renomado arquiteto. Salientaremos porém, que João Batista trabalhou de 1937 a 1984 e que foi engenheiro civil, arquiteto e professor universitário. Muitas obras que nós conhecemos são projetos seus, por exemplo, o vestiário do Esporte Clube Pinheiros (São Paulo, 1948), o Estádio Cícero Pompeu de Toledo (São Paulo, 1952), a reforma na peixaria do Mercado de Pinheiros (São Paulo, 1959), a sede social do Anhembi Tênis Clube, no alto de Pinheiros (São Paulo, 1961), a garagem de barcos do Santa Paula Iate Clube de Interlagos (São Paulo, 1961), o edifício da FAU-USP (São Paulo, 1961), os estudos preliminares do Ginásio Esportivo do S.P.F.C. do Morumbi (São Paulo, 1961), Hotel para o Santa Paula Iate Clube de Interlagos (São Paulo, 1962), o Colégio 12 de Outubro de Santo Amaro (São Paulo, 1962), o Clube e a praça de esportes do Jabaquara Atlético Clube de Santos (São Paulo, 1962), a sede social, o ginásio, as arquibancadas, as piscinas e o conjunto esportivo da Associação Portuguesa de Desportos do Canindé (São Paulo, 1962), o Tortuga Clube, na praia de Tortuga no Guarujá (São Paulo, 1962), a Estação Rodoviária de Jundiaí (São Paulo, 1968), a passarela do INPS, na Av. Nove de Julho (São

Paulo, 1972), a passarela da Av. Ruben Berta (São Paulo, 1972), a passarela da Av. 23 de Maio, na Cel. Oscar Porto (São Paulo, 1972), a passarela do Aeroporto de Congonhas (São Paulo, 1972), o Clube Atlético Monte Líbano (São Paulo, 1974), entre muitas outras, fora da capital paulista e em outros estados.

Dentre as dezenas de casas por ele projetadas, construídas ou reformadas, duas foram de sua propriedade e permanecem com seu filho Júlio Camargo Artigas e família. Ambas se situam em um mesmo terreno, em Campo Belo, na esquina das ruas Barão de Jaceguai e João de Souza Dias. A menor delas, conhecida como Casinha foi a primeira residência do casal João Batista e Virgínia Vilanova Artigas[4]. Construída em 1942, serviu de marca a uma nova fase à carreira do arquiteto que então apresentava uma proposta de mudanças na qual a fachada desaparecia. Atualmente, ainda desperta muita curiosidade. É atraente, aconchegante e iluminada. Assenta-se em ângulo com as ruas e é rodeada por muito verde. É singular.

Em 1949, quando nasceu o filho Júlio, a casinha se tornou pequena para a família que crescia e o arquiteto, no mesmo terreno, construiu a segunda casa da família.[5] Esta, com muito vidro, mantém a transparência da construção que é cercada de verde e que possui um estúdio encimando um vão livre cercado de plantas ornamentais. Bela e original, a casa oferecia uma "nova organização dos serviços domésticos, mais simples, mais rápida..."

Nessa casa, após a morte de seu idealizador, em janeiro de 1985, residem hoje Júlio Camargo Artigas, sua esposa Wilma Abdalla e seus filhos Pedro, Marcela e Gabriel. Como o pai, Júlio é também arquiteto e professor universitário e é nascido em Campo Belo, onde reside há mais de cinqüenta anos. Ele e sua irmã Rosa são responsáveis pela coleta de dados para a realização da monografia que homenageia o pai.

Na calçada onde se situa o jardim da Casinha existe uma das poucas figueiras asiáticas, isoladas e antigas de São Paulo. Foi plantada por João Batista e, a Secretaria do Meio Ambiente, no governo de Mário Covas, tornou-a o primeiro vegetal tombado no estado[6].

Vencedor de concursos públicos, foi merecedor de prêmios como: Jean Tschumi, 1972[7] e Auguste Perret, 1984[8]; estudioso das obras de Wright, nos EUA, João Batista se consagrou também como excelente professor da Politécnica e da FAU-USP.

Como cidadão, sofreu, juntamente com todos brasileiros, durante o regime militar, que o cassou.[9]

Podemos afirmar enfim que seu talento o tornou imortal e que sua vida foi uma lição de cidadania e um exemplo de profissionalismo e vocação realizada. Conforme suas próprias palavras ele cumpriu integralmente seu papel como homem de seu tempo.

"... as casas de Artigas são espaços abrigados contra as intempéries, mas não contra o homem..." Lina Bo Bardi, 1950.

Johann Kornfellner: Na Rua Vieira de Moraes, 837, a Confeitaria Christina delicia seus fregueses com a alta qualidade de seus produtos há trinta anos. Não é por acaso que isso acontece. A tradicional qualidade é mantida por um mestre confeiteiro, um dos únicos do país, é ele Johann Kornfellner.

Nascido em Graz, na Áustria, chegou em 1953 ao Brasil, em 1965 a São Paulo, e em 1972 ao Campo Belo.

Iniciou sua carreira em 1938, na Europa, após um curso específico de sete anos.

Casado com Herta Kornfellner, é pai de Christina, que dá o nome à sua confeitaria. A filha, seguindo a vocação paterna, é também especialista na arte de confeitar. Casada com Ralph Hatt, ambos trabalham junto a Johann que pretende se aposentar e deixá-los como substitutos.

De 1956 a 1965, Johann trabalhou em Santos na Confeitaria Viena e na Doceira Sissi. De 1965 a 1969, em Moema, São Paulo, trabalhou na Confeitaria Saxônia.

Em Campo Belo, atualmente, ele vem supervisionando o trabalho de sua filha e de seu genro e do casal sócio Mitsuo e Werner Braun.

A loja foi ampliada e reformada.

A 17 de setembro de 1998, Johann foi homenageado no Quarto Encontro dos Mestres Confeiteiros do Brasil. Ele e sua filha foram classificados como os melhores. Foram alvo de ampla reportagem na Revista Panificação e Confeitaria: Indústria e Panificação Brasileira. 1966, Ed. 677. Outubro, 1998; p. 6 e 7, 36 a 38, 50 e 51.[1]

Tomie Ohtake: de 1918 a 1939, o mundo viveu o terrível período do entre-guerras. Neste, alguns países viviam insatisfeitos com os resultados da Primeira Guerra Mundial. Sentiam-se prejudicados e dependentes dos países vitoriosos e mais poderosos.

Foi inserida nesse contexto que a Alemanha, a Itália e o Japão, uniram-se para realizar seus planos expansionistas alicerçados em governos autoritários, e um militarismo ultranacionalista. O expansionismo os levou a ocupar territórios vizinhos.

Em 1931, o Japão investiu contra a China. Seu expansionismo, no Oriente, conflitava com os interesses de certos países orientais e ocidentais.

Em 1936, o Japão assinou um acordo com a Alemanha nazista e se aproximou dela, o que preocupou a muitos.

Alvo de críticas e preocupações, o Japão, aliado do bloco nazi-fascista que se formava, suspendeu o envio de seus navios ao exterior, para que aqueles não sofressem possíveis ataques dos descontentes com suas ações.

Aos 23 anos de idade, em 1936, uma jovem chegava a São Paulo, vinda do Japão. Era Tomie Ohtake, natural de Kioto[1], que vinha visitar um irmão que aqui residia. Embora pretendesse voltar ao seu país, ela não o fez, pois seu navio não regressou. Aguardando solução, ela viu a situação piorar e, em 1939, a grande guerra eclodir. Para felicidade nossa, ela aqui ficou e conosco permaneceu.

Nos anos 50 do século XX, sua vida tomou um rumo diferente. Casouse, foi mãe de dois filhos, Ruy e Ricardo, e, durante dez anos, viveu para a sua família. Eles residiam na Mooca.

Desde criança, Tomie gostava de desenhar e pintar, mas sem a preocupação de tornar esse prazer uma profissão. Era uma artista que despontava, mas que não tinha consciência de seu talento. Em 1952, ela pintou algumas telas, de forma clássica. Eram paisagens e uma casa situada em frente da sua, na Moóca. Nesse ano, Keiya Sugano, pintor, veio do Japão, para expor seus trabalhos no MAM, em São Paulo. Vendo os trabalhos da amiga e patrícia, a incentivou a prosseguir e com isso despertou-lhe a vocação.

Em 1957, fez sua primeira exposição individual no MAM. Tinha início uma longa jornada produtiva, personalíssima e surpreendente. Elogiada por seus pares, tornou-se sucesso internacional, única em sua trajetória.

De 1952 a 1969, ela foi classificada como Abstracionista Informal. O preto, o branco, o vermelho e o verde, com texturas especiais, predominavam em suas telas. Nessa linha, participou de duas bienais em Cuba e cinco em São Paulo. Nos anos 60, fez "pinturas às cegas", usando tinta branca sobre campo preto.

Dos anos 70 aos 90, o "Geometrismo" foi sua característica. As formas lentamente pareciam se diluir, como nuvens difusas. Surgem novas cores e texturas. O laranja, o amarelo, o azul e tons surpreendentes de roxo e laranja predominam.

De 1983 a 1997, participou de numerosas exposições.

Tomie ama a arte em geral, mas prefere a pintura.

A 28 de setembro de 2000, Tomie expôs uma instalação composta por doze aros retorcidos de ferro, com 4 m de diâmetro e 1,5 m de altura. Esta foi exposta no Paço das Artes, na Cidade Universitária. Os visitantes puderam passear dentro da instalação. Os aros pareciam ondas do mar leves e brancas como espumas fazendo um balé de luz e sombra.

Escrever sobre Tomie é complicado, pois não se consegue registrar exatamente tudo o que se sente diante de seu grande talento. Este transbordou para seus filhos, também arquitetos de renome[2].

Ricardo foi secretário da cultura, em São Paulo, em 1994, quando criou projetos de grande valor para a cultura nacional. Citaremos alguns deles: Projeto Cinema Paradiso, Museu da Imigração e Oficina Cultural, Museu da Ciência e Indústria, Oficinas de Fotografias, Museu da Casa Brasileira e participou da implantação do Projeto Pomar, no Rio Pinheiros.

Ruy participou do XX Congresso da União Internacional dos Arquitetos. Defensor da peculiaridade, que distingue nossa arquitetura em um mundo globalizado que tende a destruir o que é regional, Ruy falou no congresso sobre adaptação sem perda de originalidade.

Entre muitos de seus projetos destacamos o do Centro Comunitário para os filhos de pescadores, no litoral paulista, onde ao lado do centro, projetou um pomar e uma horta para o sustento dos moradores. Ele segue o pensamento de Artigas de manter uma arquitetura social.

Defensor de idéias polêmicas, é muito requisitado para realizar palestras, onde expõem seus projetos.

Em junho de 1999, ele foi à China promover a difusão mundial da cultura brasileira.

A 28 de outubro de 1999, o Projeto Cem Muros, aplicado em Vila Mariana, teve por objetivo desenvolver a cidadania das crianças por meio da arte e Tomie, conhecida como "a Dama das Artes", foi convidada pelas coordenadoras do Projeto, Flávia Del Pra e Célia Pecci, para trabalhar com as crianças. O projeto foi muito elogiado por educadores, artistas e empresários. "É um trabalho que toca a sensibilidade de todos. É social, como todos aqueles nos quais os Ohtake participam." (Jornal da Tarde de 27/8/1999).

No ano 2000, São Paulo foi presenteada com a inauguração do Instituto Cultural Tomie Ohtake, um espaço cultural moderno, amplo e belo, muito valioso. Projetado por Ruy, é coordenado por Ricardo e nele Tomie tem seu espaço reservado.

Campo Belo se orgulha por ter entre seus moradores uma família composta por tão ilustres personalidades.

Vital Fernandes da Silva: Nhô Totico

Em 1945, quando o mundo ainda vivia o final da Segunda Grande Guerra, o Brasil passava por privações menores, mas não menos preocupantes. A crise da importação de produtos industrializados e o racionamento de certos produtos básicos como açúcar, trigo e derivados, carnes, azeite, gasolina, etc.

Nessa época, ainda conturbada, uma feliz criança brincava despreocupada na tranqüila Travessa Cardeal Arco Verde em Pinheiros.

Naquela época dos anos 40, os adultos não deixavam transbordar para as crianças os problemas terríveis que enfrentavam. O rádio não nos atraía a ouvir programas que aos jovens fossem destinados. Os jornais, com seus quadrinhos, lidos pelos adolescentes, quase nada diziam às crianças.

A criançada vivia seu próprio mundo no reino das peraltices e sonhos, tirados de bons livros infantis, como os de Monteiro Lobato. Estes, que eram quase decorados, de tantas vezes relidos, desenvolveram nas crianças a criatividade e o interesse pela história pátria e do mundo.

Estatisticamente está provado que não há cem por cento de nada. Assim, desde 1933, um programa inteligente e criativo, trazia felicidade e alegria, para toda a família incluindo as crianças. Tratava-se do X.P.T.O., a voz do Juqueri. A Rádio Cultura, dos irmãos Fontoura, pioneira e detentora de qualidade e respeito aos seus ouvintes, oferecia a esses o citado programa, que era uma verdadeira viagem pelo Brasil rural e interiorano da já cosmopolita São Paulo. O autor da mencionada viagem era o inesquecível Vital Fernandes da Silva.

No pós guerra a vida ficara complicada e nesse contexto, as mães usavam criatividade, diariamente, para agradar a família na confecção das refeições. Por exemplo, deliciosas bananas eram ora fritas, ora cozidas ou assadas, para substituir outros pratos que exigiriam muito açúcar.

Eram tempos difíceis que as crianças não percebiam.

Foi em uma manhã quente de verão que a autora deste trabalho teve a honra de ver concretizar-se diante de si a figura até então imaginária: Nhô Totico. O encontro aconteceu numa quitanda situada na Rua Lacerda Franco, em Pinheiros, onde eu fora comprar bananas para minha mãe, e a quitanda era de uma cunhada do renomado artista.

Muito pequena, sem perceber, chamei-lhe a atenção e ele se voltando para mim, começou a imitar alguns de seus personagens que eu tanto admirava ao escutá-las no rádio. Supunha eu, que o programa era feito por várias pessoas.

O tempo passou e em 1976, ao iniciar as pesquisas para realizar esta monografia, fui informada de que Nhô Totico residia em Campo Belo. Foi com imensa alegria que o reencontrei estando eu já com meus cabelos grisalhos.

Forte, corado, alegre e com um porte invejável, concedeu-me a longa entrevista que se segue.

Em 1933, quando a Rádio Cultura estava ainda em formação, funcionando em endereço provisório, o jovem interiorano de Descalvado, Vital Fernandes da Silva iniciou sua carreira lançando o programa X.P.T.O. a voz do Juqueri. O programa ia ao ar das segundas às sextas-feiras, às 21h, sem prazo para terminar. No citado programa, nasceram os personagens: Nhô Totico e Nha Tuda, o filho Bastião e o cãozinho Vinagre.

Autodidata, Vital Fernandes buscava educar brincando.

Em 1935, transferiu-se para a Rádio Record, onde criou a famosa Escolinha de Dona Olinda, da qual tornei-me ouvinte assídua.

Trocando de voz e de vocabulário, Vital se multiplicava: em certo momento era a inteligente, culta e severa Professora Olinda; em outro momento era o Chiquinho, o menino tímido e gago, ou Chicote, um nordestino desinibido e inteligente, ou ainda Chicória, um italianinho brincalhão, ou também um Bastião, um preguiçoso caipira paulista. Outras vezes, era o portuguesinho Manuel ou o Japonezinho Soko, ou o menino sírio Jorginho. Joaquim, era o preto Velho, servente da escola.

Em 1937, voltou para a Rádio Cultura e trocou o nome de alguns personagens. Chiquinho passou a se chamar Minguinho, Chicote tornou-se Mingote e Chicória, Mingau. O público crescia e se deliciava.

A citada escolinha, tratava a educação com seriedade.

Em 1946, ele foi para a Rádio América, levando seus programas e lá ficou até 1962.

De 1962 a 1964, trabalhou na TV Excelsior, então canal 9.

Nas quatro décadas de sua vida artística, foi senhor absoluto de audiência das programações radiofônicas do gênero. Modesto, não permitiu que seu grande amigo Monteiro Lobato, escrevesse sua biografia, nem o museu da imagem e do som o convenceu de sua própria grandeza.

Somente os realmente grandes sabem se sentir pequenos. Creio que eu invadi sua modéstia.

Infelizmente, a 8 de abril de 1995, aos 92 anos, faleceu o grande artista e educador. Sua dedicada esposa Juta Hertal Fernandes da Silva, elabora sua biografia e Campo Belo através destas notas, lhe presta a derradeira homenagem.

Na cerimônia de outorga do título de cidadão paulista, oferecido pela Câmara Municipal de São Paulo, pelo Decreto Legislativo n.º 9/80, proposto pelo Vereador Francisco Gimenez. Vital Fernandes da Silva após agradecer o título iniciou um discurso lendo, no Plenário da Câmara, uma pequena carta que eu lhe enviara para cumprimentá-lo pelo fato e agradecer-lhe o convite para que participasse da festa. Esta aconteceu a 17 de novembro de 1982. No natal daquele ano, no lugar do cartão de natal, recebi o Diário

Oficial do Estado de São Paulo, onde a minha cartinha aparecia grifada em vermelho e com sua letra ele me desejou um feliz natal.

Maria Salgueiro Napolitano: Antes de nos referirmos à Maria, citaremos a família de André e Rosália Tachaux, ioguslavos que desde os anos 40, do século XX, residiam na esquina das ruas Paiaguás com Estevão Baião, 581. Foi na edícula da mencionada casa que Maria residiu durante 28 anos (1953-1981).

André era uma espécie de *bricollier*, habilidoso atendia aos vizinhos nos concertos de calhas, telhados, janelas, parquetes (taco), muros e pinturas de casas.

Brenner, sogro de André, era o proprietário da casa e trabalhava como carroceiro dos Wessel.

Rosália era enfermeira nos Hospitais Matarazzo e Sul Americano. Foi no trabalho que conheceu a auxiliar de enfermagem, Maria Salgueiro Napolitano; esta, viúva e sem filhos, foi residir com a colega e amiga, quando se aposentou.

Maria se tornou conhecida no alto Campo Belo por seu carinho e competência na aplicação de injeções a domicílio, o que fazia atendendo em qualquer dia e horário. Religiosa, trabalhava o ano todo produzindo móveis em miniatura, montados com caixas de papelão, recobertas com papéis de presente ou tecidos. Esses pequenos móveis levavam alegria às crianças carentes das creches e hospitais, para os quais ela os levava.

Maria era miúda, corada, sorridente e embora idosa, esbanjava a alegria de viver.

Ao prestar homenagem ao seu amigo Jesus, ela se tornou ainda mais conhecida no bairro e fora dele.

Durante 28 anos, em Campo Belo, Maria montou um peculiar presépio que ocupava dois metros de comprimento por oitenta centímetros de largura, sobre uma mesa, forrada de papel crepom verde, tendo por fundo montanhas formadas com papel pedra; ela distribuía, com graça, pequenos lagos feitos com espelhos, casinhas de cerâmica, pequenas pontes, pequenos vasinhos com flores e numerosas figurinhas de pastores, ovelhas, bois, vacas e carneiros. Na montanha, organizava uma gruta dentro da qual, estaria Jesus na manjedoura, Maria, José e os pastores. Distante ficavam os três Reis Magos, que lentamente iriam se aproximar da gruta. Completando o cenário, uma pequena árvore, bonequinhos e flocos de algodão imitando neve. Um velho toca-discos reproduzia músicas natalinas todas as vezes que alguém ia visitar o presépio. Este chegou a ter cem figuras.

De 10 de dezembro a 25 de janeiro, Maria recebia vizinhos, escolares, trabalhadores do comércio local, seus antigos patrões da família Scalamandré, ex-colegas de trabalho, funcionários do Aeroporto de Congonhas, seus familiares e alguns artistas como Nhô Totico, que a conheceu no hospital e a equipe de Loreley, cujos programas eram ouvidos por Maria.

A adorável velhinha, que parecia uma avó de história infantil, oferecia aos seus visitantes, balas, biscoitos, o bolo que fazia e um cálice de licor de cacau. No final da visita, ela apresentava às pessoas o livro de ouro onde todos registravam sua presença e datavam. Em 1976, foram registrados 140.

Quando, em 1978 seu presépio completou 25 anos, ela recebeu de uma amiga, um bolo e uma poesia que retrava seu gesto de amor.

Em 1981, muito doente, recolheu-se a um pensionato, na Vila Santa Catarina, onde morreria em 1984.

Ao deixar sua moradia junto dos Tachaux, doou as 55 figuras que restavam inteiras, para que a autora deste trabalho mantivesse sua tradição. Durante dez anos, nós o fizemos.

Em 1991, para tornar a exposição mais conhecida, já que se tornava um pequeno patrimônio cultural do bairro, o presépio foi transferido à Escola União, cuja diretoria aceitou dar continuidade àquela tradição local. Em 1998, ali estivemos na unidade III da citada escola e ele ali estava exposto.

Hoje, com quase cinqüenta anos de existência em uma época na qual a humanidade parece anestesiada e insensível diante da beleza contida na humildade e na paz e parece não conhecer e nem valorizar o sentido de um presépio este permanecerá como um ícone de esperança e amor, desejando à comunidade de Campo Belo e do mundo um feliz natal. Terminamos este trabalho, registrando a saudade de um tempo que não volta mais.

Michele Azzella: há quase cinqüenta anos (1955-2005) reside em Campo Belo o casal Yolanda Lopez Azzella (argentina) e Michele Azzella (italiano). Este é artesão metalúrgico, tendo se estabelecido em oficina própria à Rua Vieira de Moraes. É hoje aposentado.

Seus trabalhos em latão, artísticos, o tornaram conhecido e requisitado. Produzia maçanetas e espelhos, puxadores, interruptores, molduras, lustres, estores e belíssimas camas, peças de encomenda.

Em sua residência no bairro conserva alguns exemplares de seus lindos trabalhos.

Referências

João Batista Vilanova Artigas

[1] J. B. Vilanova Artigas: *Vilanova Artigas*. Instituto Lina Bo & P. M. Bardi. Série Arquitetos Brasileiros. Vol. 2. São Paulo, 1997.

[2] João Batista Vilanova Artigas era neto de imigrantes italianos da família Vilanova e de agricultor paranaense da família Artigas.

[3] Fundação familiar.

[4] A "casinha" consta de vários trabalhos de arquitetura.

[5] A mencionada "casinha" é alvo de visitas de estudantes de arquitetura e jornalismo.

[6] A figueira foi plantada por Virgínia C. Artigas e foi tombada em dezembro de 1988, pela SMA-SP. É uma figueira benjamina, *Ficus microcarpa* L. é originária da Malásia e chega a até 15 m de altura, 22 m de copa e 1,20 m de caule.

[7] Prêmio outorgado pela Bienal prestigiando seu trabalho como professor e projetista do prédio da FAU-USP.

[8] Prêmio outorgado pelo Congresso da União Internacional de Arquitetos (Union Internationale des Architectes UIA), no Cairo, reconhecendo a qualidade característica das obras de Vilanova Artigas. Esse prêmio ele não consegui receber em mãos, pois faleceu antes da entrega.

[9] Em 1969, foi cassado pelo AI-5. Queria mudanças sociais neste país injusto, tendo dito: "do sofrimento do nosso povo, posso dizer que participei profundamente". *Revista de Arquitetura e Urbanismo*. out-nov, 1993. São Paulo.

Johann Kornfellner

[1] Entrevista n.º 44 e Revista citada.

Tomie Ohtake

[1] Entrevista n.º 81; *Jornal da Tarde* de 28/9/2000, p. 5C; 29/11/2001, p. 8-C.; *Folha de S. Paulo* de 13/10/1993; 9/9/1995.

[2] *Jornal da Tarde* de 8/11/1999; *Folha de S. Paulo* de 19/2/1994; 9/4/1994; 2/12/1998; 25/6/1999; *Jornal da Tarde* de 27/8/1999; 1/12/1999; 27/12/1999; 26/9/2000.

Vital Fernandes da Silva

1. Entrevista n.º 21;
2. Nhô Totico tinha um programa chamado "Vila Arrelia", onde os personagens eram: o Padre Antônio, o italiano Beppo Spacatudo, que era o pai de Mingau e Caropita.
3. A Revista *S. Paulo City Life* de 1992, p. 39 sob o título: Resgate de Memória, registrou um texto sobre Nhô Totico elaborado pela autora deste trabalho.

Igrejas, entidades assistenciais e espaços culturais

Igreja é Assembléia e como tal reúne aqueles que têm alguma crença, que têm fé. Como assembléia, congrega membros das comunidades nas quais está inserida.

Os objetivos de uma Igreja começam pelo ensino religioso, continuando nos cultos, e nos trabalhos sociais e culturais. Algumas se dedicam à Educação ou à Saúde.

A formação do caráter, na juventude, começa em casa, com a família, sem dúvida, mas caberá à Escola e a Igreja complementá-la. Daí a citação das escolas e igrejas do bairro, também no contexto social.

Após minucioso levantamento das igrejas, de diferentes religiões, dentro de Campo Belo, traçamos um pequeno histórico das mais antigas e procuramos registrar a presença de todas.

Igreja Luterana

Em 1930, o pastor alemão Heinrich Stremme iniciou a prática do culto luterano no salão do Grêmio Escolar Teuto-Brasileiro. Ele atendia à necessidade de grande número de luteranos residentes nesta região ainda integrada ao Brooklin Paulista. Apesar de muita insistência, não conseguiria, o pastor, um templo em Campo Belo. Ao deixar o bairro, já idoso, voltou para a Alemanha em 1939. Vinte anos depois, o templo foi construído na Granja Julieta.

Inúmeros sacramentos foram, por ele, realizados e ministrados no referido Grêmio, daí a citação e registro de seu trabalho. Não havia o templo, mas havia o trabalho religioso, educacional e social. Havia uma assembléia dentro da comunidade e a serviço dessa comunidade. Era pois, a Igreja Luterana trabalhando em Campo Belo.[2]

Igreja Nova Apostólica Independente

A mais antiga dentre as igrejas aqui relacionadas, é a pequenina capela, hoje situada na Rua Casemiro de Abreu, s/n.º, nos fundos da residência do pastor, aposentado, Francisco Bauer, na Rua Paiaguás, 98.

Sua história começa no ano de 1951, dentro de um bairro ainda novo, numa época de mudanças.

---
2. O Luteranismo no Campo Belo, por Sérgio Weber.

Tendo iniciado sua carreira religiosa, o senhor Francisco queria ter sua igreja e, para tanto, alugou as dependências cobertas do antigo Grêmio Escolar Teuto-Brasileiro, fechado devido à guerra mundial (1939-1945). Sediada na Rua Cristóvão Pereira, 1144, a igreja ali permaneceu por quatro anos, mas o ruído que vinha da quadra de esportes e da pista de boliche, atrapalhava a concentração necessária ao pastor e à sua comunidade religiosa.

Buscando soluções, construiu ele, uma capela, nos fundos de sua casa, para ali aguardar a feitura de uma sede maior e definitiva. O provisório, não substituído, é até hoje definitivo.

Em 1972, o pastor se aposentou, após trinta anos de profissão religiosa, dos quais 22 foram vividos no bairro.

Seguindo uma programação específica, com cultos aos domingos e as quartas-feiras, com duas celebrações anuais em homenagem aos mortos, ela prossegue até hoje. Os membros da comunidade dessa igreja, têm um pequeno coral que já se apresentou aos moradores do bairro em 1994. Também realizam passeios para aproximar seus seguidores.

Sua esposa, Catharina, falecida a 19 de dezembro de 1998, era querida por muitos, pela responsabilidade, trabalho e carinho que marcaram sua pessoa.

Despojada e pequenina, a igreja conta com 48 anos de existência, dentro de Campo Belo, já são quatro gerações da família Bauer[3] a participar da vida religiosa nesse citado templo.

Igreja de Nossa Senhora de Guadalupe

Cronologia Histórica
(1931-1933)
Nesse período, uma maioria alemã luterana, liderada pelo pastor Heinrich Stremme, ansiava por um templo luterano. Enquanto este ainda não era construído, a comunidade se reunia e participava dos cultos no Grêmio Escolar Teuto-Brasileiro. Essa situação durou até 1939, quando o Grêmio foi desativado e o pastor viajou para a Alemanha. Os fiéis procuravam outras sedes luteranas até que em 1959, após 28 anos, conseguiram a Igreja da Paz fora, porém, de Campo Belo.

A minoria católica, constituída por alemães e brasileiros, teve de esperar 25 anos para que uma Igreja Paroquial fosse erguida no bairro, em 1956.

---

3. Entrevista a 16 de outubro de 1976 com o pastor Francisco Bauer e família, pelos autores.

(1933-1954)
Por falta de um templo seu, os moradores de Campo Belo assistiam missas na Igreja de Nossa Senhora Aparecida, em Moema. Em 1933, o bairro passou a integrar o grupo de comunidades católicas sediadas em Moema.

Em 1950, já havia alguma movimentação em Campo Belo para que se tivesse uma Paróquia.

Uma minuta da ata de 14 de março de 1952 e uma ata de 21 de junho de 1952 tratavam da escolha do orago para a futura Paróquia: S. Luiz Gonzaga.

Em 1954, com a criação da Paróquia de S. João de Brito, no Brooklin Novo, o bairro em estudo foi absorvido por ela.

Devido às dificuldades de transporte dos mais idosos e crianças às paróquias vizinhas, tornou-se crescente o desejo comunitário de ter uma igreja próxima de todos. Irmanados em um mesmo ideal, muitos se uniram em torno de um projeto que custaria o esforço de todos.

A igreja que hoje conhecemos é fruto de uma longa e penosa jornada trilhada por gente altruísta.

Em meio ao horto bem cuidado, ladeada pela torre ícone que nos lembra o passado, um edifício moderno, despojado, é belo e acolhedor.

Com mais de 40 anos de existência, poucos sabem das grandes dificuldades enfrentadas para que a comunidade possa hoje usufruir dela.

O ano de 1954 foi decisivo. Nele, um grupo de moradores do bairro se reuniu e traçou um programa de ação. Cumpririam metas prioritárias.

O primeiro passo seria obter a autorização da Cúria para a implantação do projeto de criação de uma nova paróquia, em Campo Belo.

Jayro Raphael foi incumbido, pelo grupo, de ir a Campos do Jordão encontrar-se com o Bispo Auxiliar de São Paulo, D. Paulo Rolim Loureiro, que, na época, estava em férias, para dele obter a autorização pretendida. Ele a obteve.

Também nesse ano, o grupo recebeu o grande apoio da Associação dos Amigos do Bairro de Campo Belo, então presidida por Lupércio Gil.

A 29 de agosto de 1954, na residência de Renato Picosse, decidiu-se pedir apoio aos padres Hugo de Souza Ribeiro, vigário em Moema e Newton José Crippa, coadjutor no Brooklin Novo. O pedido foi aceito.

O terceiro passo seria a aquisição de um terreno para a igreja que ali se edificaria. Esse passo dependeria de dinheiro e portanto seria complicado.

O grupo se organizou em Comissão Provisória que cuidaria desse passo, o mais difícil.

Muitas vezes renovado, o grupo histórico inicial foi assim constituído a 19 de setembro de 1954: Carlos Duarte de Miranda (presidente), Renato

Picosse (vice-presidente), Jayro Raphael (tesoureiro), Newton Santos (secretário), Ana Maria Alonso Raphael, Júlio Fernandes, Adelaide de Moraes Picosse, Heitor de Moraes, Ana e Alice Maria Müller, Ângela Homem de Mello Fonseca, Dinorah Werneck (auxiliares).

Benedito Justo Siqueira pretendera doar um terreno seu à comunidade, mas vários problemas não permitiram que isso acontecesse.

A Comissão Provisória passou a se reunir, mensalmente, nas casas de seus membros e muitas reuniões extraordinárias também aconteceram.

Uma idéia proposta ao grupo logo ganhou adeptos: far-se-ia procissões pelas ruas do bairro, para sensibilizar a população local. O vigário de Moema cedeu uma imagem de Nossa Senhora das Graças e esta seria levada, em procissão, às casas das famílias que assim o quizessem. Cantando e orando ganhariam adeptos e donativos. Assim, o fizeram durante meses. O austríaco José Sepp fez um andor sobre o qual uma imagem de N.ª Sra. das Graças percorreu algumas ruas de Campo Belo.

Engrossando as fileiras do grupo de trabalho novos adeptos surgiram: Onofre e Paula Simurro, Izabel Cordeiro, Maria Luiza Gasparim Crippa e Mário Crippa e seu filho o padre Newton José Crippa, Maria de Lourdes Lopes Ribeiro e Maria Inês Siqueira de Miranda.

Além das procissões, o grupo organizou peças teatrais, projeções de filmes, chás, rifas, bingos, quermesses e festas, entre outras atividades. Criou-se a contribuição mensal voluntária e notas sobre a campanha deflagrada, foram distribuídas em todos os meios de comunicação.

(1955-1956)
O ano de 1955 foi muito agitado, pois muito se trabalhou para a criação da Paróquia, no bairro de Campo Belo.

A 20 de julho de 1955, deu-se a compra de um terreno de 2.420,60 m² situado na esquina das ruas República do Iraque, 1349 e Moraes de Barros, 1839. Pelo preço de um mil réis o metro quadrado, o terreno seria pago durante seis anos em prestações mensais de duzentos mil réis.

A 14 de agosto de 1955, foi lançada a pedra fundamental.

A 15 de agosto de 1955, no terreno da futura igreja, às 15 horas, Dom Paulo Rolim Loureiro veio celebrar a benção da pedra fundamental. Uma pequena multidão ali permaneceu para a cerimônia.

A 21 de agosto do mesmo ano, às 10 horas, Frei José Francisco de Guadalupe Mojica, a convite da comissão responsável pela fundação da nova igreja, celebrou uma missa campal. Frei Mojica estava em São Paulo, para participar de festividades no convento de S. Francisco.

Convidado, por telefone por Jayro Raphael, aceitou o convite e membros da família Catanzaro foram buscá-lo de carro para que, no dia 21 de agosto de 1955, ele celebrasse uma missa campal, dominical, no lugar onde provisoriamente se colocara a pedra fundamental.

Um grande número de pessoas participou da celebração e se emocionou com a presença de tão conhecido religioso, que a todos encantou com sua voz.

Uma foto cedida por Jayro Raphael ilustra e documenta o evento.[4]

Nessa data, na capela provisória deu-se o primeiro batizado realizado pelo padre Newton Crippa. Maria Aparecida de Souza Lima de dois meses, era a batizada.

A 28 de agosto deste ano ainda, a Comissão Provisória dos trabalhos em pról da futura paróquia, tornou-se oficialmente a Comissão dos Fabriqueiros da Paróquia. Seria um Conselho constituído por religiosos e leigos e estaria sujeito à aprovação do Bispo e cujas funções se restringiriam à administração dos bens de uma paróquia que então nascia. Esse conselho nomeou o padre Newton Crippa, o primeiro vigário.

A 17 de setembro de 1955, também na capela da paróquia, deu-se o primeiro casamento realizado pelo padre Newton Crippa. Casaram-se Durval Dias e Lucila dos Santos.

A 8 de dezembro de 1955, foi criado o CEPAS, Centro Paroquial de Assistência Social, cujo objetivo era atender à população carente da região.

A 9 de dezembro, deste mesmo ano, iniciaram-se os cultos na capela provisória, na garagem, da casa do padre Newton José Crippa, na Rua Paiaguás, 83.

(1956-1970)
O empreiteiro Antonio Rosa Mendonça, a partir de 12 de abril de 1956, executou as obras da primeira capela. Com espírito solidário, ele pouco cobrou pelos serviços.

Um incêndio provocado por um curto-circuito em um depósito de jornais, queimou essa capela, dela restando apenas a torre que se tornou um ícone lembrando o passado de luta e glória para criação da paróquia.

O engenheiro Salvador Trota apresentara um primeiro projeto, requintado, do qual a torre era parte integrante. Tal projeto exigia elevado custo e teve que ser modificado.

A primeira capela situava-se em um dos cantos do terreno.

A 15 de agosto de 1956, às 16h30, D. Paulo Rolim Loureiro deu início à cerimônia que antecedeu a missa festiva às 17 horas.

Foram homenageados o Cardeal Arcebispo D. Carlos Carmelo de Vasconcelos Motta, os Bispos Auxiliares D. Antônio Maria Alves de

Siqueira, D. Paulo Rolim Loureiro, D. Vicente M. Zioni, D. Antônio Ferreira de Macedo.

Foi paraninfo o vice-governador do estado de São Paulo, o general José Porfírio da Paz e padrinhos, o padre Antônio José dos Santos e o casal Mario e Maria Luiza Crippa.

Houve procissão e apresentação do coral dos salvatorianos de Indianópolis (Moema), dirigido por Frater Policarpo Turco.

O *Diário Popular*, de 16 de agosto de 1956, cobriu o evento.

D. Carlos Carmelo de Vasconcelos Motta sugeriu que a orago da nova paróquia fosse Nossa Senhora de Guadalupe. Ela é padroeira da América Latina desde 1910.

(1970-1983)
Após o incêndio, enquanto se construía uma nova capela, os cultos foram realizados nos salões, em construção, da parte social da futura igreja até 1973.

Em 1972, Adelaide de Moraes Picosse, passou a presidir a inaugurada Oficina de Caridade Santa Rita.

De 1973 até 9 de julho de 1983, nova capela provisória foi sede dos cultos. Em 1983, sendo o vigário Paulo Homero Gozzi, a comunidade finalmente recebeu a igreja pronta.

A 9 de julho de 1983, D. Paulo Evaristo Arns celebrou a festiva missa inaugural.

Em 1984 o padre Paulo deixou a paróquia.

Várias Congregações religiosas se formaram na igreja historiada: Congregação Mariana, Pia União das Filhas de Maria, o Apostolado da Oração, Irmandade de São José e outras. Várias voluntárias organizaram um grupo de catequistas.

A 8 de dezembro de 1955 fora criado o CEPAS, Centro Paroquial de Assistência Social que trabalhou até os anos 80.

Sua primeira diretoria fora assim constituída: Dr. Antonio Plínio Lopes, presidente e Angela Inês Homem de Melo Fonseca, secretária.

Com estatuto próprio, registrado na Secretaria da Promoção Social, já bem estruturado, em 1957 atendeu a cem famílias carentes oferecendo-lhes assistência médica, odontológica, medicamentos, roupas, agasalhos, alimentos, escolaridade, atendimentos hospitalares, empregos, orientação, regularização de casamentos, ensino religioso, auxílio à moradias.

Destacamos na área médica, os doutores Antonio Plínio Lopes Ribeiro e Rui Fernando Mônaco, na área odontológica, os doutores Lamberto Landini Júnior, Cesário Ramos Machado e o universitário Roberto Souza

Sartorato; na enfermagem, Maria Rita, e na área jurídica, o doutor Mário Sérgio Duarte Garcia. A professora Dulcina do Vale cuidou da alfabetização de adultos. Formando a linha de frente, na luta contra a pobreza, esses profissionais dedicados contaram com uma competente retaguarda: a administração de Antonio Ponsirenas Martorell, Carlos Duarte de Miranda, Francisco Caetano da Cunha, Afonso Caravita, Armando Petisco, Guido Sartorato, José Homem de Melo Fonseca e Newton Santos.

Havia missas dominicais, celebradas dentro da favela do Buraco Quente. Na igreja, uma farmácia lhes fornecia remédios gratuitos.

Nos anos 70, mais voluntários participaram do CEPAS: Isidro Vignolli, Francisco Meirelles, Rui Braga, Dolores Guerra, Nair de Castro Weber.

Em 1972, atendendo ao Concílio Vaticano II, formaram-se em todo o país, as Comunidades Eclesiais de Base. Estas se aliaram ao CEPAS. Lentamente se fundiram e o CEPAS foi, por elas, assimilado no início dos anos 80.

Nos anos 80, desapareceriam algumas das congregações na paróquia, inclusive cursos de reforços, em várias disciplinas, dadas por professores especializados, dirigidos por Maria Nilde Mascelani, ex-diretora da então Escola Vocacional Oswaldo Aranha e diretora do grupo Renov.

Na instituição católica Kolping e na Associação Esportiva e Recreativa do Campo Belo, foram estabelecidos dois núcleos que, com cultos dominicais, atendiam aos moradores que residiam distante da Igreja de Nossa Senhora de Guadalupe.

Em 1987, a paróquia adotou uma comunidade carente no Jardim dos Álamos, em Parelheiros. Através de Pastorais da Saúde, da Família e outras, criadas por D. Luciano Mendes de Almeida, a população carente passou igualmente a ser atendida.

Os Padres vigários da Paróquia de Nossa Senhora de Guadalupe são:

1955-1962 - Pe. Newton José Crippa
1963-1964 - Pe. Waldemar Marques Conceição
1964-1971 - Pe. Almir Pessoa César
1972-1973 - Pe. Antonio Haddad
1974-1984 - Pe. Paulo Homero Gozzi
1985-1986 - Pe. Vicente de Paula Fernandes
1986-1987 - Frei Thomas Gumprecht
1987-........ - Pe. Luiz Tomazini

Dos anos 50 ao final dos anos 70, pequenos boletins informais transmitiam à comunidade notícias sobre a paróquia.

IGREJAS, ENTIDADES ASSISTENCIAIS E ESPAÇOS CULTURAIS

Em 1970 surgiu o "Construindo", mais completo que os boletins iniciais, circulava sempre que necessário. Ele existiu até quase os anos 90. Em junho de 1987, ano XVII, n.º 30, saiu o último exemplar.

A paróquia atende ao bairro de Campo Belo, mas juridicamente, seus limites, traçados há mais de quarenta anos, deixam de fora de sua atuação algumas ruas situadas entre a Gabriele D'Annunzio e a Avenida Água Espraiada.

A área de jurisdição paroquial é a seguinte: da Av. Washington Luiz e Córrego da Invernada até a Rua Braz de Arzão; da Rua Braz de Arzão e Paiaguás, até as ruas Gabriele D'Annunzio e a Av. Santo Amaro; da Av. Santo Amaro até o ribeirão da Traição (a Av. dos Bandeirantes); da Avenida Bandeirantes e Córrego da Invernada até a Av. Washington Luiz.

Encerrando as notas sobre a igreja de Nossa Senhora de Guadalupe não podemos deixar de mencionar:

Carlos e Ada Vitari — doaram uma imagem de N.ª S.ª Aparecida;
Irmãos Tarriconi — doaram o confessionário;
Abílio Neves — confeccionou o altar-mor, abençoado a 9 de outubro de 1958; também confeccionou o cruzeiro, implantado no terreno da igreja, doação do órgão, depois tocado por Verônica Muller e Dori Inácio da Silva;
Luci e Chaim Abujanra — doaram o lampadário.

Os limites do bairro são:
Avenida Washington Luiz;
Avenida Água Espraiada;
Avenida Santo Amaro e
Avenida dos Bandeirantes.

As ruas além da Rua Gabriele D'Annunzio até a Av. Água Espraiada e as ruas além da Av. Invernada até a Av. Washington Luiz, não fazem parte da Jurisdição paroquial, assim como o Jardim Aeroporto.

Fontes e notas sobre a história paroquial
1. O período compreendido entre 1931 a 1977 foi pesquisado nas seguintes fontes:
Jornal do Brooklin de 21/7/1972, p.5;
Livro de Tombo da Igreja de N.ª S.ª de Guadalupe (visto a 21/8/1977);
Entrevistas com Dr. João Manuel Vieira de Moraes (4/2/1977); Padre Paulo Homero Gozzi (21/8/1977); Jayro Raphael (12/11/1999); Nair de Castro Weber (30/9/1976); Isidro Vignolli (6/1/1977);
Convite especial para a inauguração da Capela Provisória a 15 de agosto de 1956;

Área de Jurisdição Paroquial

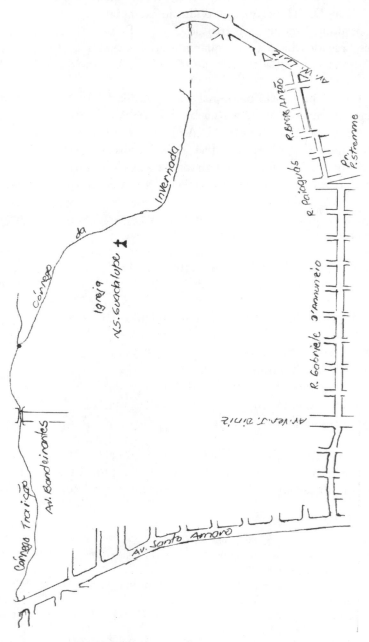

Mapa da área de abrangência da paróquia N.ª S.ª de Guadalupe.

Minuta da Ata de 14 de março de 1952, que registrou a benção da imagem de São Luiz Gonzaga que seria o orago da futura igreja. A minuta da Ata de 21 de junho de 1952 que registrou o translado da imagem de São Luiz Gonzaga para a Igreja do Sagrado Coração de Jesus, no Brooklin Paulista. As senhoritas Ophélia e Lourdes Raphael participaram da Comissão que cuidou desse translado. A imagem ficaria no Brooklin Paulista até que se conseguisse uma igreja em Campo Belo.
As minutas foram cedidas por Jayro Raphael.
Proposta para ingresso na Congregação Mariana nos anos 50 (impresso).
Impresso contendo o Compromisso ou deveres dos congregados marianos em 1955.
Regulamento da Congregação da qual era presidente Jayro Raphael.
Registro de 8 de dezembro de 1956 da admissão de: 15 congregados, 9 noviços, 7 diplomados fundadores, entre eles Jayro, Mauro e Darcy Raphael, 1 diplomado vindo de outra paróquia.
Exemplar da *Revista Radiolândia* de 23 de julho de 1955, com a foto de José Mojica que viera participar do 36.º Congresso Eucarístico Internacional.
Jornal *O Diário Popular* de 16/8/1956, que fez a reportagem da inauguração da Capela provisória, no bairro.
Gazeta de 24/8/1955.
2. De 1962-1980
Entrevista com o Pe. Paulo Homero Gozzi.
Atas e Relatórios do CEPAS.
Participação dos autores em várias atividades da Igreja N.ª Sra. de Guadalupe no período.
3. De 1980-1987
Entrevista com Jayro Raphael.
Síntese histórica feita por Newton Santos (texto).
4. De 1987-1999
Diante da recusa do atual pároco não pudemos consultar documentos nem obter dele informações relativas a esse período.
Construindo, n.º 30, ano 1987, citação de famílias que cederam suas casas para reuniões históricas que possibilitaram a criação da Paróquia Nossa Senhora de Guadalupe: Dr. Antonio Plínio Lopes Ribeiro, Estudo Rosário Catanzaro, Carlos Duarte de Miranda, pe. Newton José Crippa, Francisco Strano, Daniel Correia Porto, João Batista Alves.

Frei Mojica em Campo Belo

Já comentamos sobre a grande batalha vencida por dedicados moradores de Campo Belo, que a partir dos anos 50, do século findo, deram início a fundação da Paróquia de N.ª Sra. de Guadalupe.

A Virgem Morena, que conforme a tradição mexicana pediu ao humilde índio Juan Diego, que lhe erguesse uma igreja nas colinas de Tepeiac, tornou-se a padroeira das três Américas e foi honrada com uma igreja na paróquia do Campo Belo.

Em março de 1955, durante os jogos Pan Americanos, a delegação brasileira visitou a basílica mexicana e trouxe a estampa da Virgem Morena. O padre Newton José Crippa recebeu uma estampa e apoiado pelos Bispos Auxiliares e membros da comunidade de bairro, adotou-a como orago da paróquia que nascia.

Guadalupe, em asteca, significa: "protege-nos". A escolha, sem dúvida, foi boa.

Igreja Metodista de Campo Belo

Situada na Av. Vereador José Diniz, 3250, a Igreja Metodista de Campo Belo foi inaugurada em 1961.

Além dos cultos dominicais, tem escola religiosa dominical, tardes de orações, atividades de lazer, como vôlei e futsal nos finais de semana, para reunir os jovens. Há acampamentos para os alunos da escola dominical que têm entre 8 e 12 anos de idade, bazares organizados pelas senhoras, com objetivo de arrecadar fundos para a igreja e obras sociais. Nos domingos costumam receber doações de alimentos, a serem distribuídos para os carentes.

A 1.º de outubro de 1977, entrevistamos o pastor, o Rev. Syllas Antunes, que então nos relatou as atividades da igreja.

Atualmente, contando com uma nova e bela construção a igreja se modernizou e continua reunindo seus fiéis que cresceram em número e atividades. Pode-se ouvir belas vozes acompanhadas por instrumentos que alegram os encontros e cultos religiosos.

Relação das Igrejas e Entidades Religiosas
Beneficentes de Campo Belo

1. Ano de 1944 – Igreja Nova Apostólica Independente. Rua Casemiro de Abreu, s/n.º, fundos do n.º 98.
2. Ano de 1954 – Igreja de Nossa Senhora de Guadalupe. Rua Paiaguás, 83 (provisória) e Rua República do Iraque, 1839 (atual).
3. Ano de 1948 – Seara Bendita. Rua Demóstenes, 834.
4. Ano de 1960 – Igreja Batista de S. Paulo. Rua Barão do Triunfo, 1670.
5. Ano de 1961 – Igreja Metodista de Campo Belo. Av. Vereador José Diniz, 3250.

IGREJAS, ENTIDADES ASSISTENCIAIS E ESPAÇOS CULTURAIS

6. _____ – Fraternidade Espírita. Rua João Álvares Soares. (atual)
7. _____ – Igreja Evangélica Fundamento Apostólico. Rua Pascal, 1792.
8. _____ – Igreja Evangélica Holandesa-Suíça. Rua Gabriele D'Annunzzio, 952.
9. _____ – Igreja Evangélica Manancial. Av. Vereador José Diniz, 3600.
10. _____ – Igreja Presbiteriana do Calvário. Rua Demóstenes, 717.
11. _____ – Igreja Mormon (Santos dos Últimos Dias). Rua Dr. Silvino Canuto Abreu, 97.
12. _____ – Igreja Adventista do 7.º Dia. Rua Barão do Triunfo, 305.
13. _____ – Igreja Evangélica Alemã. Rua Vicente Leporace, 393.
14. _____ – Igreja Batista Alemã. Rua Edson, 1172, ap. 133.
15. _____ – Igreja Evangélica Boas Novas. Rua Dr. Silvino Canuto Abreu, 74.
16. _____ – Igreja Holandesa. Av. Vereador José Diniz, 3037. (abrange a Comunidade Cristã e Igreja da Ressurreição).
17. _____ – Seminário Teológico Presbiteriano, Rua Pascal, 1165.
18. _____ – Testemunhos de Jeová. Rua Conde de Porto Alegre, 1526.

Entidades

Antecedendo à oficialização do bairro de Campo Belo, desde os anos 20 do século findo, temos referência à existência de entidades culturais e assistenciais dentro da área que então Parada Piraquara, do Brooklin Paulista.

A comunidade sempre foi convidada a participar.

Visitamos várias dessas entidades e, aqui, registramos algumas notas históricas sobre as mais antigas. Poucas são de natureza apenas cultural. Segue o rol cronológico das que serão historiadas:

1928-1942 – Wessel Saal;
1930-1942 – Grêmio Escolar Teuto-Brasileiro;
1932-........ – Associação Musical e Benemérita Echo;
1936-1956 – Clube Austro-Brasileiro;
1956-........ – Associação Esportiva e Recreativa de Campo Belo;
1938-........ – Associação Católica Kolping;
1940-........ – Seara Bendita - Instituição Espírita;
1956-........ – Associação Austro-Brasileira Babenberg;
1958-........ – Sociedade Filantrópica Suíça-Lar Feliz;
1966-........ – Associação Esportiva e Recreativa da VASP;
1973-........ – Sociedade Filantrópica Lyra;
1979-........ – Associação Nordlyset; Creche Celestina Steward;
1997-........ – Associação Feminina Beneficente e Instrutiva Anália Franco.

Família Raphael carrega o andor de N.ª Sra. das Graças em procissão de Moema para o Campo Belo. Década de 50. Acervo Jayro Raphael (Família Raphael).

Procissão vinda de Moema para o Campo Belo na década de 50.
Acervo Jayro Raphael (Família Raphael).

IGREJAS, ENTIDADES ASSISTENCIAIS E ESPAÇOS CULTURAIS

Wessel Saal

Em agosto e setembro do ano de 1999, em entrevista com Gundi Wenger sobre a participação de sua família na história do bairro, tive uma agradável surpresa: recebi dela uma foto de 1947, a qual registrava o Wessel Saal tão citado por todos os antigos moradores de Campo Belo. Corporificava-se a imagem que desenhara em minha imaginação.[4]

Este salão nos chamava a atenção pelo entusiasmo com que era citado freqüentemente pelos entrevistados. Todos tinham sido freqüentadores assíduos de seus bailes, festas e teatro.

Situado na Rua Conde Zeppelin, 20, atual Rua Conceição Marcondes Silva, 165 a 179, foi inaugurado em 1928, num pequeno espaço, em terreno do casal Rudolf Wessel e Paula Finke. Eles eram também proprietários de um pequeno armazém[5] de secos e molhados, na Rua Hindenburg, 16 atual Rua Ibituruna, 1692. Este era o primeiro salão, do chamado alto Campo Belo e atendia a freguesia que ali morava. Também foi sempre muito citado.

Comunicativo, alegre e sensível logo o Sr. Rudolf percebeu a necessidade de um espaço maior para reunir seus patrícios alemães em confraternizações que se tornariam inesquecíveis.

O armazém e o salão antecederam à criação do bairro; surgiram, na velha Piraquara, dentro do Brooklin Paulista.

Já em 1931, Wessel ampliou este armazém e o salão para atender à demanda que crescia.[6]

De 1928 a 1942, o salão funcionou e como!

Jornais alemães desse período registraram inúmeras atividades das quais reproduzimos algumas, em síntese,[7] em alguns capítulos deste trabalho.

A fachada do salão, reformado, era de pedra rosa e suas portas de entrada de ferro com vidro canelado e de correr.

A mídia o descrevia como confortável e acolhedor. A Associação Musical Benemérita Echo de Campo Belo abrilhantava as festas nesse salão.[8]

---

4. Foto cedida por Gundi Wenger; consultar fotos sobre a fábrica Fulgura.
5. Sobre o armazém, que conhecemos como propriedade da família Mazzaferro, existe notas no capítulo relativo à economia do bairro.
6. Caixa 10, Papéis sem verificação. Diversos CMSA. In: Arquivo PMSP, Washington Luiz, data de 1/12/1931; Livro 1, folha 10. Alvará pedindo concessão à CMSA para ampliação do salão situado na Rua Conde Zeppelin, 20 e do armazém e casa situados na Rua Hindenburg, 16.
7. Pesquisa e tradução dos jornais *Deutscher Morgen* e *Deutsche Zeitung* dos anos 30, realizados pelo Prof. Sérgio Weber nos arquivos do Instituto Martius Staden em São Paulo.
8. Com sede na parada Piraquara, em Campo Belo, a Associação Musical Benemérita Echo de Campo Belo, abrilhantava muitas festas realizadas no Salão Wessel. O *Deutsche Zeitung* de 11/11/1933, p. 6 cita também o nome de seu presidente então, o senhor Friedrich Wirtz. Pesquisado pelo Prof. Sérgio Weber.

Quando a Segunda Guerra Mundial eclodiu (1939-1945), um lamentável decreto fez fechar os estabelecimentos de proprietários alemães. Houve, como se sabe, grande discriminação aos estrangeiros ou descendentes daqueles cuja origem reportasse aos países formadores do Eixo: Alemanha, Itália e Japão.

Em 1942, o Wessel Saal cerrou suas portas.

De 1942 a 1949 foi alugado para sediar a Fábrica Fulgura; de 1949 a 1953 sediou a também conhecida Fábrica Ceralite.

A 25 de janeiro de 1953, na tarde quentíssima deste feriado paulista, um curto-circuito incendiou o salão, que teve seus restos demolidos a seguir.[9]

Durara catorze anos como salão de festas e 25 como construção. Esta, em "art déco", isto é, no estilo decorativo dos anos 20 e 30, tinha características marcadas por uma arquitetura singela e linear e que buscava equilíbrio nos volumes e formas. Com pé direito alto, planta em forma retangular, laterais com janelas envidraçadas, pilastras redondas de sustentação, e pintado em tons pastel creme. Cordões de gesso arrematavam o teto de onde pendia uma luminária central. Arandelas laterais complementavam a iluminação.[10]

O piso era de grandes ladrilhos hidráulicos, preto e branco e sobre ele muita gente dançou.

Numa dependência lateral situava-se a cantina.

Um corredor externo, ligava as atuais ruas Ibituruna e Conceição Marcondes Silva. Uma borboleta ou molinete, situada no meio desta passagem, servia para evitar que pessoas entrassem em grandes grupos incontáveis, nos eventos que se realizavam neste salão. No cotidiano, servia de brincadeira para os jovens que por ali passavam.[11]

O salão teria aproximadamente 400 m² de área e hoje esse espaço é ocupado por três grandes sobrados.

Os noticiários da época referiam-se ao salão, como sendo "espaçoso e bonito". Com toda certeza ele marcou época e deixou saudades.[12]

---

9. Entrevista com Therezzia H. Egger.
10. Descrição feita por muitos dos entrevistados e comprovada, em parte, pela foto cedida por Gundi Wenger.
11. Depoimento da família Bauer.
12. Pesquisas realizadas pelo Prof. Sérgio Weber em jornais alemães dos anos 30 e 40. Conforme a imprensa confirmou no salão foram realizadas inúmeras festas escolares e religiosas, casamentos e bodas, aniversários, bailes de máscaras carnavalescas, festas juninas e espetáculos teatrais e musicais.

Grêmio Escolar Teuto-brasileiro
Aspectos de lazer

Inaugurado a 18 de janeiro de 1930, na Piraquara, com o objetivo de sediar um centro de cultura e lazer para atender aos moradores da região, de maioria alemã, teve o grêmio, sua existência e objetivos modificados a partir dos anos 40 em decorrência das atitudes governamentais com relação aos estabelecimentos dirigidos por estrangeiros. De 1940 a 1950 por falta de interesse dos moradores brasileiros da região a entidade ficou semi abandonada.

Coube ao pastor Francisco Bauer Filho reativá-la convocando moradores que desejassem ajudá-lo.

A 2 de junho de 1951, às 8h15, foi empossada a diretoria: Presidente – Alberto Borst; Vice-Presidente – Heinrich August Schütte; Secretário – Carlos Valdemar Shön; Tesoureiro – Heinrich Sauerwein; Administrador – Antonio Streckert; Conselho Fiscal – Francisco Bauer Filho.

O grêmio recebeu um saldo de Cr$ 399,00 da antiga entidade. O senhor Schütte administrou um bar dentro da entidade a qual a partir de então passou a se chamar Associação Cultural e Recreativa de Campo Belo, que permanecia sediada na Rua Cristóvão Pereira, 1444.

A associação foi protegida por uma cerca de arame farpado e teve sua pista de boliche restaurada. A escola foi mantida como prioridade.

A diretoria abriu lista para receber novos associados e convocou os advogados: Antonio Streckert e Maurício Sanches para orientá-los na administração.

Nos anos 50, conforme já se registrou anteriormente, mudaram-se para Campo Belo muitas famílias de origem italiana, espanhola e portuguesa. Essas famílias trouxeram com seus costumes, mudanças no modo de vida na região. Por exemplo, o bolão foi substituído pela bocha, apareceram os jogos de dominó, baralho e futebol.

Durante alguns meses várias festas se realizaram para angariar fundos e novos associados estavam sempre chegando. Reerguia-se aquele que seria carinhosamente chamado, no futuro, de "clubinho".

Para o culto religioso, o pastor Bauer se servia das salas de aula, então restauradas. Nas quadras, vários clubes locais jogavam com clubes de fora. Tal fato rendia algum dinheiro para os fundos da entidade. Foram citados alguns clubes de Vila Mariana e os locais como: o Tanabor, Elastic, Ciba, Pirituba, Piraquara. Também bons filmes eram exibidos nos finais de semana e foram formadas equipes de jogadores de várias modalidades de esportes. A agenda do clube lentamente tornou-se cheia.

Em 1952 as autoridades negaram licença para a reabertura da escola alemã. Nesse ano tomou posse uma nova diretoria e foi planejada a construção de uma nova sede.

A 2 de agosto de 1954, sob a presidência de Amilcar Pereira, a entidade adquiriu um projetor sonoro, instalou jogo de tiro ao alvo e a concessão de vários filmes documentais cedidos pelos consulados dos Estados Unidos e Canadá.

Nessa época planejou-se a construção de uma pista para o jogo de bocha e a volta das festividades natalinas para as crianças carentes da região.

Foi a 22 de janeiro de 1955 que uma bela festa comemorou o jubileu de prata da entidade. Para o evento foi criada uma bandeira lilás, com tarja branca e o emblema da sociedade no centro.

Uma seção de cinema infantil foi inaugurada.

Em 1955 um acidente na via Anchieta, a 26 de setembro, feriu vários sócios da entidade. Nesse ano também o empresário Carlos Egger proprietário da empresa Ceralite ofereceu na entidade uma bonita festa para seus funcionários, ele e sua família, tornaram-se sócios.

Conforme pesquisamos no Livro de Atas n.º 1, no período de 1951-1979, havia um total de 253 sócios.

A 26 de julho de 1956, foi empossado como presidente reeleito Amilcar Pereira. Nesse ano, foi criado um novo uniforme para os jogadores da Associação: seria azul com desenhos brancos.

A 24 de julho de 1959, foi empossado o novo presidente, Kevorak Kiredjien. Este foi sucedido a 8 de janeiro de 1960 por Francisco de Assis Caldeira Brandt.

O ano de 1966 ficou marcado pela reivindicação feita pelos sócios que pediam maior dinamicidade por parte da direção. A 1.º de julho de 1967, Odair Cizauskas, assumiu a presidência até novembro, sendo então substituído por José Fernando Cioffetti.

O ano de 1968 enfrentou dificuldades econômicas e a 6 de abril, José Miguel Novo Filho, tornou-se presidente.

Odair Cizauskas foi eleito presidente e empossado a 23 de maio de 1970 e nesse ano novos sócios iriam modernizar e dinamizar a entidade: Hernani de Almeida Domingues, Armando Petisco, Francisco Prado Nascimento, Eurico Zanella e outros.

Em 1972 finalmente uma bela pista para o jogo de bocha e agora coberta e com piso de saibro, foi oferecida aos associados. Era então presidente o já citado Hernani de Almeida Domingues que recebeu apoio de Eurico Zanella e Alberto Ruggero. A partir de então, formou-se um grupo de jogadores de bocha, que dispondo da pista poderiam treinar bastante e passariam a participar do Campeonato Paulista de Bocha, divisão B, do qual participam até os dias de hoje.

Nessa época, a Associação tornou-se exclusivamente um centro esportivo e teve seu nome mudado para Associação Esportiva e Recreativa de Campo Belo.

O *Jornal do Brooklin* de 29 de abril de 1972, na página 7, registrou um pedido de Lamberto Sabini, então presidente, que pedia ajuda financeira aos comerciantes de Campo Belo.

Dos anos 80 em diante, a diretoria várias vezes foi constituída pelos sócios Hernani de Almeida Domingues, Armando Petisco, Eurico Zanella, Alberto Ruggero, Firio Medeiros Gamboa e Fausto Tarqüini. Eles se revezavam nos cargos diversos.

Em 1996 sobre a presidência de Fausto Tarqüini, foi construída uma quadra poliesportiva de 540 m^2 de área. O aluguel da citada quadra e das salas permitiu uma grande reforma que deu o aspecto confortável e bonito que hoje conhecemos. Em 2002 a diretoria é assim constituída: Presidente – Hernani de Almeida Domingues; Vice-Presidente – Eurico Zanella; Tesoureiro – Firio Medeiros Gamboa; Primeiro Secretário – Luís Carlos Beninca; 2.º Secretário – Fausto Tarqüini.

Para concluir o histórico da entidade, deixamos aqui registrada a lista dos sócios do período de 1950-1979, entre os quais muitos se destacaram na história do bairro e que no conjunto contribuíram para que a entidade renascesse de suas cinzas como uma Fênix e a mantivesse viva e atuante a Associação que é para o bairro, um ícone.

Almeida (Gesira, Marilísia, Ely), Gonçalves (Pedro, Antonio), Aparhidijian (Sarquis), Alves (Francisco Monteiro, Odilon Neto), Afonso (Antonio), Achinger (Manfred), Anverso (Libero), Avelino (Armin), Andrade (Gertrude T. M.), Baudent (August), Bepe (Benedito, Donato), Beneplácito (Roque), Bergmann (Mathias), Borst (Alberto), Bracher (Haroldo), Bauer (Francisco Filho, Catharina), Belo (Antonio Silveira), Cresto (Ricardo), Cizauskas (Casemiro, Odair, Anastácia), Crippa (Mário), Cafero (Vicente), Cavallo (Francisco, Gilberto, Sebastião), Capiolho (Angelo Ambrósio), Cludi (Horácio), Conci (Carlos), Carreiro (Arnaldo de Almeida), Chadalakian (Sarkis, Cenes, Vartan, Anner), Chrold (Walter), Coelho (Aparício C.), Delm (Hans Filho), Danninger (Oscar, Rodolfo, Júlio, Waldemar), Dias (Nery José), Dovey (José Jr.), Domingues (Hernani), Bernardi (Gervásio), Brandt (Francisco Coldeiro), Brito (Geraldo, Casemiro), Burch (Irene), Becchim (Ricardo), Burger (Walter Jr.), Carlieri (Domingos), Caldas (Fausto de Barro), Candoso (Antonio), Caldeiro (Francisco de Assis), Chavaz (Irma), Cavallo (Novaldini, Silvia), Correia (Augusto dos Santos), Costa (Isidro

Pedro Santos), Cunha (Luiz Humberto), Cioffetti (José Fernando), Delm (Hans Filho), Ergantz (Hans, Rudolf), Egger (Carlos, Therezia), Ejartz (Ervin), Ernesto (Arnaldo), Espósito (Miguel José), Feitchtinger (Walter), Fernandez (Albina, Augusto, Agostinho), Felix (Marinho), Feller (Havel), Fechter (José Luís), Fischer (Hans Max), Fontes (Eneas Guimarães), Fuhro (João), Ferreira (Manoel Gomes), Gamrad (Kart), Gorman (Anton, Willi), Gedernitz (José), Germans (Antonio, Willian), Gudinitz (Roberto), Gentil (Fioravanti), Gustaferro (Alcides), Gazzilo (Danielli), Gazal (Hussein), Gevesseluter (Ana), Glassmann (Germann), Gatti (Cleide, Alberto), Gattai (Bruno), Genciano (Remulo, Natale), Gonçalves (Waldomiro), Goscal (Khalid), Guardino (Salvador, Antonio Neto), Guedes (Fábio Pinto), Hölker (José), Henchkel (Carlos), Hadie (Hermann), Herling (José de Moraes), Heidchem (Ernst), Hoch (Willi, Walter), Haladjian (Alberto), Holdorf (Linda), Hinal (Juanito), Imilus (Johan), Isquierdo (João Filho), Isliker (Walter), Jungermann (Augusto), Jansen (Monme), Jalinoto (Guilherme), Kiredjian (Maria, Kerovak, Aram, Haran, Antonio, Jorge Filho, Garebed, Genina, Pedro), Khan (Otto), Knapp (Ernesto, Alfredo), Koch (Walter), Karadjian (Araksi), Lobão (Raimundo Camacho), Lemke (Frieda), Latorre (Biaggio, Natale), Leitão (Jorge), Lobo (Beltro R.), Leandro (José), Lachmeier (João), Meder (Emil), Muller (Guilherme), Maria (Ramiro), Michel (Frederico), Mangamo (Luiz), Molman (Sajos), Montezano (Nicolau), Mesno (Maximiliano Otto), Mauri (Natal), Mendonça (Vicente Rosa, João Rosa), Matheus (Albino), Monteiro (Homero M.), Mello (Angela Homem Fonseca), Novada (David), Novo (José Miguel Filho), Nascimento (Francisco Prado), Piersonti (Paulo), Pugliesi (João), Polka (Rodolfo), Pecoraro (Pascoal), Pereira (Amilcar, Joaquim Jr., José, Carlos, José Neto), Prieschul (Alberto), Pinceli (Egídio), Pino (Paulino Dal), Pimentel (João Batista), Peixoto (Moacyr), Queirós (Elza Lemos, Paulo), Ricci (Carlos), Russo (Waldemar), Rogalski (Abranne), Rubens (Vítor José), Ribeiro (Celso), Rogério (Victor), Ricco (Geraldo Nicaloso da), Rossa (João José), Rovito (Henrique), Ruiz (Francisco), Rudolf (Carlos, Antonio), Rondino (Júlio), Raphael (Armando), Rodrigues (José Benedito, Francisco Bentes, João), Stad (Walter), Schön (Carlos Waldemar), Sauervein (Henrique), Schütte (Heinrich A.), Sanchez (Maurício, Ana Maria), Schindel (Gerd), Sancho (Aldo), Schulz (Walter, Rudolf E.), Schuly (Walter), Schurederer (Willi), Sgraios (José), Semler (Peter Rudolf, Walter), Schultz (Arnaldo Ernesto), Silvestre (Miguel Angelo), Tarcon (Achiles), Tonzo (Edmundo Dr.), Tarquini (Fausto), Uituzzo (José), Unterleitner (Carlos Filho, Alfredo), Vollsted (Helmut Thomas), Vital (José Cruz Souza), Vaz (Cícero Costa), Voged (Adolfo), Vignolo (Isidro), Vieira (Lysis Augusto), Zanella (Eurico),

Wochner (Conrad Jr.), Weiss (Armin Avelino, Hans), Wagner (Francisco), Wollenweber (João, Carlos, Martim), Walden (Walter), Wiesbaner (João) e Wolner (Rudolf).

Fontes e notas consultadas
1. Entrevistas com Dr. João Manuel Vieira de Moraes, Francisco Bauer Filho, Hernani de Almeida Domingues e Walter Isliker Pátria.
2. Leitura dos Livros de Atas n.º 1. Reunião da Diretoria, anos 1951-1956; Livro n.º 1. Reunião das Assembléias Gerais, anos 1951-1979.
3. Memória dos autores da Monografia sobre a década de 70.
4. Jornais dos anos 70.

Associação Amigos do Bairro de Campo Belo

Conhecida como Associação Amigos de Campo Belo ou Sociedade Amigos de Campo Belo, ou ainda Associação Amigos do Bairro de Campo Belo, a entidade nasceu de maneira informal no início dos anos 20.
Voltada para servir de elo de ligação entre os moradores do bairro e as autoridades competentes. Autorizado a atender às necessidades dos citados moradores, vem trabalhando durante mais de sessenta anos e tem uma história dinâmica, cheia de muitos desafios.
Residindo no bairro desde 1922, a pioneira família Lindsay, conhecendo de perto as necessidades da região, abriu as portas de sua casa, na Rua Barão de Jaceguai, àqueles que, como eles, estivessem interessados na busca de soluções aos problemas regionais que surgiam. Queriam uma vida melhor[13]. Jovem, Campo Belo precisava de tudo ou de quase tudo. Imagine-se como foi difícil o começo da Associação. Quantos encontros devem ter sido necessários para que se traçasse um programa de ação.
Nos anos 50, Lupércio Gil da Silveira tornou-se presidente da entidade e muito teve que trabalhar. Essa década foi marcante dentro da entidade e da história do bairro, que sofreu muitas transformações: campanhas para abertura e asfaltamento das ruas; transportes opcionais além dos bondes; fundação da futura Paróquia de N.ª Sra. de Guadalupe. Aqui se destacou o trabalho incansável de Jayro Raphael e Newton Santos que, liderando um grupo de moradores, criaram, a 19 de setembro de 1959, a "Comissão dos Fabriqueiros da Paróquia", que iria concretizar o desejo dos católicos do bairro.[14]

---
13. Depoimentos de familiares dos Lindsay; Depoimentos de antigos moradores.
14. Boletim Paroquial *Construindo*, 1987, ano 17, n.º 27; Depoimento do Sr. Jayro Raphael, morador do bairro

Nos anos 60, com a criação do CEPAS, órgão assistencial paroquial, houve uma fusão de interesses e o citado órgão passou a cuidar dos problemas da comunidade. Sobre o CEPAS há notas históricas no capítulo sobre a Igreja de N.ª Sra. de Guadalupe. A Associação dos Amigos do Bairro, foi assimilada.

No final dos anos 70[16], a 17 de outubro de 1979, uma sessão solene, realizada no Salão Paroquial da Igreja de N.ª Sra. de Guadalupe, deu posse ao presidente Isidro Vignola, que assim trazia de volta a individualidade da Associação dos Amigos do bairro de Campo Belo.

Com ele, foi empossada a nova Diretoria assim constituída:

Nelson Girardi – vice-presidente, Francisco J. M. Arruda – secretário, Miguel Pádua Cotrim – 1.º tesoureiro, Francisco Pinto Meirelles – 2.º tesoureiro, Holandino Souza Santos – diretor social, José Roberto P. Godoy – diretor cultural.

Formou-se um Conselho Fiscal com: Ítalo Ângelo Girardi Pizarro e José Roberto Tonello.

Isidro Vignola dedicou sua vida aos trabalhos sociais em favor dos mais carentes. São muitas décadas de trabalho cristão, realizado com a modéstia e entusiasmo que lhe são característicos.

A Diretoria formou um Conselho Comunitário que tinha por objetivo servir de canal de comunicação entre a comunidade do bairro e a regional de Santo Amaro (SAMARO). Ambas buscariam soluções aos problemas levantados pela Associação.[15]

Essa diretoria foi substituída em 1988, por Lourenço Valdivia que, como presidente empossado afirmou: "Seremos o canal das necessidades e aspirações do bairro". A posse aconteceu a 23 de março de 1988 e a Associação encontrava continuidade em seus objetivos.

Nessa ocasião, o Grêmio Recreativo de Campo Belo ofereceu uma de suas salas para servir às reuniões dos membros diretores.

A LBA ofereceu recursos destinados aos trabalhos sociais na Associação, em favor da população carente.

Na opinião de muitos entrevistados pelos diretores empossados, o bairro, nos anos 80, já era quase que auto-suficiente, daí a prioridade ao social ser objetivo de todos.[16]

Em dezembro de 1989, foi criada a Associação dos Lojistas e Comerciantes de Campo Belo. Idealizada pelo diretor do *Jornal do Campo Belo etc & tal*, Luiz Barreiro Fernandez, veio à atender àqueles que trabalhavam no bairro servindo à comunidade. O objetivo maior era garantir a segurança[17]; nesse

---

15. Jornal *O Indianópolis* de 22 de dezembro de 1979.
16. *Jornal do C. Belo etc & tal*, março de 1988, "O que falta no bairro?".
17. Entrevista com Luiz Barreiro Fernandez em 1999.

IGREJAS, ENTIDADES ASSISTENCIAIS E ESPAÇOS CULTURAIS

ano, formou-se outro grupo denominado Movimento de Moradores pela Preservação Urbanística do Campo Belo, liderado por Antonio Cunha Nascimento. defendendo a tese do combate a tudo que possa ameaçar a qualidade de vida no bairro.

Distanciando-se da antiga Associação do Campo Belo, o novo grupo enfrenta os problemas comuns nos bairros modernos da capital.[18]

Atualmente, há interesse na fusão dos grupos, pois a união trará forças para seus objetivos.

O tenente Oscar Marinho, subcomandante da 1.ª Cia. do 12.º BPMSP de Campo Belo, ofereceu a ajuda à comunidade e pediu colaboração.[19]

É gratificante perceber que o trabalho iniciado pela família Lindsay nos anos 40 encontrou sucessores idealistas e dedicados como estes.

No século XXI o bairro de Campo Belo conta com a Associação dos Proprietários e Moradores de Campo Belo, cuja sede se situa na Av. Vereador José Diniz, 3988. Em 2000, era seu presidente Raphael Di Sacco.

Associação Austro-Brasileira Babenberg

Desde os anos 20, na Piraquara, várias famílias austríacas se fixaram. Quando as saudades da pátria crescia, essas famílias se deslocavam até o Canindé para encontrar amigos e patrícios na Associação Austríaca Donau. Era uma viagem.

Concretizando o desejo dos austríacos da Piraquara, a 11 de agosto de 1935, no Salão Wessel fundou-se a Associação Austríaca Babenberg. O sucesso da entidade excedeu as expectativas de seus fundadores.

A primeira Diretoria foi assim constituída:

Presidente – Josef Feichtinger; vice-presidente – Fritz Pils; 1.º secretário – Josef Novk; 2.º secretário – Josef Krügler; caixa – Marie Haider, tesoureiro – Franz Gotthard; conselho fiscal – Fritz Weiss, Karl Dellai, Franz Grassl.

Nos anos seguintes, foram primeiros presidentes: Alois Lang, L. M. Fischerider, Ignes Hayden. Durante a Segunda Guerra Mundial, a Associação mudou seu nome para Sociedade Cultura Física Austríaca Babenberg. Nessa época as atas das Assembléias gerais passaram a ser feitas em português. A Associação viveu anos difíceis.

A partir de 11 de junho de 1944, a situação começou a melhorar; a sede foi ampliada e a 5 de junho de 1948, o antigo nome voltou a ser usado.

---

18. *Jornal do Campo Belo etc & tal*, maio de 1999.
19. Idem.

De 1945 a 1950, o presidente foi Otto Wallner e de 1950 a 1953, Gustav Hirtl; de 1953 a 1955, a diretoria assim se constituiu:
Presidente – Othmar Beinhaver, Walther Burger, 1.º secretário – Friedrich Wenger, caixa – Johann Schidhof, 2.º tesoureiro – Michael Flaschner, 2.º secretário – Hermann Kundegraber.

A Associação recebia além dos austríacos, suíços, alemães e brasileiros. As festas eram inesquecíveis e os encontros culturais muito requisitados.

No pós-guerra, a Associação enviou ajuda aos países de origem de seus associados.

Muitas personalidades famosas estiveram presentes na sede acolhedora da comunidade, no passado; podemos citar algumas a seguir:

Archiduque Felix von Habbsburg da Áustria; a família Trapp historiada no filme "A noviça rebelde"; o embaixador Max Attems; o cônsul Theodor Putz; o redator Dr. Siegfried Freiberg e muitos outros.

Alguns eventos culturais marcaram a história da Associação:

Sapateadores típicos (Schuplattler); cânticos tiroleses (Jodeln); danças folclóricas (Kathreinfest); teatro atual (Heuringen Theater); noites musicais (Musikabend); música de câmara (Kammermusikkonzert) dirigida por maestros.

Situada na Rua Otávio Tarqüínio de Souza, 1223, a sede ocupa um terreno adquirido pela comunidade de 20 x 50 m. Cercada de uma área aberta, com dois grandes salões, cantina, duas pistas para o jogo do bolão, cujas pistas, com mais de 47 anos de uso, mesas para jogo de cartas, o skat, de origem alemã, jogado por três ou quatro participantes, área destinada a saborosos churrascos e, no passado, possuiu um palco.

Internamente decorado à moda austríaca, exibe em suas paredes, vários brasões. Há muitos encontros comunitários cujos objetivos são reunir seus associados, em momentos agradáveis e angariar fundos para obras assistenciais beneficentes.

Às terças-feiras as mulheres se reúnem no Clube do Filé Mignon ou da Luluzinha. Esse divertido e saboroso encontro foi idealizado pela senhora Gisele Wenger, esposa de Löttar D. Wenger, ex-presidente da Associação. O "Clubinho" foi a resposta da ala feminina ao Clube da Costela, que reúne os homens às quartas-feiras em um churrasco regado com muita cerveja. O evento é também chamado de "Clube do Bolinha".

Quatro festas típicas mantêm viva a tradição: Heurigen, a festa do Vinho, realizada três vezes ao ano e que se caracteriza pela Weinheber, curiosa peça de cristal assentada sobre um suporte de latão. Dentro dela está um vinho especial servido aos presentes. Kirtag, festa realizada a 1.º maio e que consiste em uma quermesse durante a qual são servidos pratos típicos das cozinhas austríaca e alemã. Grundungfest, nela se comemora a 11 de agosto o aniversário da fundação da Associação. Rot Weiss Rot, realizada a 26 de outubro a festa homenageia a bandeira austríaca.

O clube é a continuação das casas de seus sócios, pois todos se conhecem e participam ativamente da vida na entidade. Com muito carinho vivem como uma grande família.

Embora a construção e a decoração da Associação sejam tipicamente européias ela é uma entidade da Piraquara brasileira dos anos 30, que recebe com o amor tipicamente brasileiro a todos que a freqüentam.

Fontes consultadas
1. Entrevista n.º 102.
2. Entrevistas nos anos de 1976 a 1992, com antigos moradores do bairro.
3. Jornal *O Estado de S. Paulo* de 16/4/1997, texto de Leandro Modé sobre a Associação.
4. Jornal *Brasil-Post* de 10/9/1955, n.º 250, p. 8, "20 anos da Associação Babenberg."

Associação Católica Kolping

Cronologia Histórica
1849: O padre Adolph Kolping funda a Associação Católica Beneficente, na cidade alemã de Colônia, no Reno Setentrional, cujo objetivo era dar assistência e formação para crianças carentes.
1923: A 22 de junho a Associação chegou ao Brasil com o nome de Associação Católica Kolping. Sua sede social ficava na Rua Major Diogo, 7 na capital paulista.
1924: Em São Paulo, na Chácara Santo Antônio, formou-se a sede campestre.
1930: Tendo se tornado pequena a sede social, se transferiu para o número 15 da Rua Major Diogo. Os trabalhos de retificação do Rio Pinheiros forçariam logo mais a uma nova mudança.
1938: Nesse ano a entidade obtêm uma área de 6.000 m² na Rua Barão do Triunfo, 1213 em Campo Belo, São Paulo, capital. Nesse grande espaço se fixam as sedes social e campestre.
1980: Na Europa, a entidade tem como prioridade qualificar jovens para o mercado de trabalho dando-lhes assistência. Esse trabalho funciona há 150 anos e no Brasil e chegou com o Projeto Trabalhador Autônomo.
1990: Nessa década a Associação Brasileira atende a mais de oitocentas crianças e oferece à comunidade diversas atividades nas áreas de esportes,

religião, artes e gastronomia. Dois grupos folclóricos abrilhantam as festas da Associação: o Sonnenschein e o Edelweiss.

Fontes consultadas
1. Folheto Comemorativo dos 50 anos do Kolping no Brasil (1923-1973).
2. Jornal *Brasil-Post* do período de 1996-1998.
3. Jornal *O Estado de S. Paulo* de 17/9/1999.
4. Entrevistas com vários sócios.
5. Visita à sede pelos autores e presença em alguns eventos.

Associação Musical e Benemérita Echo

Sediada na Piraquara, a Associação se tornou famosa por participar constante e brilhantemente nos eventos comunitários, sobretudo os realizados no salão Wessel.

A imprensa alemã no Brasil, teceu grandes elogios àqueles músicos, a partir dos anos 30, quando eram presididos por Friedrich Wirtz. Este, entusiasta e dinâmico, era elogiado pela competência, com que oferecia espetáculos de grande qualidade à comunidade alemã. Cabia depois empregar os fundos arrecadados para campanhas beneficentes em favor dos necessitados.

Dirigidos por Joseph Höcht, um magnífico coral acompanhava a banda Echo. Belas canções executadas pelo grupo matavam as saudades da pátria distante.

Fonte consultada
1. *Luteranismo no Campo Belo*, prof. Sérgio Weber.

Sociedade Popular Beneficente de Campo Belo

Nos anos 30, a imprensa alemã no Brasil destacou uma série de eventos promovidos em favor de pessoas carentes e realizados pela citada sociedade. A maioria das festividades aconteceram no salão Wessel, por um período de dez anos.

Não foram citados o endereço da Sociedade e nem os nomes de seus membros.

Fonte consultadas
1. Jornais *Brasil-Post* da década de 30.

Nordlyset

Nos anos 40, em uma casa situada na esquina das ruas Vieira de Moraes e Princesa Isabel residia o pastor da igreja escandinava no Brasil. Alguns anos depois, a casa paroquial foi transferida para a Chácara Flora.

A 7 de maio de 1955, em Moema, foi fundado o Nordlyset, sociedade escandinava que oferecia lazer e dava assistência aos necessitados.

Em 1979 na Rua Moraes de Barros, 1009, em Campo Belo, se fixou a nova sede do Nordlyset. Recentemente a Associação inaugurou um restaurante típico, o "Svanem Scandinavian Food", dirigido por Vera Jacobsen. O tradicional *smorgasbord* é a atração principal. Um banquete composto por 30 receitas nórdicas deliciosas e belas transformaram o restaurante em um excelente ponto de encontro no bairro.

Fontes consultadas
1. *Os escandinavos no Brasil: um século de história (1891-1991)*. São Paulo, Edição Comemorativa, 1991.
2. Entrevista n.º 55.
3. Revista *Veja* de 4/8/1999, São Paulo, texto: "Cozinha Viking", p. 59.

Recreio da Gávea de Campo Belo

Conforme documento de 1948, existiu em endereço ignorado uma entidade conhecida como Recreio da Gávea de Campo Belo, mas nada mais se encontrou a respeito dela a não ser o documento abaixo citado:

"A Câmara Municipal de Santo Amaro recebeu denúncia com relação às supostas irregularidades nas obras do Recreio da Gávea de Campo Belo. Nada consta de irregular. 3 de agosto de 1948."

Fontes consultadas
1. Papéis sem verificação da CMSA, Caixa 52, ano 1948.

Creche Celestina Steward: Centro de Juventude "Dom Bosco"

Júlio Klaunning[20], um dos grandes proprietários de terras na região sul da capital paulista, foi um dos loteadores do bairro do Brooklin Paulista.

---

20. *Revista comemorativa dos 50 anos da paróquia do Sagrado Coração de Jesus: 1935-1985*. Maria Rita Petroni, p. 9.

Nos anos 20 do século findo, doou à comunidade local um terreno para que nele se edificasse uma escola ou um posto policial, conforme o desejo da comunidade. A população, apoiada por outro grande proprietário e vereador santamarense, Álvaro Rodrigues[21], preferiu porém uma igreja.

A 27 de maio de 1927, inaugurou-se a capela do Sagrado Coração de Jesus, cujo vigário era o padre Geraldo de Proença Sigaud[22].

Em 1935 estava formada a paróquia do Brooklin Paulista, cuja pedra fundamental da igreja foi lançada a 31 de outubro de 1954. O padre Vicente Mariani[23] era então o vigário.

A favela do Buraco Quente, no vale do Água Espraiada, preocupava os moradores das regiões vizinhas. Fazendo parte da paróquia do Brooklin, resolveram os moradores criar meios para atender os necessitados da favela. O bairro de Campo Belo criou o CEPAS e o Brooklin Paulista criou o Centro Social do Brooklin Paulista[24].

Em 1977 formou-se a Equipe Missionária que se incumbiria dos encargos sociais[25].

A 29 de maio de 1978, o Centro Comunitário Nossa Senhora das Dores, supervisionado pelo padre Domingos Savino, estruturou a entidade, determinando seus objetivos: educar, instruir e integrar.

Apoiando o Centro, o padre Antonio Turra, a 10 de dezembro de 1979, obteve do DER a autorização para ocupar gratuitamente um imóvel vazio, desapropriado pelas obras do projeto viário no vale do Água Espraiada. Situava-se o imóvel na Rua Estevão Baião, 13, e fora propriedade da Escola Paulicéia[26].

Nesse novo endereço, o casal, Luís Gonzaga e Stela Kachan iniciou a instrução escolar e religiosa das crianças carentes da comunidade[27].

A 10 de outubro de 1980, no edifício restaurado, foi inaugurada a Creche Celestina Steward que passou a atender 70 crianças[28].

Em 1986, 150 crianças eram atendidas por vinte voluntários distribuídos nas áreas de lazer, oficinas de educação profissional e ensino infantil. Uma vaca-mecânica produzia leite de soja que era servido às crianças e seus familiares[29].

---

21. idem, p. 26, João Bosco Petroni.
22. idem, p. 9.
23. idem, p. 12.
24. Livro de Atas da Entidade.
25. *Revista comemorativa*, obra citada, p. 19.
26. Entrevista n.º 123.
27. *Revista comemorativa*, supra citada, p. 19.
28. idem, p. 19 e 22.
29. idem, p. 17.

Ligado à Secretaria da Família e do Bem Estar Social, em 1997 a Creche obteve uma nova sede na Rua Cataguás, 126 e foi complementada pelo Centro da Juventude Dom Bosco[30].

Crianças da pré-escola, permanecem na creche enquanto suas mães trabalham para seu sustento. No fim da tarde as mães lá vão buscá-las.

Os adolescentes freqüentam o Centro da Juventude, onde recebem orientação profissional, aulas nas oficinas de arte e recreação saudável nas quadras de esporte.

Waldir Cavallo é o atual presidente da instituição. Dinâmico, competente e entusiasta, mantêm a excelente qualidade dos trabalhos e o estado físico dos edifícios[31].

No ano 2000, a Creche e o Centro receberam pela 2.ª vez o prêmio "Bem Eficiente", sendo escolhido entre cinqüenta das melhores entidades congêneres do país.

Sociedade Filantrópica Lar Feliz

Concretizando um sonho de cuidar de menores carentes e prepará-los para um futuro melhor, em 1958, Augusta Lenoir, suíça, inaugurou em Campo Belo uma instituição denominada Lar Feliz. Situada na Rua Conde de Porto Alegre, 944 um casarão antigo foi ocupado pela entidade.

Como acontece com quase toda obra beneficente, o começo foi muito difícil, sobretudo no aspecto financeiro, mas a obra atingiu seus objetivos. Alguns anos mais tarde, Augusta Lenoir recebeu o apoio da igreja suíça que passou a cuidar da obra.

Em 1970, o Lar Feliz, instalado na Conde de Porto Alegre tinha vinte crianças sob seus cuidados. Festas e bazares angariavam fundos assim como doações de membros da colônia suíça em São Paulo. Muitas pessoas idosas ofereciam à instituição quantias elevadas que seriam gastas em festas comemorativas de seus aniversários. Era uma opção altruísta.

Nos anos 90 as dificuldades cresceram. A nova diretoria eleita fez algumas mudanças para superar os problemas financeiros. Foi necessário diminuir o número de funcionários, limitar o número de crianças, colocar um casal capacitado para cuidar da grande prole. Para melhorar a situação das crianças, o casarão foi reformado, pintado com cores claras e arrumado com móveis adequados, bonitos e suas paredes foram decoradas. No século XXI, com as áreas externas bem cuidadas, cheias de bons brinquedos, com uma

---
30. Entrevista n.º 126.
31. idem

copa clara e bem montada, uma ampla cozinha, uma excelente biblioteca e uma sala de estar e de jantar bem mobiliadas a entidade enche de alegria os olhos e o coração de quem a conhece.

Muitas pessoas generosas doam anonimamente alimentos variados, roupas, brinquedos e dão assistência e tratamentos de saúde gratuitos às crianças.

A atual presidente da instituição Helen Roth, relatou que as dezesseis crianças hoje cuidadas pela instituição e que tem entre um a dezesseis anos de idade estão sendo criadas com amor, respeito e serão preparadas para o mercado de trabalho e para a vida. Somente então, serão desligadas da entidade.

Fontes consultadas
1. Entrevista n.º 125.
2. Folheto cedido pela diretoria da instituição.

Seara Bendita

A simplicidade, dedicação e amor ao próximo são virtudes que marcaram José Klors Werneck e a instituição Seara Bendita criada por ele nos anos 40.

Carioca, residiu em Campo Belo de 1940 a 1978, no final dos anos 40, na garagem de sua casa na Rua Barão do Triunfo, 1390, ele e sua senhora Dinorah de Souza e Mello inauguraram um centro espírita. Atualmente, no lugar de sua casa, situa-se o Hospital Evaldo Foz.

Algum tempo mais tarde, comprou um terreno na Rua Demóstenes, 834 e ai auxiliado pelo arquiteto João Zupello, deu início à construção do edifício que hoje conhecemos. Dentro dele o grupo de voluntários foi sempre crescendo e José custeou os trabalhos iniciais. A 3 de novembro de 1951, a instituição recebeu o nome de Seara Bendita de Instituição Espírita.

Nos anos 80, Gertrudes Baumann, Valdomira Suliani e Mário Tavares fundaram a Creche MeiMei na Vila Missionária, atual Vila Joaniza, para atender crianças carentes e seus familiares. A administração da Creche é feita pela Seara Bendita.

Pretendendo dar assistência às mães carentes, José Werneck deu início à construção da Casa Maternal, custeando a obra. Porém, em 1978, em meio a construção Werneck faleceu e sem recursos, a obra foi vendida e o dinheiro aplicado na própria instituição. Atualmente, mais de trezentas crianças estudam na Creche MeiMei e seus pais ali fazem cursos profissionalizantes e cursos para gestantes.

O trabalho voluntário de pediatras, psicólogos, fonoaudiólogos, advogados, professores e outros profissionais, atendem à dezenas de pessoas na entidade. Na periferia, são distribuídas, aos assistidos, cestas básicas mensais.

Desde os anos 70, a entidade dá assistência aos moradores da favela Paraisópolis, onde mais de 2.000 jovens recebem noções de higiene, saúde, cestas básicas mensais e evangelização.

Nos anos 90, com 1.200 voluntários, a Seara recebe mais de 4.000 jovens em seus cursos variados. Existe um asilo na periferia para os idosos. Acima de 1.500 pessoas passam diariamente pelo atendimento espiritual. Muitos voluntários cuidam do bazar da pechincha, do jornal *O Seareiro*, dos bingos, das oficinas de arte, dos chás beneficentes, da coleta de doações e dos cursos profissionalizantes.

Há mais de cinqüenta anos em Campo Belo, os trabalhos da Seara transbordaram para além das fronteiras do bairro, sendo conhecida fora do estado de São Paulo. Aberta, sem cunho religioso, ela segue concretamente os ensinamentos de Cristo.

Fontes consultadas
1. Entrevista n.º 86.
2. *O Seareiro*, edição especial de agosto de 1994.
3. Projeto Sampasseio da prof.ª Maria Aparecida Lacerda Duarte Weber com os alunos da Escola União em 1997, com visita à entidade pelos alunos.

Associação Feminina Beneficente Anália Franco

Na Rua João Álvares Soares, 1725, situa-se o escritório de uma antiga e conhecida Associação Beneficente cuja sede, que abriga atualmente quatrocentas crianças carentes, está em Itapetininga.

A presença do escritório, em Campo Belo, nos leva a citar algumas notas sobre a entidade.

Anália E. Franco, nascida no Rio de Janeiro em 1856, era professora primária, jornalista e poetisa. Muito sensível, preocupou-se com o destino de numerosas crianças carentes, abandonadas por seus pais, escravos; libertos pela Lei do Ventre Livre, e que não seriam mais mantidos nas fazendas.

Quando Anália se mudou para São Paulo, conseguiu uma casa alugada e ali fundou a Casa Maternal. A partir de então, dezenas de crianças ali eram deixadas. A proprietária da casa não aprovou e Anália teve que dela sair.

Na cidade, em uma casa humilde, alugada, instalou-se com seus "alunos sem mãe". Pedia contribuições para criá-las e escandalizou conservadores monarquistas. Os republicanos e abolicionistas resolveram então ajudá-la.

Quando chegou a Abolição, sua obra já era conhecida. Tinha duas escolas para crianças carentes. Em 1909 criou a Associação Feminina Beneficente e Instrutiva, no Largo do Arouche. Mantinha um bazar para ajudá-la.

Em 1911, conseguiu, com muito trabalho seu e de suas educandas, comprar a Chácara Paraíso, no Tatuapé. Ela fora do padre Diogo Antonio Feijó. Ali, depois se construiu um grande educandário que nos anos 70 entrou em crise por falta de recursos. Nos anos 90, mudou-se para o interior e levou o nome de sua fundadora.

Na cidade de Santos, o Educandário Anália Franco também dá continuidade à obra.

Fontes consultadas
1. Silveira Barros, Maria Cândida. *Vida e Obra de Anália Franco (1856-1919)*. São Paulo: Copidart, 1982.
2. Visita ao Educandário do Tatuapé, 1975.
3. Porta, Paula. *Guia dos Documentos Históricos da Cidade de São Paulo. Documentação Textual.* São Paulo: Hucitec-NEPS, 1998.
4. Informações via telefone, escritório da Associação.

Sociedade Filarmônica Lyra

Em 1870 muitos alemães emigraram para o Brasil. Alguns deles, em 1884, criaram um coral masculino conhecido como *Deutscher Maenner Gesang Verein*. Constituído por quatorze homens que saudosos da pátria, se serviam da música para recordá-la. Cantavam tão bem que logo ficaram conhecidos e requisitados por seus conterrâneos.

A 25 de dezembro de 1908, já com 24 anos de existência, o coral abrilhantou uma importante festividade da colônia alemã em São Paulo: a Igreja Martin Luther, de culto luterano, fundado no centro da capital de São Paulo.

No ano seguinte, a imprensa alemã em São Paulo, publicou elogiosas palavras sobre o coral regido então por August Rupp. O grupo estudava e ensaiava, durante quarenta e um anos de dedicação e sucesso, sem ter recursos para possuir sede própria e fixa.

Em 1925, o coral conseguiu fundos e fez construir uma casa-sede na Rua São Joaquim, na Liberdade. Uma bela festa para comemorar o décimo aniversário da preciosa aquisição foi realizada nesta época.

Em 1939, o coral admitiu, entre seus membros, a participação de mulheres e a diversidade de vozes tornou o que era bom ainda melhor.

A já comentada discriminação contra alemães, durante a Segunda Guerra Mundial, levou ao fechamento da sociedade e a desapropriação, do edifício duramente conseguido. Ali se tornou sede de unidade militar. Os músicos, que também tocavam instrumentos variados, doaram esses instrumentos à Cruz Vermelha. Finda a guerra mundial, a Sociedade reabriu com novo nome: Sociedade Filarmônica Lyra e conseguiu uma sede provisória na Rua Pires da Motta, na Aclimação. Os ensaios aconteciam na fábrica de chocolates Sönksen, na Rua Vergueiro, num restaurante na Rua da Móoca e, finalmente, nas dependências do colégio alemão Benjamim Constant, na Vila Mariana.

Em 1948, aprovados pela escola e pela colônia, recomeçam a se apresentar em festivais variados.

Durante o governo de João Goulart, o edifício foi devolvido ao grupo de músicos, mas o golpe militar de 1964 novamente o confiscou. Reimund Springmam, seu então diretor quis reavê-lo, mas nada conseguiu.

Em 1973, o grupo conseguiu uma sede fixa, na Rua Otávio Tarqüinio de Souza, 866 e lá permaneceu.

Com quase 115 anos de existência, vive há quase trinta anos, em Campo Belo. Atualmente, tem quase quarenta cantores excelentes.

O tema da sociedade traduz o sentimento que os alimenta:

> "O canto é alegria de viver!"
> "Onde estão cantando,
> você pode descansar; gente
> má você ali não vai
> encontrar."

Muitos de seus músicos são septuagenários e se lembram das dificuldades vividas pelo grupo.

O presidente da Associação, o sr. Franz Schimidt exibiu um estandarte datado de 1954, que traz a inscrição: "Na alegria e tristeza, prontos para cantar."

Dedicados estudantes de música, são profundos conhecedores das obras clássicas e do folclore alemão.

Há alguns anos, a sociedade criou um corpo de danças típicas alemãs e alguns são especialistas em danças tirolesas e dos camponeses e lenhadores alemães.

Desse corpo de dança, idosos, crianças e jovens participam, trajando roupas típicas e encantando aqueles que o assistem. O coral e o corpo de dança vem se apresentando também no exterior.

A 20 de dezembro de 1998, no nonagésimo aniversário da Igreja Martin Luther, no centro de São Paulo, o coral se apresentou e repetiu as mesmas músicas que seus antepassados tocaram e cantaram a noventa anos atrás. A emoção tomou conta de todos os presentes. Era uma feliz volta musical ao passado.

A 20 de novembro de 1999, num sábado, às 20 h ocorreu o "Baile de Aniversário dos 115 anos da Sociedade Filarmônica Lyra", com música ao vivo de Alfredo Ignácio e seu teclado. Uma festa que marcou a data com bolo e foi regada com champagne e teve um jantar dançante no seguinte endereço: Rua Otávio Tarqüínio de Souza, 848 em Campo Belo.

Fontes consultadas
1. *O Estado de S. Paulo*. Texto de Guilherme Scarause de 8/3/1997.
2. Folheto do baile de 115 anos da Sociedade em 1999.

Espaços Culturais

Nos anos 90 do século XX, Campo Belo recebeu um novo espaço cultural muito moderno. É a Casa da Fotografia Fuji, que tem presenteado o bairro com belas exposições fotográficas, com trabalhos de profissionais de renome e oferecido cursos de fotografia, para o que dispõe de alta tecnologia.

A igreja paroquial de N.ª Sra. de Guadalupe dispõe de um amplo salão de festas e nele são realizadas vários eventos culturais.

O bairro não dispõe de biblioteca pública, teatro ou museu, hoje comuns em algumas regiões paulistanas. Cremos ser conseqüência da proximidade de bibliotecas, teatros e cinemas das regiões vizinhas. Quanto ao museu, a comunidade aguarda sua criação assim como de uma festa, típica alemã, que marque o surgimento oficial do bairro a 29 de maio de 1931.

Carnassampa

Na década de 90 deste século findo, um evento pretendeu se fixar no vale do Água Espraiada. Era o Carnassampa.

Típica do Nordeste, a Micareta aconteceu na Av. Água Espraiada em setembro de 1997, patrocinada por empresas paulistas. Trios elétricos, músicos populares e abadás deram colorido à agitada festa.

O alarido das vozes dos jovens que cantavam, falavam e riam, misturou-se com o som do trio elétrico. O silêncio costumeiro da madrugada foi interrompido e os moradores não gostaram.

No ano seguinte o número de participantes e, conseqüentemente de ruído cresceu muito. Houve algumas brigas. Os moradores preocupados reclamaram e o evento se transferiu para Santo André.

Em 1999, a 18 e 19 de setembro, o Carnassampa não aconteceu em Campo Belo.

O *Jornal da Tarde* de setembro de 1998 e de setembro de 1999 registraram o abortar de um projeto que completava seis anos de existência.

Fontes consultadas
1. *Jornal da Tarde* de 15 de setembro de 1977;
2. *Jornal da Tarde* de 15 de setembro de 1998;
3. *Jornal da Tarde* de 12, 18 e 19 de setembro de 1999 e de 1.º de outubro de 1999.

Esportes

1930-1950 – Durante vinte anos, a maioria alemã da população local se divertia nos pequenos clubes locais, o Babenberg, o Kolping e a Associação Cultural e Recreativa de Campo Belo. O jogo do bolão era o preferido, o qual já foi descrito no histórico dessas entidades.

Um caso isolado era a grande quadra de tênis para os funcionários da empresa japonesa Casa de Comércio Tozan, na cidade. A quadra que nos anos 40 foi desfeita, situava-se na Rua Moraes de Barros, onde existiu a Fiação Campo Belo.[32]

A natação era praticada nos lagos da região de Campo Belo e Interlagos. Alguns brincavam nas águas dos córregos locais.

1950 – A chegada de famílias de origem portuguesa, espanhola e italiana, no bairro, trouxe entre as muitas mudanças, a troca do bolão pela bocha. Famílias brasileiras trariam o futebol, disputado na várzea do Água Espraiada, nos terrenos baldios ou nos pequenos clubes locais, abertos nessa década.[33]

O crescimento das favelas nos vales dos córregos do bairro, trouxe o futebol descompromissado, jogado pelos meninos, nos chãos desnudos ao lado dos barracos.[34]

---

32. Depoimentos de antigos moradores, dos anos 30 e 40, no bairro.
33. Consulta a várias associações esportivas do bairro onde o número de associados eram peninsulares e os jogos foram instituídos.
34. Observação de vários moradores antigos, do bairro, que conheciam as favelas e prestavam assistência aos carentes.

Nas ruas tranqüilas e sem calçamento, alguns meninos também começavam a jogar o futebol que tanto os divertia.[35]

Alguns times se formaram em empresas locais e disputavam campeonatos com outros times de fora do bairro.[36]

O Clube União da Mocidade[37], cujo campo e sede ficavam no Vale do Água Espraiada, junto da Rua Santa Rita, até o final dos anos 70 ainda estava lá. Pouco restara dele: traves, cerca e os vestiários abandonados.

Nos finais de semana muitos meninos do bairro e alguns times desconhecidos, às vezes, ali jogavam também.

O Clube Titã de Campo Belo[38], patrocinado pelo Geraldo, proprietário da Fábrica de Pistões Titã, jogava em um campo improvisado nos terrenos compreendidos entre as ruas Sônia Ribeiro, Casemiro de Abreu, Castro Soromenho e o Vale do Água Espraiada. Não tinha sede e os uniformes, bolas e a rede eram compradas pelos próprios jogadores, ajudados pelo citado Geraldo, cujo nome completo ninguém se recorda.

Era conhecido como "clube lá de cima", o do alto Campo Belo.

Quando iam jogar fora do bairro, alugavam um caminhão para transportá-los. Cantando e rindo, iam em busca do grande prêmio: o aplauso da torcida.

Tudo era natural, espontâneo, sem compromisso. O vento, o sol e as chuvas cuidavam do gramado. A várzea deixou saudades.[39]

O Grêmio Esportivo Piraquara[41] também jogava no terreno usado pelo Titã. Era o clube mais famoso no bairro, naqueles tempos. Este surgiu no final dos anos 40 e disputou muitas taças para Campo Belo. Esses times jogavam uns com os outros e as torcidas vibravam!

Na foto cedida por Jayro Raphael, tirada na Rua Rui Barbosa, 714, em frente da Fábrica Ceralite, vemos: Frangolim (apelido), Nelson Moraes Herling, Vê-Vê (apelido), Aliti, Venceslau de Almeida (Lau) e Gino. Lau era o capitão do time (foto 17, p. 357).

A Associação Cultural e Recreativa Duplex[40], da Duplex S/A Artefatos de Borracha, também se tornou conhecida. Jogava no terreno da Rua Rafael Iório, onde hoje existe o Corpo de Bombeiros.

A Duplex foi fundada por Afonso Silva, Carlos Cândido e Jutuarau. Quem compunha o time? Afonso, Carlos, Jutu, Jacó, Armando, Didi, Zeca e Monarque e outros, cujos nomes não foram lembrados pelos entrevistados.

---

35. Depoimentos de moradores.
36. Idem.
37. Idem.
38. Idem.
39. Depoimento e foto de Jayro Raphael.
40. Depoimento de Afonso Silva. *Jornal do Brooklin*, 7/11/1975, p. 8.

IGREJAS, ENTIDADES ASSISTENCIAIS E ESPAÇOS CULTURAIS

O *Jornal do Brooklin*, de 7 de novembro de 1975, página 8, registrou o início do Torneio de Futebol de Salão da Duplex, a 25 de novembro de 1975.

Até o final dos anos 90 ainda funcionava uma quadra coberta destinada ao jogo de malha[41]. O Clube Malha se situava na esquina das ruas Sapoti e Rafael Iório, junto ao Córrego da Invernada.

Anos 60 – ainda era possível de se ver os jogos de futebol na várzea e nos campinhos improvisados nos terrenos baldios. Esse privilégio chegaria até o final dos anos 70.

Nas ruas tranqüilas, fechadas pelos meninos, também se poderia ver grupos barulhentos de adolescentes jogando um saudável futebol.

Eles passavam as tardes curtindo aquele prazer tão puro. Desse ano temos notícias do Grêmio Desportivo Cornersol[42].

Nosso Clube do Brooklin

Num pequeno terreno de 2.500 m², aproximadamente, situado na confluência das ruas Dr. Silvino Canuto Abreu com Casemiro de Abreu existiu, durante vinte anos, (1960-1980), um clube aquático. Ele se chamava Nosso Clube do Brooklin e trazia alegria e descontração a muitos moradores de Campo Belo.

Na estação quente, sobretudo, as piscinas para adultos e crianças ficavam cheias, afinal, eram mais de duzentos sócios. Esse tipo de pequeno clube aquático proliferou nos bairros da Zona Sul de São Paulo, nos anos 60. Eram despojados, mas bem construídos e organizados.

Além da atração principal, a piscina, o clube dispunha também de um *playground*, no qual as crianças menores se divertiam, enquanto seus pais, em geral vizinhos, batiam longos papos e vigiavam seus filhos. Havia uma pequena quadra para um futebol improvisado, uma pequena arquibancada de concreto, um bom vestiário com chuveiros e sanitários e uma concorrida cantina, conhecida por seus deliciosos pastéis, devorados, após horas de lazer e lembradas por muitos.

Com pequena mensalidade, muitos se divertiam e alguns se tornaram sócios-proprietários.

Funcionando numa época mais tranqüila, o clube tinha muros baixos, de tijolinhos pintados de branco, protegidos por arbustos floridos do tipo dos

---

41. Visita ao clube de malha recentemente; Depoimentos de antigos moradores; *Gazeta de Santo Amaro* de 1/5/1964, sobre vitória do Cornersol x G.R. Darma.
42. Entrevistas com antigos moradores; Depoimentos da família Weber que foi sócia-proprietária do referido clube desde a sua fundação até o fechamento.

hibiscos e azaléias. Eles deixavam entrever, ao longe, a Rua Joaquim Nabuco com seus casarões. Entre o clube e a rua citada tudo ainda era mato.

No final dos anos 70, Campo Belo sofreu grandes mudanças sobretudo devido à sua verticalização, que vinha para ficar.

Novos moradores, novos interesses, terrenos valorizados e eis que o clube foi fechado e o terreno vendido.

Em seu lugar, hoje, encontramos a moderna construção de uma igreja mórmon na Rua Dr. Silvino Canuto Abreu, 97; um edifício de apartamentos, no número 153 e uma quadra de tênis, no 183.

Muitos dos entrevistados que foram sócios do clube desde que nasceram e, por isso, passaram sua adolescência usufruindo aquela área de lazer, no bairro, hoje se recordam saudosos daquele tempo tranqüilo de um bairro que não existe mais e de uma época boa, que também não temos mais...[10] Hoje temos consciência de que tudo mudou, inclusive os valores sócio-ambientais, apenas destacamos a qualidade de vida, em comunidade, que o bairro perdeu.

Fonte consultada
1. Entrevistas com antigos moradores.

Anos 80 – com o fim da várzea e dos terrenos baldios e com a movimentação dos carros nas ruas do bairro, morria aquele bate-bola informal que tanto divertia a juventude local.

Para substituir o futebol da várzea e da rua, chegavam os clubes fechados, as escolinhas de futebol, o esporte nas escolas privadas, as academias de cultura física, as escolas de natação e de tênis.

Citaremos duas das mais antigas e que não mais existem:

A Ginástica Victor S/C Ltda Cultura Física, na Avenida Washington Luiz, 7133, de frente ao aeroporto e a escola de Natação Corpus S/C Ltda. Empreendimento esportivo, na Rua Braz Arzão, 151 de frente para o atual Extra Hipermercado. Eram dos anos 70 e na década de 80[43] eram muito conhecidas e freqüentadas pelos jovens do bairro.

Anos 90 – curiosamente, apesar de tantas mudanças acontecidas no bairro, algumas instituições voltadas para o esporte permaneciam. Como exemplo, citamos a Associação Esportiva e Recreativa Campo Belo, fundada em 1930, e a Associação Kolping, desde 1938 no bairro.

---

43. Depoimentos de freqüentadores da academia e da escola de natação. Carteiras n.º 7613, da Ginástica Víctor S/ C Ltda e n.º 72 da Natação Corpu's Ltda.

Os modernos edifícios do bairro dispõem, em geral, de quadras e salões de esporte e cultura física. Os moradores menos favorecidos são em número reduzido e para eles, no bairro, não existem opções.

Sem ser perfeito, Campo Belo ainda merece o nome que tem e para isso há muitas pessoas empenhadas na defesa da qualidade de vida dos seus moradores.

Finalizando este capítulo, registramos alguns comentários sobre o futebol de várzea que tanto divertia como empolgava jogadores e torcedores.

Quase sem treino, sem mordomia, sem técnicos famosos, sem patrocinadores poderosos, sem publicidade nem fabulosos salários, com gastos, era com muita "garra" e seriedade que praticavam o esporte e o ofereciam orgulhosos ao seu público. Brigas? Algumas pequenas, resolvidas ali mesmo sem violência. Conheciam os limites.

Ainda nos anos 70 do século que findou, podiam-se ver dezenas de pessoas, de idades variadas, vibrando, mal acomodadas, em pé ou sentadas na grama junto do campo que se estendia na várzea do Água Espraiada.

As camisas coloridas dos jogadores, as traves brancas, a grama rala e descuidada, eram o "palco iluminado" das ainda não "perdidas ilusões". Era contagiante o entusiasmo de todos! O citado campo pertencera ao Clube União da Mocidade, que nos anos anteriores, por certo, ali brilhara.

Associação Esportiva e Recreativa da Vasp

A 3 de junho de 1966, na Rua Nhu-Guaçu, 374, foi inaugurada a Associação dos funcionários da VASP.

Atualmente, ampliada, reformada e modernizada, a entidade dispõe de piscina, solário, quadra poliesportiva, lanchonete, mesas de jogos e churrasqueira. Às sextas-feiras, oferece um 'happy hour' com música ao vivo e videoquê e, no verão, um curso de natação e outro de futsal mirim.

Um clube de campo em Itapecerica oferece piscina, um campo de futebol, lagos, quiosques, churrasqueiras, pista de bocha, lanchonete e trilhas em área verde com bonita queda d'água.

Fontes consultadas
1. Folheto com resumo histórico da Associação.
2. Visita dos autores à sede social da AER-VASP.

25
Aspectos gerais da economia

COMÉRCIO, INDÚSTRIA E SERVIÇOS

O Sítio Traição, situado em Santo Amaro, viveu da criação e comércio de burros, destinados às tropas de comerciantes que circulavam entre São Paulo, Santo Amaro e Santos. Apenas seus pequenos vales férteis produziam hortifrutigranjeiros para consumo próprio. As terras, em geral, não eram boas.

Após sua fragmentação, já no século XX formaram-se alguns bairros, conforme já foi registrado em capítulos anteriores. Em um deles, Campo Belo, apenas no final dos anos 20, quando o bairro era ainda parte integrante do Brooklin Paulista, formaram-se os primeiros e modestos pontos comerciais. Nos anos 30 esses estabelecimentos se multiplicaram lentamente e chegaram as primeiras indústrias.

Dos anos 40 aos 60, nos vales férteis surgiram as chácaras que marcavam a transição entre a grande propriedade rural e a fase de urbanização de seus fragmentos.

Nos anos 50, com a chegada de portugueses, espanhóis e italianos, a região ganha um novo perfil sócio-econômico. O asfalto vai chegar, e aos poucos, cobrir o verde mar formado pelas chácaras.

Dos anos 70 em diante, o acelerado processo de verticalização propiciou o crescimento da população local assim como o da indústria, comércio e serviços. Esse processo não mais parou e deverá continuar no próximo milênio mudando, mais uma vez, o perfil do bairro, outrora tranqüilo.

Analisada, por décadas, a vida econômica de Campo Belo terá por finalidade mostrar as transformações nele ocorridas desde 1931 até 1999.

No capítulo relativo a ocupação humana dos espaços, citamos muitas famílias responsáveis pela economia no bairro e, sempre que possível, traçamos seus perfis. Assim, neste capítulo, seremos objetivos indicando apenas seus nomes e respectivas áreas de atuação, bem como a localização de seus estabelecimentos.

Economia: Anos 20 (1920-1929)

Na Piraquara, nos anos 20, destacamos: Rudolph Wessel[1] tornou-se muito conhecido por seu pioneirismo e por sua sensibilidade ao oferecer à comunidade local, no final dos anos 20, dois estabelecimentos muito necessários a todos: um armazém de secos e molhados, o mais antigo do bairro, e um salão de festas, muito requisitado, o único durante algumas décadas.

O armazém, citado por todos os antigos moradores, data do final dos anos 20 e, por isso, antecedeu ao bairro. Situava-se junto de sua residência, na Rua Hindenburg, 16. Aberto em 1927 funcionou, com outros proprietários, até 1965.

No tempo de Wessel, foram seus funcionários, os senhores Brenner, carroceiro que era seu entregador de compras, a domicílio, Jacob e Armando, balconistas e também entregadores. Deles, não obtivemos os nomes completos. Soubemos que Brenner era iugoslavo, sogro de André Tachaux, residia em uma casa térrea, típica dos anos 20, na esquina das ruas Dr. H. Eckner e Eugênio Potenbacker. Também era entregador o senhor Marcolino.

Em 1960, o armazém foi vendido à família Mazzaferro, que o manteve até 1965, por não suportar a concorrência de estabelecimentos mais modernos, que chegavam. O armazém e a casa do Wessel foi reformada e um sobradão largo, com fachada de pedras róseas apagou da lembrança aquele lugar que fora típico de uma época. O grande "living" do sobrado, hoje de número 1692, na Rua Ibituruna, era onde se situava o armazém.

O salão, ampliado e reformado no início dos anos 30, situava-se na Rua Conde Zeppelin, 20. Espaçoso, com decoração da época, foi retratado em capítulo especial nesta monografia, pois teve uma vida palpitante na comunidade.

Do final dos anos 20, são também alguns moradores que se destacaram profissionalmente a partir da próxima década.

Karl Unterleintner[2] tirolês, residente na Rua João Maciel, 3, era carpinteiro e sua oficina de trabalho situava-se nos fundos de sua casa. Era exímio profissional. Conhecemos muitos de seus trabalhos, dos anos 30, até hoje em perfeito estado de conservação.

Sua casa e sua oficina, estas na Rua Vieira de Moraes, foram registradas em fotos. Chamavam a atenção por seu estilo tipicamente europeu. Existiram até os anos 70.

---

1. Entrevistas de n.ºs: 2, 3, 6, 11, 19, 45, 57, 69, 77, 78, 79, 90, 109 e 130. Livro de Índice de Proprietários, 1934. CMSA, In: AHMWL; Papéis sem verificação, CMSA, Caixa 35, 1926.
2. Fontes citadas acima.

ASPECTOS GERAIS DA ECONOMIA

Martim Wollenweber[3], alemão, residente na Rua João Maciel, 13, era competente serralheiro. Trabalhava com três operários e, encomendas não lhe faltaram. Competente, fez muitos vitrôs, janelas, grades e portões que, em perfeito estado e muito uso, chegaram intactos até nossos dias.

José Vaz Vallença[4] espanhol, residente na Rua Roosevelt, 6, na Piraquara, era proprietário de uma fábrica de giz, para uso escolar, de alta qualidade. Sua fábrica se situava na Rua Joaquim Nabuco, chamava-se José Vaz Vallença & Cia Fábrica de Giz Escolar.

Jacob Hackenbruch[5] alemão, distinguiu-se como especialista na construção de grandes fornos industriais, a lenha, para panificadoras. Em Campo Belo, construiu os fornos das padarias Lago Azul, Vasp e Presidente. Na capital paulista construiu para várias outras padarias, fornos, dos anos 30 aos 50.

Frederico Skielka[6], iugoslavo, era proprietário de uma oficina metalúrgica, na Rua Rui Barbosa, 37. Ele tinha dois operários e muito trabalho.

Latorre e Manz, comerciantes do ramo de frigoríficos e açougues: conforme foi citado no capítulo relativo a ocupação humana dos espaços em Campo Belo, no final dos anos 20, do século findo. Natale Latorre possuía um estabelecimento que se situava na esquina das ruas Conde Zeppelin, 19 e Eugênio Potenbacker, no início dos anos 40 abriu um segundo açougue, o Piraquara, para melhor servir os moradores do baixo Campo Belo. Este se situava na esquina das ruas Vieira de Moraes, 704 e Barão de Jaceguai. Hoje, no local da Conde Zeppelin, existe um conjunto de sobrados que ocupam toda esquina e no local do Piraquara, funciona a Quitanda Campo Belo.[7]

Adam Manz[8] foi, por muito tempo, seu único concorrente. Este possuía um armazém no local onde hoje existe o Restaurante e Pizzaria Choppiza Ltda, na esquina das ruas Vieira de Moraes, 805 e Antonio de Macedo Soares. Adam Manz residia na Rua Conde Zeppelin, 6 (depois n.º 50).

Franz Bauer, especialista na fabricação e colocação de calhas, trabalhou na empresa alemã Haupt.

Como operário da mencionada empresa, nos anos 50, trabalhou na confecção e colocação das telhas de cobre das torres e cúpula da catedral da Sé, em São Paulo.

---

3. Idem.
4. Papéis sem verificação, CMSA, Caixa 35, 1926.
5. Depoimentos de seus familiares, entrevistas n.º 2 e 6.
6. Frederico Skielka. Papéis sem verificação, CMSA, Caixa 47, 1938.
7. Entrevistas citadas na nota (1) deste capítulo e a entrevista n.º 130.
8. Índice de Proprietários, CMSA, 1934; entrevistas citadas na nota (1) deste capítulo.

Indústrias e comércio

Anos 30: (1930-1939)

Conforme já foi registrado em capítulo especial, o bairro de Campo Belo foi oficialmente loteado e teve sua planta de arruamento aprovada em 1931. Também já foi descrito que em 1921 formava-se o bairro do Brooklin Paulista e neste, uma parada de bondes conhecida como Piraquara, já possuía alguns moradores. Para serví-los, no final dos anos 20 surgiram alguns pontos de comércio. Dez anos mais tarde, a partir de 1935, outros estabelecimentos comerciais e pequenas indústrias surgiram, dentro do jovem bairro de Campo Belo. Desse ano podemos citar seis armazéns[9] e quatro indústrias[10], cujas existências constam de documentos da Câmara Municipal de Santo Amaro (CMSA). São elas:

O Empório e Bar da Rua Itatins, 96, propriedade de Melanie Zimmermann. A 27 de março ela requereu à Câmara Municipal de Santo Amaro, licença para manter seu estabelecimento aberto após o horário comercial. Seu pedido foi indeferido. Ele revelava que a demanda crescera.

A 30 de abril de 1935, Manoel Lameiro Júnior fez igual pedido, deferido, para seu armazém e bar situados a Rua Vieira de Moraes, 710.

Foi indeferido o pedido de Rudolph Wessel feito a 14 de abril de 1935, para ampliar seu armazém e bar situados na Rua Hindenburg, 16.

Um botequim da Rua Vieira de Moraes, 573 vendia sorvetes, doces e refrescos e sua proprietária Sophia Hammer, teve aprovado o seu pedido de abertura a noite, de seu estabelecimento. O deferimento se deu a 6 de abril de 1935. No dia anterior, fora indeferido o pedido semelhante feito por José Ferreira Seabra, dono de um bar e armazém, na Rua Rui Barbosa, 578. A 4 de abril do referido ano, Helmut Müller teve também seu pedido indeferido. Seu armazém de secos, molhados e bebidas a varejo situava-se na Rua Vieira de Moraes, 563.

É oportuno notar que a Rua Vieira de Moraes já era muito procurada pelos comerciantes.

Também em 1935, podemos citar a abertura de algumas indústrias locais: a oficina mecânica de Augusto Meyher, situada na Rua Piracicaba, 851; a fábrica de lâminas de barbear, situada na mesma rua sem número e cujo proprietário é desconhecido. A Indústria Paulista de Ferro e Artefatos de Baquelite, situada na Rua Vieira de Moraes, 55 e a Sociedade Elétrica Fulgura Ltda, da família Wenger, na Rua Conde Zeppelin, s/n.º

---

9. Papéis sem verificação, CMSA, Caixa 41, 1935 (lista de estabelecimentos e proprietários).
10. Idem.

ASPECTOS GERAIS DA ECONOMIA

De 1931 a 1935, a pequena população do bairro se servia desses pontos criados no bairro e do grande comércio de Santo Amaro e Brooklin Paulista.

O ano de 1936 foi marcado pela chegada de novos pontos comerciais e pela inauguração do Aeroporto de São Paulo, Congonhas, e da Companhia Americana S/A de Filmes. Estes últimos eram dois *gigantes* dentro de uma região ainda suburbana.

Seguem algumas notas sobre o referido ano, quanto ao seu desenvolvimento econômico.

De 15 de outubro de 1936 a 22 de junho de 1986, Franz e Alma Hermann mativeram um pequeno bazar na Rua Hindenburg, atual Ibituruna. Chamava-se Bazar Campo Belo[11]. Situava-se na garagem da residência dos Hermann. Ofertava grande variedade de produtos distribuídos na pequena loja, em espaços bem aproveitados.

Em 1970, Wilma substituiu a mãe viúva. Em 1991, com o falecimento de Dona Alma, Wilma fechou o bazar.

No final da década de 90, a propriedade dos Hermann foi vendida, demolida cedendo seu espaço ao Edifício Victória, situado na Rua Estevão Baião, 755.

Na esquina das ruas Piracicaba, 1425 e Santa Rita, o Johny Bar[12], também chamado pela freguesia de "bar lanterna", de Heinrich August Schuette, alemão que reunia amigos da comunidade para tomar muita cerveja, devorar deliciosos petiscos, dar muita risada, cantar e jogar conversa fora. Matavam assim as saudades da terra distante.

A casa que abrigava o bar fora muito bem construída, era de "alvenaria, tinha telhas francesas, paredes finamente rebocadas e caiadas, ferragens de boa qualidade, com construção feita por profissionais competentes", conforme declarou a 31 de março de 1931 à Câmara Municipal de Santo Amaro seu primeiro proprietário Frederico Salewsky[12]. Este vendeu o imóvel a Schuette no final dos anos 30.

O bar fechou nos anos 50 e Schuette e sua esposa Doris Elly Hahnann, pais de Harry e Turandot Elizabeth, também venderam o imóvel. Schuette foi membro da diretoria do Grêmio Teuto-Brasileiro de Campo Belo, nos anos 50.

Atualmente, o imóvel tem o número 100-A, da Rua João de Souza Dias e é um ponto comercial de vinhos e queijos.

A Fábrica Perroltz, situada na esquina das ruas Sebatião Paes e Nhu-Guaçu, funcionou do final dos anos 30 até os anos 80. Produzia auto-peças.

---

11. Entrevistas citadas na nota (1) deste capítulo e pesquisa de campo no período de 1960 a 1999.
12. Papéis sem verificação - CMSA, Caixa 10, ano 1931, Diversos 1 - miscelânia.

Atualmente, ali funciona a Casa do Restaurador Comércio e Importação Ltda[13].

Helmut Wenger foi proprietário da empresa Sociedade Elétrica Friedrich Emil Wenger[14] que, era indústria doméstica e funcionou dos anos 30 aos 40, na casa do proprietário.

De 1942 a 1949, mudou-se para o antigo salão dos Wessel, na Rua Itatins, 20. A produção crescera muito e gerara empregos na região. Passou então a se chamar, Sociedade Elétrica Fulgura Ltda. De 1949 a 1960, mudou-se para a Rua Joaquim Nabuco, onde ficou até fechar.

Walter Isliker Pátria foi um dos mais antigos funcionários da empresa, nela começando a trabalhar ainda menino. José Hölker, marceneiro, confeccionava os cabos para os ferros elétricos Fulgura. Eram de madeira torneada.

Uma fotografia de 1942, registrou a festa de inauguração da fábrica no antigo salão Wessel.

Conforme já foi dito, em 1936 foi inaugurado o Aeroporto de São Paulo, Congonhas. Geograficamente situado fora de Campo Belo, construído sobre terrenos que, no passado, pertenceram ao Sítio Traição, foi o aeroporto amplamente historiado em 1996, pela pesquisadora Giselle Beiguelman, por iniciativa da Infraero[15].

---

13. Pesquisa de campo nos anos de 1960 a 1999.
14. Entrevista n.º 102 e as citadas no item (1) deste capítulo. Papéis sem verificação - CMSA, Caixa 40, ano 1947; Informações lapidares sobre a família Wenger no cemitério Municipal de Santo Amaro; Papéis sem verificação - CMSA, Caixa 47, 1938.
15. *No Ar 60 anos do Aeroporto de São Paulo: 1936 a 1996*. Giselle Beiguelman, p. 43 e seguintes. São Paulo: Infraera, 1996. Revista *Flap Internacional*, n.º 292A, ano (34), Ed. Especial, texto de Mário B. M. de Vinagre. Mapa localizando o Aeroporto de São Paulo, anos 50. Folheto Especial sobre a VASP. Histórico. Distribuição interna. Folheto com histórico do Aeroporto de Congonhas. Afonso Schmidt. Decretos números 7.305 e 7.308, de 5/7/1935. Ofício n.º D e I 16.289/PR 7700, de 18/5/1936. Lei nº 2.904, dispondo sobre desapropriação de terras das famílias Cantarella e Vieira de Moraes, a 15/1/1937, para construção das pistas. As terras dos Cantarella foram avaliadas e vistoriadas por avião.*Vila Mariana: História dos bairros de São Paulo*. Pedro Domingos Mazzarolo. São Paulo: Prefeitura Municipal de São Paulo, p. 30. (referências às famílias Cantarella e Bonani). Entrevistas n.º 24, 25, 26 e 96 e com alguns funcionários do aeroporto. O Dr. Vicente de Paula Monteiro de Barros, proprietário de 485.903 m² de terras vendidas para a construção do Aeroporto de Congonhas do Campo Belo e por ser proprietário de mais da metade das terras necessárias para se iniciar as obras do aeroporto, sugeriu que aquele fosse denominado com o nome de seu bisavô: Aeroporto de Congonhas (1934). O senhor José Custódio Dias de Araújo e a família Vieira de Moraes contribuíram com 314.097 m² restantes que completariam os 800.000 m² componentes da única pista inicial. Os Cantarella, proprietários do Parque Cantarella, situado próximo do atual Jabaquara, venderiam parte de suas terras para que as pistas fossem aumentadas.Os Bonani, residentes no Jabaquara, eram os administradores dos bens dos Cantarella, até os anos 50. [*Vila Mariana: História dos bairros de São Paulo*, p. 35, 36 e 37]. Depoimentos do sr. Guido Gonçalves a 20/9/1977, abalizador das pistas desde 1940; conheceu os Cantarella e Pedro "Fumaça". *No Ar...* – p. 21 e 22. Os Cantarella residiam na Rua Araújo Neto em Vila Mariana. A região do Jabaquara atual era um imenso eucaliptal no início do século XX. Grande parte da região era desabitada. As terras dos Cantarella estavam entre aquelas cobertas por fechada vegetação. Há referências sobre a área, atualmente ocupada pela igreja velha de São Judas Tadeu, nas notas sobre a criação da Paróquia de São Judas Tadeu, no Jabaquara [*São Paulo*

A VASP foi a companhia pioneira que operou com uma única pista, de terra, e como sala de recepção dos viajantes, tinha apenas um chalezinho de madeira.

A 30 de julho de 1949, na Av. Ruben Berta, 6979, foi inaugurado o Sindicato dos Aeroviários. Esta entidade ainda permanece no mesmo endereço.

De 1950 a 2000, o aeroporto cresceu, se modernizou e se internacionalizou. O número de passageiros elevou-se a milhões.

Atualmente, ameaçado de saturação, exige novas mudanças já planejadas pela Infraero.

Campo Belo sofre pela proximidade do aeroporto, os problemas gerados pelo tráfego aéreo: poluição do ar, ruído dos motores e queda de alguns aviões. Em compensação, o aeroporto gera muitos empregos para os moradores de seu entorno. Muitas escolas profissionalizantes para pilotos e comissários também dão sua contribuição positiva. Os aeroviários alimentam-se nos restaurantes da região e também se servem do comércio e serviços locais.

O aeroporto é considerado um "monumento urbano" e sua vida palpitante trasborda e pulsa dentro de Campo Belo, pois é responsável por algumas peculiaridades do bairro.

"Os aeroportos são importantes multiplicadores de riquezas e por eles passam, anualmente, milhões de passageiros, boa parte dos quais viajando a negócios e, milhões de toneladas de carga geradas pelo comércio internacional."[15]

Luzes, Câmera... Campo Belo!

Dentro deste capítulo, destacamos, com um sub-título sugestivo, o histórico de uma grande construção destinada a se tornar uma Vila Cinematográfica, em Campo Belo. Fracassado o projeto inicial, o edifício teve sua história modificada e até hoje ainda se destaca no bairro.

Semi-abandonado durante treze anos, situado na Av. Washington Luiz, 5859, parecia agonizar esperando o seu fim, um grande edifício.

---

do meu tempo. Dom Ernesto de Paula. São Paulo, 1981, p. 55]. Eles teriam adquirido em 1908, com Antonio Cantarella, o Sítio da Ressaca que, no século XVII, fora do conhecido padre Domingos Gomes Albernaz. O sítio era coi ado pelo Córrego do Barreiro, conhecido até 1780 como Córrego da Piranga. Depois recebeu os nomes de Fagundes e Ressaca. Em 1719, Maria Vasconcelos, uma das muitas proprietárias do Sítio da Ressaca, mandou construir, com taipa de pilão, uma casa nos moldes dos bandeirantes. Esta foi tombada pelo Condephaat, a 19 de outubro de 1972. Desde 1969 os Cantarella já não mais eram seus proprietários. Ela ainda existe, na Rua Nadra Raffoul Mokodsi, 3 e é um centro cultural, do Jabaquara, junto ao terminal do Metrô Jabaquara, na linha Norte-Sul da capital paulistana.

Quem reside próximo a ele, sofreu as várias conseqüências durante o citado abandono: sem manutenção, enfeiava, entristecia e preocupava os moradores de seu entorno. Embora vigiado, abrigou inúmeros gatos que embora combatendo os ratos, deixavam um terrível cheiro no ar. Muitas baratas dali saindo, invadiam as residências próximas e mal feitores a noite rondavam o grande edifício não iluminado ameaçando àqueles que por ali passavam vindos do trabalho ou do estudo.

Certamente, essa imagem depressiva em nada lembrava o passado glorioso ali vivido e nem preconizava um futuro promissor.

Nos anos 30, o pioneirismo paulista arrojado, entrou para o mundo do cinema.

A Era Vargas ficou marcada pelo nacionalismo. Incentivados pela euforia nacional, um grupo de bem sucedidos capitalistas paulistas[16] criaram uma sociedade anônima e, investindo um capital inicial de dez mil contos de réis, se lançou na exploração da indústria cinematográfica.

Idealistas, mas ingênuos, gastaram muito mas produziram pouco, embora cercados de pessoas competentes e dispondo de recursos. Tudo era importado, caro e de difícil manutenção.

Escolheram, para construir uma vila cinematográfica, as terras de um dos sócios, o Dr. João Manuel Vieira de Moraes e alguns familiares. O terreno se situava dentro do bairro de Campo Belo, nas margens da futura avenida Washington Luiz, em frente a terras a serem ocupadas pelo futuro Aeroporto de São Paulo, Congonhas.[17]

A escolha foi criticada por muitos, pois os ruídos futuros dos aviões, poderiam prejudicar os trabalhos da empresa.

Cheios de entusiasmo, os empresários ignoraram as críticas e apressaram as obras feitas pela construtora Camargo & Mesquita.

A 31 de maio de 1936, lançava-se a pedra fundamental de uma grande construção cujos trabalhos durariam até 1940 e nunca ficaram completos.

Com o nome de Cia. Americana S/A de Filmes, procurou se aproximar das congêneres norte-americanas. O objetivo da empresa era trabalhar para si, criando e lançando filmes próprios, explorando nossas belezas naturais. Também produziria documentários e filmes educativos para terceiros[18]; aliavam indústria e cultura, num ato moderno para a época. Um conceito atual.

O edifício que abrigava a empresa era muito grande e, de longe, parecia um grande e requintado hangar.

---

16. Entrevistas n.º: 11, 20, 61, 62. Folheto do arquivo Pedro Lima da Cinemateca Brasileira. D-516-7 [nome dos componentes do conselho fiscal da Empresa Cinematográfica Americana S/A de filmes.]
17. Revista *Trânsito* de 1940. São Paulo, p. 33-35. Depoimentos de Achille Tartari In: Ensaios 15 - Crônica do Cinema Paulista, colhidos por Maria Rita Elieser Galvão. Ed. Ática.
18. Idem; Fontes supra citadas. *Diário Oficial do Estado de São Paulo*, de 18/4/1937.

Numa área de 1.700 m², a construção do estúdio tinha uma altura de dezoito metros. Desses, doze seriam utilizados para as filmagens e os outros seis seriam destinados a iluminação feita por inúmeros refletores móveis. Teria o edifício 34 metros de largura e cinqüenta de comprimento. Nele, 32 camarins seriam instalados, no piso superior, para acomodar os artistas e os funcionários. Os laboratórios ficaram prontos em noventa dias.

Na parte da frente, ficariam os restaurantes, os salões de beleza, oficinas de costura, atelier de fotografia e salas para os decoradores.

Um gerador próprio seria responsável pela iluminação local.

Para tudo isso gastaram muito. Inexperientes como já se disse, estavam cegos pelo entusiasmo. Com escritórios montados no edifício Martinelli, nos andares 9 e 12, administravam a empresa, recebendo apoio de muitos, inclusive do interventor em São Paulo, Dr. Adhemar de Barros e do filho do presidente da república Getúlio Vargas Filho e outras autoridades.

O maquinário fora importado da Alemanha e dos Estados Unidos e era de primeira qualidade. Os equipamentos pesavam 28 toneladas.

O Bispo Diocesano de São Paulo, o general Franco Ferreira, o interventor Armando Sales de Oliveira e o general Almério de Moura, enviaram cartas de incentivo aos empresários. O sucesso parecia lhes sorrir.

O primeiro grande trabalho foi um longa metragem chamado *Eterna esperança*. Um tema, apontado como fraco pelos críticos, buscou aproximar o primeiro mundo de algumas realidades brasileiras.

A eterna esperança lançado pela Cia. Americana S/A de Filmes, teve como diretor Léo Martin e como atores Sylvia Mello[19], a protagonista, Nelson de Oliveira e Sônia Veiga, como participantes.

A seca do Nordeste foi o pano de fundo para uma viagem cheia de surpresas feita por uma norte-americana, jovem, cujo avião fizera um pouso forçado em nosso país. O agreste cearense foi o local escolhido para as filmagens.

Os empresários paulistas desejavam criar um pólo cultural em São Paulo. Essa tentativa que pareceu frustrada após a falência da mencionada companhia cinematográfica, foi no entanto, superada logo depois, pela Companhia Cinematográfica Vera Cruz, criada em 1949, alocando as dependências da extinta Cia. Americana S/A de Filmes. A Vera Cruz aguardava o término da construção de sua "Hollywood Paulista", em São Bernardo do Campo. Em 1954, esta também fechou, mas São Paulo já se transformara em pólo cultural, hoje reconhecido inclusive no exterior.

O *Diário de São Paulo* em sua página 8, de 25 de janeiro de 1954, comenta "São Paulo é hoje o centro mais importante da produção cinematográfica

---

19. Fontes citadas na nota 17 deste capítulo.

de todo o país." O artigo de Flávio Tambellini, comenta a primeira tentativa de se fazer cinema social, mostrando a realidade brasileira, aos brasileiros.[20]

A filmagem, trabalhosa, arrastou-se por vários meses, e seu título gerou vários comentários, sobretudo após à falência da companhia. Seu custo foi alto, seus maquinários importados.

A composição da equipe que realizou a película e sua produção é a seguinte: Achille Tartari (montagem), Fábio Moniz (diretor de som), Eduardo Kishimoto[21] (edição de som), Sérgio Uzum e Jorge Czkassy (câmeras de filmagem), A. Tartari (cópias), Guiomar Pessoa (curadora).

O filme foi lançado a 25 de novembro de 1940, no luxuoso Cine Broadway.[22] A estréia foi bem sucedida.[23]

O filho de imigrantes italianos, Achille Tartari, que desde criança, adorava cinema e acompanhava o trabalho nas salas de espetáculos, quando adulto, tornou-se sonorizador de filmes e depois operador. De 1937-1942, trabalhou na Cia. Americana de Filmes fazendo parte da confecção de filmes de longa metragem. Amigo de dois especialistas na técnica cinematográfica, Moacir Fenelom e Fábio Moniz, convidou-os para virem do Rio de Janeiro, onde trabalhavam, participar da Cia. Americana S/A de Filmes. Estes não somente vieram, como também trouxeram todo o equipamento pessoal de filmagens e se colocaram à disposição da nova empresa[24].

Com habilidade os profissionais capricharam na produção, ajudaram a mostrar também as belezas do Rio de Janeiro, mas a impiedosa crítica nacional classificou o filme como cansativo[25].

Infelizmente, não existem cópias deste filme e nem informações mais detalhadas sobre a qualidade técnica do filme.

Não houve o retorno esperado, o que deixou a empresa endividada. Apesar disso, ela lançou em 1941, dois filmes institucionais produzidos por Willy Aurélio. Eram eles: Terra e Espada, da qual participou o Exército Nacional e Bandeira de Piratininga. Mais de cem filmes educativos e várias reportagens foram também produzidas naquele ano.[26]

Em 1942, devendo mais de 1,5 milhões de cruzeiros para a Caixa Econômica, que emprestara esta quantia à empresa; esta faliu entregando o estúdio e as máquinas penhoradas para a Caixa.

---

20. Fontes citadas na nota 16 deste capítulo.
21. Fontes citadas na nota 16 deste capítulo.
22. Fontes citadas acima.
23. Fontes citadas na nota 16 deste capítulo. Cadernos de Cinemateca n.º 4 - 30 de cinema paulista (1950-1980). Fundação Cinemateca Brasileira.
24. Ensaios - 15, Obra citada, p. 86-91.
25. Fontes supra citadas.
26. Fontes citadas na nota 16 deste capítulo.

A Companhia Cinematográfica Vera Cruz, comprou as máquinas e alugou as dependências da falida companhia. As negociações foram feitas entre o húngaro Gross, da Vera Cruz, e o italiano Achille, da Cia. Americana.

Durante sete anos, a Cia. Cinematográfica Vera Cruz ali funcionou enquanto aguardava a conclusão de seu estúdio em São Bernardo da Borda do Campo, para onde se mudou.[27]

Em 1972, um documentário comentou o que chamou de "aventura" da Cia. Americana S/A de Filmes. Um filme de 16 mm, em preto e branco, com trinta minutos de duração, feito por João Batista de Andrade e tendo como atores: Antonio Fagundes e Gianfrancesco Guarnieri, criticou, de forma irônica, dando-lhe o mesmo nome: Eterna esperança... de se fazer um bom filme brasileiro.[28]

Fábio Moniz, um dos grandes prejudicados pela ruína da empresa, pois recebia os pagamentos em ações, sentiu-se logrado, perdendo dinheiro e suas máquinas.[29]

O paulista Primo Carbonari disse: "O cinema paulista é mais velho que o carioca. O Rio de Janeiro sempre atravancou as empresas paulistas para monopolizar a indústria cinematográfica."[30]

A Vera Cruz, de 1942 a 1953, a Maristela, de 1951 a 1952 e a Kino Filmes, de 1952 a 1954, deram prosseguimento ao projeto paulista na indústria cinematográfica, mas o Rio de Janeiro permaneceu obstaculizando e vencendo a disputa.[31]

Naquele imenso edifício vazio em 1949, a Caixa Econômica formou um clube recreativo para seus funcionários, já em 1950. Eram raras as reuniões ou festas no local.[32]

Em 1957, as lojas Mappin, famosas, alugaram o prédio e com pequenas adaptações montaram um grande depósito.

Bem cuidado, com o chão coberto por pedregulhos brancos, cercados de altos e cheirosos eucaliptos, tornou-se um lugar tranqüilo, com algum movimento dos caminhões baús, verde-escuros, que entravam e saiam carregados

---

27. Fontes citadas na nota 24 deste capítulo.
28. Fontes citadas na nota 16 deste capítulo.
29. Fontes citadas na nota 24 deste capítulo.
30. Fontes citadas na nota 16 deste capítulo, p. 25. História do Cinema Brasileiro de Afrânio Caetano. Biblioteca do Museu do Cinema.
31. Fontes citadas na nota 30 deste capítulo.
32. Depoimentos dos autores e de muitos moradores antigos dos anos 30 em diante. Estatutos da Companhia Americana S/A de filmes de 1940. *Jornal do Brooklin* de 15/5/1972, p. 1. Papéis sem verificação da CMSA, Caixa 47, ano 1938. Ofício de 19/1/1938, da Divisão de Turismo e Divertimentos Públicos. Documento Administrativo. Ofício de 9/5/1938, da Cia. Americana S/A de Filmes. Ofício de 10/5/1939, para a CMSA enviado por Niase Salles proprietário do Cine São Francisco em Santo Amaro.

de mercadorias. A cerca de arame farpado com pequenas pilastras brancas, arrematava o aspecto quase bucólico.[32]

Em 1971, a Cia. Ceprim comprou o terreno e o imóvel. Várias reformas dividiram o edifício em quatro pavimentos e o ladearam com um conjunto de "boxes" destinados ao comércio, do lado da Rua Tamoios. Alugado foi, então, ao grande supermercado Pão de Açúcar-Jumbo Aeroporto[32], cadeia comercial então em franca ascensão, propriedade de Valentim dos Santos Diniz. Foi inaugurada a 10 de maio de 1972. Tinha 22.000 m² de área construída.

Campo Belo do alto vibrou com a novidade. Um grande centro comercial moderno e bem abastecido, pertinho de todos. Durante muitos meses era comum ver-se os moradores visitando os vários pisos e suas ofertas. Vinha gente de longe comprar naquele supermercado e isso agitava as pacatas ruas da região, agora cheias de carros.[32]

Numa primeira fase, nos "boxes" externos se localizaram: a Farmasil, a Kopenhagen, a Tissot, o Touring, Calçados Eduardo, Picadilly, Berioska, Lustres Pelotas, as Casas Pernambucanas, Dr. Scholl, Dierberger. Eles cederiam lugar depois, a outras lojas, até fecharem definitivamente, anos depois.[32]

No piso inferior, no subsolo, instalaram-se a lanchonete "Jack-in-the Box", Banco do Brasil, Car Center e uma loja de motos.

No térreo, ficava o supermercado, a revistaria e a banca de jornal.

No primeiro pavimento, uma loja de departamentos vendia tudo que se possa necessitar com relação ao vestuário. Havia, também, perfumaria e ótica, bijuterias, lavanderia, chaveiro e outros serviços... Até correio e vários telefones públicos estavam disponíveis.

No segundo pavimento ficavam as lojas de móveis e os espaços destinados aos cursos diversificados que atraiam moças e senhoras.[32]

Até setembro de 1986, o grande complexo comercial passou de um grande sucesso para uma lenta decadência. Problemas afetaram seus proprietários e aqueles se refletiram também nos negócios da família Diniz.

De 1986 a 1992, tentaram manter, apenas, a parte do supermercado, que então recebe o nome de Extra, mas sem êxito. O aspecto dos andares vazios e fechados criava uma atmosfera depressiva que prejudicava a imagem daquele estabelecimento. A qualidade também caiu.[32]

O parque externo, que fora asfaltado e arborizado para servir de estacionamento aos clientes antes numerosos, agora vivia vazio e dava certa sensação de insegurança.

Em 1992, o Extra fechou. Guardas passaram a vigiar o edifício dia e noite. As lojas externas, desprotegidas, fecharam também.[32]

Com quase setenta anos de idade, aquele grande edifício parecia realmente um gigante que agonizava e aguardava seu destino.

Devido ao abandono, descuido, alguns acidentes ocorridos nos fundos do grande edifício marcaram com triste sinal estes últimos anos.

Em 1972 morreu um operário colhido por um trator que fazia movimento de terras durante a reforma do edifício, na esquina da Rua Estevão Baião.

Em 1973, outro acidente semelhante, no mesmo lugar, matou um operário quando da instalação dos ruidosos aparelhos de ar condicionado, nos fundos do edifício. O rapaz foi soterrado pelo desabamento das terras altas que cercavam o edifício, na lateral direita. Seus colegas colocaram uma camisa branca, amarrada no poste da esquina para homenageá-lo e dele se despedir.

Em 1975, uma funcionária foi morta a tiros, no pátio, talvez por um ex-namorado, conforme comentários da época.

Em 1980, um botijão de gás explodiu no depósito, atrás do edifício e um funcionário morreu.

Nessa ocasião, alguns assaltantes roubaram uma pizzaria e se esconderam nos fundos do edifício. Um cerco policial e tiroteios assustaram moradores.

Na década de 90, já abandonado, um indigente morreu junto ao antigo portão de descarga, nos fundos do prédio. Talvez tivesse tido algum problema cardíaco. Estava muito frio e ninguém o socorreu. Sofreu toda a noite.

A 27 de maio de 1996, alguns assaltantes fugindo da polícia, tentaram se esconder nesse lúgubre lugar. Um deles foi morto no local pela polícia.

Embora protegida por telas e vigiada por guardas patrimoniais, o local permaneceu feio, triste, ameaçador, sobretudo à noite.

Que futuro aguardaria a velha construção?

A história continuou...

Conforme artigo de 15 de abril de 1999, da *Gazeta Mercantil*, na coluna sobre mercado, nos respondeu a angustiante pergunta: com data de entrega prevista para 30 de outubro de 1999, a família Diniz ali pretendia inaugurar o Extra Hipermercado Aeroporto. Para tanto, comprou da Ceprim o imóvel e iniciou as obras para recuperá-lo, após sete anos de abandono.

Os proprietários, conhecendo bem seu público alvo e com grande interesse em reativar o comércio, por certo lucrativo, não perderam tempo.

Em 1998, as instalações espaçosas foram usadas para um filme publicitário da Empresa Subaru.

A agonia terminara! Campo Belo merece esse respeito.

A 11 de novembro de 1999, por mala direta, os moradores de Campo Belo foram avisados da inauguração do Hipermercado Extra Aeroporto.

O folheto dizia: "Tem novidade aterrissando no Aeroporto". A inauguração foi no dia 16 de novembro de 1999. Às 9:30 horas.

Em uma área de 8.500 m², com muita modernidade, o Hipermercado ofertará aos seus fregueses setenta mil itens de produtos nacionais e estrangeiros.

Mudando a fisionomia da velha edificação e despertando do sono letárgico à região que ocupa, espera-se ali uma vida dinâmica.

O progresso, mais uma vez, apagava os últimos vestígios do passado distante vivido na vila cinematográfica que ali existiu.

Concluindo o que aqui se registrou sobre Cia. Americana S/A de Filmes, anexamos um comentário informativo sobre o tema:

Em nossas pesquisas, consultamos o jornal *O Dia*, de 11 de janeiro de 1964, e ali encontramos um artigo, não assinado, intitulado "Coisas do Cinema Nacional: O Estúdio que virou Favela". O texto, registrava um fato ligado à Companhia Americana S/A de Filmes e uma foto de um grande edifício, que 28 anos antes servira de sede à Vila Cinematográfica Paulista.

Analisando a foto não se tem certeza de que se trata do citado edifício. Ao lado da construção situada na depressão, dois pequenos barracos, sendo um de alvenaria e outro de madeira, estes localizados na parte alta do terreno, não caracterizam uma "Grande Favela", como afirma o texto.

As pesquisas mostram que desde 1957, o grande edifício aqui citado servia de depósito para as lojas Mappin e esta mantinha o seu entorno em perfeita ordem. Não havia favela alguma dentro da citada propriedade conhecida pelos autores desde 1960.

Lemos também no mencionado texto que, A "Cia.Americana S/A de Filmes, nem se quer começou a funcionar (sic.)", devido à presença do Aeroporto de Congonhas e de outras "coisas; o estúdio por isso virou favela (sic.)."

Finalizando o texto dizia: "Foi mais um episódio do Cinema Brasileiro. Episódio cujos detalhes são de arrepiar os cabelos. Uma negócio vergonhoso! (sic.)."

O artigo em discussão está arquivado na Hemeroteca do Cinema Brasileiro e, como poderá ser consultado por pessoas que desconhecem a história da Companhia Americana S/A de Filmes, aqui prestamos nossos esclarecimentos.

Diante dos filmes brasileiros atuais que concorrem a prêmios internacionais, quem deveria se envergonhar, são aqueles que desinformados, publicam inverdades. Eles fazem parte daqueles que obstaculizam o crescimento dos valores nacionais e, isso sim é um negócio vergonhoso.

O edifício ocupado pela Companhia Americana S/A de Filmes e, posteriormente por outras empresas, jamais foi ocupado por favelados; nem o seu entorno. Eles se fixaram no vale do Água Espraiada.

Anos 40 (1940-1949)

Na área compreendida entre a Av. dos Bandeirantes, Av. Washington Luiz e as ruas Conselheiro Pedro Luiz[33], Domingos Lopes[34], Conde de Porto Alegre[35] e Jorge Haidar[36], situavam-se, nos anos 40, as chácaras das famílias Strano, Catanzaro e Nery. (Vide mapa Chácaras do Campo Belo)
Também as ruas Rafael Iório[37], Dr. Jesuíno Maciel[38], Barão de Jaceguai[39] e Antonio de Macedo Soares[40], serviam de limites ao verde mar de hortaliças.
A área mencionada foi, posteriormente arruada de forma irregular o que contrastava com o loteamento em xadrez típico das demais ruas de Campo Belo e Brooklin Paulista.
Os últimos vestígios das chácaras citadas persistiram até o final dos anos 60, na Rua Zacarias de Góes[41], então já aberta e pavimentada.
Nos anos 40, a Rua Vieira de Moraes[42], ainda não estava totalmente aberta.
Nos anos 90, a Rua Rosário Catanzaro[43], foi batizada em homenagem ao primeiro proprietário das chácaras na região. A família Catanzaro, nos anos 40, comprou os lotes destinados às chácaras, do proprietário Afonso Bandeira de Mello[12], que hoje tem também seu nome batizando uma rua do bairro.

As chácaras: Estas irão marcar, durante mais de vinte anos, a região. Seus proprietários, de famílias portuguesas, italianas e alemãs, assim se distribuíam na área registrada no citado mapa.
José Simões[44] possuía uma chácara de 9.000 m², cuja frente era voltada para a Rua Rui Barbosa, onde hoje, se situa a 27.ª DP; nela, cultivava árvores frutíferas e ornamentais, grande variedade de flores, inclusive aquáticas e

---

33. Entrevistas n.º 100 e 110 e Álbum de Santo Amaro, 1948, p. 204, texto de João Netto Caldeira; ver nota 3 deste capítulo.
34. Entrevista n.º 110.
35. Entrevista n.º 71; Papéis sem verificação da CMSA, Caixa n.º 50, ano 1945-46; Studo R. Catanzaro lavrador em Campo Belo, pede autorização para adquirir um caminhão para transportar seus produtos de lavoura. Salvador Catanzaro, na Rua Pirassununga, 1308, cultivava cereais e legumes e necessitava de um caminhão Ford de 6t.
36. Entrevistas n.º 61, 62 e 71.
37. Entrevistas n.º 61-62.
38. Entrevistas n.º 61-62.
39. Entrevistas n.º 61-62.
40. Pesquisa de campo nos anos 1960-90.
41. Entrevista n.º 40 e pesquisa de campo dos anos 60-90.
42. Entrevistas n.º 2, 6, 19, 45 e 77; Pesquisa de campo dos anos 60-90.
43. Entrevistas n.º 2, 6, 11, 45 e 77 e pesquisa de campo no período.
44. Entrevistas n.º 100 e 110 e Álbum de Santo Amaro, 1948, p. 204, texto de João Netto Caldeira; ver nota 3 deste capítulo.

orquidáceas. No bairro do Paraíso, na Rua Domingos de Moraes, 74, situava-se a Floricultura Estados Unidos, de sua propriedade, nesta vendia os produtos de sua chácara e também ornamentos florais para decorar festas, residências e paisagens exteriores. Também alugava arranjos florais para eventos. Era moderno para a época.

José Joaquim Raphael[45] residente na Rua Bartolomeu Feio, nos anos 40, administrou duas chácaras, uma entre as ruas Otávio Tarqüínio de Souza, Barão do Triunfo, Moraes de Barros e Av. Cons. Rodrigues Alves, na qual permaneceu por cinco anos cultivando flores, hortaliças e frutas. A outra se situava na Rua Amazonas, 936, ambas em Campo Belo. Nesta viveu durante 25 anos, cuidando de hortifrutigranjeiros, flores e cavalos. Anteriormente, José Joaquim Raphael trabalhara como administrador de duas grandes chácaras no Morumbi, o que lhe dera larga experiência; Jayro, filho de José Joaquim, tornou-se conhecido em Campo Belo pois, vivendo no bairro há mais de sessenta anos, muito contribuiu para a criação da paróquia local. Ele nos forneceu preciosos depoimentos e fotos antigas, inclusive do muito citado lago da Rua Rafael Iório, de times de futebol e da chácara paterna. Seu pai assistira as touradas no primitivo Campo Belo.

Em 1901, chegava no Brasil, vindo da Sicília, Itália, o casal Strano[46] e seus filhos Maria, Leonardo e Francisco. No Brasil, nasceu o caçula, Salvador, falecido em agosto de 2002, em Campo Belo.

Seus filhos, Leonardo e Francisco, foram os primeiros a adquirir terras no vale do Córrego da Traição, para formar uma grande chácara, nos anos 40. A eles se uniu, posteriormente, o sogro de Francisco Strano, Studo Rosario Catanzaro[46].

Nos anos 50, chegaram Salvador Strano e Salvador Nery[46] também parente dos Catanzaro. Essas famílias ao se fundirem por laços de parentesco, constituíram, na verdade, uma única e grande família que se tornou proprietária de extensa área das chácaras compreendida entre o Córrego da Traição e o Córrego da Invernada. Era um verde mar de hortaliças e temperos, citado por muitos de seus fregueses. Suculentas cenouras, nabos e rabanetes e perfumados maços de salsa, cebolinha e folhagens fresquinhas de alface, repolho e outros tantos produtos extraídos, na hora, do solo fértil do vale.

A qualidade desses produtos logo se tornou conhecida e formou-se uma freguesia fiel sempre crescente. Não tardou a exportarem para outras regiões e estados, via VASP, os frutos de tanta dedicação.

Os proprietários moravam longe de Campo Belo e o percurso, no passado, era demorado. Rosário e Salvador Catanzaro compraram caminhões

---

45. Entrevista n.º 110.
46. Idem nota 35.

Ford[44] para transportar suas mercadorias e se locomover. Com o tempo, mudaram-se para perto das chácaras. Rosário e Maria se fixaram na esquina das ruas Otávio Tarqüínio de Souza, 843 e Antonio de Macedo Soares. A casa fora do alemão Ernesto Schmidt que era proprietário da famosa Casa Ernesto, em Moema, especializada em materiais para construção. Quando Studo faleceu, a casa foi vendida para a Sociedade Filarmônica Lyra, que lá está até hoje.[46, 47]

A partir dos anos 60, fragmentaram-se as chácaras até cederem por completo seu lugar para as ruas que, então, se abriam; estas, calçadas, receberam novas construções. Aquela região, ainda guardava ares suburbanos.

As feiras livres viriam a substituir as chácaras.[47]

Salvador Strano foi o único a permanecer em parte de suas terras. Ele substituiu as hortaliças por plantas ornamentais. Sua bela chácara era um oásis de paz, beleza e perfume no meio da agitação urbana que a cercava. A referida chácara ficava na Rua Conde de Porto Alegre, esquina da Av. dos Bandeirantes.

Salvador, já cansado, passou a direção da empresa a seu filho Tadeu, herdeiro dos dons paternos.

José Paulo Strano, irmão de Tadeu, é paisagista e ministra aulas de jardinagem no Brooklin.

Josefina Catanzaro, viúva de Francisco Strano e conhecida como tia Pina, foi chefe do clã Catanzaro e administrou as finanças da família. Como depositária da história familiar tem, em sua casa, muitas fotos antigas que mostram suas chácaras.

Nos anos 60, finda o período de transição entre a propriedade rural e a urbanização do bairro.

Foi no período de transição que os vendedores de hortaliças, com seus carrinhos, fazendo entrega domiciliar, se distinguiram. Foi muito citado o "carrinho do turco"[48].

Nesse período transitório, houve uma tentativa de se instalar uma pequena feira livre[49] na esquina das ruas Vieira de Moraes com a Cons. Rodrigues Alves. Porém, com a construção da padaria Lago Azul, nos anos 50, aquela feira foi desalojada.

Nos anos 40, outros pontos[50] puderam ser localizados para a história do bairro. São eles: Padaria VASP, situada na esquina da Rua Vieira de Moraes com a Av. Cons. Rodrigues Alves. Seu forno foi construído por Jacob

---

47. Entrevistas n.º 61, 62 e 71.
48. Entrevistas n.º 61-62.
49. Entrevistas n.º 61-62.
50. Entrevistas n.º 61-62.

Hackenbruck; Loja Edson de Armarinho, na Rua Edson próxima da Av. Santo Amaro; Vale quem tem Ltda, casa lotérica, nas esquina das ruas Vieira de Moraes, 575 e Constantino de Souza. Ainda hoje, ali existe uma casa lotérica. Açougue Piraquara, de Natale Latorre, na esquina das ruas Vieira de Moraes, 704 com a Barão de Jaceguai, onde depois existiu a Quitanda Campo Belo, da família Setoguchi. Farmácia Carlos, na Rua Demóstenes, de propriedade do Dr. Carlos Vitari, cujo filho Dr. Antônio Carlos Vitari reside no bairro, onde são muito queridos e citados; Açougue D. Pedro II, na esquina das ruas D. Pedro II com a Rui Barbosa, do casal Lourival e Elide, pais do Carlito, todos mencionados igualmente como muito simpáticos e comunicativos; Armazém Duarte, de Francisco Duarte, na esquina da Rua Demóstenes com a Av. Cons. Rodrigues Alves; Armazém Wiesweine, de Anna Ella Wiesweine. O imóvel pertencia a Alberto e Gertrudis, situado à Rua Vieira de Moraes, 569; Farmácia Paiaguás, na Rua Paiaguás, 23, de João Braile e filhos. Era a única no alto Campo Belo de então. O filho de João, competente como o pai, atendia a domicílio, entregando remédios, aplicando injeções ou fazendo curativos. Atualmente a Farmácia Nova Braz, de Tatsuo Yamasaki, ali se mantém.

Nos anos 70, diante da grande concorrência de novos estabelecimentos então abertos no bairro, perdeu parte de sua freguesia[51, 52]; Doceira Meyer, na Rua Volta Redonda, 218, esquina da Rua Conde de Porto Alegre, pertencia à família Meyer, especialista em doces e pães especiais. Seus deliciosos sonhos foram citados por muitos de seus antigos fregueses. Eram austríacos.[53]

Nos anos 40, algumas padarias de fora do bairro, entregavam a domicílio seus produtos. Eram trazidos em carroças, com um pequeno baú fechado, onde guardavam as iguarias perfumadas em cestas de vime cobertas com alvas toalhas de algodão. Elas vinham da Fidalga, em Vila Mariana ou da Wickbold, na Cidade Monções.

A Casa & Jardim, situada na esquina da Av. Santo Amaro com a Rua Dr. Jesuíno Maciel (antiga Rua Amazonas), tornou-se um ponto comercial famoso; seu nome explicitava aquilo que vendia: móveis para interior e exterior das casas e objetos de uso diário ou simplesmente decorativos.[54]

Em uma casa construída em estilo europeu, de enxaimel, térrea, ampla, com largas e longas janelas servindo de vitrines, pintada de branco, com seu madeirame marrom escuro, ficava numa parte elevada do terreno, destacando-se.

---

51. Pesquisa de campo nos anos 1960-90.
52. Entrevista n.º 40 e pesquisa de campo dos anos 60-90.
53. Entrevistas n.º 2, 6, 19, 45 e 77; Pesquisa de campo dos anos 60-90.
54. Entrevistas n.º 2, 6, 11, 45 e 77 e pesquisa de campo no período.

ASPECTOS GERAIS DA ECONOMIA

Cercada de amplo espaço livre, cujo solo era revestido de pedregulhos brancos, tinha uma área verde e um estacionamento para seus clientes. Uma placa de madeira escura, rústica, trazia o nome da loja. Era suspensa por correntes e presa em duas pilastras de madeira.

A singeleza e o bom gosto começavam no bem situado edifício, em via de grande movimento e de fácil acesso.

Inaugurada em 1940, era propriedade de Otto Heuberger. De 1940 a 1990, serviu a uma fiel e sempre crescente clientela.

Os bairros próximos de Campo Belo, como Moema, Brooklin Paulista, Vila Nova Conceição, Chácara Flora e Santo Amaro eram, no passado, de maioria populacional estrangeira. Esta apreciava os produtos da Casa & Jardim e quem recebia um presente nela adquirido, sem dúvida, iria conhecê-la e, logo mais, dela se tornava cliente. Tivemos a esse respeito muitos depoimentos.

Fechada e demolida nos anos 90, dela restou apenas uma pequena construção cuja visão desperta lembranças. Nesse espaço, um curso de pintura e artesanato, com o nome de Casa Jardim Artes e Ofícios S/A lá existe.[55]

No espaço deixado pela antiga loja, hoje há um estabelecimento de hortifrutigranjeiros.

Werner Strauss, marceneiro-artesão que trabalhou de 1952 a 1982 na citada empresa, foi quem depôs sobre a loja, para compormos essas notas históricas. Não conseguimos contatar seu antigo proprietário.

Outros pontos da economia local, na década de 40, podem ser destacados, como por exemplo: João Witt, conserto de calçados, Rua Vieira de Moraes, 318; Ernesto Figge, tapeçaria, Rua Ibituruna, 1558; Arthur Mathes, móveis, Rua Cristóvão Pereira, 1303; H. Ottershagen, galvanoplastia, Rua Nhu-Guaçu, 81; Hans Erjantz, injetores de óleo, Rua Nhu-Guaçu, 105; Joseph Feichtinger, fivelas, Rua Itatins, 185; Leonardo Hantzinger, pães, Rua Conde de Porte Alegre, 1996; Willy Skielka, galvanoplastia, Rua Rui Barbosa, 37.

Alguns destes profissionais foram classificados também como industriais, certamente pela natureza de suas atividades, conforme se verá na relação que segue: Laboratórios Novoterápica, Rua Barão de Jaceguai, 1074 a 1086; Fornecedora Industrial Welth Ltda (metalúrgica), Rua Conde de Porto Alegre, 1135; Leonardo Hantzinger (padaria), Rua Conde de Porto Alegre, 1996; Ludwig Struntz (fábrica de massas), Rua Edison, 679; Hans Dehn (fábrica de botões), Rua Frei Gaspar, 1190; José Feichtinger (fábrica de peças), Rua Itatins, 185; Sociedade Elétrica Fulgura H. Wenger (fábrica ferros de passar e fogareiros), Rua Itatins, 471; Elfio Golbita (mecânica), Rua Itatins, 96 fundos; Hans Ergantz (mecânica), Rua Nhu-Guaçu, 105;

---

55. Entrevista n.º 100 e Pesquisa de campo.

Indústria Guarani Z. Viana (Fabr. Brinquedos), Rua Piracicaba, 941; Augusto Meyer (mecânica, lâminas de barbear), Rua Piracicaba, 851; Leo Despolme (marcenaria), R. Vieira de Moraes, 417; João Witt (sapataria), R. Vieira de Moraes, 318; Indústria de Ferragens Adler Ltda, Rua Frei Gaspar, 710; Teles Bueno de Camargo (tipografia), Rua Machado de Assis, 77; Willy Skielka (niquelação), Rua Rui Barbosa, 37; Curt Korch (decoração), Rua Alm. Barroso, 1034; David Silbertin (carpintaria), Rua Edison, 106; Carlos Unterleitner (carpintaria), Rua Cristóvão Pereira, 1454; Martin Wollenweber (mecânica), Rua Cristóvão Pereira, 1394; José Polhuber (sapataria), Rua Vieira de Moraes, 573; Indústria Paulista de Ferro e Artefatos Baquelite, Rua Vieira de Moraes, 55.[56, 57]

Em 1999, após quase sessenta anos de existência, fechou a Fábrica Duplex S/A de Artefatos de Borracha.[58]

Instalada na Rua Casemiro de Abreu, ocupava a quadra compreendida entre a citada rua e as ruas Ibituruna e Conceição Marcondes Silva.

Podemos destacar alguns de seus produtos: luvas cirúrgicas e de uso doméstico, seringas, bolsas de água quente, bombas de ar, preservativos, etc.

Citada por vários entrevistados, foi descrita, com maiores detalhes, por uma antiga funcionária, que reside em Campo Belo, Helena Júlia Heringer Silva. De 1960 a 1964, ela trabalhou na seção de faturamento.

Foi nesta empresa que conheceu seu marido, Afonso Silva, que era encarregado geral e que trabalhou na Duplex de 1958 a 1964. Foi ele o fundador do time de futebol A. C. R. Duplex.

Eram proprietários da empresa: Otto e Ernesto Khan. A secretária chamava-se Genny, Gunther era o químico responsável, a contadora era Idolinda e a responsável pelo almoxarifado era Josefa. Obtivemos o nome de alguns operários: Francisco Barbosa, Antonio Bergmann, Carlos Cândido e Jutuaran.

Em capítulo especial nos referimos à A. C. R. Duplex que disputou partidas inesquecíveis de futebol. O *Jornal do Brooklin*, de 7 de novembro de 1975, na página 8, registrou o início do torneio de futebol de salão da qual o time da Duplex participaria.

Nos anos 70 a empresa mudou-se para a Rua Marcílo Dias, 450, no Socorro. Seu espaço em Campo Belo, foi ocupado por um grupo de pequenos sobrados.

Walter Burger, cuja família está ligada á história do Babenberg, foi proprietário da Indústria Corner Sol S/A, fabricante de válvulas de segurança e alívio.

---

56. Papéis sem verificação da CMSA, Caixa 40, ano 1931-1947.
57. Listagem de endereços e firmas, ano 1947, CMSA.
58. Entrevistas n.º 68, 76, 109 e 110; *Jornal do Brooklin* de 10/10/1975, p. 9 e 7/11/1975, p. 8.

ASPECTOS GERAIS DA ECONOMIA

Dos anos 30 aos 70, situada na esquina das ruas Conde de Porto Alegre com a Edson, forneceu peças para outras indústrias.

Nos anos 70, mudou-se para a Rua 7 de julho, 176, no Socorro, onde permanece até hoje.[59]

O final dos anos 40, ficou marcado pela abertura de duas grandes empresas que, atualmente, se distinguem no parque industrial paulista e nacional, merecendo também respeito no exterior. São elas: Campo Belo S/A Indústria Têxtil de 1946[60] e Ceralite S/A de 1947.[61]

Sobre elas levantamos notas históricas, pois ambas nasceram dentro de Campo Belo.

Campo Belo Indústria Têxtil

Instalada há cinqüenta anos em Campo Belo na Av. Vereador José Diniz, 3821 com as ruas Moraes de Barros e Otávio Tarqüínio de Souza, a empresa da família Rabinovich, de judeus ucranianos, deixou na história do bairro marcas indeléveis de sua trajetória como indústria pioneira na produção de fios sintéticos no país; como empresa arrojada e competente, sempre se renovando em busca de maior qualidade, colhe, hoje, os bons frutos de seu trabalho feito com amor e seriedade.

Seu sucesso muito bem delineado numa obra que, escrita por ocasião de seus cinqüenta anos de existência, nos permitiu estabelecer a seguinte cronologia:

1921 — Chegada de Sam Rabinovich a São Paulo.

1939 — Fundação da Sam Rabinovich & Cia nos Campos Elíseos, Capital, para a produção e venda de guarda-chuvas.

1944 — Fundação da Samira Indústria e Comércio S/A, no Jaraguá, com produção verticalizada de peças de guarda-chuvas bem como a montagem dos mesmos. Para complementar a linha, Rabinovich instalou uma tecelagem em São Roque/SP para a confecção do tecido para a Samira. Mais tarde, a tecelagem foi vendida para seu parente, Mendel Steinbruch.

A Samira Ind. Comércio S/A se tornou uma das maiores produtoras de guarda-chuvas e sombrinhas da América Latina.

1946 — Na Rua Barão do Triunfo, 1677, Rabinovich, a 26 de junho de 1946, deu início à construção de um edifício para uma indústria de fiação

---

59. Entrevista n.º 102 e Jornal do Brooklin de 9/3/1975, p. 11.
60. *Tecendo História. Campo Belo: 50 anos.* São Paulo: Prêmio Editorial, 1996. Papéis sem verificação CMSA, Caixa 52, anos 1948-49.
61. Entrevistas n.º 78 e 79 e *Jornal do Brooklin* de 12/7/1975, p. 7.

e tecelagem. Seria a Fábrica A, em Campo Belo e se chamaria Fiação e Tecelagem Campo Belo S/A.[62]

Sua construção se deu num grande terreno comprado da União que, por ocasião da Segunda Guerra Mundial, fora expropriada da Casa de Comércio Tozan, japonesa. A loja mantivera ali uma quadra de beisebol. Esta fábrica se destinou a produzir fios sintéticos, além dos de algodão e outros fios naturais.

1948 — Início da produção na Fábrica A, na parada Campo Belo, do bonde elétrico da Light & Power Co.

1950 — Para crescer, associou-se ao Grupo Orquima Indústrias Químicas e importou máquinas, técnicos e 5.000 fusos dos EUA.

1958 — Desejando se expandir, comprou uma área de 4.800 m², localizada na quadra em frente à Rua Barão do Triunfo e pertencente a confecção Conrex. Ali se instalou a Fábrica B. Foi incorporado o belo casarão colonial situado na então Av. Cons. Rodrigues Alves, hoje Av. Vereador José Diniz.

1962 — Foi comprado um terreno de esquina, na mesma quadra, pertencente à Indústria de Plásticos Plavinil S/A, compreendido entre as ruas Barão do Triunfo, Moraes de Barros, Pirassununga e Princesa Isabel, ao lado da Fábrica Jantsen que ocupava o quarteirão entre a Av. Cons. Rodrigues Alves, ruas Pirassununga, Barão do Triunfo e Moraes de Barros.

Jacks Rabinovich, filho de Sam, assumiu a direção da empresa ao lado do pai. Este jovem engenheiro civil participou da acertada decisão de dividir, estrategicamente, em dois sistemas distintos de produção, as fábricas A e B. Era uma prova da determinação posta a serviço da grande visão daqueles empresários.

1963 — A recessão nacional não afetou a criatividade dos Rabinovich. Como idealizador e batalhador na criação de um projeto com o objetivo de preparar profissionais capazes de realizar as mudanças necessárias ao setor têxtil, Jacks Rabinovich conseguiu ver nascer na FEI a tão almejada Escola de Engenharia Têxtil, curso superior de cinco anos letivos, o qual também implementado pelo Sinditêxtil, despertando interesse até no Exterior, já nos meados de 1967. Era a necessidade norteando a maior criatividade.

1963 — Falece o grande colaborador da empresa, Jacques Pasternach, genro de Sam Rabinovich, esposo da filha Clotilde.

1966 — Jacks se associa a Mandel Steinbruch e, juntos, criam a Textil Brasibel.

---

62. Papéis sem verificação, Caixa 52, CMSA, anos 1948-1949; "Requerimento reclamando contra o ruído de máquinas e teares existentes em um barracão no final da Rua Barão do Triunfo, local conhecido como Vila Nenê. Na Rua Barão do Triunfo, 136, uma pequena fábrica de tecidos com dois teares não parecem excessivos em seus ruídos." Resposta após verificação à reclamação.

1967 — A 18 de março deste ano falece Sam Rabinovich. Seu filho e o sócio compraram o tradicional Lanifício Varam. Formou-se a base do grupo Vicunha.

1976 — Jacks Rabinovich recebe o título de Personalidade do Ano de 1976. Unem-se os grupos OTOCH e BAQUIT do Ceará, criando o moderno Finobrasa, em Fortaleza.

1980 — Bem estruturada, a empresa atravessa com tranqüilidade a "década perdida". Forma-se, cresce e se destaca o grupo Vicunha, de qualidade reconhecida internacionalmente.

1981 — Adquirem a S/A Cia. de Fiação e Tecelagem Santa Bárbara, em Santa Bárbara do Oeste/SP. Forma-se a Fábrica C. Logo mais, compram, para ajudá-los, uma tecelagem e formam a Fábrica D.

1982 — Incorporam a Indústria Química Fibrasa S/A, em Fortaleza, para suprir a produção da Finobrasa.

1988 — Adquirem a Fábrica de Meias Jacareí, em São Paulo. Mudam-se para o Bom Retiro e passam a produzir meias sociais e esportivas de famosas marcas.

1990 — Eduardo Rabinovich, neto de Sam, filho de Jacks, passa a participar da administração da empresa. Sua juventude aliada à competência dá continuidade aos trabalhos, com olhos voltados para a globalização e para a grande competitividade, que exige criatividade, qualidade e bons preços constantes, implantam eles Programas de Gestão de Qualidade e de Participação e abrem campo para profissionais qualificados.

1996 — Com cinqüenta anos de existência, mantendo a tradição familiar, com cinco unidades, a empresa quer continuar crescendo e inovando com qualidade e respeito aos clientes.

O desenvolvimento urbano dentro do Campo Belo tem, atualmente, obstaculizado o crescimento da empresa, a qual pensa em mudar de endereço.

1999 — Ainda no bairro, prepara-se para a mudança. Ao sair deixará saudades e orgulho, por ter nascido e crescido no bairro e por ter se tornado aqui, vitoriosa.

2006 — Após a mudança as instalações são demolidas.

Ceralite S/A

Há mais de quatro séculos na Suíça alemã, a família Egger fundou uma fábrica de velas que se tornou conhecida como tradicional patrimônio familiar.

Nos anos 40, um membro dessa família, Carlos Egger, acompanhado do amigo Renato, veio para o Brasil e em 1947 abriu uma fábrica de velas com a tradicional receita familiar. Era a Ceralite, situada na Rua Rui Barbosa, 714. No ano seguinte, alugou o antigo salão dos Wessel, na Rua Itatins e nesse espaço maior fez crescer a sua empresa.

A 25 de janeiro de 1954, num terrível dia de calor, um curto-circuito incendiou a fábrica salvando apenas o escritório. Para não perder os clientes, Carlos e os funcionários trabalharam dia e noite nos fundos de sua casa na Rua Vieira de Moraes, 1434. Toda encomenda foi entregue no prazo marcado.

Provisoriamente, a empresa se mudou para a Rua Nhu-Guaçu em uma pequena casa situada em frente ao atual restaurante Juca Alemão e lá ficou até 1959.

Sempre crescendo, a empresa se transferiu para Santo Amaro. Na nova sede ampla e moderna, diversificou-se a produção que não mais se limitava às velas. Nessa época, Carlos tornou-se proprietário da Neopack, no Cambuci.

Carlos Egger faleceu em 1996.

Muitos dos entrevistados fizeram referência ao incêndio da empresa em 1954. Anibal Augusto Raphael, foi citado como funcionário que trabalhava na empresa na época do incêndio.[60]

Plavinil S/A

Na quadra compreendida entre as ruas Barão do Triunfo, Moraes de Barros, Princesa Isabel e Otávio Tarqüínio de Souza, uma pequena empresa de plásticos, se instalou em Campo Belo, no final dos anos 40. Era a Plavinil S/A, que foi desativada no final dos anos 90 quando já se encontrava numa sede nova na Av. Nações Unidas, 2003, em Santo Amaro.[63]

Carlo Erba do Brasil S/A,
Indústria Química e Farmacêutica

Em 1946, chegou em São Paulo, vindo da Itália, um médico Dr. Carlo Stefano Porto. Inicialmente, ele trabalhou com importação de produtos farmacêuticos, e nos anos 50, tornou-se proprietário da fábrica Carlo Erba situada na esquina da Rua Vieira de Moraes, 443 e Av. Vereador José Diniz.

---

63. Entrevistas n.º 2, 19 e 45; *Jornal do Brooklin* de 23/2/1974, p. 6 e Planta do bairro de 1956 da Associação dos Amigos de Campo Belo.

No final dos anos 70, a empresa foi vendida para uma indústria do mesmo gênero de produto e Carlo S. Porto mudou-se para o Rio de Janeiro.

Quando chegou ao Brasil, o citado médico supunha aqui encontrar fazendas, chácaras e muito mato. Ele comparava o Brasil com o oeste norte-americano, e por isso, trouxe na bagagem botas para cavalgar em nossas campinas.

Entre várias surpresas uma o deixou preocupado ao descobrir que a recepção do Aeroporto de Congonhas, nos anos 40, era ainda um tosco barracão de madeira. Depois, descobriu que São Paulo era uma grande cidade que crescia.

Carlo confiou em nosso país e em seu futuro promissor. Até 1974, a empresa ainda ofertava empregos no bairro.

A Indústria Farmacêutica Billi Ltda substituiu a Carlo Erba, ainda nos anos 70.

Conforme depoimentos de duas funcionárias que trabalharam na empresa no período de 1966 a 1973, "dentro dela fazia-se carreira, era-se bem tratado, e além do ambiente acolhedor e organizado, havia harmonia entre todos. Durante as refeições, feitas em restaurante da própria empresa, predominava a alegria e a jovialidade."

Na Rua Estevão Baião, 765, onde hoje se situa uma das unidades do Colégio Nova União, funcionava um pequeno centro de cultura e lazer para os funcionários da Carlo Erba. Lá havia cinema, sala de jogos, curso gratuito de inglês, francês e italiano e muita conversa entre os jovens. Eram requisitadas as festas da primavera e os churrascos de final de ano.

Foi na empresa, que muitos conheceram seu primeiro namorado. Era grande o número de mulheres que lá trabalhavam.

Entre os anos 50 e 70, existiu um time de futebol da própria empresa.

Os operários trabalhavam uniformizados e havia para distinguí-los uma cobertura de cabeça, cuja cor variava conforme o setor. Parte dos trabalhadores residia em Campo Belo ou em sua proximidade.

A funcionária Expedita Maria de Lima, casada com Carlos Cruz, em seus depoimentos como funcionária da empresa disse: "a Carlo Erba foi minha vida e minha juventude. Lá trabalhei sete anos, conheci meu marido e fiz grandes amizades." Ela era encarregada do setor de envelopamento.

Fonte consultada
Entrevistas n.º 161 e 172.

Anos 50 (1950-1959)

Nos anos 50, o mundo vivia o pós-guerra e, quando se esqueceu dos horrores do conflito, tentou se reconstruir e buscar um futuro melhor. Ignorava ainda, que a "guerra fria", se instalava e dividiria o mundo.

Dentro de uma euforia compreensível as mudanças aconteceram e o progresso vinha para ficar, embora não para todos. O custo alto desse desenvolvimento seria pago nas décadas seguintes, justamente por aqueles que não foram beneficiados.

O Brasil, após a Era Vargas, esteve sob o governo de Juscelino Kubitscheck de Oliveira, o presidente bossa-nova. Sua política desenvolvimentista acompanhava a euforia mundial, gerava um aparente sucesso e um alto custo a ser pago depois.

Campo Belo não ficou excluído das mudanças. A chegada de famílias de origem latina, portugueses, espanhóis e italianos, mudou alguns costumes, na região antes germânica. Comunicativos, os recém chegados, gostavam de relatar o que vivenciavam e seus costumes trouxeram novas formas de lazer, trabalhar, morar e se relacionar dentro da comunidade.

Foi nos anos 50 que o processo de calçamento e iluminação pública no bairro se acelerou e trouxe com ele os primeiros ônibus e carros particulares para a região.

Sensível às oportunidades, que se apresentavam em Campo Belo, o comerciante português Mário Moraes[64] construiu dois conjuntos comerciais nas esquinas das ruas Vieira de Moraes e Estevão Baião. Em uma delas, em 1956, ele inaugurou a Padaria Presidente, hoje Nova Presidente, com entrada na Rua Estevão Baião, 798, para incentivar o desenvolvimento local.

Sobre a citada padaria, construiu um pequeno apartamento onde passou a residir. Em 1960, os dois conjuntos comerciais já estavam ocupados.

De 1955 a 1985, na Rua Vieira de Moraes, 1890, funcionou a Inelca S/A Indústria Eletrônica, montadora dos televisores Silvertone, americanos, vendidos na loja Sears Roebuk. De 1955 a 1965, funcionava na Rua Frei Gaspar, 270 e, hoje ocupado pela empresa Kron de Instrumentos Elétricos.

Seu proprietário, Murilo[65], exportava os produtos para o México, sobretudo os toca-fitas para carro. Seu escritório ficava, na Av. Santo Amaro, 1132.

A *Gazeta de Santo Amaro*, de 25 de janeiro de 1963, publicou na página sete, oferta de vagas na Inelca.

---

64. Entrevistas n.º 2, 75, 54, 50 e 108; Depetris era sócio de Mário Moraes e irmão de Antonio Depetris proprietário da Casa de Calçados Presidente.
65. Entrevista n.º 41; *A Gazeta de Santo Amaro* de 25 de janeiro de 1963, p. 3.

Do final dos anos 40 até os anos 80, a fábrica Titã, de pistões para carros, de Geraldo[66], funcionou na esquina das ruas Zacarias de Góes e João de Souza Dias, 328. Em seu lugar hoje existe o edifício Cap des Arcs. Geraldo era muito querido no bairro, pois além de gerar empregos patrocinava o time juvenil de futebol, Titã de Campo Belo.

A fábrica Arteb[67], de material elétrico, era anterior a essa década, mas desapareceu no final dos anos 50 e dela não obtivemos maiores informações. Ela ocupava a quadra formada pelas ruas Edson, Zacarias de Góes, Benjamin Constant e Piracicaba. Antigos moradores dela se recordam, mas nada sabem sobre ela.

De 1959 a 1975, a família Alves, manteve o armazém dos Alves[68], na esquina das ruas Nhu-Guaçu, 1 e Estevão Baião. José Alves veio de Portugal em 1926 e sua esposa Maria Joaquina Ferreira, em 1938.

Nos anos 50, ajudado por seus filhos adolescentes, João e Francisco, o casal tornou-se conhecido e querido no alto Campo Belo.

Além dos secos e molhados, vendiam leite e pão, cafezinho no balcão e Joaquina vendia seus quitutes deliciosos cujo aroma atraia os fregueses: bolinhos de bacalhau ou de carne, sardinha escabeche e o irresistível pernil fatiado.

Muitos funcionários do Aeroporto de Congonhas encomendavam essas iguarias para serem gulosamente devoradas em casa.

Cansados, em 1975, encerraram suas atividades deixando muitas saudades! No lugar do armazém hoje existe o Palace Pneus.

A concorrência de várias padarias e de alguns supermercados, havia dificultado a vida dos pequenos comerciantes.

Maria Cecília Alves Ferreira, a Cila, filha de José e Maria Joaquina Alves, desde muito jovem trabalhou como cabeleireira no bairro, onde permanece até hoje em suas funções. Trabalhou como funcionária em vários salões como o Alvorada e o Cily, ambos na Rua Vieira de Moraes.

Francisco, Antônio e Manolo Liñares, espanhóis chegados no bairro nos anos 50[69], organizaram um ferro-velho na Rua Nhu-Guaçu, s/n.º, em um terreno baldio. Manolo tinha também uma loja de revenda de carros na Rua Vieira de Moraes.

A família de Pedro Pernas, espanhol, tinha seu chefe trabalhando como mecânico de aviões em Congonhas.

Celestino Martins da Silva[70], português de Aveiro, trabalhou como entregador de pães, durante o período de 1955 a 1995, quando se aposentou.

---

66. Entrevista n.º 68.
67. Idem.
68. Entrevista n.º 75.
69. Entrevista n.º 61.
70. Entrevista n.º 73.

Nas décadas de 40 até os anos 80, havia no bairro, a entrega domiciliar de pães transportados em carroças fechadas, da padaria às residências.

Aurora, esposa de Celestino, também portuguesa de Aveiro, trabalhou em Campo Belo vendendo flores, inicialmente de sua chácara e, depois de outros produtores. Sua freguesia, assim como a de seu marido, era fiel, pois ficara cativa da simpatia do casal.

Nos anos 50, chegaram para ficar as feiras-livres. Ofertando produtos hortifrutigranjeiros, artigos de armazém e armarinhos, flores, roupas, calçados, carnes e peixes, artesanato e pães centralizava a oferta de produtos frescos e econômicos indispensáveis aos moradores do bairro.

Apesar de muito procuradas, algumas feiras tiveram que mudar seus locais de instalação, pelos problemas que involuntariamente criavam.

Antes das feiras, quando as chácaras tinham desaparecido, alguns verdureiros entregavam a domicílio.[71] Nesse contexto destacamos o muito citado "carrinho do turco".

De 1961 a 1990, o Bazar e Papelaria São José[72], dos irmãos José e Maria Andrade, funcionou na Rua João Álvares Soares, 1333. Eles vieram de Moema onde funcionaram, na Av. Moema, 2448, de 19 de março de 1957 a 1961.

Em 1990, o bazar se mudou para a Rua Pascal, 1092; José faleceu em 1989. O bazar fechou em 2005.

Quem estudou na EMEI "Dona Chiquinha Rodrigues", ou mesmo em outras escolas do bairro, nos anos 60 e 70, não se esquece do "Bazar da Maria". A competência aliada à simpatia tornou os irmãos, muito queridos e a pequena loja um ponto de encontro.

Muito material escolar e bolas de gude, foram doados às crianças da favela que ficavam assim, fregueses permanentes.

Muitas folhas de papel de seda coloridas, vendidas no bazar, se transformavam em bandeirinhas e tremulavam no vento frio de junho nas festas juninas das escolas em um tempo que não volta mais.

O Bar e Lanches JB dos irmãos João e Belarmino, foi adquirido pelos irmãos Raimundo e Manoel Delgado Simões, portugueses, na Rua Braz Arzão, 293. Até 1968, os irmãos ali trabalharam para servir os funcionários do Aeroporto de Congonhas e aos moradores e para isso, reformaram e

---

71. Entrevistas n.º 61-62; Principais feiras livres locais: Rua Piracicaba, próxima a Rua Santa Rita até a Rua Barão de Ladário, aos sábados, no período de 1950-1980; na Rua Cristóvão Pereira próxima à Rua Frei Gaspar até a Rua Vieira de Moraes, desde os anos 50 até nossos dias, nas quartas-feiras; na Rua Baronesa de Bela Vista, nas quintas-feiras, dos anos 50 até nossos dias; na Rua Otávio Tarqüínio de Souza, nas quintas-feiras, dos anos 50 até nossos dias; na Rua Conde de Porto Alegre, aos domingos, dos anos 90 até nossos dias.
72. Entrevista n.º 108; Depoimentos dos autores.

modernizaram a casa de lanches. De 1968 até hoje, sob nova administração o bar, tem enfrentado a crise da concorrência de um comércio sofisticado, no bairro.[73]

De 1950 a 1980, a Casa de Frios Lucullus, que tinha grande freguesia, situava-se na Rua Vieira de Moraes, 566 e se tornou conhecida por seus pães pretos deliciosos, mostarda alemã, sementes de papoula, chucrute e bons vinhos. No mesmo lugar, hoje existe uma farmácia de manipulação.[74]

Vizinha à casa de frios citada, no número 573, ficava a Bomboniere Sönksen[75] famosa por seus tradicionais chocolates caseiros. Ela fechou no final dos anos 80.

Na década de 50, eram indispensáveis as tinturarias, que tratavam com métodos especiais, os ternos, os pesados agasalhos e as roupas de festas. Nesse contexto, destacamos a Tinturaria Campo Belo[76]. Em 1951, situada na Rua Edson, 1456, a tinturaria de Teruo Taoda ali funcionou até 1968.

Em 1959, Teruo se casou com Amélia Tomie e em 1968, o casal mudou-se para a Rua Vieira de Moraes, 1434, onde trabalharam até 1999.

Feliz, bem sucedido, Teruo se recordou do bairro tranqüilo e cheio de mato que ele conhecera e sendo original de Iroshima, suspirou aliviado, por ter se fixado no Brasil. Viera para cá antes da guerra.

Sua casa pertencera a Carlos Egger que nela trabalhara provisoriamente com sua fábrica Ceralite, após o incêndio dos anos 50, já citado.

Tendo se destacado muito nos anos 40, um pequeno bar de Campo Belo chegou ao século XXI e tem uma longa história de vida

No final dos anos 20, do século passado, muitos armênios deixaram a pátria fugindo do conflito entre seu povo e o povo turco. Alguns se fixaram no Brasil.

Nesse contexto algumas famílias se fixaram em Campo Belo conforme já mencionado no capítulo relativo a ocupação humana do espaço campobelense. Entre elas, a família Chadalakicus que, como resultado de muito trabalho, adquiriu uma quadra, no bairro em estudo, compreendida entre as ruas Edson, Vicente Leporace, Cristóvão Pereira e Gabriele D'Annunzio.

Na esquina, formada pelas ruas Edson e Vicente Leporace, a família construiu sua residência, esta situada sobre um bar da família. Mais tarde, foram construídos quatro sobrados para os filhos e o restante da quadra foi vendido. As casas eram contíguas ao bar.

---

73. Entrevista n.º 46; Pesquisa de campo feita dos anos 60-90.
74. Entrevistas n.º 90, 109; Folheto publicitário *The Best of Campo Belo*. São Paulo, 1987.
75. Folheto acima citado; *Jornal do Brooklin* de 9 de março de 1975, p. 11.
76. Entrevista n.º 88.

Nos anos 30, muito conhecido, o bar era chamado de Bar do Chachi. Possivelmente uma corruptela do nome familiar dos Chadalakicu. No final dos anos 40, o bar foi alugado a um espanhol, mas continuou conhecido com o antigo nome. Era ponto de encontro dos homens do bairro que lá iam jogar cartas, dominó, conversar, ouvir futebol e... tomar cerveja ou aperetivos.

Em 1959, o português Joaquim Gonçalves comprou o bar e com ele ficou até 1969. Era o Bar do Português. A clientela fiel ali permaneceu com os mesmos hábitos.

Em 1969 até 1999, o bar foi administrado por novo comprador. Era o português Jaime da Silva Gomes Tomás. Tornou-se o Bar do Jaime e tudo permaneceu como antes.

Quando o século XX terminava, aquele bar com tanta história vivida, foi transformado no Bar Leporace, o bar da esquina. Reformado, com ares dos anos 40, recebe agora, no século XXI, uma clientela diferente e sofisticada. Casais, grupos de amigos, de idades variadas ali se reúnem e se divertem de forma requintada. O bairro mudou seu perfil e o bar o acompanhou.[77]

Nos anos 40, na esquina das ruas Paiaguás, 129 e Casemiro de Abreu, um pequeno bar, chamado Bar da Joana, de João Luckmaer, servia café, bebidas e petiscos.

Em 1955, chegava em Campo Belo a família Silva; portuguesa, esta comprou o Bar da Joana, que se tornou então, o Bar do Afonso.[78]

Afonso Silva e Júlia Fetal Silva, com seus quatro filhos, Celeste, Sofia, Manoel Afonso e Maria Olívia, passaram a residir na casa contígua ao bar, na Rua Paiaguás, 137.

Após à morte de Afonso, a família alugou aos pedicuros Júlio e Áurea, as dependências do bar. Os pedicuros ali trabalharam de 1983 a 1999. Nesse ano, Manoel Afonso e sua esposa Helena Júlia Heringer Silva ali abriram o Pet Shop Campo Belo. Em 2002, Afonso vendeu o estabelecimento e então voltou a funcionar um novo bar naquele local.

Renan, Luís, Pedro Afonso, Manoela Helena e Jéssica Cristina, netos de Manoel Afonso e Helena Júlia, são a quarta geração dos Silva em Campo Belo. O citado casal, foi mencionado quando tratamos da fábrica Duplex.

Manoel Afonso e Júlia Helena, residentes na Rua Sampaio de Barros, 45, adquiriram seu imóvel no final dos anos 50, comprado este da senhora Blume, alemã. Documentos citam que em 1952, a 8 de fevereiro falecera, na Rua Nhu-Guaçu, 46 Margareth Anna Blume, nascida em Berlim, em 1980. Parece se tratar da proprietária da residência do casal Silva.[78]

---
77. Entrevistas n.º 52 e 76.
78. Entrevistas acima citadas; Foto dos anos 50 do Bar da Joana.

É dessa época a Panificadora Lago Azul, situada na esquina da Rua Vieira de Moraes e Av. Vereador José Diniz, a qual já fizemos referência.[79]

Na Rua Pirassununga, 394, funcionou a Barbearia de Lázaro Silva Araújo, que a 16 de junho de 1950, se aposentava após trinta anos de trabalho.[80]

Na esquina das ruas Rui Barbosa e Pedro II, situava-se a farmácia Campo Belo.[81]

José Sanchez Lopez veio para o Brasil em 1903, com apenas um ano de idade. Ele engatinhava no convés do navio sob o olhar de seus pais Fernando Lopez e esposa. Fazendo parte das famílias espanholas, que se fixaram em Campo Belo, nos anos 50, José, quando adulto, mudou-se para o citado bairro vindo da Moóca. Já casado com Encarnacion Fernandez, passou a residir na Rua Machado de Assis, 1459 em um confortável sobrado, típico dos anos 50, onde nasceram seus filhos Fernando, Armando e Lourdes.

Para os filhos já adultos, José comprou três sobrados recém-construídos, dois situados na Rua Casemiro de Abreu e um na Rua Paiaguás.

José era marceneiro e tinha em sua casa a oficina de trabalho, calmo, habilidoso, tornou-se amigo de vizinhos e fregueses. Já idoso, José fez os berços para seus bisnetos.

Entre os trabalhos que o citado profissional elaborou com esmero, destacamos a cabana, a manjedoura e o monjolo que completavam um bonito presépio, cuja montagem anual tornou-se tradição familiar mantida até hoje por sua filha Lourdes.

Falecendo na década de 80, deixou, além dos filhos, sete netos e dez bisnetos. A 28 de dezembro de 2002, a família comemorou saudosa os cem anos do falecido pai.[81]

Os Grandeza, em 1959, com Adolpho, Nair e o filho Luiz abriram em Campo Belo uma mercearia situada na esquina das ruas Conde de Porto Alegre e João de Souza Dias. O edifício datava de 1934 e já pertencera a outro comerciante. Luiz, casado com Irene Maria Gravato Dias de Oliveira, ocupou o lugar de seus pais, no estabelecimento após a morte de seu pai.

Em 1962, já casado, Luiz e Irene venderam o estabelecimento e abriram um ponto comercial menor na Rua Conde de Porto Alegre, 1178, cujo nome era Mercearia G e Cia. Ltda. No ano de 2004, o casal encerrou suas atividades como comerciantes no bairro.

A família Sommer era proprietária da Casa de Frios Luculus. Leonardo Hautzinger, padeiro austríaco, da Rua Conde de Porto Alegre, que fabricava um delicioso pão preto, entregue por ele a domicílio. Com o auxílio de uma

---

79. Entrevistas n.º 6 e 108.
80. Papéis sem verificação - CMSA, Caixa 16 A. Documento de 31 de maio de 1950.
81. Entrevista n.º 49; Depoimentos de vários moradores de Campo Belo de 1950.

carroça, puxada por um burro, diariamente, ele atendia a grande freguesia. Certo dia o animal sumiu e seus fregueses ajudaram Leonardo a procurá-lo para que não ficassem sem os pães tão apreciados.

O senhor Kern, exímio pintor de residências, muito requisitado, era morador da Rua Rui Barbosa. A família Zweivel, proprietária da Fiação Indiana, que se situava onde hoje existe o Shopping Ibirapuera. Era suíça. Oscar Schmidt, mecânico da Varig, era casado com Rita, filha de Robert Volkmer, que como seu irmão Werner eram litógrafos vindos da Alemanha. O senhor Birmoser, austríaco, era operário da Fiação Indiana e residente na Rua Rui Barbosa. A família Bolm, proprietária de uma fábrica de botões de baquelite, em sua casa, situada na esquina das ruas Moraes de Barros e Barão do Triunfo. Junto ao Kolping residia o dentista Dr. Rosien. Perto dele, residia o veterinário Herling. O senhor Hölker, dono de uma transportadora para pequenos móveis e utensílios. Ele residia na esquina das ruas Vieira de Moraes e Prudente de Moraes. Seu quintal fazia divisa com a Rua Tegereba, onde hoje se situa o Restaurante Choppizza. O senhor Goldenberg, operário da fábrica Antártica de cervejas e refrigerantes. Ele residia na Rua Vieira de Moraes e era pai de Nelly Goldenberg, casada com o senhor Berle. O mestre construtor Wagenbredt. O alto funcionário da fábrica de brinquedos Estrela, que se chamava Böhrer e residia na Rua Piracicaba. O gerente da Casa Alemã, situada no centro desta capital e que se chamava Heydenreich. A família Übele, possível proprietária de uma indústria têxtil na Rua Conde de Porto Alegre, onde se situa hoje o Shopping Campo Belo. O senhor Schnabel, conhecido como "Pumpe Schnabel". Ele fabricava bombas manuais para poços e residia na Rua Cristóvão Pereira.

O marceneiro Zwecker, o mestre construtor alemão Knortz, o casal Semenoff dono de um armazém situado na esquina das ruas Vieira de Moraes e Barão de Jaceguai, onde hoje se situa uma dependência da doceira Sweet Cake. Os Semenoff venderam o imóvel para os Latorre.

O serviço bancário em Campo Belo

O bairro de Campo Belo conta hoje com uma rede bancária que até os anos 50 inexistia. Os moradores se serviam de agências que se localizavam no Aeroporto de Congonhas, no Brooklin, em Moema ou Santo Amaro.

A multiplicação das agências hoje existentes revela o crescimento populacional e maior poder aquisitivo dos moradores da região.

Segue a relação da rede bancária e agências do bairro.

ASPECTOS GERAIS DA ECONOMIA

Bank Boston, Av. Vereador José Diniz, 3707; Banespa, Rua Vieira de Moraes, 784/788 e Av. Washington Luiz, s/n.º; BBV, Rua Vieira de Moraes, 753; BCN, Rua Barão do Triunfo, 511; Bradesco, Av Vereador José Diniz, 3575 e Av. Santo Amaro, 4584; Banco do Brasil, Rua Vieira de Moraes, 420; Caixa Econômica Federal, Rua Barão do Triunfo, 491 e Rua Vieira de Moraes, 900; Itaú, Av. Vereador José Diniz, 3346 e Vieira de Moraes, 1988; Real, Rua Vieira de Moraes, 888; Santander, Rua Vieira de Moraes, 558; Sudameris, Rua Vieira de Moraes, 612/ 618 e Unibanco, Av Vereador José Diniz, 3580.

Anos 60 (1960-1969)

Para o Brasil e para o mundo a década de sessenta foi conturbada e exigiu mudanças. Campo Belo, nessa época, acompanhou as mudanças e cresceu.

De 17 de outubro de 1960 a julho de 1999 funcionou na Rua Vieira de Moraes, 1679 a Casa de Calçados Presidente, cujo proprietário era Antonio Depetris. O estabelecimento era a parte do conjunto comercial de Mário Moraes e ficava na esquina oposta àquela onde se situava a Padaria Presidente.

A 1.º de agosto de 1978, Sílvia Regina, filha de Antonio Depetris, passara a ajudar ao pai idoso e cansado.

Antonio, competente e simpático tinha uma grande freguesia, que se tornara amiga. Seus calçados, sempre excelentes, tinham, além da qualidade, beleza e durabilidade. Ele conhecia bem o gosto de cada freguês.

Antigo no bairro foi ele primeiro a relatar a construção daquele complexo comercial e a chegada dos comerciantes, nos anos 50, na Rua Vieira de Moraes, ainda sem calçamento.[82]

No ano de 1961, chegaram seus vizinhos ocupando os edifícios destinados ao comércio: o tapeceiro Carlos; o casal Antonio e Alice Ramos quitandeiros; a cabeleireira Luisa e o açougueiro Afonso Moraes.

Em 1965, chegava a oficina mecânica de Sérgio Kima, hoje situado na Rua Vieira de Moraes, 1008. Abria na esquina uma farmácia, hoje conhecida como Farmax. Também nesse ano chegavam João Ambrosano, alfaiate, hoje na Rua Vieira de Moraes, 1655.

No final dos anos 60, chegavam Matsuda e sua filha Maria, no ramos de papelaria, que funcionou até os anos 90, com outros proprietários. Também chegou Elísio Cabral, dono de uma sapataria e cujo filho, permanece até os dias de hoje exercendo o mesmo ofício do pai, na Rua Vieira de Moraes, 1663.[83]

---

82. Entrevista n.º 53.
83. Idem.

Na parte superior das lojas citadas, diversos locatários se sucederam, desempenhando ocupações variadas: escola de artes marciais; escritórios; residências, etc...

Também nessa década, foram abertas: Casa Paschoal e Bazar Crivelli, na Rua Vieira de Moraes, 557, que fechou no final dos anos 90; a Floricultura Frey, de alemães, na mesma rua, no número 832; a boate e bar Waikiki, no n.º 805. Hoje ali se situa o Restaurante e Pizzaria Choppizza. Conforme muitos depoimentos, o proprietário era Augusto Shuette.

Ainda nessa década, na Rua Pirassununga, o casal português Augusto e Lídia Amaral, abriu um armazém de secos e molhados. Ali hoje se situa, um bar especializado em Apfelstrudel.

No mesmo período, na Rua Conde de Porto Alegre, 1906 o casal búlgaro Leonardo e Elisa Singer tornou-se conhecido por seus deliciosos pães pretos caseiros. Da residência do casal, atualmente, foi retirada a grande chaminé, que no passado pertencia à cozinha onde fabricavam seus pães. Em uma pequena carroça, eles faziam a entrega de seus produtos a domicílio.[84]

Dos anos 60, a Lanchonete Banza já teve vários proprietários.

Banza significa guitarra portuguesa, semelhante ao instrumento africano, de igual nome. É usado na linguagem popular; esse instrumento era na época, o ícone da juventude, o que perdurou até o final dos anos 80. Os jovens dos anos 60 aos 80, buscavam paz, amor e liberdade e isso, expresso em música, rasgava o ar através dos sons emitidos pelas guitarras, acompanhadas pelo canto de verdadeiros "hinos", que marcaram a mencionada época.

Estampada no cardápio da lanchonete, o instrumento, traduzia a cumplicidade entre a juventude e aquele ambiente acolhedor. Pendurada no neon externo que indicava o nome da lanchonete, a guitarra, mais uma vez, atraía os jovens em geral residentes no bairro e alunos das escolas próximas. O pequeno espaço vivia cheio e era o ponto de encontro favorito, hoje lembrado com saudades por muitos adultos que na juventude eram seus freqüentadores. Destes, alguns ainda lá vão saborear o requintado beirute 747.

Situada na Rua Vieira de Moraes, 1079 foi merecedora de um artigo da *Folha de S. Paulo* de 26 de julho de 1985, com um texto de Germano Augusto, cujo título era: "Banza Hambúrger: encontro jovem em Campo Belo", o texto dizia:

> "Houve um tempo em que a febre das lanchonetes funcionava numa espécie de concorrência, e a juventude brasileira, sempre optou por esse gênero de casas com serviço americanizado, para lanches e pratos rápidos.

---

84. Entrevista n.º 109.

Hoje, os pontos de hambúrgueres da cidade, ganharam a sua posição e os encontros acolhedores. Um exemplo é o Banza Hamburguer, endereço dos mais procurados em S. Paulo, na Rua Vieira de Moraes, 1079, pela juventude local. E, longe de ser uma casa sofisticada, o que impera é o seu clima de maior descontração, onde todos se sentem em casa, muito a vontade. O seu serviço é o tradicional, mas o que difere das outras casas, são seus saborosos e solicitados sanduíches, e o mais importante: preços sem concorrência.

Entre as muitas opções, a sugestão está para o sanduíche no prato (ele vem duplo, muito bem servido), como é o caso do Cheese Filé Egge Bacon (dois filés, dois ovos, muito queijo e bacon), por CR$ 11,000.

Com preços mais acessíveis ainda é a sua completa linha de hambúrgueres e beirutes, que figuram como opções a mais e especiais, destacando 747 (filé mignon, queijo, presunto, bacon, ovo, tomate, alface, atum, maionese, cebolas servido no pão sírio), por apenas CR$ 9,000. Mas, se os sanduíches ficarem para outra oportunidade, o Banza, também sugere seus pratos rápidos a base de filé, lombo, saladas e maioneses; também solicitado, é o prato da casa (exclusivo do almoço, ao preço de CR$ 11,000). Tudo isso sem falar do famoso Chopp Antártica, dos sucos naturais, vitaminados e outros drinques, e o cardápio variado de petiscos e sobremesas diversas. O Banza hambúrguer não folga, abre as 10h da manhã, permanecendo aberto a noite até o último cliente. Nos finais de semana, até as cinco da manhã. Um detalhe: se você reside na redondeza, é só ligar que o Banza entrega em sua casa, sanduíches e pratos de sua preferência."

Nos anos 90, a lanchonete foi tema de uma reportagem da Revista Veja, em sua coluna "onde comer bem em São Paulo"; o repórter elogiou o 747 que foi por ele devorado.

Redescobrindo o que o bairro tem de bom, poder-se-á manter a tradição de bem servir à comunidade.[85]

Na década em estudo, temos também: o Bar da Heloisa, do espanhol Rufo; a Auto-Escola Holywood, de Braz Briganti, ambos situados na Rua Vieira de Moraes.

O Salão do Adelmo, na Rua Ibituruna, 1652. Neste salão, de 1962 a 1987, trabalhou Juan Pont Sanchez, cujo apelido é "Lobão". Este, embora não residindo no bairro, nele trabalha há quarenta anos. Competente, simpático e comunicativo, nos deu depoimentos valiosos, pois conhece muita gente e muitos fatos relativos a Campo Belo.

Juan nasceu a 4 de março de 1945, em Barcelona, na Espanha.

---

85. Entrevistas n.º 99, 127, 128 e 129; Depoimento dos autores; *Folha de S. Paulo* de 26 de julho de 1985, texto Germano Augusto, "Banza Hambúrguer: encontro jovem em Campo Belo". Revista *Veja* de 10 de setembro de 1999; Folheto *The Best of Campo Belo*, p. 15, agosto de 1987.

Em 1952, seus pais José Pont Biosca e Francisca Sanches Martinez de Pont, acompanhados de Juan e seus irmãos José Maria, o mais velho, e Salvador, gêmeo de Juan, vieram para o Brasil e se fixaram na Liberdade em São Paulo. A guerra civil espanhola dificultara a vida no país.

José era mecânico da aviação espanhola e ex-combatente na Guerra Civil que forçara Francisca e sua família a se refugiarem na França. Após a guerra, de volta a Barcelona, ela e José se casaram.

Juan, cuja vocação para se tornar oficial barbeiro se revelara muito cedo, aos dezessete anos, no Brasil, iniciou sua carreira.

O quadro que se segue, registra sua trajetória nos seguintes salões:
1959-1961 - No Salão de Antonio Maia Albino, em Santo Amaro.
1961-1962 - No Salão de Laurindo José de Oliveira, em Santo Amaro.
1962-1987 - No Salão de Adelmo e Ana Salles, em Campo Belo.
1988-1991 - No Salão de Angela, em Campo Belo.
1991-2002 - No Salão de Sivaldo Santos, em Campo Belo.

A 20 de março de 1960, Juan se casara com Ana Amélia Augusta. O casal teve três filhas, Ângela, Andréa e Ana e seis netos. Temos assim, as terceira e quarta gerações dos Pont no Brasil.

Foi Adelmo, que deu a Juan o apelido de "Lobão" que o tornou conhecido. Adelmo percebera que Juan, rápido no corte de cabelos, era sempre procurado pelos "cabeludos". Muito jovem e esperto, Juan trata de atendê-los depressa para então atender aqueles, que lhe dariam menor trabalho, os carecas. Foi então que Adelmo brincando lhe disse: "Você é mesmo um lobão! Trata de se livrar logo das galinhas cheias de pena, para saborear tranqüilamente as uvas lisinhas que o estão esperando". As galinhas eram os cabeludos e as uvas, os carecas. Todos riram e o apelido ficou.

Também marcaram a vida de Juan os seguintes fatos:

Em 1977, em São Paulo capital, participou do Seminário sobre Higiene e Beleza promovido pelo Senac.

Em 2001, em São Paulo capital, com média 77,30, obteve o primeiro lugar no concurso público para oficiais de barbeiro no Hospital do Servidor Público.

Em 2002, foi alvo de uma reportagem do Jornal *Diário de São Paulo* de 5 de março de 2002, p. 4, em texto do repórter Giovane Barreto, por ocasião de seu aniversário e da comemoração dos 40 anos de trabalho em Campo Belo.[86]

---

86. Entrevista n.º 49, 53; Registro Civil de Casamento; Carteira de Trabalho; Matrícula no Sindicato dos Oficiais Barbeiros, Cabeleireiros e similares; Fotos da família desembarcando no Brasil todos de Juan Pont Sanches; *Diário Oficial do Município de São Paulo* de 26 de fevereiro de 2002, n.º 47; Jornal *Diário de S. Paulo* de 5 de março de 2002, p. A-4.

Bancas de jornal

Em Campo Belo, modernizadas, existem 22 bancas de jornal espalhadas em pontos estratégicos. São elas:
Na Rua Vieira de Moraes, esquina das ruas: Barão do Triunfo — Banca Campo Belo I (Sandra e Juarez Luis da Silva).
Antônio de Macedo Soares — Banca do Nelson (Nelson).
Itumbiara — Banca do Marcão (Marcos).
Gil Eanes — Banca e Revistaria, 135 (Luiz dos Santos Machado).
Av. Vereador José Diniz — Banca Vieira de Moraes (Sérgio). Pioneira no bairro, pertenceu a Raimundo Pereira Cunha e se chamava primitivamente, Banca Piraquara, nome da parada dos bondes que, já desde os anos 20, traziam os jornais para os assinantes e nos anos 50 para as bancas.
Na Rua Vieira de Moraes, 1110 — Banca News Revistas (Mário e Odete).
Na Barão de Jaceguai — Banca Jaceguai (Raimundo Pereira Cunha), veterano, comunicativo e muito conhecido, é ex-proprietário da mais antiga banca do bairro, a banca Piraquara, atual banca Vieira de Moraes.
Na Rua Antonio de Macedo Soares, 1102, dentro de um centro comercial — Banca e Revistaria Campo Belo (José Roberto).
Na esquina das ruas Otávio Tarqüínio de Souza e Conde de Porto Alegre — Banca do Elias (Elias Conceição).
Na esquina das ruas Otávio Tarqüínio de Souza com Barão de Rego Barros — Banca Congonhas.
Na esquina das ruas Conde de Porto Alegre e Edson — Banca Colonial (Antonio Pinto e Lucas), desde 1986.
Na Rua Dr. Jesuíno Maciel — Banca Campo Belo II (Sandra), na esquina da Constantino de Souza.
Na Av. Vereador José Diniz — Banca Vieira.
Na esquina das ruas João de Souza Dias com República do Iraque — Banca Carina, desde os anos 60.
Na esquina das ruas República do Iraque e Gabriele D'Annunzio — Banca República do Iraque.
Na esquina das ruas Estevão Baião e Vieira de Moraes - Banca Presidente, desde os anos 60.
Na Av. Água Espraiada — Banca Princesa Isabel.
Na esquina das ruas Barão de Goiânia e Av. Ruben Berta — Banca JBM (João Batista Moraes, sua esposa Inácia e seu filho Lincon).
Na Av. Santo Amaro, 3493, no páteo do hortifruti — Banca Mota (Paulo César).

Na Praça Pastor Stremme — Banca da Praça.

Na esquina das ruas Estevão Baião e Sampaio de Barros, existiu, dos anos 50 aos 80, a pequena banca de Walter Isliker Pátria.

No interior do Hipermercado Hiper Extra Aeroporto, na tabacaria Turnabout — Banca e Revistaria de mesmo nome (Lilian).

Para um bairro de pequenas dimensões, cremos ser elevado este número de bancas. Elas indicam, de certo modo, o grau de instrução e poder aquisitivo de seus moradores.

Fonte consultada
Entrevistas n.ºs 133-4 (pesquisa de campo)

Táxis em Campo Belo

Nos séculos anteriores ao século XX, carros tracionados por animais, transportavam seus proprietários ou locatários pelas estradas e ruas de São Paulo. No século XX, em sua primeira metade, os automóveis, todos importados, eram ainda em número reduzido. Havia poucos proprietários, e estes tinham na placa de seus veículos a letra "P" maiúscula e em forma ao lado esquerdo do número. A inicial indicava que o automóvel era particular. Já os carros conhecidos como de aluguel, serviam àqueles que, por razões diversas, não dispunham de condução própria. Estes traziam a letra "A" maiúscula e de forma que indicava aluguel e o percurso era combinado entre o passageiro e o motorista, e o preço da 'corrida' tratado previamente, dependeria da distância a ser percorrida.

Na Europa, desde os anos 40, os carros aqui chamados de aluguel, dispunham de uma pequena máquina chamada "taxímétrè". Desta se originou, em sua forma reduzida a palavra "táxi", que passou a designar os mencionados veículos. Tal máquina registrava a quilometragem e o valor a ser pago pela corrida.

Em Campo Belo, após a construção e o crescimento do Aeroporto de Congonhas, surgiram os primeiros táxis, no final dos anos 40, para atender aos viajantes.

Em Campo Belo, os veículos designados como táxi, passaram a circular a partir dos anos 50 e criaram os chamados pontos de táxi, que com o passar do tempo se multiplicaram. Distinguimos e situamos os mais antigos e conhecidos pontos de táxi dentro do bairro:

Ponto Triunfo, na Rua Barão do Triunfo, 550; Ponto Blue Car, na Rua Vieira de Moraes, 1258; Ponto Constantino, na Rua Constantino de Souza, na esquina da Rua Vieira de Moraes; Ponto Demóstenes, na Rua

Demóstenes s/n.º; Ponto Invernada, na Av. Invernada, na esquina da Rua Sapoti, s/n.º; Ponto 646, na Rua Moraes de Barros, 868; Ponto Baronesa, na Rua Baronesa de Bela Vista, 515; Ponto Vieira de Moraes, na rua de mesmo nome, esquina da Antonio Macedo Soares e Ponto Campo Belo, na Rua João Álvares Soares, esquina com a Rua Vieira de Moraes.

Alguns pontos livres, não classificados, vem se formando junto a pontos estratégicos, como praças, supermercados, clínicas e edifícios de alto padrão.

Obtivemos uma entrevista com um dos mais antigos taxistas dos bairros do Brooklin Paulista e que desde os anos 60, trabalha também no Campo Belo. Humberto Valente, filho de italianos, cujos pais chegaram em 1904 no Brasil, é o taxista aqui mencionado. Há 74 anos residindo no Brooklin e trabalhando nos bairros vizinhos, ele acompanhou de perto o desenvolvimento da região.

Em 1948, Humberto, ainda muito jovem, tornou-se motorista do ônibus escolar do Colégio Beatíssima Virgem, no Brooklin. Seus passageiros moravam nos bairros próximos e alguns vinham do Itaim e dos Jardins.

Mais tarde, Humberto passou a dirigir os ônibus de viagem de uma frota pertencente a seu irmão Marcos Valente.

Cheio de lembranças o comunicativo entrevistado, lembrou-se de vários motorneiros e condutores dos saudosos bondes que uniam São Paulo a Santo Amaro e com os quais batia bons "papos". Citou Pedro, como um dos mais antigos e comunicativos e que se distinguia por parar fora dos pontos oficiais para ajudar os seus fregueses a descer próximos de suas casas, não enfrentando a escuridão das ruas mal abertas.

Conheceu a loja Aleotti muito antiga na Rua Joaquim Nabuco e uma antiga boite, "Moulin Rouge", semelhante a sua homônima parisiense e que se situava na Av. Washington Luiz. Entre suas lembranças, citou o seu primeiro carro, um Aero Willys 1961, cor bege e dele se recordou saudoso.

Desde 1964, como taxista, Humberto passou a circular em Campo Belo, mas desde os anos 40 era amigo dos taxistas mais antigos da região, entre eles citou Guerino Campagnoli, cujo ponto ficava em frente a loja Aleotti. Mencionou também, o colega Flocco, cujo ponto ficava em frente ao atual Banco Bradesco Colonial, na Rua Joaquim Nabuco. Igualmente conheceu, Ferrucio, cujo ponto ficava na atual Rua Demóstenes e José Pereira, conhecido como "Zé Pereira", cujo ponto ficava em frente à atual agência do Banco do Brasil, na esquina da Av. Vereador José Diniz com a Vieira de Moraes.

José Pereira é tio de sua esposa, Norma Pereira Valente e eles têm dois filhos: Humberto Valente Júnior que é pai de seus netos Renato e Marília e pai de Suely, mãe de seus netos Marcelo e Rodrigo.

Quando alguém no passado dizia: "Ei táxi!" estaria bem atendido se o taxista fosse Humberto Valente.

Alberto Pellegrini, taxista e amigo de Humberto, em seus depoimentos citou o futebol em Campo Belo, no passado.

Fontes consultadas
Entrevistas n.º 160 e 168.

Em 1953 chegavam ao Brasil, Ricardo Fonseca Peixoto e Maria Tereza F. Peixoto, ele vindo do Minho, ela vinda de Trás-os-Montes, Portugal. Casaram-se em 1964 e tiveram duas filhas, Maria Júlia e Maria Izilda.

Ricardo tivera o Restaurante Coelho, na Praça da Árvore, no bairro da Saúde e residira na Cidade Vargas.

Desapropriado pelo Metrô, mudaram-se em 1969 para Campo Belo, onde abriu um armazém de secos e molhados que funcionou até 1977 quando, todo reformado, tornou-se o Restaurante Parada. Neste, trabalham há 28 anos, Fidélis e José Maria que hoje fazem parte da história local.

Ricardo e seus auxiliares, simpáticos, comunicativos e competentes, tornaram-se conhecidos no bairro, onde fizeram muitos amigos. Tereza foi o braço direito do marido Responsável pela cozinha, de pratos saborosos, ela ainda cuidava da casa e da família.

O armazém, durante quase dez anos, supriu as necessidades dos moradores do alto Campo Belo. Já servia então alguns pratos no balcão e mesas, onde se destacava a suculenta feijoada. O restaurante ampliou a freguesia que era formada por aeroviários, vizinhos, profissionais que trabalhavam no comércio local e sobretudo os funcionários, numerosos, do Supermercado Pão de Açúcar Jumbo Aeroporto.

Com mais de trinta anos residindo no bairro e servindo à comunidade, a família Fonseca Peixoto faz parte da leva de portugueses que chegaram no Brasil nos anos 50 e faz parte da história economia do bairro.

Muito solícita a família, entre os muitos amigos que fez, dedicou-se com carinho a Maria Salgueiro Napolitano, já descrita por nós em texto relativo ao natal no bairro. As meninas Maria Júlia e Maria Izilda a tratavam como "avozinha", amada por elas como aquelas avós de histórias infantis. Ao se retirar para um pensionato de idosos, Maria deixou para as "netinhas" sua árvore de natal com todos os enfeites. Há mais de vinte anos as moças armam e enfeitam a árvore que para a família tem um valor especial. Eu a vi e me emocionei, saudosa.

ASPECTOS GERAIS DA ECONOMIA

Em 2001 o casal Ricardo e Tereza, cansados por tantos anos de trabalho, venderam o restaurante que construíram com sacrifício e amor. Não quiseram fechar-lhe as portas.

Conforme depoimento, soubemos que o pequeno armazém dos Fonseca Peixoto, teve outro proprietário antes de Ricardo, mais ou menos do final dos anos 50 até 1969.

O Restaurante Parada, que era especialista em pratos com bacalhau, situa-se na Rua Estevão Baião, 600, em Campo Belo; agora não tem mais pratos portugueses como referência.

Fonte consultada
Entrevista n.º 155

Anos 70 (1970 - 1979)

A 1.º de fevereiro de 1971, a inauguração da Casa Tenfer de material de construção, na Rua Vieira de Moraes, 840, marcava o início dos anos 70, com o estabelecimento comercial que vinha para ficar.

Seus proprietários, Adelino Retamero, Cesare Damião e Francesco Damiano, de origem italiana, cuidando com competência de sua loja, viram-na progredir ao atender bem a comunidade. Nos anos 70, vendeu muito pedregulho para que se preparassem os leitos das ruas do bairro, que seriam ainda calçadas. Depois, com a verticalização crescente em Campo Belo, tornou-se fornecedora dos condomínios em construção e daqueles que necessitassem reformas. Cresceu tanto, que já possui uma segunda loja no cruzamento da Av. Santo Amaro, 2661, com a Av. dos Bandeirantes. Coube ao mais antigo funcionário da loja, Rubens Sebastião Barbosa, nos fornecer os informes históricos de um estabelecimento que modernizado e ampliado, acompanhou o crescimento do bairro.[87]

Na década em estudo, chegaram os supermercados que centralizando num único lugar, uma grande variedade de produtos, viria, lentamente, a matar alguns pontos de comércio antigos no bairro.

Na Rua Veira de Moraes, 1636, onde hoje se situa a Central de Pneus Ltda. foi aberto o pioneiro supermercado da Rede Barateiro de Supermercados S/A. Timidamente foi crescendo, até ter que se mudar para um espaço maior em um edifício próprio, na Rua Vieira de Moraes, 1597, onde permanece até hoje.[88]

---

87. Entrevista n.º 132; *Jornal do Campo Belo etc & tal* de 10 de agosto de 2000.
88. Entrevista n.º 64.

Logo depois, chegou o supermercado Pão de Açúcar Jumbo Aeroporto, cuja história está registrada em um capítulo especial.

É também dos anos 70, a chegada das primeiras lavanderias, cuja a ajuda valiosa, àquelas pessoas que não dispunham de tempo ou espaço para cuidar de suas roupas em casa.

Nos anos 70, chegavam os caminhões de lixo com seus ruidosos trituradores, e sacos plásticos vinham substituir as antigas latas de lixo. Este fato marcava o progresso e demonstrava que o consumo no bairro crescera muito, pois com os condomínios, a população aumentara e com ela os resíduos urbanos.

Em capítulo especial tratamos de uma confeitaria que se tornou famosa e que se situa na Rua Vieira de Moraes, 837: A Confeitaria Christina, que teve por proprietário e fundador, um mestre confeiteiro.

Em 1975, na Rua Vieira de Moraes, 1235 foi aberto o supermercado Campo Belo S/A, hoje transformado em Pão de Açúcar Supermercados S/A.

No início da década, na Vieira de Moraes, 2170 foi aberta a Pizzaria Aeroporto, que se tornou famosa, pela qualidade de suas pizzas e pelo bom atendimento em seu salão. Por mais de trinta anos serviu a comunidade e foi alvo de várias reportagens.

Merece destaque a fábrica e loja de toldos de lona Scorzato, situada na Rua Vieira de Moraes, 963. Essa tecelagem existe desde 1879, quando a família Scorzato, vinda da Itália, se estabeleceu na Rua Boa Vista, em São Paulo capital, como pioneira no ramo nesta capital. Seu proprietário Giovane Scorzato viera de Pádua, na Itália e se distinguiu como fornecedor de lona, para a fábrica inglesa Alpargatas, cujo proprietário se encantara com a qualidade dos produtos oferecidos pelos Scorzato.

Ângelo Scorzato, filho de Giovane, deu continuidade aos trabalhos paternos e passou a produzir toldos para cobertura de carros e caminhões, para dependências externas de casas e outras construções, guarda-sóis de praia, coberturas para cadeiras de praia, almofadas, passadeiras e muitas outras aplicações.

A 17 de abril de 1971, a empresa mudou-se para Campo Belo, onde permanece até hoje, sob os cuidados de Ângelo, Dario e Antonio Rubens, filhos de Giovane Scorzato, agora ajudados pelos netos de Giovane.

Dario é barítono e já participou brilhantemente de muitos eventos culturais. Comunicativo, foi responsável pelos depoimentos que registraram a saga familiar.

Na parede da loja dos Scorzato, uma sugestiva foto de 1908, exibe o avô e o pai de Dario junto dos funcionários da primeira fábrica da família no Brasil.[89]

---

89. Entrevista n.º 113.

Na Rua Vieira de Moraes, 1668 situa-se sob nova direção, a Panificadora Nova Presidente inaugurada em julho de 1972, tendo como proprietários os sócios Antonio Assis, Antonio Ramos e Alfredo Depetris.[90]

A 10 de maio de 1972, na Av. Washington Luiz, foi inaugurado em uma área construída de 22.000 m², o Supermercado Pão de Açúcar Jumbo Aeroporto de Valentim dos Santos Diniz.[91]

A Papelaria e Livraria Real, na esquina das ruas Dr. Jesuíno Maciel, 951, com a Conde de Porto Alegre, foi inaugurada em 1972, com trinta anos no bairro, sempre se modernizando, atende a clientela crescente residente no bairro. Seu primeiro proprietário foi Eduardo Sala Sabate, que faleceu em fevereiro de 2000 deixando em seu lugar, seu filho George Sala Malavila.

O gerente geral que trabalha com a família Sabate, desde de 1968 é Pedro Pantarotto e coube a ele, nos dar os depoimentos aqui registrados.

Já nos anos 60, a família Sabate era proprietária da Papelaria América, fora de Campo Belo, na qual adquiriram grande experiência.

Hoje reformada, a Papelaria Real perdeu seu primitivo aspecto de casarão típico dos anos 40, no bairro, quando então abrigou a família de sua proprietária Anna Müller. Foi essa família de origem alemã que vendeu a propriedade à família Sabate, de origem catalã.[92]

Na Rua Vieira de Moraes, 967, existiu a Tecelagem Guanabara, atacadista que sofreu um incêndio no final dos anos 70. A tecelagem já existia no Brasil desde 1938.[93]

Embora fora dos limites do bairro, o Shopping Center Ibirapuera, inaugurado em 1976, ganhou nos anos 90, um piso com o nome de Campo Belo, o que confirma a proximidade com o bairro e a presença marcante dos moradores de Campo Belo no magnífico centro comercial.[94]

Em 1975, a família suíça Haefeli, inaugurou o Frigorífico Berna, cujos embutidos se tornaram famosos.

Rosalie Haefeli, esposa do proprietário, criativa e hospitaleira, oferecia saborosos almoços aos amigos e clientes da empresa familiar. Sua especialidade eram os pratos suíços.

Cristina e Mônica, filhas de Rosalie, se associaram à mãe e, em 1995, abriram, na Rua Cristóvão Pereira, 1220 um restaurante chamado Florina, tipicamente suíço.

---

90. *Jornal do Brooklin* de 1 de janeiro de 1972.
91. *Jornal do Brooklin* de 15 de maio de 1972, p. 1.
92. Entrevista n.º 107.
93. *Jornal do Brooklin* de 22 de junho de 1974, p. 9.
94. *Jornal do Brooklin* de 7 de agosto de 1976, p. 3.

O ambiente acolhedor, nos remete à velha Europa e os deliciosos pratos servidos tornam a clientela fiel; um belo quadro mural montado com fotos e documentos sintetiza a saga dos Haefeli e desperta a atenção dos fregueses.[95]

Arnaldo Antonio é mais um morador e profissional que reside e trabalha no bairro e faz parte do grupo de descendentes de italianos que chegaram em Campo Belo desde os anos 50 até o final do século XX.

Membro da família Massari, teve em seus bisavós, os primeiros antepassados a deixar a Itália e se fixar no Brasil, em Minas Gerais, no início do século XX; com eles veio sua avó Vitória.

Residindo em Campo Belo desde 1984, Arnaldo já conhecia o bairro desde 1975, quando muito jovem veio trabalhar na Farmácia Campo Belo, cujo proprietário chamava-se Mauro. Arnaldo fora indicado pelo ex-patrão Ernesto, que era proprietário da Farmácia N.ª Sra. do Rosário; ai trabalhou em princípios dos anos 80.

Na Rua Vieira de Moraes, 1081, a "farmácia do Mauro", como era conhecida, teve como funcionário nosso entrevistado Arnaldo, que lá trabalhou de 1975 a 1988, quando então o estabelecimento foi vendido para a rede Antares. Nesse ano, Arnaldo foi convidado para trabalhar como gerente da Farmácia Capital, inaugurada em 1981 e propriedade de José Mauro, também proprietário da Farmácia Campo Belo, ambas situadas na Rua Vieira de Moraes.

Com trinta anos de experiência, esse profissional conhecido por sua competência e simpatia e pelo carinho que dá à todos é mais um dos construtores anônimos de Campo Belo.

Arnaldo quando jovem trabalhou na Drogasil em Ourinhos, na N.ª Sra. do Rosário em Santo Amaro, na Drogasil também em Santo Amaro e na Drogaria de Vila Formosa. Vindo do interior mineiro, para viver na capital paulista, aqui estudou, trabalhou e constituiu família. Ele é casado com Maria Zélia da Silva e é pai de Bruno Eduardo e Fábio Henrique que constitui a quarta geração dos Massari no Brasil. Arnaldo é filho de Ângelo Antonio Massari e Conceição Maria. Pelo lado materno Arnaldo descende de índios e bem conheceu as mudanças pelas quais Campo Belo passou.[96]

"Farmácia Ricardo": nos anos 50, aberta por um proprietário de nome desconhecido, foi vendida em 1962 ao Sr. Benedito Ricardo de Souza. Este, em 15 de janeiro de 1974 vendeu a farmácia ao casal Norma Crespi da Silva e Dr. Esmeraldo Pinheiro da Silva. Os proprietários permaneceram ali até 15 de setembro de 1982, quando então venderam o estabelecimento a Joaquim

---

95. *Folha de S.Paulo* de 8 de dezembro de 1995.
96. Entrevista n.º 162.

Silva que, não conseguindo manter a clientela, vendeu o ponto para Luciano, que abriu, no local, uma sapataria que fechou no final dos anos 80.

Norma Crespi da Silva, que reside em Campo Belo desde 1974, é filha de Luiz Crespi e Amélia Foli Crespi, italianos. Seu pai era de Milão e chegou nos anos 20. Eles se casaram no Brás, depois residiram na Penha e finalmente em Santo André.

Luiz Crespi, parente da poderosa família de Rodolfo Crespi, dona do famoso Cotonifício Rodolfo Crespi, era especializado em gerência industrial, trabalhou no Cotonifício Guilherme Giorgio e na Fiação e Tecelagem Santo André S/A, como gerente industrial.

Fontes consultadas
Entrevistas n.ºs 53, 74, 107, 113, 127, 132 e 162 (pesquisa de campo)

Anos 80 (1980-1989)

Economicamente, os anos 80 foram caracterizados como a "década perdida", com grande estagnação da economia, sobretudo na América Latina, saindo de terrível e longa ditadura.

Apesar deste período negativo, o bairro em estudo continuou sua trajetória em direção ao progresso. Vejamos as principais mudanças.

Abertura do moderno Hospital Evaldo Foz, na esquina da Av. Vereador José Diniz com a Rua Dr. Jesuíno Maciel.

Instalação do Corpo de Bombeiros no 4.º BPM, na Rua Rafael Iório.

Abertura de um Posto de Saúde Pública, o SUDS, na Rua República do Iraque.

Inauguração, em 1989, da Fuji-Photo Film do Brasil Ltda[97], a 19 de junho de 1989, na Av. Vereador José Diniz, 3400. No Brasil, ela já existia desde 1958.

A empresa, inicialmente, apenas importava filmes fotográficos em preto e branco, para o mercado internacional. Depois, passou a vender filmes e papéis fotográficos coloridos, químicos, câmeras, filmes e aparelhos de raio-X, produtos e equipamentos para laboratório de foto-acabamento, filmes cinematográficos, fitas de áudio e vídeo. A qualidade de seus produtos é tida como de alto padrão, em nível internacional. Em 1974, em Caçapava, no Estado de São Paulo, fez construir uma fábrica, onde a matéria prima era nacional e a tecnologia japonesa.

---

97. CD-ROM da Fuji Photo Film do Brasil.

Tornou-se responsável em abastecer o mercado de toda a América Latina. Em 1989, a sede de Campo Belo, moderna e confortável, ampla e bela, mantém um departamento para profissionais de fotografia — A Casa da Fotografia-Fuji, oferecendo cursos de alto nível em seu moderno auditório. Dispõe também de um espaço cultural, no qual, exposições de fotos encantam pela beleza e educam por seu conteúdo. Há também, há dez anos, uma biblioteca especializada em fotografia.

Haverá um festival de fotografia Fuji para comemorar o décimo aniversário da Casa. Completando, dispõe de uma oficina para reparos de máquinas fotográficas, venda de filmes e álbuns para fotos. O espaço cultural é um presente para o bairro.

O Boticário chegou em Campo Belo em 1980.[98] Essa simpática loja situava-se à Rua Piracicaba, 593. Sua proprietária, Regina Gibon, foi uma das primeiras brasileiras a entrar para esta franquia criada em 1977, com sua fábrica no Paraná. Em 1999, mudou-se para outro prédio, na Rua Vieira de Moraes, 1060. A nova loja teve seu perfil modificado, facilitando o auto-atendimento.

São dessa década o Habib's, o Franz Café, a Panificadora Santa Marcelina, a Panificadora Firenzi, inaugurada a 15 de maio de 1984, a Panificadora Santa Etienne, a Panificadora Colonial e mais um grande número de outros estabelecimentos.

Nesse período fechou-se o Supermercado Extra, na Av. Washington Luiz, permanecendo assim até o final dos anos da década seguinte.

São também dos anos 80 as vídeo-locadoras, as lavanderias automáticas, os restaurantes a quilo e a criação de uma pequena indústria de alambiques, para fabricação de aguardente caseiro, que por sua originalidade, mereceu algumas notas neste trabalho.

Situada numa residência da Rua Volta Redonda, próxima da Rua Antonio de Macedo Soares, era propriedade de um ex-restaurador de peças antigas, Jaime Carvalhais.

Ele restaurava, entre outras peças, alguns alambiques antigos, trazidos de fazendas e cidades do sudeste brasileiro. De tanto trabalhar com eles, encantou-se com sua beleza, resolvendo, fabricá-los, também em cobre, para comercializá-los.

Para bem produzí-los, fez inúmeros estudos, organizando um curioso caderno de receitas especiais de aguardentes, coletadas entre os melhores do país. Ele as oferecia aos clientes.

Trabalhava, durante uma semana inteira para fabricar estes alambiques. Nos anos 90 fechou sua fábrica e se mudou.[99]

---

98. Entrevista n.º 104.
99. *Folha de S. Paulo* de 25/4/1993 e Pesquisa de campo dos anos 90.

Na Rua Vieira de Moraes, 612, onde hoje se situa a Caixa Econômica Federal, funcionou, nos anos 80, do século XX, uma danceteria chamada Q.G. Era um ponto de encontro de jovens da região.[100]

O edifício, construído para abrigar a danceteria, era moderno para o bairro. Um carro antigo, um Chevrolet 1957, de cor viva, ficava dentro da área envidraçada e completava o ambiente, chamava a atenção de quem passasse pela rua, principalmente à noite, com suas luzes dando destaque e muito gelo seco.

Trajando jeans ou cotelê, em geral bem escuros, os adolescentes queriam exibir sua adesão à moda "Dark". As músicas, da época do "New Wave" animavam a turma que matava sua sede com "Cuba-Libre" gelada.

Nesse passado recente, muitos pais iam levar e buscar suas filhas principalmente, nos "badalados" finais de semana, na porta do Q.G.

O promotor de eventos da casa, ainda jovem, era ex-aluno da escola EMEI Dona Chiquinha Rodrigues e muito conhecido por seus ex-colegas de escola, agora seus fregueses.

Destacamos também nos anos 80, a Academia Suzie Bianchi que, aberta em 1983, tem entre suas atividades tradicionais de dança, também ginásticas como karatê, capoeira, dança livre para deficientes físicos e mentais e até aulas circenses.

Anos 90 (1990-1999)

Observa-se que o crescimento do comércio e o volume dos serviços prestados no bairro acompanham o incremento populacional ao longo da história.

Nos anos 90, nota-se a adesão à informática como instrumento de administração e a Internet como veículo para o comércio virtual. Crescem as vendas na modalidade de *delivery*.

No final do século XX, surgem os estabelecimentos com atendimento durante 24 horas: bancos, supermercados, farmácias, lojas de conveniência e postos de gasolina.

Com surpresa e alegria surge, no bairro, uma livraria de sebo, de livros e discos, que tem como proprietário Nelson. Ela se situa na Rua Vieira de Moraes.

Algumas revistarias com exemplares importados, dispensam a ida dos moradores do bairro, ao aeroporto ou ao Brooklin Paulista.

---

100. Entrevistas n.º 127, 128 e 129.

Anunciando a chegada do século XXI, surgem vários centros empresariais no bairro. Distribuídos em modernos edifícios, na Rua Vieira de Moraes, na Av. Vereador José Diniz e adjacências.

Algumas indústrias ainda permanecem no bairro, ocupando quarteirões em zona valorizada.

Certas novidades no comércio do bairro, caracterizaram os anos 90 e podem ser enumeradas:

1. Os antigos estabelecimentos vem se modernizando para acompanhar as evoluções da área e enfrentar seus concorrentes;

2. Abertura de uma loja da série "R$ 1,99", cujos produtos inicialmente, eram chineses oferecendo uma gama de artigos como brinquedos, utensílios domésticos e produtos de beleza entre outros, que pelo pequeno preço, atraíam grande freguesia. Com a subida do dólar o panorama se modificou;

3. Abertura de diversos Pet Shops, consultórios veterinários com atendimento domiciliar, para atender ao número crescente da população canina no bairro;

4. Abertura de bazares coreanos, de casas de calçados e confecções diversas;

5. Crescimento dos serviços de fotocópias, fax e digitações;

6. Instalação de novas agências bancárias no bairro;

7. Aparecimento de muitas academias de ginástica, escolas de natação, campos com quadras poliesportivas, oficinas de arte musical, restaurantes típicos, casa lotéricas, bares noturnos;

8. A 25 de março de 1999, foi inaugurada uma agência dos correios, na Rua Vieira de Moraes, 789, o que facilitou a vida dos moradores;

9. Crescimento de constantes ameaças à qualidade de vida local criadas por vários fatores como: desrespeito ao descanso noturno provocado por "rachas" de carros e motos, instalação de estabelecimentos inconvenientes conforme queixa de muitos moradores, sujeira deixada por cães nas calçadas, etc.

Termina assim a década de 90 com o bairro crescendo em direção ao novo século.

Anos 2000 e 2001

A Guaicurus Home, com 35 anos de existência, a loja existe desde o ano 2000, em Campo Belo. A matriz e fábrica, situavam-se na Lapa. Em Campo Belo ela foi inaugurada a 1.º de junho de 2001 e oferece móveis feitos sob medida e com desenhos próprios e estilo moderno em parceria com diversos artesãos e designers. Situada na Rua Antonio de Macedo Soares, 1793, tem uma seleta clientela sempre crescente. Seus proprietários Renata Prado Eufrásio Negrão e Rômulo Togni Prado Eufrásio, já integram parte do grupo dos construtores do bairro.

Fontes consultadas
   Entrevistas nº. 157 e 158.

26
Campo Belo na mídia (1980-2004)

1. Notícias sobre moradores do bairro

Folha de S. Paulo: 28 de agosto de 1990 (texto sobre o Plano Collor arquiva o projeto da Torre Pluralista); 8 de março de 1996 (os Ohtake); 13 de outubro de 1993 (os Ohtake); 19 de fevereiro de 1994 (os Ohtake); 9 de abril de 1994 (os Ohtake); 9 de setembro de 1995 (os Ohtake); 8 de março de 1996 (os Ohtake); 28 de maio de 1999 (os Ohtake); 25 de junho de 1999 (os Ohtake); 27 de julho de 1997, caderno 7 (J.B.V. Artigas); 16 de fevereiro de 1992 (Celso Kamura); 21 de setembro de 1994 (Áurea Rodo — arranjos florais).

(Falecimentos): 10 de abril de 1995 (do Sr. Nhô Totico); 10 de outubro de 1991 (Sr. José Roberto Vieira de Moraes); 17 de maio de 1993 (Sra. Laura Godoi Vieira de Moraes); 3 de agosto de 1994 (Sr. Antonio José Leitão Vieira de Moraes); 19 de maio de 1994 (Sr. Alexandre Schulzmaer); 15 de outubro de 1998 (Sr. Isoldino Ferreira Alves – Construtora Acrópole); 27 de fevereiro de 1996 (Sr. Francisco Vieira de Moraes Barros); 14 de maio de 1996 (Aracy Torres Vieira de Moraes); 16 de setembro de 1996 (Sr. José Manoel Vieira de Moraes); 15 de julho de 1997 (Sr. José Vieira de Moraes); 30 de setembro de 1997 (Sra. Joan Audrey Lindsay Christoffersen);

Diário de São Paulo: 2 de outubro de 1998, caderno 7, p. 3 (os Ohtake); 5 de março de 2002 (Juan Pont Sanches — Lobão);

Jornal da Tarde: 27 de agosto de 1999 (os Ohtake); 1 de dezembro de 1999, caderno 4 (os Ohtake); 27 de dezembro de 1999, caderno B, p. 2 (os Ohtake); 20 de setembro de 2000, caderno C, p. 8 (os Ohtake); 28 de setembro de 2000, caderno C, p.5 (os Ohtake); 24 e 29 de novembro de 2001, caderno C, p. 8 (os Ohtake); 10 de abril de 1995 (falecimento do Sr. Nhô Totico — locutor de rádio); 24 de outubro de 2000 (Hendricks — artista nascido em Campo Belo); 16 de julho de 2000 (falecimento do Sr. Rosário Strano); 31 de agosto de 2002 (falecimento do Sr. Salvador Strano);

Jornal de Campo Belo etc & tal: julho de 1988 (Sr. Nhô Totico); 7 de dezembro de 1995 (carrinheiros);

Gazeta do Tatuapé: 14 de novembro de 1982 (Sr. Nhô Totico);

Diário Oficial do Estado de S. Paulo: 17 de novembro de 1982 (Sr. Nhô Totico).

2. Educação, cultura e lazer

O Estado de S. Paulo: 2 de junho de 1987 (Kolping); 8 de março de 1997 (S. F. Lyra); 18 de junho de 1998 (S. F. Lyra); 10 de abril de 2000 (Casa da Fotografia Fuji); 16 de abril de 1997 (Babenberg);

Brasil-Post: 13 de março de 1998 (Kolping); 24 de julho de 1998 (Kolping); 5 de novembro de 1999 (S. F. Lyra);

Jornal do Campo Belo etc & tal: 3 de agosto de 1998 (Colégio União); 24 de julho de 1999 (Igreja N.ª Sra. de Guadalupe); 24 de agosto de 2000 (colégio Paulicéia); 13 de novembro de 2000 (EMEI D.ª Chiquinha Rodrigues); 7 de dezembro de 1995 (E. E. Leonina dos Santos Fortes e a I Cia. PM); 12 de março de 1998 (idem); 6 de maio de 1999 (idem) e 10 de agosto de 2000 (idem);

Grupo Sul News: 12 de abril de 2002 (Colégio Vértice);

Jornal da Tarde: 12 de setembro de 1999 (Carnassampa); 15 de setembro de 1999 (idem); 18 de setembro de 1999 (idem); 1 de outubro de 1999 (idem);

3. Transportes

Diário de São Paulo: 19 de maio de 2002 (Ferro Carril); 27 de junho de 2000 (idem); 4 de setembro de 2000 (bonde de Santo Amaro);

Gazeta de Moema: 26 de setembro de 1987 (ônibus Dose-Dupla);

Gazeta do Brooklin: 14 de julho de 1995 (o trem a vapor);

Jornal de Campo Belo etc & tal: 29 de setembro de 1995 (o Bonde de Santo Amaro);

4. O Água Espraiada

Jornal da Tarde: 16 de novembro de 2001, caderno A, p. 9; 11 de janeiro de 2002, caderno A, p. 12; 14 de novembro de 2001, caderno A, p. 20; 15 de julho de 2001, caderno D, p. 4; 20 de março de 2000;

Folha de S. Paulo: 24 de janeiro de 1996, caderno C, p. 3; 23 de outubro de 1996, p. 3 e 12; 26 de outubro de 1996, caderno C, p. 3; 22 de outubro de 1996, caderno C, p. 1-3; 19 de setembro de 1996, p. 3; 29 de fevereiro de 1996; 20 de dezembro de 1995; 28 de outubro de 1995; 2 de janeiro de 1995; 3 de dezembro de 1994, caderno C, p. 3; 27 de outubro de 1974; 11 de outubro de 1996; 27 de dezembro de 1994; 30 de maio de 1994;

Diário de S. Paulo: 23 de setembro de 2001, p. 6;

O Estado de S. Paulo: 10 e 16 de abril de 1988; 29 de março de 1988;

Gazeta de Moema: 19 de agosto e 26 setembro de 1987;

Jornal do Campo Belo etc & tal: 21 de agosto de 1988; 15 e 25 de maio de 1990; 21 de agosto de 1991; 27 de julho e 31 de setembro de 1995; 21 de julho de 1998;

5. URBANIZAÇÃO

Folha de S. Paulo: 28 de agosto de 1990 e 7 de março de 1993 (Torre Pluralista);

Jornal do Campo Belo etc & tal: 8 e 20 de agosto de 1991;

Diário de S. Paulo: 18 de julho de 2002;

6. SERVIÇOS E COMÉRCIO LOCAL

Jornal do Campo Belo etc & tal: 22 de maio de 1990 (Panificadora Santa Marcelina); 9 de outubro de 1990 (Schluck Put Ber); 6 de maio de 1999 e 12 de setembro de 1999 (o comércio na Rua Vieira de Moraes);

Revista *Veja São Paulo*: 4 de agosto de 1999 (Restaurante Svanem Scandinaviam Food);

Folha de S. Paulo: 8 de dezembro de 1995 (Florina);

Diário de S. Paulo: 15 de setembro de 2002, caderno B, p. 2 (hotéis);

7. FAVELAS

Folha de S. Paulo: 10 de dezembro de 1992 (Arrastão na Vieira de Moraes); 22 de junho de 1994 e 27 de dezembro de 1994 (incêndio e enchentes); 29 de novembro de 1997 (incêndio); 22 de maio de 1998 (incêndio);

Folha do Aeroporto: 1993 (o Buraco Quente);

City News: 30 de maio de 1993 (Arrastão x Urbanização);
Diário de S. Paulo: 15 e 27 de agosto de 2002 (problemas sociais);

8. Cursos d'água

Jornal da Tarde: 20 de fevereiro de 2000 (pesca no Rio Pinheiros); 29 de setembro de 2000 (qualidade de vida na região);
O Estado de S. Paulo: 7 de junho de 2000 (o Invernada);
Jornal do Campo Belo etc & tal: 25 de março de 1999 (idem);

9. Trânsito

Folha de S. Paulo: fevereiro de 1975 (queda de avião); 19 de junho de 1994 (problemas nas vias); 11 de janeiro de 1996 (Hotel em Congonhas); 10 de setembro de 1996 (problemas no trânsito); 10 de abril de 1997 (aniversário de Congonhas);
Jornal da Tarde: 8 de outubro de 2000 (vôos em Congonhas); 9 de novembro de 2001 (idem);
Gazeta de Santo Amaro: 26 de agosto de 1977 (passageiros em Santo Amaro);
City News: 1974 (reprodução do convite de inauguração da primeira pista);
Jornal do Campo Belo etc & tal: 3 de abril de 2000, p. 7 (Congonhas);

10. Manchetes Policiais

Folha de S. Paulo: 2 de outubro de 1993 (tentativa de suicídio); 12 de março de 1994 (prisão do General Garcia Meza, na Rua Nhu-Guaçu); 8 de agosto de 1994 (acidente de trânsito); 24 de novembro de 1995 (seqüestro no bairro); 10 de abril de 1996 (idem); 28 de junho de 1996 (crime no bairro); 19 de dezembro de 1996 (assalto aos lixeiros); 8 de maio de 1997 (crime no bairro); 16 de setembro de 1998 (prisão do cantor do grupo Polegar); 13 de março de 1999 (blecaute e assalto);
Notícias Populares: 13 de maio de 1981 (crime no bairro);
Diário de S. Paulo: 21 de maio de 2002 (crime no bairro); 21 e 22 de maio (seqüestro no bairro); 23 de maio de 2002 (27.ª DP); 10 de agosto de 2002 (C. E. Calfat Salem); 8 e 9 de agosto de 2002 (Dr.ª Avanir do Prona); 12 de abril de 2002 (assalto no Barateiro); 10 de março de 2002 (prisão e morte

e clonagem de cartão, nas ruas do bairro); 8 de abril de 2002 (arrastão em edifício);

Jornais: de 1.º a 19 de abril de 2002 (notícias sobre o assassinato de um casal no Brooklin Paulista, onde dois dos assassinos moram em Campo Belo);

Jornal da Tarde: 10 de agosto de 2001 (bebê abandonado); 18 de outubro (trote sobre o Antraz); 26 de outubro de 2001 (seqüestro); 6 de junho de 2001 (queda de avião); 15 de outubro de 2000 (cratera formada na rua); 13 de julho e 10 de fevereiro de 2000 (assaltos); 17 de agosto de 1999 (delegada é espancada no bairro); 16 de agosto de 1999 (invasão na delegacia do bairro); 30 de novembro de 1999 (assassinato);

11. Notícias Gerais

Jornal da Tarde: 13 de setembro de 2000 (Campo Belo reclama por ruas limpas); 29 de setembro de 2000 (população de Campo Belo cresceu menos que de outros bairros vizinhos); 4 de outubro de 2000 (falecimento do Sr. Alfredo Unterleitner); 8 de outubro de 2000 (Aeroporto de Congonhas atinge o limite da segurança e da capacidade); 15 de outubro de 2000 (fechamento da cratera sob o viaduto da Av. Bandeirantes); 14 de outubro de 2000 (exposição sobre Brasilidade – Casa da Fotografia Fuji); 24 de outubro de 2000 (Diretor de Cinema, na Alemanha, Hendrick Handloegten, vem visitar o Campo Belo onde passou a sua infância); 15 de julho de 2001 (artigo sobre o crescimento da favela na Av. Água Espraiada e problema da exclusão social);

A *Revista Cultura Dia-a-Dia*, n.º 26 de setembro de 2003, p. 29, uma publicação gratuita da Secretaria Municipal de Cultura, registra na coluna de cinema, a projeção do filme "Eterna Esperança", no dia 18 de setembro às 20 horas e dia 16 às 18 horas, em vídeo. O texto diz: "Eterna Esperança (BRA, 1971, 30 min., P&B). Direção de João Batista de Andrade. Com Antonio Fagundes e Gianfrancesco Guarnieri. Documentário sobre a fracassada Companhia Americana de Filmes, que produziu um único filme: *Eterna Esperança*. É o segundo dos três filmes sobre o panorama do cinema paulista."

Outros filmes paulistas eram da Cinematográfica Vera Cruz e da Cinematográfica Maristela.

A projeção foi na sala Lima Barreto. Centro Cultural S. Paulo, na Rua Vergueiro, 1000, Paraíso.

Durante a 1.ª Conferência Municipal de Meio Ambiente de São Paulo, que ocorreu no dia 4 de outubro de 2003, no Parque do Ibirapuera, no dia de

S. Francisco de Assis, é que foi divulgada a pesquisa de atualização quanto ao zoneamento de áreas urbanas e verdes da capital. Esta pesquisa, realizada pelo projeto BIOTA/FAPESP/DEPAVE-PMSP, coloca, entre outras informações, as regiões dos Jardins, Brooklin e Campo Belo, como áreas Urbano-3, que caracteriza-se por conter áreas urbanas com significativa área vegetada (arborizada), com muitas espécies nativas e tombadas pelo estado.

Jornal do Campo Belo etc & tal XIV-332-30/6/2004, p. 3. Terezinha Vieira de Moraes Prestes Law, fundadora e proprietária do Externato Vieira de Moraes, falece a 24 de maio de 2004 em Itu/SP, tendo sido sepultada no Cemitério de Santo Amaro.

12. Campo Belo na TV

17 de outubro de 2002, na Rede Globo de Televisão, comercial sobre imóvel de alto padrão, na Rua Princesa Isabel em Campo Belo;
Canal Shop Tour, em novembro 2002, comercial sobre imóvel de alto padrão, na esquina das ruas Ibituruna e Casemiro de Abreu;
Rede Globo de Televisão, novembro de 2002, Jornal Nacional, notícia do assassinato do casal Richthofen na Rua Zacarias de Góes, 232 no bairro do Brooklin, a mando da filha Suzane, com participação dos irmãos Cravinho, moradores de Campo Belo;
Rede Globo de Televisão, a 25 de agosto de 2003, Jornal Nacional, o jornalista Willian Bonner comenta que os bairros de Campo Belo e Brooklin Paulista são exemplos de área-verde urbana, única, na Zona Sul da grande São Paulo. A quantidade e beleza das árvores e jardins é destaque. No entanto, conjuntos residenciais, no Brooklin, que desobedeceram as normas regionais de conservação do verde local foram citados como transgressores às condutas conquistadas por estes bairros responsáveis pela favorável citação.

O MAPA DA EXCLUSÃO

Uma equipe formada por pesquisadores da PUC-SP, INPE e do Instituto Polis, criou um projeto cuja finalidade é adequar políticas públicas e equipamentos sociais para que as autoridades competentes busquem estancar e evitar a deteriorização da qualidade de vida das comunidades urbanas.
Os pesquisadores traçaram um mapa da exclusão no qual 96 distritos receberam pontuação que vai de +1,00 a -1,00, sendo o +0,00 o valor básico

da inclusão. Nesse quadro, 20 distritos compõe o grupo dos incluídos e entre eles, Campo Belo ocupa o 12.º lugar com +0,33 de pontuação.

Para traçar a "Topografia Perversa" a equipe se serviu de quatro grandes áreas, como índices para as suas conclusões: a autonomia local (economia), a qualidade de vida (saneamento básico, saúde e educação, densidade populacional e conforto domiciliar), desenvolvimento humano (escolaridade dos chefes de família, longevidade, mortalidade infanto-juvenil, violência local), eqüidade (grau de concentração de mulheres como chefe de família).

Cremos que Campo Belo é ainda deficiente na área da saúde, embora já disponha de laboratórios e clínicas e de um hospital. A Av. Água Espraiada com sua favela compromete a classificação do bairro. É urgente um programa de resgate social, pois o futuro da cidade está comprometido.[1]

---

1. Fonte consultada: Revista Pesquisa Fapesp, janeiro de 2003, n.º 83, p. 15-20, texto de Cláudia Iziqui.

Conclusão

Neste trabalho buscamos registrar para a posteridade a preciosa contribuição de construtores anônimos na formação do bairro de Campo Belo.

Até há poucas décadas, a história do cotidiano era ignorada. Registravam-se apenas os fatos considerados relevantes e aqueles que tivessem participado dos mesmos como heróis ou vitoriosos, abastados e poderosos.

Nesta monografia, a história oral captada por meio de quase duas centenas de entrevistas, revelou preciosos fatos reais, deu um colorido especial ao passado e pode ser confirmada por meio de exaustiva pesquisa documental. Histórias de vidas compondo a História.

Finalmente, neste início do século XXI, a comunidade campo-belense poderá conhecer um pouco do passado deste bairro que completou 75 anos no dia 29 de maio de 2006.

Rol de Entrevistas

Número	Entrevistado	Data
	1976	
001	Raul Spinola (cc. Iria Cavezalle)	27/9/1976
002	Walter Isliker Pátria (cc. M. Helena I. Pátria)	3/9/1976
003	André Tachaux (cc Rosália B. Tachaux)	7/10/1976
004	Aduzinda Gomes (cc. Ênio Gomes)	5/10/1976
005	Sérgio Weber (cc. M. Aparecida L. D. Weber)	13/10/1976
006	Francisco Bauer Filho (cc. Catharina Hackenbruck)	16/10/1976
007	Nair de Castro Weber (cc. Octávio Augusto Weber)	30/10/1976
	1977	
008	Karl Unterleitner	6/1/1977
009	Martin Wollenweber	6/1/1977
010	Isidro Vignola (cc. Polinice H. de Mello)	6/1/1977
011	João Manoel Vieira de Moraes (cc. Francisca Cintra)	4/2/1977
012	Maria Salgueiro Napolitano (cc. Clementino Napolitano)	16/2/1977
013	Pe. Paulo Homero Gozzi (Paróquia N.ª Sra. Guadalupe)	21/8/1977
014	Oscar Domingues Daninger (cc. M. José Domingues)	21/8/1977
015	Rosa Branco de Araújo	21/8/1977
016	Diretoria - Indústria Química Farm. Carlo Erba	21/8/1977 (sem retorno)
017	Verônica Muller (cc. Friedrich Muller - Paróquia N.ª Sra. Guadalupe)	22/8/1977
018	Marlene e Miracy F. da Silva (Escola União)	22/8/1977
019	Maria Dunker Hölker (cc. José Hölker)	24/8/1977
020	Therezinha Vieira de Moraes Prestes Law (Externato Vieira de Moraes)	24/8/1977
021	Florence Lindsay (cc. Arthur Lindsay)	29/8/1977
022	Priscila Gedeão Coutinho	29/8/1977
023	Francisco Meirelles (cc. M. Aparecida Meirelles - Paróquia N.ª Sra. Guadalupe)	29/8/1977
024	Armando Romagnolli Filho (Aeroporto de Congonhas)	20/9/1977
025	Geraldo Gonçalves (Abalizador de pista)	20/9/1977
026	José Nunes	21/9/1977
027	Narciso (favela do Buraco Quente)	21/9/1977
028	Iraildo (favela do Buraco Quente)	21/9/1977
029-033	Crianças (5) da favela Guinéia	22/9/1977

Número	Entrevistado	Data
034	Olga (Prefeitura Municipal – Santo Amaro)	22/9/1977
035	Natalino (Prefeitura Municipal – Santo Amaro)	22/9/1977
036	Diógenes (Prefeitura Municipal – Santo Amaro)	22/9/1977
037	Syllas Antunes	1/10/1977
038	Ruth Binhotti	1/10/1977
039	Flora (VASP)	3/10/1977 (sem retorno)
040	Jorge (VASP)	3/10/1977
041	Murilo (VASP)	3/10/1977
042	Inês Strano (cc Salvador Strano)	3/10/1977
043	Vital Fernandes da Silva (cc. Juta Hertal da Silva)	5/10/1977
044	Diretoria – Escola Friburgo	6/10/1977 (não deu retorno)
045	Alma Hermann (cc. Friederich Hermann)	6/10/1977
046	Laurinda Delgado Simões (J.B. – bar)	12/10/1977
047	Maria Cardoso de Alcântara	12/10/1977

1992

048	Jaime Cavalhais (alambiques)	6/2/1992
049	Juan Pont Sanches ("Lobão")	5/7/1992

1993

050	Maria Stella Moraes Lourenço	12/1/1993
051	Maria Stella Caruso	2/8/1993
052	Osana Kiredjan (cc. Aran Kiredjan)	9/12/1993

1994

053	Antonio Depetris	26/1/1994

1998

054	Maria dos Santos Leal ("Doca")	10/3/1998
055	Anders Lindow (pastor luterano)	19/8/1998
056	Hernani A. Domingues (cc. Dirce A. Domingues)	6/10/1998
057	Kurt Berenz	2/11/1998
058	Irmãos Capetto (Planalto Paulista)	4/11/1998
059	Firnn E. Christopher (Lindsay)	6/11/1998
060	Maria Helena Cabral	6/11/1998 (não deu retorno)
061	Mary Vieira de Moraes	9/11/1998
062	Leonor V. de Moraes Fiuzza	9/11/1998
063	Maria Lúcia L. Petito	9/11/1998 (não deu retorno)
064	Johann Kornfellner (Confeitaria Christina)	10/11/1998
065	Johann Kornfellner (sobre o bairro)	17/11/1998
066	Maria de Lourdes M. Garobosky	19/11/1998
067	Ica Janete Anitfell Siewers (Hans Staden)	19/11/1998
068	Roberto Sartorato (cc Rosaly Sartorato)	27/11/1998
069	Rosina Mazzaferro (salão Wessel)	7/12/1998

ROL DE ENTREVISTAS

Número	Entrevistado	Data
	1999	
070	Hermo José Vecchio	4/1/1999
071	Salvador Strano (chácara)	6/1/1999
072	Quitéria (Infraero)	26/11/1999
073	Aurora Martins Silva (cc Celestino M. Silva)	28/1/1999
074	Rosalie Haefelli	2/2/1999
075	Maria Cecília Alves Ferreira ("Cila")	4/12/1999
076	Helena Júlia Heringer Silva	9/2/1999
077	Wilma Hermann	9/2/1999
078	Therezia Hölker	20/2/1999
079	Moysés Garabosky	10/3/1999
080	Djair (Cinemateca)	26/3/1999
081	Nádia Graeser (Bauer)	25/3/1999
082	Júlio de Camargo Vilanova Artigas	3/4/1999
084	Paulo Afonso Vieira de Moraes	5/5/1999
085	Nemesis Piveta Bacan (Escola Estadual Manoel de Paiva)	13/5/1999
086	Vera Lúcia Hasselmann (Seara Bendita)	19/5/1999
087	Luciene Moreira (Fuji Filme)	7/6/1999
088	Amélia Tamie Tahoda (comerciante)	8/6/1999
089	Diretoria - (H. Kolping)	18/6/1999 (não deu retorno)
090	Isabel Bock	23/6/1999
091	Érica Stockmann – 29/6/1999 e Walter Stockmann (anterior a 1970)	
092	Luiz Barreiro Fernandez (*Jornal do Campo Belo etc & tal*)	29/6/1999
093	Ingrid Solomon	8/7/1999 (não deu retorno)
094	Raymond Junck	15/7/1999 (não deu retorno)
095	Antonia Katsuko (EMEI Dona Chiquinha Rodrigues)	3/8/1999
096	Maria Inês Teixeira (EMEI Dona Chiquinha Rodrigues)	3/8/1999
097	Tomie Ohtake	5/8/1999
098	Rosalie Verchier	10/8/1999
099	Tadeu Firino (Banza)	12/8/1999
100	Werner Strauss	13/8/1999
101	Franz Schmidt	13/9/1999
102	Gundi Wenger	3/9/1999
103	Mônica e Flávia (Têxtil Campo Belo – Indústria)	14/9/1999
104	Regina Gibon (O Boticário – loja)	23/9/1999
105	Maria Andrade (Bazar São José)	3/10/1999
106	Maria Aparecida (Casarão)	10/10/1999 (não deu retorno)
107	Pedro Pantarotto	10/10/1999
108	Wilma Bauer Flory	25/10/1999
109	Ceomar F. da Silva	11/11/1999
110	Jayro Raphael (Paróquia N.ª Sra. Guadalupe – chácaras)	12/11/1999
111	Lothar Wenger (Babenberg)	10/12/1999 (não deu retorno)
112	Lourdes Sanches	28/12/1999

Número	Entrevistado	Data
	2000	
113	Dario Scorzatto	22/3/2000
114	Jane e Vera (Associação Esportiva e Recreativa – VASP)	28/3/2000
115	Maria Jeny Ferreira	2/4/2000 (não deu retorno)
116	Oscar Daninger Filho	19/4/2000 (não deu retorno)
117	proprietários da Blue Tex-Hering	19/4/2000 (não deu retorno)
118	Magali, Dora e Darci Ramil (Escola Pimpolho)	19/4/2000
119	AFB Anália Franco	5/5/2000
120	Marta Unterleitner	5/5/2000
121	Estanislawa Jokobatieni Cizauskas	7/8/2000
122	Lucy Weber Alencar	7/8/2000
123	Juracy Trunci (Paulicéia)	12/9/2000
124	Kurt von Tein	14/11/2000
	2001	
125	Helen Roth (Lar Feliz)	3/2/2001
126	Waldir Cavallo (Celestina Steward)	
127	Octavio Weber Neto	5/5/2001
128	Sérgio Weber Júnior	6/5/2001
129	Marcus Weber	6/5/2001
130	Shirley Latorre	2/10/2001
131	Bárbara Latorre	2/10/2001
	2002	
132	Rubens Sebastião (Tenfer)	19/4/2002
133 a 154	bancas de jornal	3 e 4/7/2002
155	Ricardo Fonseca Peixoto (Restaurante Parada)	12/12/2002
156	Pedro Chadalakian (comerciante)	22/3/2002 (não deu retorno)
157	Renata Prado	18/12/2002
158	Rômulo Prado (ambos da Home Guaicurus)	18/12/2002
159	Edna (Papelaria Gastão)	18/12/2002
	2003	
160	Humberto Valente (taxista)	28/1/2003
161	Expedita Maria de Lima (Carlo Erba)	26/2/2003
162	Arnaldo Antonio (Farmácia)	14/5/2003
163	Eliana de Almeida (Trabalho sobre Bombeiros)	6/8/2003
164	4.º Grupamento do Corpo de Bombeiros	6/8/2003
165	Irene Grandeza (comerciante)	2/8/2003
166	Luiz Grandeza (idem)	2/8/2003
167	Elfride Goetjen	28/10/2003
168	Alberto Pellegrini (taxista)	7/11/2003

ROL DE ENTREVISTAS

Número	Entrevistado	Data
	2004	
169	Jacob Zwipp (entregador)	2/2004
170	Carmem Castellani Perez Fernandez (esposa de comerciante)	2/2004
171	Peter Böhme (membro da família Bauer)	2/2004
172	Janete Alves (funcionária Carlo Erba)	2/2004
173	Norma Crespi (Farmácia Ricardo)	8/2004

2005

174	Ronaldo Satler (pastor – Jardim Aeroporto)	
175	Vicentina Vieira dos Santos (moradora – Jardim Aeroporto)	
176	Nair Conceição Trancredi (idem)	
177	Cleonice Vieira dos Santos (idem)	
178	Thereza Laguná de Andrade (idem)	
179	Antoninho (comerciante [padaria] – Jardim Aeroporto)	
180	Elisa Sartori Bonifácio (escola – Jardim Aeroporto)	
181	Roberto Carlos Marcolino (morador – Jardim Aeroporto)	
182	Débora Loprete (escola profissionalizante – Jardim Aeroporto)	
183	Helena Varnier Dossi (escola)	
184	Padre Antonio (Jardim Aeroporto)	
185	Murilo (Inelca)	
186	Cira Chadalakian (moradora)	
187	Yolanda Azzella (moradora, comerciante)	
188	Dalmo de Faria e Silva (pastor – Jardim Aeroporto, 1976)	
189	Michelle Azzella (artesã, moradora)	
190	Yamara Gomes Cardim (moradora – Jardim Aeroporto)	
191	Maria Antonieta Gomes Cardim (idem)	
192	Maria Aparecida Prioli (Favelas – 1976-1977)	
193	Leda Maria Weber (moradora)	
194	Zélia Loureiro Cursino (Moema)	
195	Yara Branco de Araujo Hueke (moradora)	
196	Arquivo Histórico Judaico-Brasileiro (notícias, família Carlos Klein, alferes e vereador na Câmara de Santo Amaro – destaque na região)	(não deu retorno)

Fontes consultadas

LIVROS

AGUIRRA, João Batista de Campos (org.). *Patentes, provisões e sesmarias (1721-1742)*. Revista do I. H. G. de S. Paulo. v. XXVI.

ALINCOURT, Louis d'. *Memórias sobre a viagem de Santos a Curitiba*. São Paulo: Departamento de Cultura do Arquivo Histórico Municipal de São Paulo. Separata iconográfica.

ALMEIDA, Eliana de. *Impressões sobre a morte na equipe de resgate do corpo de bombeiros*. São Paulo, 1997. 33p. Dissertação (graduação em Psicologia) - Faculdade de Letras Educação e Psicologia da Universidade Mackenzie.

AMARAL, Antonio Barreto do. *O bairro de Pinheiros*. 1.ed. São Paulo: Departamento de Cultura - PMSP. 1969. 143p. (História dos bairros de São Paulo, 2).

AMATO, Marta. *A freguesia de Nossa Senhora da Conceição das Carrancas e sua história*. São Paulo: Loyola, 1996. 288p.

ANSTETT, I. Ph. *História natural popular*. Rio de Janeiro: Laemmert, 1873. v.11, 655 p.

AVELLAR FERNANDES, José. *Os morais de São Paulo*. Anuário Genealógico Latino. São Paulo, 1952. v. 4, p. 65-77.

AZEVEDO MARQUES, Manuel Elfrásio de. *Apontamentos Históricos da Província de São Paulo*. 1.ed. São Paulo: Martins, 1954. (Bibliografia Histórica Paulista).

BARROS, Ferreira. *O nobre e antigo bairro da Sé*. São Paulo: Departamento de Cultura - PMSP, 1971. 159p. (História dos bairros de São Paulo, 10).

BEIGUELMAN, Giselle. *60 anos do aeroporto de Congonhas*. No Ar. São Paulo: Infraero, 1996. 117p.

BELMONTE, (Benedito Bastos Barreto). *No tempo dos bandeirantes*. 2.ed. São Paulo: Departamento de Cultura - PMSP, 1939.

BERARDI, Maria Helena Petrillo. *Santo Amaro*. 1.ed. São Paulo: Departamento de Cultura - PMSP, 1969. 171p (História dos bairros de São Paulo, 4).

BOMTEMPI, Sylvio. *O bairro de São Miguel Paulista*. São Paulo: Departamento de Cultura - PMSP, 1970. 179p. (História dos bairros de São Paulo, 7).

BUARQUE DE HOLANDA, Aurélio. *Novo Dicionário da Língua Portuguesa*. 2.ed. Rio de Janeiro: Nova Fronteira, 1986. 1838p.

BUARQUE DE HOLANDA, Sérgio. *Caminhos e fronteiras*. 2.ed. São Paulo, 1986.

CALDEIRA, João Netto. *Álbum de Santo Amaro*. 1.ed. São Paulo: Cruzeiro do Sul, Bentivegna e Netto, 1948.

CALMON, Pedro. *História do Brasil*. Rio de Janeiro: José Olympio, 1959. v. 3, p. 758-60; v. 5, p. 1638-48.

CAPISTRANO DE ABREU, João. *Caminhos e antigos povoamentos do Brasil.* Rio de Janeiro, 1929.
CHRISTOVAM, Affonso da Silva. *Voando com o destino.* São Paulo: Book RJ, 2001.
CIRNE LIMA, Rui. *Pequena História territorial do Brasil: Sesmarias e Terras devolutas.* 4.ed. Brasília: ESAF, 1988. p. 35-47. (Memória Fazendária).
CORRÊA, Dora Shelland. *O aldeiamento de Itapecerica de fins do século XVII a 1828.* São Paulo: Estação Liberdade, 1999. 120p. Prefeitura Municipal de Itapecerica da Serra. Departamento de Cultura de São Paulo.
CORREIA, Ina et al. *Exploração geográfica.* São Paulo: Bertrand Brand, 1990. p. 208-18, 223-24, 277.
CUNHA, Euclides da. *Os sertões.* Rio de Janeiro: Paulo de Azevedo, 1943.
DEFFONTAINES, Pierre. *Primeiro esboço da Divisão Regional. Regiões e paisagens do estado de São Paulo.* Revista Geográfica, São Paulo, ano 1, n.º 2, 1935.
_____. *As feiras de burros de Sorocaba.* Revista do Arquivo Histórico Municipal de São Paulo. São Paulo. v. XIX, p. 167.
DEPARTAMENTO DE CULTURA DO ARQUIVO HISTÓRICO DO ESTADO DE SÃO PAULO. *Sesmarias.* v. 1-4.
DEPARTAMENTO DE CULTURA DA PREFEITURA MUNICIPAL DE SÃO PAULO. *Atas da Câmara Municipal de São Paulo.* v. XXVII, anos 1815, 1822, 1832, 1834, v. XVIII-CXXVII, anos 1833 a 1914.
_____. *Cartas de datas e doações de terras.* v.I-XVI.
_____. *Documentos interessantes para a história e costumes de São Paulo.* Livro n.º 1-70 -73-76 e 77.
_____. *Registro geral da Câmara Municipal de São Paulo.* Século XVII, v. II.
DERTÔNIO, Hilário. *O bairro do Bom Retiro.* São Paulo: Departamento de Cultura - PMSP, 1971. 87p. (Histórica dos bairros paulistas, 9).
ELLIS JÚNIOR, Alfredo. *Meio século de Bandeirantismo.* São Paulo: Edusp, 1939. v. I. (Histórica da civilização brasileira).
ENDER, Thomas. *Viagens a São Paulo.* São Paulo: Departamento de Cultura - PMSP. Separata iconográfica.
ESCANDINAVOS no Brasil (Os): um século de história, São Paulo: [s. n.], 1991. Edição Comemorativa - 1891-1991.
FERNANDES, José Avellar. *Os morais de São Paulo.* Anuário Genealógico Latino, São Paulo. v.4, p.65-80, 1952.
FERREIRA, Tito Lívio (Prof.). *Monografia do IV Centenário de Santo Amaro.* São Paulo: Advance, 1961. p. 7.
_____. *O Córrego da Traição. Interlagos,* n.º 20, ano 11, set. 1961. Edição especial.
FLORENCE, Amador. Padre briguento. *Revista do Arquivo Histórico Municipal de São Paulo.* v. VI, p. 55.
FRANCO CARVALHO, Francisco de Assis. *Dicionário de bandeirantes e sertanistas do Brasil.* São Paulo: Comissão do IV Centenário da Cidade de São Paulo, 1954, p. 38-9.
FRANCO DA SILVEIRA, Waldomiro (Dr.). Primeiros povoadores vicentinos. *Revista do Instituto Genealógico Brasileiro.* São Paulo, maio 1979. p. 126.
_____. Notas genealógicas. In: *Biblioteca Genealógica Brasileira.* Separata. São Paulo, 1955. p. 46-9.

FUNDAÇÃO PATRIMÔNIO HISTÓRICO DA ENERGIA DE SÃO PAULO. *Memória Energia*. São Paulo: FPHESP, abr/dez. 1998, n.º 25, p. 46-7 e jan/ago. 1999.
GALVÃO, Maria Rita Eliezer. *Crônica do cinema paulista*. São Paulo: Ática, [s. d.].
GARCIA, Gabriel P. O. F. M. A virgem de Guadalupe. (Die Jungfrau von Guadalupe). *Brasil Post*, São Paulo, 9 de agosto de 2002. p. 10.
GERMANO, Augusto. Banza Hamburger: encontro jovem em Campo Belo. *Folha de S. Paulo*, São Paulo, 26 de julho de 1985.
GUERRA, Juvêncio; GUERRA, Jurandir. *Almanach Comemorativo do Primeiro Centenário de Santo Amaro*. São Paulo: Rossallilo, 1932.
GUIMARÃES, Laís de Barros Monteiro. *Luz*. São Paulo: Departamento de Cultura - PMSP, 1977. v. 12, 156p.
HOEHNE, Frederico Carlos. *Iconografia de Orquidáceas do Brasil*. São Paulo: Lanzara, 1949. p. 53-9.
INSTITUTO HISTÓRICO E GEOGRÁFICO BRASILEIRO. *Dicionário histórico, geográfico e enciclopédico do Brasil*. v. 1.
INSTITUTO BRASILEIRO DE GEOGRAFIA E ESTATÍSTICA. *Anuário estatístico do IBGE. Anos 1896 a 1902*. Rio de Janeiro: IBGE, [s. d.].
INSTITUTO LINA BO e P. M. BARDI e FUNDAÇÃO VILANOVA ARTIGAS. *Vilanova Artigas: Arquitetos brasileiros*. São Paulo, 1997. v. 2, 215p.
JOLY, Aylthon Brandão. *Introdução à Taxonomia Vegetal*. São Paulo: Nacional, [s. d.]. p. 703-18.
JORDÃO, Moacyr de Faria. *O Embu na História de São Paulo*. 2. ed. São Paulo: [s. n.], 1964. p. 108.
JORGE, Alcina Ferreira. *O bairro do Jardim da Saúde*. São Paulo: Departamento de Cultura - PMSP. (História dos bairros de São Paulo, 5).
LAPONGE, Gilles. Vocação Comercial de São Paulo. *O Estado de S. Paulo*. São Paulo, 25 de janeiro de 1954. Edição Comemorativa da Fundação da cidade de São Paulo.
LEITÃO FILHO, Hermógenes; MORELLATO, Patrícia C. *Ecologia e preservacionismo de uma floresta tropical urbana: Reserva de Santa Genebra*. São Paulo: Unicamp, [s. d.].
LEITE, Aureliano. *Amador Bueno, o aclamado.: Revista dos Tribunais*, São Paulo, 1938. p. 25.
_____. *Pequena história da Casa Verde*. 2. ed. São Paulo: [s. n.], 1940. 136p.
_____. *Breve resumo cronológico da história de São Paulo*. São Paulo: Martins, 1944. 307p.
LEMOS BARBOSA, A. (Pe.) *Pequeno vocabulário tupi-português*. Rio de Janeiro: São José, 1955. 203p.
LICHTI, Fernando Martins. *Polianteia Santista*. São Vicente: Caudex, 1986.
LIVIO FERREIRA, Tito. *Monografia do IV Centenário de Santo Amaro. Revista Paulistânia*. São Paulo, 1961. n.º 65, p. 6. Órgão Oficial do Clube Piratininga de São Paulo.
LÔMACO, Afonso. *Viagens pelo Brasil (1855-1887)*. São Paulo: Departamento de Cultura - PMSP. Separata iconográfica.
LOUREIRO, Waldemar. *Registro da propriedade imóvel*. Rio de Janeiro: Forense, 1968. v. I-II.
MADRE DE DEUS, Gaspar da (Frei). *Memórias para a história da Capitania de S. Vicente, hoje chamada de São Paulo*. 4. ed. São Paulo: Martins, 1953. 250p. (Biblioteca histórica paulista).
MARINHO REGO, Ida. O ensino profissional em Tatuhy. *Diário da Manhã*, Santos, 25 de setembro de 1934.

MARTINS, Antonio Egydio. *São Paulo antigo*. São Paulo: Conselho Estadual de Cultura, [s. d.].
MARTINS DOS SANTOS, Francisco. História de Santos. *In*: LICHT, Fernando Martins. *Poliantéia Santista*. São Vicente: Caudex, 1986. p. 17-20.
MARTIUS, Johann Baptist von; SPIX, Carl F. Philip von. *Viagem pelo Brasil. 1817*. São Paulo: Melhoramentos, 1968.
MASAROLO, Pedro Domingos. *O bairro de Vila Mariana*. São Paulo: Departamento de Cultura - PMSP, 1971. p. 13-15. (História dos bairros de São Paulo, 8).
MELLO, Elisário Venâncio de. Santo Amaro Antigo. *Revista Interlagos*, São Paulo, n.º 20, ano 11 [p. s. n.], set. 1961. Edição Especial do IV Centenário da Cidade de Santo Amaro, São Paulo.
MELLO NOGUEIRA, José Ferreira de. Rabiscos Genealógicos. *Anuário Genealógico Brasileiro*. São Paulo, 1941, p. 414, n.º 1.
MENDES, Renato Silveira. *Bairros da Zona Sul: A cidade de São Paulo: estudos de geografia urbana*. São Paulo: Nacional, 1958. v. 4, v. 8, p. 273. Geógrafos dirigidos por Aroldo de Azevedo. Associação dos Geógrafos de São Paulo.
MODÉ, Leandro. Babenberg. *O Estado de S. Paulo*, São Paulo, 16 de abril de 1997.
_____. Escultor dedica-se à Natureza. *O Estado de S. Paulo*, São Paulo, São Paulo, 20 de agosto de 1997, p. 10.
MONTEIRO, Zenon Fleury. *Reconstituição do caminho do carro para Santo Amaro*. São Paulo: [s. n.], 1943. p. 118-9. PMSP.
MORELLATO, Patrícia C. et al. *Ecologia e preservação de uma floresta tropical urbana: Reserva de Santa Genebra*. Campinas, São Paulo: Unicamp, 1995. 136p.
MÜLLER, Daniel Pedro. *Ensaio d'um quadro estatístico da província de São Paulo: ordenado pelas leis municipais de 11 de abril de 1836 e 10 de março de 1837*. 3.ª ed. Fasciculada. São Paulo: Governo do Estado, 1978. 265p. (Paulística, 11).
NACIB, Ab´Saber Aziz. *O sítio urbano de São Paulo: A cidade de São Paulo*. Estudos da Geografia sob a direção de Aroldo de Azevedo. São Paulo: Nacional, 1958. v. 4.
ORTMANN, Adalberto (frei). *História da antiga capela da Ordem Terceira da Penitência de São Francisco em São Paulo*. Publicações da Diretoria do Instituto Patrimônio Histórico e Artístico Nacional: DPHAN/MEC, 1951. v. 16, p. 23, 24 e 26.
PAES LEME, Pedro Taques de Almeida. *Notícias das minas de São Paulo e sertões da mesma capitania*. São Paulo: Edusp, [s. d.], p. 54, v. 27.
PEDROSA DA SILVA, Martinho. Santo Amaro: pioneiro na indústria e no comércio no Brasil. *Gazeta de Santo Amaro*, São Paulo, 14 de jul. de 1967, p. 3.
PELIANO, Luiz Marques. *Ordens Honoríficas do Brasil*. Rio de Janeiro: Imprensa Oficial, 1943. p. 123-7.
PEREIRA, Antonio Carlos. Folha Dobrada: O Estado de São Paulo, documento e história do povo paulista. 1.ª ed. São Paulo. p. 460-66.
PORTA, Paula. *Guia dos documentos históricos da cidade de São Paulo*. São Paulo: Hucitec, 1998.
PRADO JR., Caio. O fator geográfico na formação e no desenvolvimento da cidade de São Paulo. *Geografia*, São Paulo, n.º 3, 1935.
RICCI, Maria Lúcia de Souza Rangel. Auguste de Saint-Hilaire: Segunda viagem a São Paulo (Síntese). Campinas, São Paulo: [s. n.], 1982. v.42. p.28. (Publicações Acadêmicas Campinenses de Letras).

FONTES CONSULTADAS

ROCHA POMPO, José Francisco da. *História do Brazil*. Rio de Janeiro: J. Fonseca Saraiva, 1906. v. 3-5.
RODRIGUES, Roberto M. *A flora da Amazônia*. 1.ª ed. Belém: CEJUP, 1985. p. 44.
SAINT-HILAIRE, Auguste de. *Segunda viagem ao interior do Brasil e Espírito Santo*. São Paulo: Nacional, 1936. p. 245. (Brasiliana, 71).
_____. *Viagem à Província de São Paulo e Minas Gerais (1822)*. Tradução por A. S. Taunay. 2.ª ed. São Paulo: Nacional, 1938.
_____. *Segunda viagem à Província de São Paulo*. São Paulo: Martins, 1954. p.223. Centenário da Cidade de São Paulo. (Biblioteca Histórica Paulista, IV).
_____. *Segunda viagem ao Rio de Janeiro, a Minas gerais e a São Paulo (1779-1853)*. Tradução por Vivaldi Moreira. 2.ª ed. Belo Horizonte: Itatiaia e Edusp, 1974. p.125. (Reconquista do Brasil, 11).
_____. *Viagem à Província de São Paulo*. São Paulo: Edusp, 1976. p. 141.
SAMPAIO, Theodoro. São Paulo no fim do século XVI. *Revista do Instituto Histórico e Geográfico de São Paulo*. São Paulo. v. IV.
_____. São Paulo de Piratininga no fim do século XVI. *Revista do Instituto Histórico e Geográfico de São Paulo*. São Paulo, v. IV, p. 141-6, 260.
_____. São Paulo no século XIX. *Revista do Instituto Histórico e Geográfico de São Paulo*. São Paulo, v. VI.
SANGLARD, Pedro Elias Erthal (Prof.). Origem e evolução histórica da propriedade rural no Brasil. *Revista ASBRAP,* São Paulo, n.º 3, p. 95-8, 1996.
SANT'ANNA, Benvenuto (Nuto). *São Paulo Histórico: Aspectos, lendas e costumes*. São Paulo [s. n.], 1937. v.1, p.124, v.17, p.14-5-21-47-8.
SANTOS, Wanderley dos. *Antecedentes históricos do ABC Paulista (1550-1892)*. Ed. 1992. Prefeitura de São Bernardo do Campo: [s. n.], 1951. 284p.
SCARAUSE, Guilherme. Sociedade Filantrópica Lyra. *O Estado de S. Paulo*, São Paulo, 8 de março de 1997.
SCHMIDT, Afonso de. *O Aeroporto de Congonhas*. São Paulo: [s. n., s. d.].
SECRETARIA DE ESTADO DA CULTURA. ARQUIVO DO ESTADO DE SÃO PAULO. *Inventários e Testamentos publicados*. São Paulo: DAESP. [s. d.]. v. 23, p. 155-90.
_____. *Catálogo de Inventários e Testamentos publicados*. [s. n. t.]. v. 16, 24 e 25.
SECRETARIA DO MEIO AMBIENTE DO ESTADO DE SÃO PAULO. SECRETARIA MUNICIPAL DE PLANEJAMENTO. *Vegetação Significativa no Município de São Paulo*. São Paulo: [s. n.], 1988. p. 172-315, 24-436/42/76/89/90/91. Série Documentos.
SILVA BRUNO, Ernani. *Histórias e tradições da cidade de São Paulo*. 2.ª ed. São Paulo: José Olympio, 1954, v. I, p. 214-17, v. II e v. III. Comissão do IV Centenário da Cidade de São Paulo.
SILVA LEME, Luiz Gonzaga da. *Genealogia Paulistana*. São Paulo: Duprat, 1903. v. 4, v. 6, p. 25-74, 65-77, v. 7 e v. 8, p. 515.
SILVEIRA, W. Franco. *Notas Genealógicas*. Pirassununga, São Paulo: [s. n.], 1955.
SILVEIRA BARROS, Maria Cândida. *Vida e Obra de Anália Franco*. São Paulo: [s. n.], 1982.
SOUZA, Bernardino José. *Dicionário da terra e da gente do Brasil*. 5.ª ed. São Paulo: Nacional, 1939. p. 281-321. (Brasiliana).

STIEL, Waldemar Correia. *História dos Transportes Coletivos em S. Paulo*. São Paulo: [s. n.], [s. d.].
TAQUES DE ALMEIDA PAES LEME, Pedro. *Notícias das minas de São Paulo e dos sertões da mesma capitania*. Belo Horizonte: Itatiaia, Edusp, 1980, 239p.
TASCHNER, Suzana Pasternack. Tecendo história: Campo Belo cinqüenta anos. São Paulo: Prêmio, 1996.
TAUNAY, Afonso de Escragnole. *Documentos da História de São Paulo*. São Paulo: [s. n.], [s. d.].
_____. *História das Bandeiras Paulistas*. 3.ª ed. São Paulo: MEC, 1975. p.142.
TEIXEIRA, Francisco; MOURA, Soraya. *Tecendo História: Campo Belo*. São Paulo: Prêmio, 1996.
TORRES, Maria Celestina Teixeira Mendes. *O bairro do Brás*. São Paulo: Departamento de Cultura - PMSP, 1979. 251p. (História dos bairros de São Paulo, 1).
_____. *Ibirapuera*. 1.ª ed. São Paulo: Departamento de Cultura - PMSP, 1977. 211p. (História dos bairros de São Paulo, 11).
VENTURA, Marcelo. Brooklin era região de inundações. *O Estado de S. Paulo*, São Paulo, 23 de novembro de 1994.
VILHENA DE MORAES, Vera Lúcia. *Itaim-Bibi*. São Paulo: Departamento de Cultura - PMSP, 1988. (História dos bairros de São Paulo, 27).
WEBER, Sérgio. *Casais luteranos no Campo Belo*. São Paulo, 2004. v. 1 e 2. Inédito.
_____. O Luteranismo no Campo Belo. *Revista ASBRAP*, São Paulo, n.º 8, p. 109-41, 2001.
_____. O bonde que passou... *Jornal do Campo Belo etc & tal*, São Paulo, 2003 e 2004, p. 1.
ZALUAR, Augusto Emílio. *Peregrinações pela Província de São Paulo (1860-1861)*. São Paulo: Comissão do IV Centenário da Cidade de São Paulo, 1954.
ZENHA, Edmundo (Dr.). *A Colônia de Santo Amaro: Sua instalação em 1829*. São Paulo: [s. n.], 1950.
_____. *A Vila de Santo Amaro*. São Paulo: [s. n.], 1977.

LEGISLAÇÃO

Decreto de 20 de novembro de 1956. Criação da Escola.
Diário Oficial do Estado de São Paulo. 2 de julho de 1973.
Resolução 378 - G. E. E. Leonina dos Santos Fortes. Ofício do Delegado de Ensino, C. Pirró Filho; fusão do Grupo Escolar de Campo Belo e o Grupo Escolar Leonina dos Santos Fortes.
Diário Oficial do Município de São Paulo. 8 de abril de 1967.
Decreto 6936 - E. ME. I. Dona Chiquinha Rodrigues se instalou em edifício próprio na Rua Machado de Assis.
Ato n.º 23, 14 de julho de 1934. Oficialização das ruas de Campo Belo. Caixa n.º 48 dos Papéis sem verificação da CMSA.
Decreto 7305 e 7308, 5 de julho de 1935 sobre o Aeroporto de Congonhas.
Decreto Lei 2271/40. Regulamento de nomes de Aeroportos.

FONTES CONSULTADAS

REVISTAS

ALMANACK COMEMORATIVO DO 1.º CENTENÁRIO DO MUNICÍPIO DE SANTO AMARO. Santo Amaro, 1932.
ALMANACK PAULISTANO. São Paulo, 1857, ano I, p. 91; 1858, ano II, p. 390-2.
ALMANAK PAULISTANO ILUSTRADO. São Paulo, 1896, p. 316-20.
ARQUITETURA E URBANISMO. São Paulo, n.º 50, p. 85, out./nov. 1993.
CARIOCA. A Eterna esperança. Rio de Janeiro: out. 1939.
CONSTRUÇÃO SÃO PAULO. São Paulo, n.º 2444, 12 de dezembro de 1994, p. 18.
KACHAN, Luiz Gonzaga. Atuação da Equipe Missionária na creche da favela. Paróquia Sagrado Coração de Jesus. (1935-1985). São Paulo, p. 22-3, 1985. Edição especial de 50.º aniversário.
PANIFICAÇÃO E CONFEITARIA. Indústria e panificação brasileira. São Paulo, out. 1998, n.º 667. Ano 66, p. 6/7, 50/1, 36/9.
PETRONI, Maria Rita. Atuação do P. I. M. E. no Brooklin. Paróquia Sagrado Coração de Jesus. (1935-1985). São Paulo, p. 9-12, 1985. Edição especial de aniversário.
RADIOLÂNDIA. São Paulo, 23 jul. 1955, p. 1.
REVISTA DO ARQUIVO HISTÓRICO MUNICIPAL DE SÃO PAULO. v. 6, p. 5; v. 14, p. 170; v. 19, p. 167; v. 25, p. 94; v. 54, p. 110; v. 59, p. 190-92.
_____. v. XVI, p. 170; v. LIV, p. 110; v. LIX, p. 190, ano 1833.
REVISTA ASBRAP. São Paulo, 2001, n.º 8, p. 109-41: [Weber, Sérgio. O Luteranismo no Campo Belo].
REVISTA E : SESC SÃO PAULO. São Paulo, março de 1998, p. 10/6, n.º 4, nov. 2001, 74p.
REVISTA FLAP INTERNACIONAL SÃO PAULO. São Paulo, 1996, n.º 292A, ano 34. Edição Especial sobre o Aeroporto de Congonhas.
REVISTA DO INSTITUTO HISTÓRICO E GEOGRÁFICO DE SÃO PAULO. v. XLVII, p. 128-130, p. 442; v. XLIX, p. 358; v. LXXI, p. 45-9; v. CLIII, p. 12-14-19-24-26.
REVISTA INTERLAGOS. São Paulo, n.º 20, ano XI, set. 1961. Edição Especial do IV Centenário da Cidade de Santo Amaro.
_____. Cia. Americana de Filmes S.A. 1936.
REVISTA DOS MUNICÍPIOS DE SÃO PAULO. São Paulo, n.º 39, ano III, jun. 1943. Edição Especial.
REVISTA PAULISTÂNIA. São Paulo, n.º 59, jun./set. 1957, n.º 65, ano 1961.
REVISTA VEJA. São Paulo, 4 de agosto de 1999, p. 59; 10 de setembro de 1999.
_____. São Paulo. Artigos: Água Espraiada, São Paulo, 20 de abril de 1988; p.14-5 de 16 de dez. 1998 e Restaurante Escandinavo de 4 de ago. 1999.
TRÂNSITO. São Paulo, 1940, p.33/5.
REVISTA DOS TRIBUNAIS. São Paulo, 1930, p. 199 e 200.

JORNAIS

BRASIL-POST. São Paulo, (1950-*) Semanário. Kolping: 13 de mar. 1998; 18 de jun. 1998; Kolping: 24 de jul. 1998; 5 de nov. 1999, p. 16.

CITY NEWS. São Paulo, 1974, 1977, 1978 e 1993.
CONSTRUINDO. São Paulo, 1970 Mensário. Boletim da Igreja de Nossa Senhora de Guadalupe. Campo Belo, São Paulo. 1970, 1974, 1975, 1977, 1986 e 1987.
CORREIO DA MANHÃ. Rio de Janeiro Diário. 27 out. 1939.
A CRUZ NO SUL. São Paulo, (1947-*) Bimensal. Cadernos: 1949-1999; 1959.
DIÁRIO DE SÃO PAULO. São Paulo, (1884-*) Diário. 5 de janeiro de 1967, 2001 a 2003.
DIÁRIO POPULAR. São Paulo Diário. 16 de agosto de 1956 e 30 de abril de 1967.
DIÁRIO OFICIAL DO MUNICÍPIO DE SÃO PAULO - PMSP. São Paulo, 18 abr. 1937; 2 jul. 1973 e 23 de nov. 1976.
DIÁRIO OFICIAL DO ESTADO DE SÃO PAULO. São Paulo. Diário. 18 abr. 1937 e 17 nov. 1982.
DIÁRIO ALEMÃO. São Paulo, (1940-1941). Artigos de set. 1940 a set. 1941.
DIÁRIO DA MANHÃ. Santos. Diário. Artigos de 19 jul. 1934 e de 27 jul. 1934.
O DIA. São Paulo. Diário. Artigo de 11 jan. 1964, p. 8.
DEUTSCHER MORGEN. São Paulo, (1932-1940). Diário. Notas de 1932 a 1940.
DEUTSCHE ZEITUNG. São Paulo, (1897-*). Semanário. Artigos: 06 jan. 1932 e cadernos: 1931-1941; 5 abr. 1935, p. 3; 14 abr. 1935, p. 7.
DEUTSCHE NACHRICHTEN. São Paulo, (1946-1949). Diário. Artigos: 26 nov. 1946, p. 5 e 17 abr. 1948.
O ESTADO DE SÃO PAULO. São Paulo. Artigos: 25 de jan. 1954, 1988 a 1998.
FOLHA DO AEROPORTO. São Paulo. 1983.
FOLHA DE SÃO PAULO. Diário. 30 de abril de 1967, 27 de outubro de 1974, 10 de fevereiro de 1975, 26 de julho de 1985, 1990 a 1999.
A GAZETA. São Paulo, (1927-*). Diário. 24 de agosto de 1985 e 6 de setembro de 1973.
GAZETA DO BROOKLIN & CAMPO BELO. São Paulo. Grupo Sul News. 14 de julho de 1995, p. 13.
GAZETA DE MOEMA. São Paulo, Diário. 29 de março, 19 de agosto e 26 de setembro de 1987.
GAZETA DE SANTO AMARO. São Paulo, Diário. 20 de novembro de 1961, 1963 a 1967; 1976 a 1978; 2 de fevereiro de 2002.
GAZETA DO TATUAPÉ. São Paulo. 14 de outubro de 1982.
GRUPO SUL NEWS. São Paulo. 20 de agosto de 1999, 12 de abril de 2002.
INFORMATIVO PAROQUIAL. Igreja de Nossa Senhora de Guadalupe. São Paulo. Ano I, n.º 5, set. de 2000; Ano II, n.º 19, dez. de 2001.
O INDIANÓPOLIS. São Paulo. 22 de dez. de 1979.
JORNAL DO BROOKLIN. São Paulo, Diário. 1972 a 1976.
JORNAL DO CAMPO BELO etc & tal. São Paulo (1989-*). Bimensário. 1989 a 2004, p. 1.
JORNAL DO COMÉRCIO. Pirassununga, 1892.
JORNAL DA CIDADE. Santos. Diário. 14 de maio de 1999.
JORNAL DA TARDE. São Paulo, Diário. 10 de abril de 1995, 1999 a 2002.
KREUZ IM SÜDEN. São Paulo, 1936-1939. Mensário. 1936 a 1939.
O MOMENTO. Pirassununga. 14 de julho de 1935.
NOTÍCIAS DO CAMPO BELO. (1996-1996). São Paulo, 1996.

NOTÍCIAS POPULARES. São Paulo. 13 de maio de 1981.
O SEAREIRO. São Paulo. Seara Bendita. 1983, 1994.
SHOPPING NEWS. São Paulo. Semanário. 9 de abril de 1978, 30 de maio de 1993 e 21 de julho de 1995.
TRIBUNA: O Jornal da zona sul de S. Paulo. São Paulo. 22 de dezembro de 1974; 5 de janeiro de 1975 e 9 de fevereiro de 1975.
TRIBUNA DE SANTO AMARO. São Paulo. Diário. 9 de abril de 1977.
A TRIBUNA. Santos. Diário. 22 de dezembro de 1974; 9 de fevereiro, 2 de março e 20 de abril de 1975.
A UNIÃO FAZ A FOLHA. São Paulo, 1983-1996.
WEBER, Sérgio. O bonde que passou... Jornal do Campo Belo etc & tal, São Paulo, 2003 e 2004. p. 1.

LIVROS DE REGISTRO

Atas da Câmara Municipal de São Paulo, vol. I a IV e XVI. AHMWL.
Contrato e Arrematações e Editais - PMSP, (1834-1898). L. 506. Seção de Diversos.
Livro de Arrematações. DAESP.
Atas da Câmara Municipal de Santo Amaro (1833 a 1929), v. 1 a 13. AHMWL.
Registro de Requerimentos e Despachos da Intendência Municipal de Santo Amaro, v. 23, D-51 - AHMWL.
Índice dos Proprietários de Santo Amaro, 1934. Câmara Municipal de Santo Amaro - AHMWL.
Registro de Dispensas Matrimoniais e Casamentos, Livros 5, 6 e 8. Santo Amaro. ACMSP.
Registro de Casamentos. Itapecerica da Serra, Livros 2, 3 e 4 (1805-1875). ACMSP.
Registro de Óbitos. Itapecerica da Serra (1857-1871). ACMSP.
Registro de Casamentos. Cotia. Livro 1. ACMSP.
Livro de Tombo. Paróquia de N.ª Sra. de Guadalupe, n.º 1, Campo Belo, 1956.
Atas. Paróquia de Nossa Senhora de Guadalupe - CEPAS (1970-1972).

SÉRIES DOCUMENTAIS

Papéis sem verificação. Câmara Municipal de Santo Amaro. Caixas 1 a 56 (1835-1949). AHMWL.
Relatórios de presidentes da Província de S. Paulo à Assembléia de S. Paulo, 1857; Francisco Diego de Vasconcellos. DAESP.
Autos Civís. (1807-1808) e Caixas 12 a 22 (1720-1730), pastas 3441 a 3455. Seção de Documentos. AHMWL.
Relatórios da Ligth & Power. Ano de 1937. Patrimônio Histórico da Energia de São Paulo.
Relatórios da Comissão Central de Estatística. São Paulo. DAESP.
Entrevistas no Campo Belo (1976-2004) em n.º de 173.
Minutas de atas. Igreja Nossa Senhora de Guadalupe, 1952.

DOCUMENTOS CARTORIAIS

Traslado da escritura n.º 39164, Livro 3, Com. da Capital, 1.ª Circunscrição Imóveis da Capital.
Certidão dos autos do inventário dos bens deixados por falecimento de Rosa Emília de Moraes. 1.º Tabelião de Notas Comarca de Pirassununga. Traslado de 29 de novembro de 1957.
Traslado de venda e compra de 6 de novembro de 1911, relativo a imóvel situado no Brooklin Novo, 13 de janeiro 1953. 1.º Tabelião de Notas de Pirassununga.
Traslados de escrituras de venda e compra de diversos proprietários de imóveis no Campo Belo, Vila Nova Pirajú, Jardim Aeroporto, Cidade Monções e Parque Colonial.

DOCUMENTOS DIVERSOS

Diploma de bacharel conferido pela Faculdade de Direito de São Paulo ao Dr. Manuel Jacyntho Vieira de Moraes, 1876.
Estatutos da Cia. Sul Americana de Filmes S. A.
Edital da Prefeitura Municipal de Pirassununga, sobre o falecimento de D.ª Rita Vieira de Moraes, 1927.
Ofício de 1886-1890, lata n.º 4, ordem 5581 - Estrada de Ferro Carris de São Paulo - Santo Amaro. Manuscrito da Seção de Documentação - DAESP.
Carta do Dr. Manuel Prudente de Moraes Barros a seu primo, o Dr. Manuel Jacinto Vieira de Moraes, de 24 de dez. de 1901.
Cadastro de Igrejas, escolas estaduais e municipais. Deptº Recursos Comunitários - SAMARO.
Cadastro Escolar. Secretaria da Educação Regional de Campo Belo.
Ofício D/1, n.º 16284, Pr. 7700, de 18 de maio de 1936.
Convite Especial de Inauguração da Capela Provisória de Nossa Senhora de Guadalupe, de 15 de agosto de 1956.

ICONOGRAFIAS

Planta Geral da Imperial Cidade de São Paulo - 1810, por Rufino J. F. e Costa.
Plantas de São Paulo antigo (1810-1897). Comissão do IV Centenário da Cidade de São Paulo. Melhoramentos, 1954.
Planta de localização de proprietários da região do Buraco do Peixe. Mapoteca do Museu Paulista - USP.
Mapa - Folha do Município da Capital. Esc. 1:100.000. Comissão Geográfica e Geológica do Estado de São Paulo (CGGESP). Especial para a Secretaria da Justiça e Seg. Pública, Secretário Dr. Washington Luiz. Microfilme - AHMWL.
Mapa - Folha de S. Paulo. 1906. Esc. 1:100.000 (CGGESP). Microfilme - AHMWL.
Mapa - Folha de S. Roque. 1908. Esc. 1:100.000 (CGGESP). Microfilme - AHMWL.
Planta geral da Cidade de São Paulo. Comissão Geográfica e Geológica (1914-1930), Eng. João Pedro Cardoso.

Planta parcial dos arredores da Cidade de São Paulo - 1923. Esc. 1:50.000 (CGGESP). Organizada para a 2.ª R. M. Microfilme - AHMWL.
Planta dos arredores da Cidade de São Paulo - 1927, por Ernesto Pierburg e Erwin English. AHMWL.
Planta Oficial de Arruamento do Campo Belo, de 29 de maio de 1931 - SAMARO - Decreto 4810/30, de 31 de dezembro de 1930 - PMSP.
Mapa de Perímetro e limites institucionais. Esc. 1: 20.000 - SP 22/01 - GOGEP - Projeto CURA - SAMARO.
Mapas Guia Levi. Esc. 1: 25.000 (1970-1980).
Plantas n.º 55.544 (Traição); 25080 (Av. Conceição); 25078-F3 (Imarés); 14 de abril de 1970 (Aicás). Dept° de Urbanismo - Plantas e Projetos Viários - PMSP.
Planta do Campo Belo. Termos de propriedade dos Drs. Manoel J. Vieira de Moraes e João Manoel Vieira de Moraes. R. Direita, 2 - 1936.
Planta do bairro de Campo Belo, de Kurt T. Siewers, para a Sociedade Amigos de Campo Belo.
Álbum do Campo Belo. Sérgio Weber. Fotos (1971-2004).

FOLHETOS DIVERSOS

Folheto Informativo. Projeto Água Espraiada. São Paulo, 1994.
Folheto Comemorativo da A. C. Kolping (1923-1973).
Folheto da Associação Esportiva e Recreativa VASP, 27 de março de 2000.
Folheto Especial VASP, distribuição interna, 1976.
Folheto Comemorativo do 4º BPMS do Campo Belo.
Crítica sobre o filme "Eterna Esperança".
História do Cinema Paulista, Secretaria Municipal de Cultura, 1977.
A Cia. Americana S/A de Filmes. (D-516-7).
Opúsculo Comemorativo do Centenário de nascimento do Dr. Manoel Jacyntho Vieira de Moraes (1852-1952). Pirassununga, São Paulo.
Recursos Comunitários de Campo Belo. Seção de Recursos Comunitários. PMSP - SAMARO.
Listagem de entidades sociais particulares do Município de São Paulo. SEBES, 1977.
História da VASP. Boletim Editorial VASP, São Paulo.
Estudo sobre as favelas da Administração Regional de Santo Amaro. Cadernos Especiais, n.º 1 e 13. Boletim Habi/ COPED - SEBES, out. 1974.
Caderno SEBES. Série Informações, n.º 1. Unidade de Prestação de serviços.
Regulamento e proposta de ingresso. Congregação Mariana. Igreja de Nossa Senhora de Guadalupe.
Síntese histórica da Igreja de N.ª Senhora de Guadalupe. Texto inédito de Newton Santos.
Aeroporto de São Paulo: Congonhas. Separata de Afonso Schmidt.
The Best of Campo Belo. Guia comercial - 1987.
Campo Belo Express. Guia comercial - 1998.
Tudo Aqui. Guia comercial (1990-1993).
Inauguração Hipermercado Extra Aeroporto, 16 de novembro de 1999. Folheto de Inauguração.

Igreja Metodista de C. Belo, P. Sylas Antunes, n.º 97/1977.
Boletim Paroquial de Nossa Senhora de Guadalupe, Pe. Waldemar Marques Conceição, 1963.
Folheto da Paróquia de Nossa Senhora de Guadalupe, Pe. Almir Pessoa Cesar, 1962.
Listagem e cadastramento de Indústria e Comércio do Campo Belo - SAMARO - PMSP, 1975, 1976.
Série Documentos - SEBES - SAMARO - PMSP.
Tudo ao seu redor - A. R. dos Santos e W. M. Bimbatto. Guia comercial, 1990.
Resenha da Cidade, n.º 1, 1990.
Remodelação do Serviço de transportes coletivos da cidade de São Paulo - CMTC - PMSP, 1976.
Eterna Esperança. Arquivo Pedro Lima. Cinemateca Brasileira. Edição Revista dos Tribunais (D-516-7).
História do Cinema Paulista (20 de maio a 01 de junho de 1977). Sala Lima Barreto. Centro Cultural. Secretaria Municipal de Cultura - PMSP.
História do Cinema Brasileiro, por Afrânio Caetani. Cinemateca Brasileira. São Paulo.
Associação Católica Kolping: 50 anos. São Paulo, 1973.
Cadernos da Cinemateca, n.º 4: 30 anos de cinema paulista (1950-1980). Fundação Cinemateca Brasileira, 1980.
Guia Cartoplan - São Paulo, 1994, 1998 a 2001. Mapas e localizações.
Guia Levi - São Paulo (1970-1974). Mapas e localizações.

FONTES ESPECIAIS:

SILVA LEME, Luiz Gonzaga da. (Coord. Marta AMATO). Genealogia Paulistana. São Paulo: Novo Disc Brasil, GP 1, 1 CD-ROM.
BARATA, Carlos Eduardo de Almeida; CUNHA BUENO, Antonio H. Dicionário das Famílias brasileiras. São Paulo: Novo Disc. Brasil, 20056, 2001, 1 CD-ROM.
RONAHN, Valério (Coord.); PEREZ, Selma (Pesq. E Texto); BEZERRA, Ilka; JORGE DE MELLO, Samuel (Botânico). *Gramineae, Cyperus. In*: Aydano RORIZ; Abílio CUNHA. 1001 Plantas: Enciclopédia em CD-ROM. Edição Especial. São Paulo: Quatro Multimídia, Europa Multimídia, Revista dos Amantes da Natureza, Reg. N.º 155N-0104-3609/Digital Store, Sonopress. Versão 2.0, 1997, 1 CD-ROM.
OHTAKE, Tomie. Pintura 945x717. JPEG. 1 disquete 3'¼ pol.
WEBER, Sérgio. Noite no Água Espraiada. São Paulo: S. Weber, RD001, 1974, 1 fita K-7, C-60.
Rol de Entrevistas do Campo Belo (173 contatos manuscritos).

ABREVIATURAS EMPREGADAS:

ACM/SP - Arquivo da Cúria Metropolitana de São Paulo.
ACMSA - Atas da Câmara Municipal de Santo Amaro.
ACMSP - Atas da Câmara Municipal de São Paulo

FONTES CONSULTADAS

AERCB - Associação Esportiva e Recreativa de Campo Belo.
AERVASP - Associação Esportiva e Recreativa da VASP.
AMP - USP - Arquivo do Museu Paulista da Universidade de São Paulo.
AHMWL - Arquivo Histórico Municipal Washington Luiz.
CEPAS - Centro Paroquial de Assistência Social
CMSA - Câmara Municipal de Santo Amaro.
CMSP - Câmara Municipal de São Paulo.
DAESP - Departamento do Arquivo Histórico do Estado de São Paulo.
DPHASP - Diretoria do Patrimônio Histórico e Artístico Nacional.
IHGSP - Instituto Histórico e Geográfico de São Paulo.
IPHAN - Instituto Patrimônio Histórico e Artístico Nacional.
SEADE - Sistema Estadual de Análise de Dados - Secretaria de Economia e Planejamento.

Iconografia

ICONOGRAFIA

Foto 1. Primeiro prefeito de Santo Amaro, comendador Manoel José de Moraes. Ilustração na revista Interlagos (edição comemorativa do IV Centenário de Santo Amaro).

Foto 2. Sra. Hackenbruch. Acervo Família Bauer.

Foto 3. Jacob Hackenbruch. Acervo Família Bauer.

Foto 4. Forno da Padaria VASP construído por Jacob Hackenbruch. Acervo Família Bauer.

Foto 5. Anna Maria do Rosário Alonso, esposa de José Joaquim Raphael.
Acervo Família Raphael.

Foto 6. Família Walter Isliker.
Acervo Família Isliker.

Foto 7. Família von Tein. Acervo Família von Tein.

Foto 8. Família Raphael na Chácara das Flores na década de 50.
Acervo Família Raphael.

Foto 9. José Joaquim Raphael.
Acervo Família Raphael.

Foto 10. Ella e Jorge Schaller com amigos.
Acervo Família Schaller.

Foto 11. Casal Elfride e Henrique
Goetjen. Acervo Família Goetjen.

ICONOGRAFIA

Foto 12. Jayro Raphael e amigos em frente ao lago formado no Córrego Invernada. ACERVO Família Raphael.

Foto 13. Casamento do Pastor Francisco Bauer Filho com Catharina Hackenbruch. ACERVO Família Bauer.

Foto 14. Grande grupo formado em frente ao Grêmio Teuto-Brasileiro nos anos 50. Acervo Família Bauer.

Foto 15. Carro chapa 25-12-76, em frente ao Grêmio Teuto-Brasileiro com um grupo após ao culto evangélico. Acervo Família Bauer.

Foto 16. Menina Wilma Bauer. Década de 40. Acervo Família Bauer.

ICONOGRAFIA

Foto 17. Time do Grêmio Esportivo Piraquara na década de 40. ACERVO Jayro Raphael.

Foto 18. Frei José Mojica no Campo Belo quando da celebração da missa Campal, na década de 50. ACERVO Jayro Raphael.

Foto 19. Grupo de amigos de Guido Sartorato, ao centro o Pe. Crippa. ACERVO Sartorato.

Foto 20. Família Grandeza. Comerciantes no Campo Belo.
Acervo Família Grandeza.

Foto 21. Sra. Suzana Zwipp, esposa de Fellipe Zwipp.
Acervo Família Zwipp.

Foto 22. Dona Estanislava Jokobaitieny Cizauskas, russa, uma das mais antigas moradoras do Campo Belo. Conhecida como Dona Anastácia.
Foto Sérgio Weber, 27/8/2000.

ICONOGRAFIA

Foto 23. Casal Carlos Henrique Lopes Gomes e Rosemary Flory Gomes.
Foto Sérgio Weber, 2/10/2002.

Foto 24. Carroça de reciclagem de Nelson Gonçalves Barreto.
Foto Sérgio Weber, 3/8/1999.

Foto 25. Grupo de meninos após ao futebol. Fim de semana na Rua Emboabas.
Foto Sérgio Weber, 14/2/1993.

Foto 26. Crianças com a mãe. Ao fundo, a curva do Córrego da Água Espraiada, junto à Rua Miguel Maurício da Rocha.
FOTO Sérgio Weber, 31/7/1993.

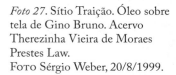

Foto 27. Sítio Traição. Óleo sobre tela de Gino Bruno. Acervo Therezinha Vieira de Moraes Prestes Law.
FOTO Sérgio Weber, 20/8/1999.

Foto 28. Casarão da Família Lindsay à Rua Vieira de Moraes, 715.
FOTO Sérgio Weber, 12/10/1991.

ICONOGRAFIA

Foto 29. Cia Americana S/A de Filmes. Prédio em construção em 1936. ACERVO Paulo Afonso Vieira de Moraes.

Foto 30. Ciprestes no Campo Belo. Residência dos anos 40. FOTO Sérgio Weber, 7/8/2000.

Foto 31. Sede social da Associação Esportiva Recreativa do Campo Belo, sede do antigo Grêmio Teuto-Brasileiro.
FOTO Sérgio Weber, 1974.

Foto 32. Ruínas de antiga moradia na zona ribeirinha do Córrego da Água Espraiada, na mata entre as ruas Cristóvão Pereira e atual República do Iraque.
FOTO Sérgio Weber, 12/10/1974.

Foto 33. Residência do Dr. João Manoel Veira de Moraes, situada entre as ruas Moraes de Barros, Conde de Porto Alegre, atual Demóstenes e atual Antônio Macedo Soares. Denominada *Chácara das Hortênsias*.
ACERVO Paulo Afonso Vieira de Moraes.

ICONOGRAFIA

Foto 34. Doceira Meyer na Rua Volta Redonda.
FOTO Sérgio Weber, 28/5/1990.

Foto 35. Vila Aipuá. Residência do fundador do bairro. Rua Xavier Gouveia. FOTO Sérgio Weber, 12/10/1976.

Foto 36. Sede abandonada do clube União da Mocidade. Vale do Água Espraiada. FOTO Sérgio Weber, 12/10/1976.

Foto 37. Bangalô típico construído em 1944. Família Wollenweber. Foto Sérgio Weber, 28/5/1990.

Foto 38. Vista do conjunto de residências da Acrópole, Rua Pe. Leonardo. Foto Sérgio Weber, 7/6/1992.

Foto 39. Escola Estadual de Primeiro Grau "Leonina dos Santos Fortes". Vista Lateral. Acervo Família Garabovsky.

ICONOGRAFIA

Foto 40. Escola Municipal de Ensino Infantil "Chiquinha Rodrigues", Rua Pascal. Foto Sérgio Weber, 12/10/1999.

Foto 41. Sala de jantar. Sala de Franz Bauer Filho. Móveis fabricados por Karl Unterleitner. Foto Sérgio Weber, 1/2/2001.

Foto 42. Detalhe arquitetônico. Janela de sala. Serralheria de Martin Wollenweber. Foto Sérgio Weber, 1/2/2001.

Foto 43. Presépio "Maria Salgueiro Napolitano". Exposto anualmente no Colégio União. FOTO Sérgio Weber, 6/12/1999.

Foto 44. Faisão dourado. Peça de latão sobre mármore branco. Arte de Michelle Azzella, do Campo Belo. FOTO Sérgio Weber, 4/2005.

Foto 45. Muda de Guabiroba ou gabiroba colhida em Interlagos por Octávio Weber Neto. Fruta silvestre encontrada no século XIX na região atual do Campo Belo. FOTO Sérgio Weber, 8/12/2003.

ICONOGRAFIA

Foto 46. Descida do Córrego Invernada após a Rua Sapoti. FOTO Sérgio Weber, 3/8/1999.

Foto 47. Ponte sobre o Córrego da Água Espraiada na Rua Barão de Jaceguai. Vista de jusante, tendo ao fundo a Rua Constantino de Souza. À direita, a alameda da futura avenida Água Espraiada. FOTO Sérgio Weber, 29/11/1993.

Foto 48. Ponte para pedestres sobre o Córrego da Água Espraiada na Rua Cristóvão Pereira, vista do lado do Campo Belo. FOTO Sérgio Weber, 12/10/1976.

Foto 49. Ponte da Rua Constantino de Souza sobre o Córrego da Água Espraiada, vista da montante.
FOTO Sérgio Weber, 12/4/1992.

Foto 50. Obras da retificação e canalização do Córrego da Água Espraiada no trecho entre as ruas Barão de Jaceguai e Antônio Macedo Soares, ao fundo. FOTO Sérgio Weber, 7/1994.

ICONOGRAFIA

Foto 51. Bica jorrando água em barranca junto à cabeceira do Ribeirão da Água Espraiada na altura da Rua Alba, 1336.
FOTO Sérgio Weber, 20/8/1996.

Foto 52. Limpa-pé.
FOTO Sérgio Weber, 28/1/2000.

ESTE LIVRO FOI COMPOSTO EM CASLON
CORPO 11 POR 13,5 E IMPRESSO SOBRE
PAPEL OFF-SET 75 g/m² NAS OFICINAS
DA BARTIRA GRÁFICA, SÃO BERNARDO
DO CAMPO-SP, EM DEZEMBRO DE 2006